对党忠诚
服务人民
执法公正
纪律严明

习近平

二〇一七年五月十九日

图书在版编目（CIP）数据

警徽荣耀 ：全国公安系统英雄模范立功集体报告文学集 / 公安部宣传局编. -- 北京 ：群众出版社，2017.6

ISBN 978-7-5014-5701-4

Ⅰ. ①警… Ⅱ. ①公… Ⅲ. ①报告文学－作品集－中国－当代 Ⅳ. ①I25

中国版本图书馆CIP数据核字（2017）第132158号

警徽荣耀

全国公安系统英雄模范立功集体报告文学集

公安部宣传局 编

出版发行：群众出版社
地 址：北京市丰台区方庄芳星园三区15号楼
邮政编码：100078
经 销：新华书店
印 刷：北京通天印刷有限责任公司

版 次：2017年7月第1版
印 次：2017年7月第1次
印 张：30.5
开 本：787毫米×1092毫米 1/16
字 数：529千字

书 号：ISBN 978-7-5014-5701-4
定 价：68.00元

网 址：www.qzcbs.com
电子邮箱：qzcbs@sohu.com

营销中心电话：010-83903254
读者服务部电话（门市）：010-83903257
警官读者俱乐部电话（网购、邮购）：010-83903253
文艺分社电话：010-83901350 010-83903973

前 言

2017 年 5 月 19 日，全国公安系统英雄模范立功集体表彰大会在北京人民大会堂隆重召开。中共中央总书记、国家主席、中央军委主席习近平亲切会见参加表彰大会的代表并发表重要讲话。习近平总书记指出，公安队伍是一支有着光荣传统和优良作风的队伍，是一支英雄辈出、正气浩然的队伍，是一支和平年代牺牲最多、奉献最大的队伍。广大公安英雄模范身上体现的忠诚信念、担当精神、英雄气概，是中华民族伟大精神的真实写照。他强调，要在全社会大力弘扬公安英模精神，推动培育和践行社会主义核心价值观，凝聚起全国各族人民为中国特色社会主义事业共同奋斗的磅礴力量。

为深入学习贯彻习近平总书记重要讲话精神，落实对党忠诚、服务人民、执法公正、纪律严明“四句话、十六字”总要求，唱响正气歌，传播正能量，弘扬主旋律，用文学艺术的形式集中展示党的十八大以来公安系统涌现出的英雄模范和立功集体的先进事迹，记录公安民警忠诚履职、勇于担当、甘于奉献的感人故事，公安部宣传局、中国作家协会创联部、中国人民公安出版社和全国公安文联联合组织作家深入警营一线，走近警察英雄，创作真实感人、生动鲜活的公安英模报告文学作品，并结集出版。

铁肩担道义，妙手著文章。两个月来，李春雷、赵德发、孙春平、衣向东、李迪、丁一鹤、贾文成、张蓉、李晓重、吕铮、冯锐、张立波、欧阳伟等51位作家，怀着对公安英雄的崇敬之情，亲身感受公安英模的工作生活和情感世界，用现实主义的创作手法塑造了一个个人民公安为人民的英雄形象。

聪明秀出，谓之英；胆力过人，谓之雄。从“最北最冷最忠诚”的北极边防派出所，到帕米尔高原“条件最苦环境最恶劣”的马尔洋派出所；从瞒着妻子在排爆岗位上坚守了17年的朱建民，到在社区民警岗位守护一方平安38年的郝世玲；从传承红色基因的红军式警队古田派出所，到开拓创新、演绎“互联网+”传奇的社区民警侯金知；从愿做“一把尖刀”的救火英雄陈三喜，到交通事故鉴定法医“神眼”马宗刚……本书所描写的公安英模和立功集体是全国公安民警的优秀代表，他们的故事是200万公安民警为建设平安中国和法治中国忠诚履职的缩影，是公安精神的集中体现。他们在平凡的岗位甘于奉献，在打击犯罪的战场出生入死，用坦荡无私的付出、用撼天动地的壮举、用鲜红滚烫的热血，描绘出一幅幅壮丽璀璨的平安画卷，谱写了一曲曲可歌可泣的英雄赞歌。

天地英雄气，千秋尚凛然。英雄是引领国家精神和民族精神的灯塔，也是国家精神和民族精神的重要体现。我们怀着对英雄的崇敬之情来书写我们的公安英雄。希望本书的出版向社会传递更多正能量，促进形成学习英雄、崇尚英雄、争做英雄的新风尚，让更多的人在深深的感动中了解公安工作、理解公安民警，鼓舞和激励广大公安民警以更加坚定的信念、更加高昂的斗志和更加过硬的作风，全力做好维护国家安全和社会稳定的各项工作，努力以优异的成绩迎接党的十九大胜利召开。

公安部宣传局

2017年7月

目录

红土地上的红军式警队

——记福建省上杭县公安局古田派出所

范德宝

闽西苏区的红色小镇、梅花山南麓的圣地古田，1929年召开了彪炳史册的古田会议，确立了“思想建党、政治建军”原则。2014年，又称“新古田会议”的全军政治工作会议由习近平总书记亲自提议在这里召开，吹响了新时期“从古田再出发”强军兴国的号角。

绿荫碧水，游人如织，白墙青瓦，如诗如画。在这安定祥和的盛景背后，是福建省上杭县公安局古田派出所民警代代相传的忠诚守望。

当清晨第一缕霞光升起，他们藏青色的身影便穿梭在彩眉岭（古田会议会址后山）下；当正午的骄阳炙烤大地，他们飒爽的英姿仍挺立在万源祠（古田会议会址，又称曙光小学）旁；当八方游客朝圣洗礼、满载而归，他们把辛勤的汗水留在了军魂铸就的地方。

沐浴着“古田会议永放光芒”光辉雨露的古田派出所，建所58年来不遗余力地把红色资源利用好、把红色传统发扬好、把红色基因传承好，始终保持老红军本色，铸就了一支“不忘我是谁，不忘为了谁；永远听党话，永远为人民”的红军式警队。

2017年5月19日上午，全国公安系统英雄模范立功集体表彰大会在庄严的人民大会堂举行，古田派出所被国务院授予“人民满意派出所”荣誉称号，所长李福民作为获奖集体代表在大会上作了《高举旗帜把红色基因传承好》的发言。

忠诚的足迹

2016年大年初二，古田派出所民警在公安部“忠诚的足迹”央视晚会上向全国人民视频拜年。

他们的忠诚足迹就是传承红色基因。

“当时条件很艰苦，所里只有两间用木板和篷布搭成的简易寮房。”现年84岁的邱永康老人是所里首批七位民警之一，也是为数不多的历史见证人：“一间当办公室，一间当宿舍，大家伙儿挤在一块儿。那时还没有通电，点的是煤油灯。一辆破单车才用了几个月就趴窝，巡逻、出警全靠‘泥腿子’。我们从建所之日起就把继承和发扬古田会议精神作为立警之本、力量之源，坚定革命信仰，克服艰难困苦，全心全意为人民服务，有时为了找回群众丢失的一头羊，我们得挨家挨户问，甚至满山遍野找。”

进京载誉归来后，胸挂勋功章、佩戴大红花的所长李福民与各界群众座谈时说：“古田派出所的发展壮大历程，就是坚持思想建党、政治建警，发扬红军‘干革命走前头、搞生产争上游’的优良传统，做到队伍的接力棒交到哪里，红色基因就传承到哪里。”

他们传承红军支部建在连上，在全市成立首个农村派出所党支部，创建了党建铸魂工作室，让民警们常温入党誓词，不忘初心。运用《古田会议决议》红军所用的18种政治思想教育方法和10种教育内容，形成了“学习型、民生型、创新型、人文型、数字型”等“五型”党建工作法，确保全体民警牢固树立政治意识、大局意识、核心意识、看齐意识。59岁的协警陈飞平、陈翔平是堂兄弟，都是越战老兵。2012年，他们放弃安逸舒适的生活，到所里当协警。面对亲朋好友诧异的目光，陈飞平说：“人总要有点儿精神追求，我到所里是来找家、找党组织的。”多年来，兄弟俩强烈感受到所里浓厚的党建氛围，无悔当初的选择，还经常给民警们讲述对越自卫反击战的烽火硝烟故事，成了所里党建工作的“活教材”，而民警们忠诚为民的殷切情怀也让他们感动。借鉴红军“三大纪律八项注意”，严格落实党风廉政建设，该所先后两次在全省公安机关作廉政典型发言。

古田派出所党建铸魂工作室

他们摒弃单纯业务观念，把思想政治工作贯穿警务工作全过程：新民警到任的第一课就是瞻仰会址、纪念馆；开展研读古田革命斗争史书及《战地黄花分外香·追忆红色闽西》等政治建警读本、发扬长征精神戴八角帽穿红军服重走红军路、“两学一做”等系列教育活动；创建可量化思想政治工作，建立民警逢年过节必谈、家庭发生变故必访等“九必谈九必访”制度，及时解开民警的思想疙瘩，保持旺盛斗志，被省厅确定为思想政治工作联系点。

他们人人争当文化使者，传播红土精神。通过学习培训，每位民警都成为古田会议精神的讲解员，还涌现出一级讲解员。近三年来，民警为来自全国各地的游客讲解230多批12000多人，让古田会议精神及红军优良传统远播四方。近年来，所里先后涌现出三位省市县作协会员，创作发表了《弘扬古田会议精神强化思想政治建设》、《百岁老红军谢毕真：但留青史励后人》等作品。所长李福民被聘为全省公安机关思想政治工作教官，受邀到各地讲授古田会议精神孕育红军式警队的故事。加强“暖警工程”和文化育警，将红四军一大至九大的脉络全景式再现，让许多到所参观的游客深刻理解古田会议精神和红军优良传统的来之不易及永恒生命力。该所“红土地警营文化”被评为全省警营文化建设示范点，读书活动经验在2016年全国警察书屋建设研讨会上作交流发言。

在这片全国革命传统教育基地、国家公务员特色实践教育基地、各地党员教育培训示范基地、全国红色旅游5A景区的红土地上，古田派出所58年来圆满完成了全军政治工作会议和上百位中央领导视察古田、奥运火炬传递、央视“心连心”等各类警卫安保1000余场次，先后被评为全国公安机关爱民模范集体、全国优秀公安基层单位、全国工人先锋号、全国青年文明号、全国巾帼文明岗，荣立集体一等功1次、集体二等功1次，涌现出福建省“我最喜爱的十大人民警察”黄新远等一大批先进个人。罗瑞卿、贾春旺等多位领导人曾莅临所里指导。2017年1月18日，国务委员、公安部长郭声琨在人民公安报“动态清样”上对该所《红色基因是如何代代相传的》经验做法作出批示给予肯定。

一家三口红土情

“017，收到请回答。”“016”用对讲机发问。

“017收到，我这边情况正常。”

“018，收到请回答。”“016”又问。

“我是018，我这边一切正常。”

这是2016年夏天古田会址一次安保活动的寻常通话。不寻常的是他们乃一家人，此次的对讲机编号凑巧挨在一块儿。“016”为上杭县公安局治安大队副大队长、古田派出所老所长杨意林，“017”为古田派出所民警、杨意林的儿子杨鑫，“018”为县公安局巡特警反恐大队民警、古田派出所兼职女警巡逻服务队员、杨鑫的妻子华梦琪。这一家三口因为共同的红土情、警察梦而不时在古田出现工作交集。

杨意林是成功处置古田派出所历史上一次最大险情的功臣，惊心动魄的场面堪比警匪大片。

1994年10月5日凌晨，319国道古田镇苎园村老屋背路段，一辆载满乘客路过的江西客车上，一个身绑炸药包的歹徒突然对乘客实施抢劫。

“当时，这名歹徒情绪十分激动，威胁乘客将钱财全部交出，否则就引爆炸药包，和大家同归于尽。”杨意林回忆20多年前的这次殊死搏斗，清晰如昨，“因为修路，事发路段前后堵了70多辆车，歹徒乘坐的客车也被迫停了下来。就在歹徒实施抢劫的过程中，一个小伙子从后车窗跳出，跑到一公里外看到公用‘手摇’电话，报了警。”

接到报警，杨意林和三位同事火速驱车前往十几公里外的现场。

“客车的前后方都有油罐车！”杨意林不禁打个冷战，万一歹徒失去理智，后果将不堪设想。情况立即报到县公安局指挥中心，在当班局领导的指挥下，杨意林和同伴们换上便衣，借着朦胧夜色从不同方向悄无声息地向客车包抄过去。

只见一个小贩提着一只装着甘蔗、香烟和饮料的竹篮子走上客车。极度紧张的歹徒见有人上车，一手摁住引爆装置，一手把弹簧匕首架在一位妇女的脖子上，声嘶力竭地吼叫小贩下车。化妆成小贩的杨意林若无其事地一边向惊恐的旅客叫卖，一边小心翼翼地向歹徒靠近，想方设法与之周旋，很快摸清此人名叫刘洪忠，因在江西老家欠下高额赌债才铤而走险出此下策。杨意林对他说“要不要来点儿花生、矿泉水”，并尝试劝他“不要想不开”。杨意林见其警惕有所放松，从篮子里拿出一听事先注射了安眠药的健力宝递给他。又累又渴的歹徒不知是计，一口气喝了个精光。

时间一分一秒地流逝，埋伏在车外的三人死死盯着车上的动静。这时，喝了健力宝的歹徒药效发作，两腿发软，走下车去小解。杨意林示意客车司机一起下车，紧跟其后，两人耐心劝导，晓之以理，动之以情。走到离客车约莫十几米远的地方，杨意林趁心存侥幸的歹徒犹豫不决是否要放弃继续作恶之际，以迅雷不及掩耳之势将其控制。几乎同时，埋伏在四周的同事们一起冲了上来，三下五除二迅速卸下了歹徒身上的炸药包，拆除了引爆装置。歹徒见势不妙，撒腿就跑。鸣枪示警无效后，只听“砰砰”两枪，正中歹徒双腿，歹徒束手就擒。

此刻，东方正吐出第一道鱼肚白，在睡梦中的古田老百姓几乎还没人知道刚刚发生过什么，他们又将迎来一个晴朗的天空。

杨鑫从小就从父亲那里感知到警察是天不怕地不怕、视危险为无物的一群人，他像多数孩子一样于懵懂少年就产生了英雄情结。

2011 年，杨鑫大学毕业后考入上杭县公安局任文职干部，次年考取武平县公安局民警，2015 年春又考取上杭县公安局民警，并通过竞聘前往古田派出所西山下苎园警务室任职。

“我的从警之路也算一波三折，连自己都没想到会在父亲战斗过的地方接他的班。”杨鑫说，这一路走来，总感觉父亲对他的影响很大程度上左右了他的选择。

像父亲那般的英雄壮举属可遇不可求，而社区警务大多是平凡琐碎的小事，如何做出成绩让杨鑫绞尽脑汁。更让他着急上火的是，他的新婚妻子、县公安局巡特警反恐大队的华梦琪还多了一个“头衔”——古田派出所兼职女警巡逻服务队员，她以所里故事为题材的演讲让其屡屡抱回奖杯、奖状。杨鑫无形中感受到“英雄”父亲和“演讲专业户”妻子光环下的“压力山大”。

西山下是古田镇最偏僻的片区，最远的山村离集镇有 30 多公里，群众办事十分不便。为了让村民办事不再难，杨鑫在辖区七个行政村的村干部家中设立了便民服务点，实行民警代办制，向群众许下“代办户籍业务并送上家门”的承诺。为了兑现诺言，他每天早上第一件事就是骑着摩托车在各村边巡逻边收集群众交办的事项，风雨无阻，不知为当地村民省却多少麻烦，警务室因此被亲切地称为替老百姓省时、省力、省钱的“三省”警务室。

在案件不多、矛盾纠纷不少的社区警务工作中，杨鑫勤于学习，善于思考，很快总结出热处理法、冷处理法、表扬法、批评法等“矛盾纠纷调解八法”。有一次，杨鑫和妻子等女警巡逻服务队员到会址支援，他眼见女警队员及景区的保安对一位坐在通往会址通道上的“堵道”老人没辙，怎么劝都劝不走，导致通道拥堵，便给妻子扮了个鬼脸，那意思便是“瞧我的”。只见他立马上前，大声表扬这位耳聋眼花背驼、坐在地板上用扩音器震天价响播放《十送红军》的老人：“老大爷，您真有心哪！您是不是想让更多的游客了解红军？”“那是，那是！”老人直点头，“可是她们却不让。”杨鑫熟练运用他的“表扬法”，又对老人竖起大拇指：“她们不是不让，她们是说这里的游客少，想带你到人多的会址广场上去，宣传效果会更好。”老人一听，居然乐呵呵地爽快答应，赶紧收拾摊在地上的小玩意儿，在杨鑫的搀扶下挪了个地方，拥堵的通道变得顺畅。杨鑫成了所里的“点子大王”、“智多星”，2016 年初当选全市社区警务标兵。

2016 年金秋，福建省纪念红军长征胜利 80 周年主题演讲比赛总决赛在福州举行，代表龙岩市参赛的华梦琪讲述的正是自己一家三口的“红土情 · 警察梦”，并获三等奖。

警花绽放是最美

2017 年 2 月 23 日下午，一名来自广东省揭阳市的赖氏宗亲在瞻仰会址时突发心脏病，瘫倒在地。古田派出所女警巡逻服务队员和会址警务室民警第一时间发现，用随身携带的急救包先行对其施救，同时联系镇医院。因抢救及时、方法得当，这名赖氏宗亲成功脱险。游客们目睹民警的快速反应，啧啧称赞。

这是一群青春靓丽、侠骨柔情的女警。她们服务辖区群众，服务务工人员，服务外地游客，推出了情要真、心要细、腿要勤、事要实、法要新等入户访查“五要工作法”及化解小纠纷、解决小困难、侦破小案件、办好小事情、送上小温暖、温馨小提醒等“六小工程建设”，履行治安巡逻、处警救助、义务讲解、校园护送、调解帮扶、法制宣传、权益维护等九项职能，做到“群众需要在哪里，奉献担当就生长到哪里”。

古田派出所民警在会址前合影

农民工的合法权益牵动着她们的心。2013 年 12 月 26 日 11 时许，辖区群众报警称：古田某机砖厂有一妇女要跳楼。三位女警携带救援设备火速赶往现场，只见一中年妇女站在机砖厂四楼没设栏杆的阳台边痛哭不止，情绪异常激动。女警们一边与其交谈，试图缓和她的情绪，一边慢慢接近。此时，这名妇女对她们大喊：“不要过来！再过来我就跳下去！”女警们只好放慢脚步，继续与她交流，询问事情缘由，伺机解救。原来，这名妇女名叫田某，四川人，来机砖厂工作两年了，厂方已拖欠其两个月的工资，田某多次找厂方交涉无果，想想家中已揭不开锅，便产生厌世心理。就在田某因哭诉而放松警惕的一瞬间，女警小苏突然一把搂住她的腰，另两位女警迅速上前抓住其双手双脚，将其成功解救。为了从根本上解决问题，女警们随后联系厂方负责人，就欠薪一事组织双方协商，当场帮田某讨回了2500元。领到工资的田某破涕为笑，对女警们说：“你们救了我的命，又替我要回工资，你们真是我的好姐妹，这下我总算可以回家过年了！”该妇女返乡前，女警们还发动所里为其捐款3000元。

她们对青少年学生的健康成长倾注了大量心血，其中对小霞的爱心接力感动了许多人。2011年6月26日，林滢瑛、杨柳等女警巡逻至古田中心小学时，发现小女孩儿小霞蜷缩在校园墙角，没人接她回家。经了解，小霞家住吴地村，父亲因涉嫌盗伐树木被列为在逃人员，母亲改嫁。她们当即把小霞列为帮扶对象，悉心照料。女警的真情关爱感动了小霞的父亲，一个多月后，他想向派出所投案自首，但是又担心自己可能会被判刑，入狱后年幼的女儿没人照顾。为了打消他的顾虑，女警们对他承诺：“无论你是否被判刑，我们都会照顾好你的女儿。”小霞的父亲消除了后顾之忧，来到所里投案自首，还动员同案另外三名在逃人员自首。为了不让小霞因父亲是服刑犯而产生自卑感，女警们每周给小霞做心理辅导，给她添置文具和课外辅导书，同时将情况向学校汇报，请老师们多关心帮助她。因吴地村离学校较远，小霞平时在校寄宿，每学期开学及放假时，女警们都会专门接送她。如今，小霞已升上初中，女警们对她的关爱一如往昔。每逢有人问小霞“谁对你最亲”，小霞总是脱口而出：“警姐最亲！”

由女警们值守的户籍窗口被誉为“365天不关门的户籍室”，被评为全省第六、七、八届文明行业示范点。2014年夏天，林滢瑛走访时得知，一男子的母亲袁某70多岁了，但一直没有户口，办理不了农村有关补贴。他到母亲出生地和居住地都找不到母亲的户籍档案信息。林滢瑛心想，一定要让党的惠农政策落到实处，她马上翻阅档案资料，经过两天的查找，终于在1981年的档案记录中找到一条“袁某，某年某月某日生”的记录。她激动得跳了起来，但是仔细查看，新的问题又出现了，由于当时记录的名字与现在用的名字有差异，且早期在农村出生的时间登记得并不完全准确，这条记录并不能马上确定就是袁某的。为进一步核实情况，林滢瑛等女警先后到三个县市开展调查，最终确定该条记录所记载的确为袁某本人，终于帮袁某落了户。袁某的儿子逢人便夸：“遇到难处不要紧，派出所有好民警。”

当警察难，当女警更难。在自身家庭最需要帮助的时候，女警们总有太多的身不由己。每个警察的背后，都有一个坚强的家庭作后盾。2015年7月22日，杨柳的家乡、派出所隔壁的连城县遭受百年一遇的洪灾。正在辖区抗洪的杨柳被灾情惊呆了，想想自家的房子处于低洼地带，赶忙打电话问母亲。“家里没事，你那边要紧。”母亲知道自己的宝贝独生女儿此刻肯定忙得不可开交，为了不让她担心分心，含泪瞒住了自家的住房已被洪水淹到了二楼的险情。由于暴雨过后交通受阻，杨柳在辖区抗洪结束后第三天才赶回家中，眼前的情形让她傻了眼，只见昔日好端端的家已面目全非，全家人正在默默清理房中的淤泥。

女警巡逻服务队被称为“问题学生和失足青少年的知心姐姐”、“孤寡老人、留守妇女的干女儿”、“百万游客的平安天使”，无愧为全国巾帼文明岗、福建省“三八”红旗集体。

在“法制摇篮”成长

古田是“共和国法制摇篮”。古田派出所继承和弘扬红军法制先驱的法治理念，将守护公平正义作为执法活动的生命线，体现在案件办理的全过程、执法活动的每个环节，做到“案件侦办到哪里，规范执法就贯穿到哪里”。

“派出所不搞一言堂，让我们当事人有话说”，这是当地不少群众的切身感受。所里推行案件公开处理群众评议制度，对疑难复杂的治安案件，组织正义感强、威望高的村民进行公开评议，评议结果作为案件处理的重要参考，实现法律效果和社会效果相统一。2015年4月，赤坑村发生一起因纠纷引发的互殴、损坏财物案，双方当事人涉及两户十余人，是多年的冤家对头，冲突愈演愈烈。民警邀请村干部和村民评议员对该案进行评议，就如何解开双方“死结”各抒己见。民警对各方意见综合分析，形成评议结果，再经大家一起苦口婆心劝说，双方终于握手言和。双方当事人都说，派出所花那么大力气帮我们调解，就是为了让我们两家从此世代和睦相处。通过这种公开评议的方法，化解了一批积怨深、持续时间长、疑难复杂的矛盾纠纷，让十年冤家成睦邻。

所里实行执法办案全过程解释告知制，在报案、调查、处理的不同阶段推心置腹地向当事人解释告知，让案件当事人既受到法制教育，又理解公安机关，心服口服接受处理。一次，辖区一名吸毒人员到处找人要债，扬言要报复他人。所里展开调查摸排，却一直找不到嫌疑人。这时，民警找到了嫌疑人的哥哥，向他耐心解释他弟弟的行为有什么危害、为什么要处理以及处理的法律依据。嫌疑人的哥哥终于告诉民警：“我们兄弟俩从小苦出身，心里面我是很不情愿把弟弟交给你们，但你们讲得合情合理合法，我再不配合会良心不安。”在亲情与大义面前，哥哥不再纠结，第二天便带着弟弟到所自首。

他们根据辖区群众白天劳作、夜晚闲暇的特点，发扬红军“夜提灯笼访贫农”好作风，坚持开展“驻村夜访”，倾听群众对执法工作的意见建议。几年前，民警走访时听村民反映“案件是破了，不法分子也被绳之以法，但我的损失没追回来，真是空欢喜一场”。为此，所里想尽办法加大追赃力度，让小案件服务大民生。2012 年 2 月，辖区一头放养在山旮旯的耕牛不见了，牛倌报警是“走失”。到底是走失还是被盗？所里联想到近期全县多个乡镇耕牛被盗，主动报县公安局串并侦查，并派民警林小村进入专案组。经一个多月的调查了解，案件有了眉目。5 月 24 日，专案组从县城驱车 200 多公里，追到厦门高速出口处，当场抓获流窜盗窃17头耕牛的犯罪嫌疑人黄某，从其驾驶的皮卡车上当场追回被盗耕牛 3 头，后经艰苦追赃，被盗耕牛大部分追回。失主之一的旧县镇 73 岁的丘云秀老人专门向林小村等专案民警送锦旗致谢，她说：“这头老黄牛是我的命根子，没了它，农活儿都没法儿干，一家人急得要死。”

“一起错案的影响，比案件破不了要坏千百倍。”在“假如我是一名案件受害者”的换位大讨论中，林小村体恤群众疾苦的发言引起共鸣。该所总结出的执法监督“三项机制”，即“四级内审”制、“执法预警”制和“阳光监督”制，由主办民警、警务队法制员、所内专职法制员和所领导对案件进行层层审核把关，对可能出现的执法问题和隐患及时提出防范预警，对案件及时进行回访，并使用手机短信、微信互动平台进行公开，有效保证了执法办案过程中的公开公平公正，让严格、公正、文明、理性的执法理念深入警心。严格的监督机制和一心为民的执法理念，让全所民警的办案质量精益求精。其中，林小村近三年来自侦及协助县公安局破获各类刑事案件 300 余起，抓获违法犯罪嫌疑人 100 多人，无一错案，当选全市十佳破案能手。

该所连续三届被评为全国公安机关执法示范单位，2015 年 12 月 18 日在全国公安机关“秉公执法 · 人民公安为人民”主题教育活动视频会上作典型发言。

“不关门”的平安小镇

谈起古田的治安状况，集镇红土地饭店老板罗金花赞不绝口：“街上没一个混混，我外出进货、送货有时一去就是大半天，店门也不关，店里的东西从来没少过，连一瓶水都不会少。”

从安溪来到这里开茶叶店的老板李王福说：“有一天晚上回家时我把摩托车放在店门口忘了锁，早上起来时想起这事吓出一身冷汗，结果摩托车安然无恙。这里的车辆停放整齐有序，车头都朝同一方向，治安真没得说，很有安全感。”

无论在集镇还是在最偏远的大源村，无论当地人还是外来人，不关家门、不关店门成为古田百姓生活的新常态，被称作平安建设“古田现象”。

出现这一现象，源于古田派出所传承红军求实创新精神，致力于构建平安和谐的红土警务，敏锐维稳，主动治安，实力应对，做到“治安难点在哪里，社会管理创新就推进到哪里”。

他们精心编织的平安“天网”密不透风，让不法分子无处遁形。

2016 年 8 月 11 日早上，一名中年男子乘公交车进入古田，公交车司机廖师傅是所里的军警民联防志愿者，他发觉该男子形迹十分可疑，待其下车时立即报警。派出所迅速出警，然而男子已不见踪影，民警于是通知各志愿者队伍，布下天罗地网。此时，中年男子想换乘摩托车离开，不料摩托车司机赖师傅又是红土义警，男子吓得撒腿就跑，慌不择路躲进了古田中心小学的后山。中午时分，蓬头垢面、发梢上还夹着草屑的中年男子溜出来找吃的，又被一群校服上佩戴着“平安古田红土小义警”臂章的小学生志愿者发现并报警，饿得头晕眼花的中年男子瘫软在地。经查，该男子刘某系盗窃摩托车网上在逃人员。

这是所里近年来推出的“派出所 + 警务生态圈”治安模式显现成效的一个典型案例。“派出所 + 警务生态圈”实现辖区各片区、各景点、各学校、各企业矿山等生态圈治安防控力量“全覆盖”，涵盖了军警民联防队、围追堵截骨干队、红土义警、红土小义警等总计超过 300 人的 8 支治安志愿者队伍，传达指令一呼百应，产生了“1+1>2”的聚力效果。各群防群治力量力所能及协助派出所开展治安宣传、巡逻防范、打击违法犯罪活动，营造了辖区“社会治安人人有责”的浓厚氛围，缓解了警力不足的问题。所里自编自导的治安、禁毒、消防、交通安全宣传《红土小义警说防范》快板，耳目一新，为群众喜闻乐见，已在全市演出多场。

2014 年初，厦蓉高速公路 A9 标工程途经辖区模坑路段，重型货车因施工需要借用模坑村道，给村民生活、出行带来了不便，双方矛盾随时可能升级，隐患极大。民警第一时间介入，主动向相关部门了解，为多个单位架设沟通联络的“连心桥”，迅速召集施工方与村民到村部座谈，一一制订补偿、应变措施，矛盾及时化解。这是派出所针对古田小城镇建设涉及辖区多个领域，不断遇到治安新情况、新问题而摸索出的提前介入、主动搭桥、公平调解“1+N”治理机制，及时把矛盾化解在基层、消除在萌芽状态。镇里的干群感叹“派出所真心为民，让一切问题归零”。

他们的治安防范宣传内容丰富，形式多样。每月为中小学生上一堂普法教育课、为各村出一期法制宣传板报、向群众作一次法制报告、送一份《平安古田》及《古田警务》月报，开通了一个农村法制宣传网站，组建了一支法制宣传民乐队，掀开了农村普法上门新天地。另外，制作的警民连心围裙和平安餐桌垫走进“农家乐”旅馆，走进千家万户，发挥长久宣传功效。

耕耘不问收获，付出终有回报。近年来，古田的群众安全感满意率始终高达95%以上，案件总量连年下降。2014年刑事案件98起，同比下降35.29%；2015年刑事案件70起，同比下降25.71%；2016年刑事案件同比下降6.67%。治安案件由2014年的157起降到了2016年的61起。

警爱民，民拥警。民警真心为民换来群众将心比心，警民关系像当年军民一样水乳交融。如今，民警通宵达旦设卡盘查，路过的村民会主动停车询问要不要帮忙；赶集的群众会三五成群到所里小坐，为镇上的治安出谋划策；逢年过节，村民们会将青稞、艾叶饭送到所里请民警们品尝；烈日炎炎，群众会自发给执勤民警送凉茶；大寒天，民警到洋稠村调解纠纷，一位老阿婆还把自己取暖的火笼硬塞给民警。

“不忘我是谁，不忘为了谁；永远听党话，永远为人民。”目前，古田派出所有民警18人，文职干部1人，平均年龄还不到30岁。这支极其年轻的红军式警队，牢记习近平总书记在会见全国公安系统英雄模范立功集体表彰大会代表时的重要讲话精神，为了革命圣地的和谐稳定，为了老区人民的幸福生活，为将辖区打造成全国治安最稳定、群众最满意、警队最清廉的红色圣地之一，为实现中华民族伟大复兴的中国梦，撸起袖子加油干，初心不忘再出发。

北极卫士的爱民故事

——记黑龙江省公安边防总队大兴安岭地区支队北极边防派出所

衣向东　毛永温

2017 年 5 月，我来到黑龙江省公安边防总队大兴安岭地区支队北极边防派出所采访。据说那里有漫长的中俄边境线，据说那里有茫茫雪海和茂密的原始森林，据说那里有北极光奇观……我没有去过北极村，以我多年的采访经验，在中国最北端的边防派出所，五月的大雪下面一定覆盖着温暖的故事。

寻找故事

在漠河机场，漠河公安边防大队政委姚进，早就在出站口等候了。姚进是一个标准的帅哥，白白净净的，像个书生。他曾是北极所的所长，对北极所辖区非常熟悉。

北极村是北极乡所在地，北极乡下辖北极村、北红村、洛古河村三个自然村和一个漠河林场，是我国的最北端。这里年平均温度在零下 2.4 摄氏度，历史最低气温为零下 53 摄氏度，无霜期仅 80 天。

我在北极边防派出所院子，见到了教导员牛书磊和所长高军峰，两个人脸上都露出憨厚的笑，笑容里又都夹带着一丝羞涩。

第二天上午，我想先采访教导员牛书磊和所长高军峰。北极所是老典型了，他们一定接受过很多采访。我也不绕弯子，开门见山地说了我要采访的重点，让他们把北极所最惊心动魄或者最感人的故事告诉我。他俩相互看了看，一脸茫然。

我问高军峰：“你来北极所几年了？”

高军峰立即回答：“10年。”

我惊讶地瞅着他那张娃娃脸说：“10年了？我的天！给我讲一个你印象最深、最能感动人的故事吧。”

他想了想，摇头。然后脸蛋上飞起一丝红晕，不好意思地笑了。

我转头问牛书磊：“你先给我讲一个吧。”

牛书磊挠了挠头，说：“最感人的故事……怎么说呢，还真没有。”说完，他也是一脸羞涩的笑。

我也无奈地笑了。这些人，嘴真笨。

气氛突然有些尴尬。一边的姚政委忙说：“书磊，带衣老师去四婶家看看吧。”

牛书磊突然醒悟，跟姚政委简单交流后，决定带我去采访“四婶”。

四婶名叫赵风华，因为男人排行老四，人称“四婶”。据四婶说，最初北极村的村民跟派出所没有多少来往，他们对这些穿着军装的警察，有一种敬畏感，如果有谁被派出所喊去问话，很快就成为村里一个大新闻。80年代初的一个秋天，四婶家从田里收回的粮食，找不到地方晾晒，看到派出所和机动中队的院子有一块训练场地，是用水泥抹的，干净又平坦，嘴上就说：“那地方空着，晒粮食多好呀！”不想她的话，被大伯家的小侄女听到了，小姑娘说话没忌惮，竟然跟派出所的叔叔们说了。当时的所长尚云峰得知后，觉得这件事情虽小，却反映了派出所跟村民的距离。北极村适合晾晒粮食的时间没有几天，四婶家是种粮大户，那么多粮食收回来，如果不及时晾晒，麻烦就大了。尚云峰所长跟机动中队的中队长商量后，让小侄女回去给四婶报信，赶紧把粮食搬过来。

四婶得知派出所同意她晾晒粮食的消息，以为小侄女在骗她。派出所和机动中队的训练场，怎么可能让她家晾晒粮食？后来得到证实后，可高兴坏了。“我豁出脸了，去晒，粮食摊满了他们的操场，弄得他们没地方训练，只能把队伍拉到山里去了。”四婶说。

粮食晒了几天，眼看快晾干了，这天突然刮起大风，乌云借着风力，从远处聚集在北极村上空。四婶和男人急了，跑到操场上拼命抢收粮食，可他们的两双手，怎么也跑不赢天空的云彩，眼见大雨就要落下来。四婶绝望得要哭了，就在这时候，派出所官兵跑来了，去山里训练的机动中队也急行军赶回来，大家一起动手，只用了10多分钟，就把粮食收起来了。看着收起来的粮食和哗哗而下的雨水，四婶再也控制不住自己的情感，哭了。第二天一早，天晴了，官兵们主动上门，又把四婶家的粮食搬运到操场晾晒。

北极村一年四季大多是吃萝卜、冻白菜和土豆，茄子、辣椒和西红柿等蔬菜就成了“奢侈品”。四婶家不但是种粮大户，还是种菜大户，她家门前有一个大菜园子，每年种很多蔬菜向外卖，派出所一直是他们家固定的客户。“粮食事件”后，派出所来买蔬菜，四婶男人像往常一样卖菜收钱，被四婶看到了，就跟男人说：“你赚钱也要讲究点儿吧？多少是多？咱家不差这点儿钱吧？”

男人突然醒悟，有些尴尬，当场表态说：“往后，咱家的菜不卖了，全留给战士们吃。”

对于四婶家的免费蔬菜，派出所自然不能接收，四婶急了，干脆把蔬菜送到派出所门口，往那里一丢。“你们不要，就在那里烂掉。”四婶是个急性子，有些大丈夫的豪气。派出所被四婶感动了，他们接收了四婶的蔬菜，每年在四婶家最忙的秋季，想办法腾出人手去四婶家帮忙。一来二往，派出所跟四婶家就成为一家人了，每年秋收忙时，都会安排官兵帮助四婶家抢收粮食。四婶更不含糊，得知所里有人病了，强行接到自己家里照顾。每逢官兵转业退伍，她都在家里安排送别宴，为派出所解决了不少难题。

今年，四婶又在屋内培育了很多菜苗，屋前那块空闲的菜地也收拾利索了，只等着温度适宜时移栽。虽然现在派出所的条件好多了，吃菜问题也得到了解决，但四婶每年还是要送一些菜给派出所，似乎这样心里才踏实。

在我见到的北极村人当中，四婶算是善于言谈的人，把派出所官兵从头夸到脚，好话说了一箩筐。她拿出珍藏的一本相册，如数家珍地介绍里面每一张照片的来历。不用问，凡是到四婶家采访或者家访的“上面来人”，都翻阅过这本相册。四婶说，就在前几天，有位从派出所复员的士官，在广东打工不开心，觉得混得很差，产生轻生念头，给她打电话倾诉内心的迷茫。四婶听了，先是劈头盖脸“臭骂”他一顿，然后给他讲道理，说爹妈养你不容易，你总不能让白发人送黑发人，你在北极所的时候，那么艰苦的生活都坚持下来了，从来不畏惧困难，当兵的那股劲头哪儿去了？说到最后，那个士官哭了，知道自己做错了，让四婶放心，他一定会好好活下去。

从四婶身上，派出所悟出一个道理：要想完成“戍边”任务，必须跟当地群众共筑“边防长城”。于是，派出所把“爱民”作为中心工作之一，开始挨家挨户走访，了解群众需求，帮助他们解决困难。

北极所管辖的洛古河村，距离北极村100多公里，路况极差。北红村距离北极村126公里，开车往返一趟需要4个小时。大多数群众没有车辆，又不通公交车，到派出所办事很不方便。他们决定在每个村安插一个驻村民警，一些能够现场解决的难题，不再麻烦群众跑北极村了。不能现场解决的，驻村民警集中收集起来，亲自返回派出所解决。无疑，这些便民措施，给群众的日常生活带来极大的方便，深受群众赞赏。

还有很多故事，无疑都是温暖的故事，而且我知道这些故事还会延续下去。只是，它们离我对故事的要求，相差甚远。这些爱民故事，在我们公安队伍中比比皆是，从大江南北的每一个派出所里，都可以找得到。在我的想象中，北极所应该有不同凡响的故事。

下午，姚政委建议我参观一下北极所的荣誉室，说不定能从那些资料和图片中找到灵感。这个主意不错。当即，在牛书磊的带领下，我参观了北极所的荣誉室，里面的奖牌和锦旗很多，资料也不少，但大多数故事都是一些鸡零狗碎的“爱民事件”，平凡无奇。

夫妻警务室

我在北极所采访时，所有的官兵都跟我讲到一个词，寒冷。北极所院子的围墙上，有一行醒目的大字——最偏最远最放心，最北最冷最忠诚。无疑，寒冷是北极所官兵面临的最大挑战。

当我采访完北极所卡点民警张全茂和驻村民警贾晨翔后，我才知道在北极所，寂寞比寒冷更可怕。

洛古河驻村民警贾晨翔，少言寡语，在洛古河待了7年。作为驻村民警，他的事情很杂，几乎没有停下来的时候，但在忙乱和热闹的背后，留给他的是更大的孤独。

在去洛古河采访之前，我翻阅了贾晨翔的资料。洛古河是黑龙江边防总队乃至全国边防战线的聚光之地，贾晨翔囊括了边防战线上的所有荣誉，登上了荣誉的最高殿堂。从2012年至今，我大致罗列了一下：

2012年12月，被黑龙江边防总队评选为“十佳民警村官”和“十佳边防卫士”；

2013年10月，被黑龙江省精神文明建设指导委员会评选为“全省道德模范”；

2014年2月，被黑龙江省公安厅评选为“全省公安系统杰出青年岗位能手”；

2014年5月，被公安部边防局评选为全国边防系统“十大边防卫士”；

2014年5月，获得全国“青年五四奖章”；

2014年6月，被公安部政治部评选为“公安现役部队优秀共产党员”；

2014年8月，被公安部政治部授予“一等功”；

2015年2月，被黑龙江省公安厅评选为“我最喜爱的十大人民警察”；

2015年5月，被全国妇联授予“全国最美家庭”；

2015年8月，被公安部边防局评选为“爱民戍边先进个人”；

2015年8月，被黑龙江边防总队评选为“最美边防警察”；

2015年9月3日，应邀参加“纪念抗日战争胜利70周年”阅兵观礼；

2016年12月，被中央精神文明建设指导委员会评选为第一届“全国文明家庭”，应邀参加中央电视台专访；

2017年5月19日，在公安部召开的全国公安系统英雄模范立功集体表彰大会上，被人力资源社会保障部和公安部联合授予“全国特级优秀人民警察”称号，终身享受省级劳模待遇。

面对着诸多荣誉和光环，我有些疑惑，还要不要再写贾晨翔？他获得的荣誉用“登峰造极”形容毫不为过。如果要写，即使挑选主要事件，至少也要写10万字，而且这些故事大多相似，并被媒体反复宣传过。

然而，要写北极边防派出所，贾晨翔又是一个不能绕过去的重要人物。

哨塔矗立在黑龙江边，大概有六七层楼房高，楼梯是用铁板焊接的，又窄又陡，爬起来很吃力。站到哨塔上观看四周，一览无余，很快就能对洛古河有一个直观的了解。岗楼是普通材质建造的，上部是玻璃结构，基本不保暖。观察哨塔的面积也就4平米，里面有一名小战士站岗，脚下叠放着一件特厚的军大衣，还有一双长筒棉皮靴，是晚上执勤必备的物品。已经是5月13号了，我当时就想，如果是冬季，气温在零下 40 摄氏度，哨塔上的哨兵如何生活？小战士告诉我，冬天他们必须穿两双靴子，也就是说，先穿一双软靴子，外面再套上这双皮靴，还要穿两件棉大衣，即便这样，他们的脚还是冻麻了。

走下岗楼，去了洛古河警务室，是一栋独立的平房，贾晨翔吃住和办公都在这里。警务室距离黑龙江边也就 100 多米，贾晨翔说，冬季风从江面上吹过来，卷着碎雪打在脸上，刀割一般生疼。警务室的东边是边防连营地，西边就是洛古河村。现在常住人口也就八九十人，多是老年妇女，还有七八个光棍。年轻人出去打工了，学龄孩子都去漠河读书了，他们的父母为了陪读，也都在漠河居住。

贾晨翔到田间走访村民

别看村子不大人口不多，但辖区面积竟有780平方公里，中俄边境线29公里，洛古河警务室的重要性不言而喻，可以这么说，它是铆在中国最北端的一颗螺丝钉。

从战略意义上说，必须是一颗永不生锈的螺丝钉。

贾晨翔没来警务室之前，这里的驻村民警三个月轮换一次，不仅麻烦，而且工作缺少连续性。2010年，当时的漠河边防大队大队长尚云峰大胆探索，提出建立“夫妻警务室”的想法，并选中了在韩家园派出所工作的贾晨翔和他的妻子王晓莲。尚云峰曾在北极所当过所长，对洛古河和贾晨翔非常熟悉，事后证明，他的选择近乎伟大。

大队长尚云峰之所以选中贾晨翔，关键点就在王晓莲身上。王晓莲在韩家园那么艰苦的地方一待就是五年，而且夫妻都获得了当地群众的赞誉，他们去洛古河夫妻警务室，简直是绝配。

2010年5月9日，大兴安岭公安边防支队批准了漠河边防大队在洛古河建立“夫妻警务室”的请示。贾晨翔和王晓莲带着五大包行李来到了新盖的洛古河警务室。从这一天开始，王晓莲的身份变成了洛古河警务室协警，月薪1000多块钱。两个人从零开始建设家园，那份艰辛无须赘述。寒冷的冬天，屋里的土暖气需要不停地添加煤块，半夜都不能松懈，一旦熄灭，暖气管就会冻裂。然而无论怎么用心，总有半夜睡熟的时候，暖气管冻裂的事情也就时有发生。

我跟贾晨翔在一起待了两天，很少听到他主动说话，问他什么，就回答什么，你不问，他就沉默。晚饭的时候，我让贾晨翔把村里的老书记和现任书记叫来一起吃饭，想从他们嘴里了解一些贾晨翔的故事，问了半天，老书记只说了一句话：“做到小贾这份儿上，真是不容易！”

现任书记说得更简单：“嗨，小贾？有啥说的！”听他的口气，任何赞美小贾的话都是多余的，小贾近乎完美。

我感觉贾晨翔已经把他的生命融入洛古河村了。他24小时值班，随叫随到，寒冷的冬夜，帮助村民找过牛找过羊，也找过孩子；他帮村里筹款修路，帮村民建造致富大棚，也帮村民打井、劈柈子、盖房子、种地；暑假期间，在外面上学的孩子回到了洛古河村，他和妻子开办了暑假补习班，为在外打工的父母照看孩子……只要他能做到的，都做到了。他其实就是村民的特殊“保姆”。当然，他还要跟边防连一起去边境线巡逻，去江边制止违法捕鱼行为；要去为边防连新兵讲人生理想和生命的意义……

平凡与伟大的距离

姚政委当所长的时候，思路非常清晰，就是爱民戍边，跟群众水乳交融，编织好一张联防的大网，管控好边境线。他跟我聊了一个多小时，我发现很多故事，是多年前已经发生过的，尽管是重复，他们依旧做得很认真。他还给我讲了所长高军峰、副大队长曹友峰等人如何敬业，就是没说自己。

后来我才明白，北极所是他生命中的一个重要站点，只可惜他的故事是不能写的。他有过三次婚姻，至今没有孩子。

的确，公安边防部队战斗在最边远最艰苦的地方，即便姚政委在漠河找媳妇，他也不能一直在漠河工作，他们的流动性很强，说不定过几年，他又去了加格达奇……除非离开部队，转业到地方工作。然而，说到转业，姚政委摇摇头，他热爱这身军装和自己从事的职业，只要部队需要，他就会一直干下去。

2017 年 5 月 19 日，全国公安系统英雄模范立功集体表彰大会在人民大会堂召开，会上宣读了国务院、中央军委授予北极边防派出所“戍边为民模范边防派出所”荣誉称号的命令。命令指出，北极边防派出所官兵长期扎根偏远高寒地区，忠诚履职，无私奉献，积极创新边境地区社会管理，探索建立“镇长、村长、派出所长”三长管边、军警地三方联查管控机制，实现了辖区连续 11 年无涉外事件，15 年无重特大刑事案件……

5 月 19 日晚，我打开电视看《新闻联播》，第一条新闻就是习近平总书记接见参会代表，并同他们合影。当习近平总书记走出来的时候，我一眼认出站在英模代表队伍里的牛书磊，他那身橄榄绿警服非常显眼。总书记跟他握手的时候，似乎握了很久很久。之后，习近平总书记坐下跟英模们合影，我惊讶地发现，牛书磊就站在总书记身后的右手边，是所有代表中位置最显著的一个，没有之一。

对于一个文学创作者来说，我希望北极所发生曲折的案子、不同凡响的故事，但对于北极的群众来说，他们不希望发生那些曲折的案子，只希望安逸平淡的、

公安
POLICE
漠河县公安局
北极边防派出所
POLICE STATION
授予黑龙江省公安边防总队
大兴安岭地区支队北极边防派出所
戍边为民模范边防派出所
中华人民共和国国务院
中央军事委员会
二〇一七年五月十二日

没有故事的生活。

是的，北极没有故事，平淡如水。

平淡的生活，不是天生就有的，是北极所官兵用他们艰辛的付出换来的。大案是一个个矛盾组成的，矛盾是一件件小事堆积起来的。高军峰所长说过："群众的事无小事。"北极所官兵提前把这些小事处理好，避免了矛盾的激化。他们依靠"爱民"这个法宝，跟当地群众建立了鱼水之情，同时跟当地边防部队紧密团结，在祖国北方的边防线上，编织出一张牢不可破的"爱民戍边"防护网。

没有故事，其实是最大的故事。

在没有故事的背后，是北极边防派出所官兵 30 多年来的辛勤付出和忠诚坚守。多年来，这个英雄集体一直默默前行，保持本色，在中国最北端守护着 2380 平方公里的国土和 173 公里的边境线。2008 年，北极所就被公安部和黑龙江省人民政府授予"北极模范边防派出所"和"爱民戍边模范边防派出所"荣誉称号，先后荣立集体二等功 1 次、集体三等功 8 次，7 次被公安部和共青团中央命名为"全国青年文明号"，9 次被上级评为"基层建设标兵单位"。派出所民警范坤义、曹友峰、雷先领等人，先后荣立二等功。洛古河村"夫妻警务室"更是声名远播，驻村民警贾晨翔登上了最高荣誉殿堂。

从表面上看，北极所年复一年，都在重复做着一件事情，重复演绎着一个故事。他们如同建筑工人一样，砌上一块砖，又砌上一块砖，一块砖又一块砖地重复着，到最后堆积起来的是高楼大厦。他们也如同雷锋一样，没有惊天动地的大事，却成为我们学习的榜样，成为这个时代最美的风景！

平凡和伟大之间，其实就隔着一层窗户纸。

他们用平常抒写了感动。

他们用平淡演绎了传奇。

他们用平凡铸就了伟大。

他们用行动向祖国报告——最偏最远最放心，最北最冷最忠诚！

光荣的背后

——记北京市公安局朝阳分局呼家楼派出所民警张帆

吕铮

一

2016年8月的一个午后，北京市朝阳区繁华的街道上车水马龙、人声鼎沸，气温已经飙升到了38摄氏度，金台夕照地铁口前人流涌动。张帆带着老傅等三四个便衣保安随着人群从地铁口走了上来。这六年来，岁月并未在他的脸上留下过多印记，只不过在他的眼神中多了几分不易察觉的沧桑。他穿着便服，看起来和常人无异，只是左臂上戴的一个黑色棉套袖似乎与这个季节格格不入。他一边走一边观察着距地铁口不远的路旁——那里正聚集着三辆载客的摩托车，在招揽乘客。

入夏以来，呼家楼地区的黑摩的又有抬头之势。所谓“黑摩的”，就是没有驾驶证、行驶证和运营牌照的三无人员驾驶的非法运营摩托车。在附近违法运营的黑摩的主要有两种：一种是电动的半封闭“红棚子”，一种是烧油的全封闭“铁皮”。相比之下，烧油的“铁皮”马力足、冲劲大、刹车系统迟缓，在马路上肆意妄为，危害更大。为此，呼家楼派出所召开了紧急会议，要严打此类非法运营行为，张帆就是行动的负责人。但是，在近期的工作中，保安接连反映，在金台夕照地铁口附近有一个“难啃的骨头”：大崔。大崔人高马大，有着多次前科劣迹，是个“几进宫”的“老炮儿”。他不但带头抗拒执法，还几次驾车冲撞保安，行为十分恶劣。于是，张帆便把大崔作为工作的重点——他就是要擒贼擒王，以儆效尤。

此次行动，张帆带了四个民警和六个保安。为了不打草惊蛇，他故意带人从地铁里走了出来。张帆边走边拿着手机，佯装打电话。同时，他冲老傅使了个眼色，于是老傅便带着几个保安，随着人流从旁边兜了过去。张帆定了定神，直奔面前的一辆黑摩的而去，那就是他要对付的主角：大崔。

大崔此时正坐在“铁皮”里，敞胸露怀，一说话脸上就带着不屑。他一看见张帆，便赶忙张罗了起来。

“哎，哥们儿，去哪儿啊？给油儿就走，快啊！”

张帆收敛着眼中的锋芒，平静地问道：“朝阳北路去吗？”

“朝阳北路是哪儿啊？来来来，上车再说！”大崔一看，有了活儿，便来了精神。

“大悦城，多少钱？”张帆一边说，一边向大崔靠近。

“二十。比出租车快，比走路舒坦。”大崔嬉皮笑脸地说着，被张帆吸引了注意力。

张帆借机走到了大崔身旁，用右手扶住了他的车把。大崔一愣，顿生警惕。正在这时，他后面可炸开了锅。原来是老傅他们几个人动了手，两个人一组将大崔身后的两辆“铁皮”拿下了。大崔一看就慌了，想推车逃跑，不料车把已被张帆死死地按住了。

“警察！别动！”张帆大喊。

大崔慌了，知道今天自己是走麦城了。但是，他却困兽犹斗，根本不理会张帆的警告，反而更加用力地将“铁皮”向外推去。

“我让你别动！”张帆也急了，用身体挡住了大崔。不料，大崔像疯了一样，一侧身便钻进了铁皮棚子，猛地拧动了车钥匙。“铁皮”顿时嘶吼起来，向着张帆冲了过去。张帆侧身闪过，用力一拉车门，钻了进去。

老傅实在是没想到，张帆竟然钻进了“铁皮”，大声喊着：“哎哟，快出来啊！危险！”

但是，大崔却一点儿也没有要停的意思，而是给足了油，让“铁皮”疯了一般地在路上横冲直撞——他就是想让车里的警察尝尝自己那股亡命之徒的狠劲儿。

午后的街上人潮涌动，“铁皮”疯狂地左突右撞，周围的车辆和行人慌忙避让，路面一下子便陷入了混乱。“铁皮”后面敞着的门随着车辆的颠簸一张一合，张帆在里面左右晃动，随时有被甩出去的危险。但是，他已经顾不上这些了。他用右手紧紧地抓住车里的把手，试图用左手去拽大崔。可是，大崔一身牛劲儿，根本不为所动。

老傅驾车追赶，但是“铁皮”速度极快，一时半会儿地追不上。车越开越快，就要到前面的红绿灯了。张帆紧张起来，知道一旦出现事故，后果将不堪设想。他见左手不行，就索性把右手伸向前去。没想到，大崔一个急转弯，险些把他甩到车外。张帆把牙一咬，猛地扑向大崔，用尽全身的力量勒住了他的脖子。同时，他用力在车里左右晃动，“铁皮”顿时失去了重心，随着左右摇摆起来。

太危险了！此时，“铁皮”离红绿灯越来越近。追在车后的老傅也急了，一打轮便冲到了“铁皮”前头。只听“咚”的一声巨响，“铁皮”栽倒在一排公共自行车架子前，玻璃碎了一地。从金台夕照到京广桥，仅仅一分多钟的时间里，黑摩的竟然狂奔了三四百米。要不是张帆及时将其晃倒，说不定会出什么事呢！

老傅赶忙跑了过去，将张帆和大崔从碎玻璃堆中拽了起来。两个人真是惨啊，手上、脸上都挂了彩，被碎玻璃划出了好多血道子！

“怎么着，还跑不跑了？”张帆刚缓过神儿来，就一把拿过铐子，三下两下就给大崔戴上了。

“行……你够狠……我……我服了……”大崔双眼通红，终于认了栽。

“不服行吗？在呼家楼这片儿，你就得服警察！”张帆说罢，老傅就把大崔带上了警车。

大崔被押回了派出所，而张帆却蹲在了路旁，用右手捂住了左手，默默地颤抖着，汗水浸湿了衣服。

老傅叹了口气，拿出几张纸巾递给了张帆。他犹豫了一下，还是忍不住说：“帆子，这次我可真得说你。你太猛了，为抓个开黑车的这么玩儿命，不值当啊！”

张帆用纸巾擦着手臂上被玻璃划出的血，故作轻松地回答：“没事儿，一点儿小伤。”

“小伤？你这左手的伤是小伤吗？你忘了六年前……”老傅欲言又止。他长长地叹了口气，站起身来，拍了拍张帆的肩膀。

张帆躲开了老傅的眼神，默默地叹了口气。他知道，如果刚才自己的左手还能发力，没准儿就能及时制止大崔的疯狂举动了。但是现在，他的左手已经今非昔比了。他默默地摘下左臂上的棉套袖，看着那道长长的伤疤，不禁又回想起了六年前那个刻骨铭心的瞬间……

二

六年前的那个夏日，凌晨一点，张帆在与持刀抢劫犯罪嫌疑人的搏斗中，身中数刀，血洒现场。他左手的主动脉被割断，腹部被切开，但还是以超人的毅力和战友一起抓住了犯罪嫌疑人。被送往医院之后，张帆经过连续十个小时的抢救，才脱离了生命危险。但是，由于伤势过重，他的左手落下了残疾，至今几个手指都没有知觉，手掌也无法外翻。要知道，他那时还不到三十岁啊，家里家外都要靠他一个人支应！在抢救中，由于腹部多处中刀，部分小肠裸露在外面。为了手术方便，医生要剪开他的警服，但张帆在昏迷之际仍然要求医生不要剪他的警服。医生无奈，只得把那件血染的警服艰难地从他身上脱了下来。

经过漫长的康复期，张帆的伤势得到了缓解。但是，他的左臂大动脉被尖刀割断，造成左手血流不通、异常冰冷，于是他便长年戴着厚厚的棉套袖来保护左臂。时至今日，他腹部和左臂上的疤痕依然会让人感到触目惊心。

三

在审讯室里，张帆见到了已被戴上手铐的大崔。大崔的伤口已被妥善包扎，但眼睛里依然是那股牛劲儿。张帆的徒弟小梁子见状，起身把自己的凳子让给了张帆。

张帆并没有坐，示意小梁子继续审讯。他走到大崔面前，直视对方的眼睛。

“知道为什么把你带到这儿来吗？”他问。

大崔故作不屑：“能不知道嘛，也不是第一次了！”

“知道就好！我告诉你，你的行为已经违反了《治安管理处罚法》，我们将对你执行拘留。长点儿记性，以后别再干了！”张帆说。

“不干？不干我吃什么？我也是为了活着。为了活着，我可以不要命。”大崔的口气一点儿也不软。

张帆见状，苦笑了一下，又低头凑到了大崔面前：“我当警察也是为了活着，但人要想好好活着，得懂得遵纪守法。我惩处违法犯罪，也可以不要命。”张帆说得也很硬气。

大崔盯着张帆的眼睛，渐渐有了惧色：“行，你够狠！我以后不在这一片儿干了还不行？”

“你到哪儿都不能干！等你出来以后，找我，我给你找个踏实的活儿吧。”他说道。

大崔一怔，看着张帆的眼睛，眼神中渐渐流露出了软弱。

张帆冲小梁子努了努嘴，离开了审讯室。

从那以后，呼家楼地区的黑摩的就明显减少了。开黑车的都知道不要命的大崔被“办了”，因为派出所有个不要命的警察，而这个警察正是六年前舍命擒贼的英雄民警——呼家楼派出所第一警区的警长张帆。

四

一周前，我接到公安部宣传局的命令，去采访呼家楼派出所第一警区的警长张帆。在采访初期，我还有些犹豫，因为张帆七年前搏命擒贼的事迹已经广为流传，他早已被戴上了英雄的光环，而七年间时光飞转，如今再提已不是热点了。于是，我便拿着公安部和北京市公安局的介绍信，来到张帆所在的派出所，来到他的警区，想先听听身边人对他的评价，从一个普通北京警察的视角去观察张帆、走近张帆，还原一个真实的派出所民警。

张帆，现任北京市公安局朝阳分局呼家楼派出所第一警区警长。2010 年在勇斗持刀歹徒的过程中身负重伤，被定为七级伤残，荣立“个人一等功”。2016 年 5 月，被评为北京市“人民满意的公务员”，2017 年 5 月，被评为“全国特级优秀人民警察”……

保安队长老傅四十五岁，留着寸头，皮肤被阳光晒得黝黑，说起话来粗声大气，多年的抓捕练就了他粗犷的性格。在他看来，张帆挺猛，够爷们儿，是个能靠得住的警长。他拿出一支“中南海”，在腿上磕了几下，才拿出一个廉价打火

机来把它点燃。他一张嘴，牙齿已是烟熏的颜色。他健谈，时不时地抱怨身旁的热水壶烧水太慢。

“小吕，你别看呼家楼派出所只管辖了2.8平方公里，但这可是CBD的核心区啊！这里外来人口多、交通客流大，可不好管。”老傅说起话来，有点儿派出所所长的劲头。

我笑着让他言归正传说张帆，于是他便认真起来。“就我刚才说的那次，多悬啊！先不说帆子左手伤残，就是一般人弄这个案子，也得琢磨琢磨自己的安全啊！”老傅轻轻地摇了摇头，“他干事儿啊，太认真！”

“太认真？”我重复道。

“是，太认真。我在他手底下干活儿，觉得跟着他是真累！别人能‘闪’的事儿吧，他肯定不‘闪’，甚至有些事儿都是他自己找来的。”老傅笑了笑。

“那你觉得张帆的这种做法是对还是不对？”我问。

“当然对了！他是所里的典型，是你们警察里的英雄。这么多年了，他一直这么干。唉……”老傅叹了口气，“就是难为他的家人了。”

我知道老傅说的都是实话，我想听的也是实话。我不希望采访出被夸大的英雄，而是想真真正正地还原一个真实的北京警察。

我一边和老傅聊着，一边想问一个问题："老傅，你觉得冲张帆的这种性格，如果七年前的事情再来一次，他会怎么样？"但是，话到嘴边，我却忍住了没问。我想，采访工作也许和警察日常从事的询问工作一样，是不应该有明确指向的，那样会误导被采访人的叙述。于是，我继续听他聊着，听他顺其自然、滔滔不绝地说着张帆的故事。聊着聊着，刚刚工作归来的裴副所长走了过来。他一听我在采访张帆的故事，便主动加入到了其中。经过警察间的"盘道"、"寒暄"之后，他们自然显露出了对我非同一般的支持。

裴所长是主管打击的副所长，消瘦、中等身材，精干果断、做事利落，说话不多但用词准确。他的电话似乎永远不停，对派出所的工作总能在最短的时间内作出判断、提出方案，是典型的在基层摸爬滚打出来的领导。看得出来，连日的加班让他略显疲惫，但眼睛里却有着坚定的自信。

"现在帆子不仅是一警区的警长，还是我们所'天眼'工作小组的重要成员。"裴所长认真地对我说。

"'天眼'工作小组？就是呼家楼派出所的王牌吗？"我问。

"是啊，我现在主抓这个工作小组，而张帆就负责'天眼'监控下的抓捕工作。"裴所长说。

"抓捕？"我轻微地皱了皱眉，"他手上带着伤，还要负责抓捕？"

裴所长点了点头，喝了一口水。"我不知道你跟张帆接触得多不多啊！他可不是悬摆浮搁的英雄品牌，而是实实在在干事儿的人。去年一年，我们所凭着'天眼'系统抓了二三百人，帆子可是功不可没。他这个人吧……"裴所长停顿了一下，似乎在找一个恰当的名词，"你要是不让他干，他可受不了。他确实喜欢这个工作，或者说是——热爱。"

我点了点头，用笔在白纸上记录下了"热爱"二字。

"帆子七年前受伤之后，康复了十个月的时间，然后便主动回到了派出所。刚开始，所领导为了照顾他，让他干了一段社区民警的工作。但是，他还是耐不住寂寞，主动要求回到治安岗位，抓差办案。后来，他还干起了一警区的警长。刚才我听老傅跟你说了抓大崔的事儿了，其实他玩儿命抓人的事儿还有很多。就拿去年在东大桥抓黑摩的那次来说吧，帆子按住了一个穿黄色大衣的黑摩的司机，还夺下了一把菜刀呢！”裴所长点着头，表示这件事是重点。

我从这几位同志的嘴里得知，张帆在2010年8月受伤之后，在医院里整整康复了十个月。他的伤情远比大家想象的要严重。为了尽早让他那受伤的左手康复，妻子每天都要带张帆从门头沟的家中到丰台的博爱医院进行治疗。紫外线照射、电极刺激、阻力助力训练、针灸治疗……张帆忍受着常人无法体会的痛苦。但是，他的性格非常阳光，积极配合治疗，努力做着康复，在初步得到缓解之后，便回到了派出所的工作岗位。按他的话说，在家太无聊了，想哥儿几个了。

但是，离院之前的医嘱却是冰冷残酷的。张帆受伤的左手被定为七级伤残，部分功能缺失，要防止过冷过热，手心不能向上，要杜绝用力和再受伤。但是，这些注意事项在张帆恢复工作之后便被逐一打破了。裴所长又打开了话匣子，向我讲起了那起案件。

2017年春节后，呼家楼派出所陆续接到群众举报，说在朝阳医院门前有一群骗子，拿松子当道具强买强卖。民警刚接到举报电话的时候，并没有过多地在意。经过初步了解，得知这是客户到商贩那里买松子时发生的事情。刚开始问价的时候，商贩说是二十元，于是客户便让卖家称重，不料结算时商贩变了脸，说是二十元一两。客户自然觉得贵，想要反悔，于是商贩就仗着人多势众威胁客户，不买不行。张帆对这件事很上心，于是将这些线索带到了“天眼”工作小组。

派出所的“天眼”工作小组一共有三个主力：负责人是裴所长，后台监控是张帆的第一任师父老徐，外出抓捕则由张帆负责。张帆做事认真、较真，一旦认准了就非办好不行。他和老徐窝在监控室里整整一天，终于从“天眼”系统的监控录像中发现了这伙嫌疑人。同时，张帆亲自带人走访报案人并且到现场附近侦查，要求保安人员通过视频监控这伙人的动向。果不其然，这伙人自以为手段高明，仍在继续疯狂作案。

经过视频侦查，弄清了这伙人一共有十三个。他们在朝阳医院门口的便道上三个人一组，支了三个卖松子的摊儿，每组由一个人负责卖货、两个人当“托儿”。其他人分散在各处望风，一旦发现城管和警察，便迅速收摊儿，逃之夭夭。据几个被害人反映，他们在松子摊儿上插了一个招牌，上面写着宣传语“红松子，提神醒脑、延缓衰老”，下面写着大大的“二十元”。一般买松子的客户是以老人为主，在问及价格的时候，统一回复“二十”，于是便认为是二十元一斤。这时，商贩会进一步忽悠，告诉客户左手边的是“红松子”，价格三十元；右手边的是普通松子，价格二十元。为了促销，两种松子混在一起，可以统一以二十元出售。这时，客户便会上当，会认为混在一起购买能占便宜，于是便会让商贩将两种松子混在一起称重。于是，他们便会将两种松子混在一起，在称重后向客户宣称松子是二十元一两。客户提出异议后，他们便会拔出插在松子里的招牌。原来，在大字“二十元”的下面，竟然有一行小字“二十元一两”，这显然是一个圈套。一旦客户反悔，他们便会以两种松子已被混在一起为由，逼迫客户购买。同时，旁边的“托儿”和望风的其他同伙也会围堵恐吓。于是，许多老人落入了圈套，买一斤松子就被骗了二百元。拿回去一鉴定，什么“红松子”啊，就是批发市场最普通的松子而已！

群众受到了损失，警察就得上。张帆在摸清情况之后，于次日派出所早点名之后，向裴所长进行了汇报。

“裴所，到现在为止，已经发生了四五起……被骗的都是老人。诈骗金额少则几十元，多则上千元。刚才我到徐师傅那里去看了，那伙人正在朝阳医院门口呢。怎么着，干不干？”张帆满眼都是兴奋。

裴所长看着张帆的眼睛，知道他已经进入了警察抓贼的状态。“干，当然！组织警力，马上就干！”裴所长也进入了工作状态。

这次抓捕，以第一警区和第四警区的警力为主，外加由保安队队长老傅带领的八个保安。在裴所长的组织下，大家开了个简短的抓捕工作会。九点半左右，他们统一换上便服，赶往现场。按照工作方案，徐师傅负责在监控室用“天眼”系统进行监控，固定犯罪嫌疑人强迫交易的证据，实时通报团伙的动向。四警区的郑警长负责对被骗群众进行现场取证，而张帆则负责组织现场抓捕。

春节后，天气阴冷，路旁的树枝光秃秃的，没有一丝生气。张帆穿着棉衣，带着人赶到了朝阳医院附近。他干起活儿来可不含糊，不一会儿就锁定了目标。远远地，那帮人正分别在三个摊上寻找“猎物”。张帆没有马上动手，而是让众人分成几组，分别在四周蹲守，等待时机。他独自走到附近的一个花池旁，佯装玩手机，视线却逐一扫过那些嫌疑人。一个、两个、三个、四个……张帆看到一个四十岁左右的嫌疑人正在向一个老头儿推销松子。五个、六个、七个、八个……另一个摊上的女嫌疑人正在左顾右盼，观察周围的情况。九个、十个……十三个，另外几个人见老头儿反悔了，纷纷围了过去。这时，张帆的手机响了，是徐师傅打来的电话。

“帆子，嫌疑人齐了啊！”徐师傅在电话里说。

“嗯，我明白。十三个嫌疑人都在。再等一会儿，再多几个能证明的人，我们再动手。”张帆想做足了证据。

果不其然，不到一个小时的时间，“松子团伙”便已经坑害了三位老人。几位老人离开现场之后，郑警长让人把他们带回了所里，制作了笔录。十点半左右，抓捕的时机终于成熟了。

张帆走到稍远的地方，用右手从口袋里拿出调至静音的对讲机，轻轻地呼叫着：“二组、三组，从后面包抄！一组跟着我，上！”

随着他的一声令下，众人立即向目标围拢过来。保安队队长老傅一马当先，冲到了张帆前头——他可不想让张帆这个猛将再有受伤的危险。说时迟，那时快，眼看着还有不到二十米的距离了。突然，一辆城管车从远处驶了过来，医院门前的摊贩一下子炸了锅。“松子团伙”警醒了，十三个人作鸟兽散。

坏了！张帆的脑袋里“嗡”的一声。冷风吹在脸上像刀刺一般，但他还是冒出了冷汗。他拿出对讲机，立即制止了抓捕行动。“停！往回撤！”他知道，现在嫌疑人已如惊弓之鸟，加之医院门前人流涌动，如果贸然抓捕，成功率会很低。三个抓捕小组立即后撤，不一会儿便退回到了初始位置。

“唉……真是背，正好碰见城管在巡逻。”老傅走到张帆身旁，轻声说。

“没事，还有机会。”张帆轻声回答。他用余光扫了一下医院门前，见刚才的那伙嫌疑人并没有全部撤走，而是留了一男一女在门前望风。他想了想，掏出手机给城管队的副队长老李拨了个电话：

“喂，老李啊！尾号‘3176’的车是不是你们队的？哦，是这样，我们在搞一个案子，能不能先让你们的人撤一下？嗯，好，好，谢了啊！”

城管的老李果然雷厉风行，不到五分钟，城管的车就撤了。于是，张帆安排大家继续蹲守。不一会儿，两个卖松子的摊又支了起来。

“一、二、三、四……”老傅眯着眼睛数着人数，“一共九个人，抓不抓？”他转过头来看着张帆。

“抓！”张帆果断下令。还没等老傅反应过来，他便第一个冲了上去。

三个抓捕小组立即呈合围之势，使得现场的五男四女全部落网。民警扣押了他们的手机，把这伙人分别带上了警车。

张帆走到那个四十岁左右的男子身旁，厉声问：“说，其他人去哪里了？”

那人转头看着张帆，眼睛里全是无辜：“我，不知道啊！你说的是什么人？”

张帆一看他的眼神，就知道他是个老手，便不再与他纠缠，准备先带他回所审查。这时，他的手机又响了，徐师傅打来了电话。张帆迅速接起了电话，一边听一边皱起了眉头。他向老傅做了个手势，示意他先别上警车。他边听边指挥着老傅，让他和三名保安留下。原来，负责“天眼”监控的徐师傅刚刚在视频中发现了一个偷车贼。此时，那个偷车贼正推着盗窃的自行车要从朝阳医院的后门离开。好家伙，这不是搂草打兔子——送上门来的买卖嘛！

张帆没有挂断电话，而是直接带着老傅等人按照徐师傅的指令步行前往朝阳医院后门。他走了一个捷径，横穿医院的大厅，以最快的速度赶到了后门附近。没想到，他经过大堂时，竟有了意外的发现：刚才那四个漏网的嫌疑人，此时正坐在医院大厅的长椅上往医院门口张望呢。见此情景，张帆差点儿乐出声来。他冲老傅做了个手势，便与其他同志一起迅速将这几个人拿下了。他们用剩下的两副铐子给四个人来了个“花式铐法”。真应了那句话：踏破铁鞋无觅处，得来全不费工夫！

“徐师傅，沾您的光，剩下的四个人找到了！”张帆忍不住笑出了声。但是，他没有停止脚步，而是和老傅一起，继续奔赴偷车的现场。

“帆子，那个贼在你和老傅东边一百米左右的位置，正推着车走呢，看见了吗？”徐师傅在手机里喊着。

张帆按照徐师傅所指的方向搜索着，立即发现了目标。那个偷车贼穿着一件灰黑色的羽绒服，戴着一顶棒球帽，正推着一辆白色电动自行车向前走着。张帆和老傅立即加快了脚步，冲着偷车贼追了过去。但是，那个贼很精，并没有推着电动车继续走大道，而是一转身进了中纺里小区，准备抄近路离开。张帆知道，一般的偷车贼都是奔着电动车的电瓶去的，没准儿在小区内就有他的逃跑工具。

“徐师傅，他进小区了，您能看到吗？”张帆通过电话问。

“没问题，咱们的‘天眼’三百六十度无死角。”徐师傅显得非常自信，“帆子，你们进小区后向右转，看到一辆红色汽车后，在前面的路口左转，就能看到他了。他现在离小区的北门还有不到二百米的距离，咱们的人已经过去接应你们了。”徐师傅在监控室里遥控着。

张帆听后，快速跑了起来。他和老傅一前一后，按照徐师傅的指令再次锁定了偷车贼的位置。但是，与此同时，偷车贼也发现了他们。小偷与警察的较量再次上演了。偷车贼一看不妙，一撒手就扔掉了赃车，低头猛跑。

“不许动！警察！”张帆大喊起来，和老傅一起加快了奔跑的速度。警察抓贼，一旦行动了就不能失败。张帆铆足了力气，逐渐与偷车贼拉近了距离。这时，他左手的伤口又疼了起来。但是，他已经顾不上这些了。此刻，他的目标只有一个，那就是将嫌疑人绳之以法。

偷车贼看上去只有二十岁出头，体力胜张帆一筹。他使出了吃奶的力气，冲着小区门口猛跑。他知道，一旦到了繁华的街头，逃亡的概率就会增大。他未曾料到，就在他距离小区门口只有二三十米的时候，突然有一辆警车冲到了小区门口——派出所的民警和保安在守株待兔。偷车贼一下就惊呆了，立即停住脚步，想要回身再逃。此时，张帆已经跑到了他的身后，一个“锁脖”将他摔倒在地。

这一仗打得十分成功，不但把十三名强迫交易的嫌疑人来了个“连锅端”，而且捎带着拿下了一个偷车贼。

“不错，真不错。抓十三个还送一个，这买卖做得不错。”我笑着说。

“是啊，要不说张帆是福将呢！”裴所长调侃道。

在张帆和战友们的努力下，“天眼”工作小组将这个犯罪团伙一网打尽，十三名犯罪嫌疑人全部被依法刑事拘留。

惊魂时刻

——记天津市公安局北辰分局治安管理支队副支队长吴健和

李晓重

如果不是2016年11月14日晚上的突发事件，天津市公安局北辰分局治安管理支队副支队长吴健和肯定会出现在另外一个地方。这个地方是治安管理支队蹲守了很久的一个犯罪嫌疑人的窝点，警方会在这天晚上进行收网抓捕，而负责指挥行动的，就是吴健和。

这天晚上，女民警牛红媛照例在下班后回家，给同为民警的丈夫做饭。当天，她的丈夫在派出所值班。她知道他的肠胃不好，特意做好了面条，准备给他送到单位，让他吃得顺口一些。

天津市公安局的办公大楼像往常一样灯火通明，各个部门都在有条不紊地忙碌着，往来穿梭的脚步声快而不乱。值班的人们在分析、梳理着交接班后的各类信息，为第二天的工作做着准备。

同样是在这天晚上，在天津市北辰区宜白路与三千路交会处的今日家园小区，刚吃完晚饭的人们不顾初冬的微冷，三三两两地走出屋门，来到小区外散步或者抽烟、聊天。小区内“大发烟酒批发店”的老板娘盘点着白天进店的货物，核算着这一天的收益。她的小女儿因为还没有吃饭，吵着让妈妈给她做饭吃。老板娘顺手拿起货架上的火腿肠递了过去，告诉孩子等自己忙完就给她做饭吃。

一切都如平时那样波澜不惊，归于平静。但是，这平静的一切，都被一个叫陆色喜的人的出现给瞬间打破了。

陆色喜是广西人。他漂泊到天津的原因很简单：在原籍欠下了十万多元的赌债。他跑出来躲债，并想找个机会抢劫一家商铺，以偿还欠款。几天下来，他不停地踩点、寻找，最后把作案的地点定在了大发烟酒批发店。事后，办案民警问他为什么选择这家烟酒批发店，陆色喜回答说，他躲在远处细心地观察了好几天，发现烟酒店每天进出的货物不断，交易双方大多用现金结账，所以他推断店里肯定有大量的现金。而且，平时只有老板娘带着两个孩子在店里，所以他把邪恶的目光投在了一男一女两个孩子的身上。首先要对付的是那个胖胖的男孩。为此，他准备了一把长长的尖刀，揣在怀里。男主人驾车离去之后，他深深地呼出一口气，压抑住心里的紧张情绪，朝着烟酒批发店的大门走了过去。

大发烟酒批发店的老板娘压根儿就没正眼看过走进店里的陆色喜。他穿着一身打工仔的“标配”，戴着一顶黑色帽子，脸上罩着个口罩，满嘴的外地口音，要买盒最便宜的烟。老板娘想都没想就把手伸向了十块钱以下的低档香烟区。就在陆色喜把手探进怀里，佯装掏钱时，小女孩举着火腿肠走到了他跟前。平静瞬间被寒光打破了，陆色喜从怀里掏出预备好的尖刀，猛地抱起女孩，用刀抵住她的脖子，然后冲着老板娘大声吼道："给我钱！给我两万块钱！"老板娘被这突如其来的变故惊呆了，停了好久才用颤抖的声音说："我给钱，我给钱，你把孩子放下……"陆色喜没有理睬她的话，反而将尖刀更深地抵进了女孩的脖子。老板娘手忙脚乱地打开钱柜，将所有的钱倒出来，递了过去。陆色喜目测柜台上的钱离自己的要求相距甚远，随即吼道："这点儿钱不够！我要两万！"老板娘哀求道："店里的钱全在这儿了，剩下的都是货物了。你拿钱走，把孩子给我留下吧。"陆色喜指着老板娘，凶狠地说："你现在去拿钱！半个小时不回来，我就杀了她！"

惊慌失措的老板娘跑出烟酒批发店，回头看了一眼，见陆色喜拉上了卷帘门，便急忙跑到拐角的地方拨通了110报警电话。这个时候是2016年11月14日晚上七点。

接警后，天津市公安局立即启动应急预案，并迅速调集刑侦局、交管局、技侦总队、图侦技防总队、北辰分局及武警天津总队第六支队等相关警力赶到现场处置。副市长、市公安局局长赵飞第一时间赶到市公安局110指挥大厅部署警力，科学决策，通过图传设备全程指挥调度。天津市公安局副局长顾玉健、薛广庆也及时赶到现场，迅速组织相关单位研究制订处置方案，并成立了案件处置工作组。参战民警迅速封锁了现场，疏散了往来的群众，通过视频实时传输车及时传输现场情况，并且及时对被害人和犯罪嫌疑人的身份进行核查，收集和固定所有证据。一切都在紧锣密鼓地悄然进行着，可就在这个时候，从烟酒批发店里传来了让所有现场民警都吃了一惊的消息：陆色喜通过店里的固定电话对外喊话，让公安民警五分钟内撤离现场，否则就杀死人质。

这个消息太让人感到意外了。先别说公安民警在现场的布置都是隐蔽和保密的，就说隔着一层卷帘门还有外面一道门的陆色喜，怎么会看到外面的世界呢？现场指挥部立即展开了调查，同时叫来了烟酒批发店的老板和老板娘，详细地询问了烟酒批发店里的布局和设施。老板的叙述让所有在场的人员恍然大悟，原来陆色喜是通过店里的监控设施看到外面的情景的。这个烟酒批发店除了里面有两个监控探头外，老板还在门口设置了一个探头，目的是盯着门口的停车位，好不被别人占去。

现场指挥部迅速调动技术部门赶来处理，一边通过喊话和陆色喜沟通，一边及时地分析出探头的位置和里面能观察到的情况。最后得出的结论是，陆色喜看到的只是几个小区保安来回跑动的影像，公安民警大面积的部署不在探头的覆盖范围之内。但是，即使这样，这个探头也是个隐患。指挥部的同志们经过紧张的研判作出决定，利用技术手段干扰探头对外采集的画面，切断陆色喜那边的窥视孔。

吴健和接到命令赶到现场时，迎着他走过来的是几位市局和分局的领导。他还没开口说话，就接到了指令：迅速熟悉情况，换好便装，几分钟之后上去谈判。自己的身份与能答应的条件需要随机决断，目的就是观察好屋内的情况，给随后赶来的谈判专家争取时间。领导问："有没有信心完成这个任务？"吴健和想都没想，张嘴就说："我有信心，肯定完成任务！"这种自信来源于多年的一线工作经历，来源于丰富的工作经验。从部队转业到公安队伍之后，吴健和到过刑侦、预审、治安等各个岗位，在每个岗位上都干得有声有色。担任治安管理支队副支队长的他，多年来负责接待群众信访和维护辖区稳定，积累了很多实战经验，口才自然是没的说。关键是，他有一颗超级稳定的心脏，有着超强的心理素质，有着临危不惧、临危不乱的胆识和随机应变的能力。吴健和迅速熟悉完案情之后，立即给自己定了个位。在征得领导的同意后，他决定以孩子大伯的身份去接触陆色喜。所有事情都安排停当了以后，吴健和整了整身上的衣服，头也不回地冲着烟酒批发店的大门走了过去。

屋内的陆色喜被卷帘门外的吴健和吓了一跳。他的第一反应就是紧紧地抱住怀里的女孩，用尖刀顶住孩子的脖子。他朝吴健和喊道："你是谁？你就在门口，不许进来！再往前走一步，我就捅死她！"吴健和弯下腰，冲陆色喜张开手示意，并顺势将卷帘门往上抬高了几寸，然后对他喊道："我是孩子的大伯，你别冲动啊！你拿着刀比画，我看着眼晕。"说完这句话，他又朝瞪着惊恐的眼睛的女孩喊道："小雨，你别害怕，别乱动啊！大伯给他钱，跟他商量，让他放了你。"吴健和的这句话包含着好几层意思。首先，就是要稳定住惊恐中的女孩，不让她开口说话。孩子是天真的，万一张嘴拒绝承认自己这个大伯的身份，那么所有的努力就都会化成泡影。其次，就是要向嫌疑人陆色喜表明身份——他不是警察，只是孩子的亲属。第三，也是最重要的一点，就是"我是来跟你商量解决问题的办法的，我是带着钱来的"。陆色喜的情绪依然很激动。他左手紧紧地搂住孩子，右手持刀顶在孩子的胸前，对吴健和说："你别动！把卷帘门放下来，不许再往前走了！”吴健和边示意对方不要激动，边将卷帘门放到了离地面半米高的地方。他就地坐下来说：“兄弟，咱们俩说话，我得让你看得见我啊，要不怎么交流呢？你可千万别激动，别伤着孩子。你提出任何条件，我都能跟你谈。”陆色喜见吴健和隔着卷帘门坐在地上，对自己构不成威胁，才又喊道：“给我找一辆车，找个女司机——不许是男的！再给我预备两万块钱！你听见了吗？”吴健和隔着卷帘门答道：“我给你找，我答应你！可是，你千万别伤着孩子！你得让我看见孩子……”两个人一来一往地隔空喊话，互相比较着定力，考验着意志。吴健和趁着跟陆色喜交流的机会，仔细地观察了店里的陈设和环境。半个小时后，吴健和借口和家里人商量拿钱的事，一瘸一拐地离开了烟酒批发店门口。他一转身，飞速地跑回了指挥部，向各级领导进行了汇报。

现场指挥部根据吴健和反馈上来的信息，提出了“不能让孩子离开视线，要想尽办法不把卷帘门放下”的要求。就在大家庆幸第一个步骤得到了实施的时候，从前方现场传来了一个不好的消息：谈判专家被嫌疑人陆色喜赶了回来。为了稳定嫌疑人的情绪，指挥部再次招来了吴健和，在他的肩上压了一副重担：“由你来负责主谈。在所有营救措施实施之前，一定要拖住嫌疑人，最好拖垮他。”吴健和看着领导们焦虑的目光，郑重地点头回答道：“请领导们放心，我就是吐了血也得耗死他！”说完这句话，他再次走向了现场。此时，警戒线外已经聚集起了几百名围观群众。此时，已经是晚上九点多钟了。初冬的夜风好似长鞭，抽打着裸露在外面的树木、房屋和人们。吴健和又一次坐到阴冷的水泥地面上，隔着半米高的卷帘门与嫌疑人陆色喜进行着较量：

“我给你钱。你看见了吗？两万块钱在我手里，你先放了孩子！”

“你不就是要钱嘛！钱都拿来了，你还抱着孩子干吗呢？”

“如果你非要找个人质，那么我进去！”

“你也看见了，我腿脚不利索，跑不了。”

“实在不行，你就拿绳子把我捆上，捆结实了你再放开孩子。”

“你要车、要女司机，我都去找了，马上就到。”

“你把刀放下，别吓着孩子！”

吴健和变换着方式，不重样地冲击着陆色喜的心理防线。可是，陆色喜虽然接受了他那“孩子大伯”的身份，但是警惕性仍然很高。“我的闺女呀！孩子，你怎么了……”当这个声音响在吴健和的耳边时，他的心不由自主地颤动了一下。

他在心里默默地念叨着："转机来了！"这个声音，他真是太熟悉了！他们曾经在一个单位共事过多年，是多年的兄妹和战友。有了她的配合，肯定能瓦解嫌疑人的意志。这个人就是女民警牛红媛。

牛红媛来到现场参加解救人质的任务，纯属巧合。她是来派出所给丈夫送饭时才知道这个消息的。指挥部在周边的几个派出所征集会开车的女民警和民用牌照的汽车，她那当所长的丈夫接电话时复述指令被她听见了，于是急脾气的她二话没说，扔下饭盒就往外走，边走边告诉丈夫说"里面的面条趁热吃，我开车去现场"。把车开出好远了，她才接到丈夫的电话。电话里，丈夫的声音急促又愤怒。他对她说："你知道是什么事吗，就风风火火地往外跑？三千路那边发生的是一起劫持人质的案件，你去有危险，知道吗？！算了，去都去了，你小心点儿……"牛红媛听到最后这句话，眼圈儿红了。她知道，不善言辞的丈夫不会阻拦她，更不会说出让她心动的话，一句"小心点儿"就足够了。她冲着手机话筒大声地说了一句"今天的面条不算，等我回来咱们还吃捞面"。

吴健和知道，牛红媛是指挥部调来协助自己的援兵。他急忙趁势往上一推，心领神会的牛红媛顺势"瘫"在地上，边哭边往卷帘门里爬："我的孩子啊！我是你大姨呀！你别害怕，姨妈进来抱你！"陆色喜被眼前的情景迷惑住了。他还没来得及作出反应，牛红媛便顺利地爬进了屋，一面哭一面要求进去抱着孩子当人质。吴健和更是借此机会走到了屋里，朝隔着一段距离的陆色喜说："你看看你，不就是为了钱嘛！我们给你钱！只要你别伤害孩子，让我们干什么都行。"陆色喜被眼前的真情打动了，默许了两个人在屋子里跟他对话。

这关键的一步虽然迈得很艰难，但是为后来兵不血刃地成功解救人质打下了基础。与此同时，现场指挥部根据情况的变化，成立了抓捕小组，安排了狙击手，准备在万不得已的时候实施强攻。按照市局赵飞局长"尽最大努力，避免人员伤亡"的工作要求，吴健和反复与嫌疑人陆色喜进行谈判，牛红媛则在旁边推波助澜。两个人晓之以理，动之以情，巧妙地与陆色喜进行着周旋。

时间在一分一秒地流逝，嫌疑人陆色喜慢慢地松懈了。他甚至询问吴健和，他犯下了这么大的案子，能判几年。吴健和敏锐地感觉到，决战的时机来了。他对陆色喜说："你可能也知道，现在外面有警察，也有他们的领导。你问的这个，我不知道。但是，我能给你叫进来一位领导，让他当面给你解释。"看着对方犹豫的眼神，吴健和当机立断，走出了烟酒批发店，及时向外面的领导汇报了情况。

天津市公安局副局长薛广庆直接走到店内，代表警方与犯罪嫌疑人进行谈判。11月15日凌晨一点二十分，吴健和察觉到了陆色喜的心理变化。于是，他佯装着急、愤怒，拿着钱砸向对方，嘴里不停地说着："钱都给你了，还想干吗？孩子的奶奶、爷爷听见这个信儿，都躺到医院里了，你还有点儿良心吗？"牛红媛也借机又哭又闹，满嘴的"孩子啊，孩子啊，我的宝贝儿啊"，喊得嫌疑人陆色喜心慌意乱。吴健和顺手抄起一瓶矿泉水，走了过去，示意要递给陆色喜喝。陆色喜下意识地用拿刀的手向外推去。吴健和瞄准了尖刀离开孩子脖颈的瞬间，猛地发力拨开尖刀，同时向前跃起，将自己那接近一米九的身躯扑了上去，将陆色喜死死地压在了身子底下。牛红媛也猛地从地上跃起，冲过去抱起孩子，离开了现场。随即，冲进来的特警队员们顺利地制伏了犯罪嫌疑人陆色喜。

一次近乎完美的营救，就这样在电光火石之间完成了。当吴健和与战友们押解着犯罪嫌疑人陆色喜走出烟酒批发店时，围观的群众自觉地举起手中的手机，开着闪光灯，大声地喊着："警察好样的！""天津警察好样的！"听着这些喊声，吴健和的眼睛湿润了。

吴健和，中共党员，汉族，1968 年 9 月出生。他于 1987 年 9 月考入中国人民解放军石家庄陆军学院。后来，他在天津警备区某部服役，历任排长、副连长、连长。服役期间，他曾两次荣立个人三等功。1999 年 8 月，他参加了公安工作，先后从事过刑侦、预审、治安管理工作。在各个岗位上，他都取得了突出的成绩。从事刑侦工作时，他以高度的责任心和使命感，忘我地拼搏，屡破大案，先后参与侦破了各类刑事案件八百余起，抓获各类犯罪嫌疑人五百余名。后来，他转而从事预审工作，虚心学习，刻苦钻研，迅速成长为办案能手，先后审理、办结案件三百余起，抓获犯罪嫌疑人五十余名。2012 年 12 月，他被任命为北辰分局治安管理支队副支队长，主要负责维稳和处置突发事件的工作。辖区地处城乡接合部，外来人员聚集，社会治安情况复杂。面对困难，他积极探索新形势下做好群众工作的新方法、新途径，发扬勇于担当、迎难而上的精神，先后带队妥善处理了各类突发事件、敏感警情二百多次，有效地化解了社会矛盾，维护了辖区的治安稳定。

他经常挂在嘴边上的话是："警察这个职业就是个高危的职业。抓捕犯罪嫌疑人也好，保护人民生命财产安全也好，危险无时不在。关于个人安危的问题，我个人认为，不要和警察谈！"

雷霆追击

——记河北省饶阳县公安局刑事侦查大队大队长冀春雷

李春雷

一个人口仅30余万的北方小县，打孔盗油、盗抢机动车等职业犯罪却一度十分猖獗，竟被公安部列为打击职业犯罪的重点区域，挂牌督办。

他，临危受命，不负重托，先后破获重特大案件数十起。面对持枪歹徒，他迎面跳上飞驰的汽车，破窗将其生擒；他乔装改扮，混进犯罪团伙内部，将涉案金额上亿元的大案一举破获；他只身深入虎穴，冒死解救人质；但也是他，亲手将自己涉嫌犯罪的亲戚抓捕归案，送进监狱……

他，就是河北省饶阳县公安局刑侦大队大队长冀春雷！

冀春雷，1974年6月出生于河北省饶阳县一个农民家庭。1998年从警，先后被评为全省整治油气田先进个人、全省刑侦技能标兵、全省公安机关优秀共产党员、全省优秀人民警察；荣立个人一等功一次、个人二等功两次、个人三等功三次。他所带领的刑侦大队曾两次荣立集体三等功。2017年，他被评为全国特级优秀人民警察，并受到习近平、李克强、刘云山等党和国家领导人的接见。

一

饶阳县地处衡水市北部，是“三市五县”的交界地带，地理位置特殊。

1993年，华北油田手捏秘咒，在此叩开了地球之门，饶阳南部的留楚油田钻井出油。

当地百姓本以为灰灰黄黄的土地能富得冒油，自家寡淡的日子很快也会变得有滋有味起来。不料，1996年夏天的一场大洪水，把他们的希望全都浇灭了。

留楚，留楚，庄稼颗粒无收，留下的全是苦楚。

生活无着的百姓，把目光瞄向了附近的油田。

当时油田管理粗放，油井旁难免有一些遗落的废油，村民们仔细地收集起来，卖给小炼油厂，以此维持生计。

后来，油田管理日益精细，附近村民无从染指。然而，他们早已从中尝到了甜头，欲罢不能，于是又把手伸向了“河石”输油管线。

“河石”输油管线途经饶阳县的尹村镇、官亭乡与张岗乡，辖区内管线长度9.5公里。

不法分子在输油管线上打孔盗油，牟取暴利。

利益的黑幕下，一双双黑手交握，形成团伙，进行职业犯罪，一度异常猖獗。据统计，饶阳县辖区内 9.5 公里的输油管线上，多年来累计打盗孔近百个，平均每 100 米就有一个。

犯罪的毒菌肆意蔓延，带动整个区域偷盗成风。一些不法之徒啸聚公路，疯狂盗抢机动车辆，甚至把饶阳变成了犯罪分子窝赃销赃的集散地。周边大小城市深受其害，心怀怨愤，影响极为恶劣。

当地坊间流传着这么一句笑话：但凡京津冀一带丢车，办案民警的第一反应就是“向饶阳方向追查”，每每有预期之效。

这，并非空穴来风。

据统计，仅从 2009 年到 2012 年，饶阳县就查扣被盗汽车 259 辆，涉及京、津、冀、鲁等多个省份和地区。

饶阳县仅上网追逃人员，历年来平均都高达 200 人左右，约占衡水全市逃犯总数的三分之一。

……

疯狂的犯罪活动终于引起了中央高层的震怒，2009 年被公安部定性为“地域性职业犯罪群体”，挂牌督办，重点打击！

然而，虽然当地公安部门一再加大打击力度，屡屡破获重案要案，但是，这些家族式的犯罪团伙根深蒂固，牵连多多，如同疯长的韭菜，割一茬生一茬，屡打不绝。

2013 年，衡水市委、市政府将整治饶阳县社会治安列为“平安衡水”建设的头号工程！

正是此时，冀春雷被委任为饶阳县公安局刑侦大队大队长。

经过连续两年多的日夜鏖战，一个个犯罪团伙被彻底摧毁。自 2015 年以来，一度猖獗的打孔盗油犯罪实现了零案发，盗抢机动车发案率下降了 90%。

全县治安，河清海晏。

二

冀春雷既有英勇无畏、大义灭亲的侠骨，又有扶危济困、急公好义的柔肠。见到别人危难，常生恻隐之心，甚至是犯罪嫌疑人，他也会尽力帮助。可是，这不但没有影响他公正执法，反而屡屡获得意想不到的效果。

在冀春雷的热心帮助与积极推动下，关爱辍学男青年——“5+1 警民连心桥”活动，迅速展开。全县公安系统的每一名民警，与 5 名 16 岁至 18 岁的辍学男青年结成了朋友，先后有 2000 多名辍学男青年得到帮助和关爱。

当时，他们有的在外打工、有的自己创业、有的在家务农，面对种种诱惑，跃跃欲试、蠢蠢欲动。民警们的正确引导，无疑是他们青春懵懂、躁动不安的心海上，亮起的一盏盏灯塔。

在民警们的鼓励下，他们有的复学、有的上技校、有的参军……

一艘艘迷迷茫茫的小船儿，在灯塔的指引下，渐渐驶向正确的航线。

2000 多个孩子，维系着 2000 多个家庭的幸福，更是事关整个区域的安全和全社会的稳定。

对于犯罪团伙来说，这无异于釜底抽薪。因为无从拉拢新成员入伙，后继乏人，只能苟延残喘。

而最终使辖区内大大小小的犯罪团伙彻底覆灭的，是冀春雷的另一个善举。

在一桩打孔盗油案件中，张勇负责放哨，违法行为相对较轻，取保候审后回家照顾得病的母亲。在冀春雷的帮助下，张勇建蔬菜大棚脱贫致富，这无疑是在警民之间搭起了一座小桥，而饶阳县全面实施的精准扶贫政策，更像温润的暖风，融化了年深日久的坚冰。

村民们原来和公安部门的对抗，逐步变成了亲密无间的融合，遇有风吹草动，立即举报。

一双双警醒的眼睛，像一个个敏锐的监控探头，分布全县各处，形成了一张无形但细密的监控网络，让不法分子无处遁形。

而负案在逃的犯罪嫌疑人，也从家乡的变化中看到了希望。他们最隐秘的心弦，被悄然触动，因而在亲友们的劝说下，纷纷回乡，投案自首。

据统计，仅 2014 年，全县主动到公安机关投案自首的犯罪嫌疑人，就多达 40 余名。

……

一个个打孔盗油、盗抢机动车的犯罪团伙，失去了耳目，没有了掩护，势单力薄，走投无路，被接二连三地铲除。

这时，涉嫌故意杀人、打孔盗油、盗窃机动车、抢劫、非法持有枪支、强迫交易等九类犯罪的“郝氏家族犯罪集团”，也逐步现形。

“郝氏家族犯罪集团”的头目郝二卫，1982年出生，饶阳县北流满村人。

郝二卫辍学后，流浪社会，曾因盗窃摩托车被判刑入狱。刑满获释后，他不但没有悔改，反而重操旧业，纠集无业人员，结伙在周边县市流窜作案。

从最初盗窃摩托车，到盗窃高档轿车，犯罪行为一步步升级。后来，他又拉拢掌握打孔盗油技术的王继磊入伙。一个集打孔盗油、盗窃机动车等多种违法行为为一体的犯罪团伙逐步形成。其组织严密，公司化经营，迅速发展壮大。

郝二卫很会拉拢收买人心。他不单出钱为村里修了路，还打深井供村民免费用水。平日里，他还不断给村民们以小恩小惠。因此，被蒙蔽的村民们对他“知恩图报”，极力维护。

郝二卫生性狡猾，反侦查能力极强。知情的村民反映说，他从来不用手机，晚上睡觉，多数是在不熄火的汽车上，随时准备逃窜，而且常常一晚几易藏身之地。

之前，办案民警难以确切掌握郝二卫的行踪，加之有众多村民为他通风报信，历次抓捕，均无功而返。

如今，形势发生了逆转，郝二卫处在一双双眼睛的重重监视之下，一举一动，公安部门随时掌握。

2014 年 10 月，群众举报：郝二卫藏匿在北流满村村南的一处废弃的粮站内。他购有一辆大排量的“猛禽”汽车，经过改装，加装了数百斤重的防撞钢梁；车上备有“铁蒺藜”，随时准备与公安机关对抗。而且，他还在村子周边设有巡逻哨，发现陌生人或陌生车辆靠近，便上前盘问。

要想对郝二卫成功实施抓捕，必须摸清粮站周边的地形，以及粮站内部的建筑布局等情况。并且，作为一线指挥员，冀春雷务必亲自侦查，将情况了然于胸。

可是，一旦靠近郝二卫布设的监控圈，难免暴露身份，打草惊蛇。

粮站的北面，是一个蔬菜批发交易市场。

冀春雷顿时计上心来。他借来一辆破旧的夏利轿车，与时任县公安局政委的赵建华化装成菜贩，以去蔬菜批发交易市场为名，蒙混郝二卫巡逻哨的盘查。

能否成功抓捕郝二卫，此次实地侦查至关重要。

虽然在此之前，冀春雷曾多次混入犯罪分子内部，破获了一系列的大案要案，但从来没有像这次一样让他心事重重……

三

“菜贩子”冀春雷与赵建华，驾驶借来的旧夏利车，向目的地进发。拐上 601 乡道，北流满村就近在眼前了。

果然，一名 30 多岁的男子把他们拦下了。

冀春雷心想，这应该就是郝二卫设的巡逻哨。

不等对方问话，冀春雷先敬上一支烟，问道：“兄弟，去蔬菜批发交易市场是不是这条路？”

男子左左右右地看看这辆浑身脏兮兮、油漆斑驳的老爷车，又伸头向车里看看。前挡风玻璃下方的一尊招财进宝的仿玉蟾蜍，用一只右眼看着他。

“贩菜的？”

“贩菜的，先过来看看行情咋样。头一回到咱这儿来，不认识路。”

那男子点上烟，比比画画给冀春雷指路。

冀春雷说声感谢，然后加油起步。这车实在太老了，没劲儿，就憋得直冒烟。“噗嘟噗嘟噗嘟……”

那男子轻蔑地咧了一下嘴角，踱步走到一旁。

虽然顺利通过盘查，但他们丝毫不敢掉以轻心。

走到粮站附近时，因为怕引起警觉，他们不但没敢停留，连车速也没有变化。

旧夏利车像一头年事已高的老黄牛，走起来慢吞吞，这恰好便于他们更仔细地观察粮站。

粮站是一个阔大的院落，南北长约80余米，东西宽约60余米。高高的院墙上不但装有铁丝网，而且东西南北四个方向还装有监控探头。南北设有两个大门。大门紧闭，像缄默不语、让人猜不透心思的嘴巴。

粮站内部的情况如何，他们不得而知。后来，冀春雷又找本村村民了解情况，一张粮站布局图便清晰地印在了他的大脑里。

……

有关“郝氏家族犯罪集团”犯罪事实的取证等工作，逐步完善，抓捕时机渐渐成熟。

2014年11月21日，有群众向冀春雷举报，郝二卫回到粮站。

冀春雷迅速向县局和市局领导汇报情况。一批优势警力按照市局命令，待命出击。

抓捕行动不敢有任何疏漏，因为他们面对的，是凶悍的亡命之徒，而更为关键的，是嫌犯郝二卫携有枪支。

即便人数上占绝对优势的民警将其藏身地包围，但处于暗中的郝二卫如果孤注一掷，向民警开枪，必定会有死伤。

虽然各种预案措施十分完善，但实战情势瞬息万变，谁敢保证万无一失？

战前动员，气氛显得格外沉重。

制订抓捕方案时，如何接近并迅速将郝二卫的藏身地包围，一度成为争论的焦点。

抓捕行动计划投入参战警力60名。在乡野间的小路上，这将是一支浩浩荡荡的队伍，不易隐蔽。

而且，加之郝二卫警惕性极高，戒备森严，巡逻哨日夜巡逻，其藏身的粮站四周又装有监控探头，监控室有专人24小时值守。绝难靠近！

行动一旦暴露，郝二卫必定早早逃之夭夭。要想再次抓捕如此凶残狡猾的漏网之鱼，时机难觅！

因而，必须毕其功于此役，只能成功，不容失败！

如何使60名参战警力神兵天降地突然将郝二卫的藏身地包围呢？

最后，还是冀春雷想出了办法。他的设想还是利用蔬菜批发交易市场做文章，再次化装成菜贩，靠近粮站。

可是，谁见过60名菜贩子同时出动的豪华阵容啊？

有人摇摇头，提出异议。

冀春雷进一步解释说，当然不是所有参战民警全部化装成菜贩。

他早就实地踏勘过了，每天凌晨三四点钟，是各地菜贩到蔬菜批发交易市场拉菜的主要时段。因为凌晨北流满村附近往来的货车很多，郝二卫设置的巡逻哨对过往货车不予盘查。

这样，准备两辆车厢带帆布篷的货车，参战民警隐蔽在车厢里，神不知鬼不觉。

当载着民警的货车分别驶入粮站南北门附近时，突然转向，封堵两个大门。这时，参战民警迅速包围粮站布控，而特战队员则在冀春雷的带领下，冲进粮站院内，其中两名民警负责控制监控室值守人员，其他民警搜捕郝二卫。

抓捕方案由此确定！

四

凌晨，华北平原安静地沉睡在甜美的梦乡里。

刺骨的寒风中，两辆“拉菜”的大卡车，载着全副武装的50名公安特警和10名武警官兵，不动声色地向郝二卫藏身的粮站进发。

这是一柄无声的利剑。

利剑出鞘，必有斩获！

然而此时，一切还都是未知数。

冀春雷心事沉重。黑暗中，他的双眼望向远方。黑暗的深处，幽幽冥冥、虚虚实实，恰似此战谁也猜不透的答案。

他经常跟自己的队员说，选择警察的职业，从穿上警服、戴上警徽的那一刻起，就已注定与危险牵手、与死神相伴，必须做好随时献身的准备。

这，绝对不是一句高大上的口号，因为每一名民警心中都清楚，据不完全统计，全国每年平均有400余名公安民警牺牲，可谓“时时在流血、天天有牺牲”。

和平年代，警察无疑是最危险的职业！

已经靠近粮站了，夜深人静，一切如常。

粮站高墙四周不知疲倦的监控探头，没有发现任何异样，只是瞪着空洞的大眼，望着茫茫深夜。

监控室的值班员不敢疏忽，他们看到了一前一后两辆拉菜的大卡车。每天凌晨来来往往的卡车不计其数，早已见多不怪了。

谁知，大卡车来到粮站附近，突然转向、加速，分别冲向前后门。其中的一辆，直接把前门撞开了。

有如神兵天降的警察们，瞬间将粮站包围。

“忠于职守”的监控室值班员反应过来，刚要起身逃脱，被随即赶到的民警控制。

此时的冀春雷，带领特战队员向院中冲去。

一切，都按预案进行着。

但是，当卡车撞开粮站大门、特战队员冲进院中的一刻，无疑是闯进了虎穴，重重危险已经把他们牢牢地包围了。

院中的一辆体形巨大的汽车，被惊醒了，嚣叫着向民警们冲撞过来，像一头发狂的疯牛。

现场的实战，随即把预案设想全部打乱了，而且比想象的严酷得多。

冲在最前面的冀春雷稍有迟疑，就会立即被汽车撞飞。而紧随其后的其他民警，也会丧命车轮。

这辆疯狂的汽车，正是村民们举报中所说的“猛禽”——名副其实的巨无霸。车长近6米，宽2米有余，高近2米，自重超过3吨。

血肉之躯与其对抗，无异于以卵击石！

死神已经逼近眼前，容不得特战队员们多想。他们本能地举枪，果断射击。

“猛禽”的驾驶员显然是被击中了，疯狂的巨无霸猛然转向，朝院墙撞去，企图撞破围墙逃窜。

冀春雷此时已经没时间考虑自己的生命安全了。他飞身跳上“猛禽”的发动机盖。

汽车离墙越来越近，一旦以冲刺的速度撞在墙上，冀春雷必然性命难保。

他奋力地用枪托砸碎汽车前挡风玻璃，“猛禽”猝然惊骇，猛然一顿，速度骤减。而且，所幸靠墙堆放着厚厚的玉米秸秆，再次加速的“猛禽”陷在玉米秸秆堆里，像牛入泥潭，使不上力气。

然而，汽车最终还是撞在了墙上，把墙撞出了一个大洞。冀春雷因为死死地拽住了驾驶员，才没有被甩出去。

真是万幸！

“猛禽”驾驶员被擒获。此人，正是嫌犯郝二卫。

郝二卫的右臂被击中受伤，而他的右手处，放着一把子弹已经上膛的老式“驳壳”手枪。

如果冀春雷和特战队员们不果断出击，哪怕稍有迟疑，即便有幸躲开了“猛禽”车的冲撞，也难逃“驳壳”枪的射击。

……

战斗结束了，郝二卫被押送医院救治。

冀春雷两腿一软，一屁股坐在了地上。

他不过也是一具血肉之躯，也是一条平平凡凡的生命，上有老下有小……

冷风不解人意，没头没脑地往人身上胡乱地扑，从冀春雷的领口、袖口灌进去，冰凉。他这才发觉，自己的内衣已经湿透了。

郝二卫落网后，冀春雷又带领队员乘胜追击，接连抓获了该犯罪团伙中的36名成员。“郝氏家族犯罪集团”的其他几名在逃犯罪嫌疑人也先后被逮捕。至此，该团伙的98名犯罪嫌疑人，全部被缉拿归案。

为害一方的“郝氏家族犯罪集团”，彻底覆灭！

从2013年冀春雷任刑侦大队大队长起，仅仅用了两年多时间，饶阳县成建制的6个涉油犯罪团伙全部被摧毁，涉油积案全部侦破，共抓获涉油犯罪嫌疑人205名；饶阳县成建制的8个盗抢机动车犯罪团伙全部被剿灭，抓获涉车犯罪嫌疑人90名。

2016年6月，公安部在饶阳县召开“全国重点地区严厉打击整治打孔盗油违法犯罪专项行动现场推进会”，推广饶阳经验。

（本文所涉及人员，除公安民警外，其他均为化名）

一位“奏出交响乐中最强音”的警察勇士

——记山西省太原市公安局小店分局小店责任区刑警队队长牛继文

张杰帅

他举起受伤的手臂，敬了一个颤抖却又庄重的礼。

“它以雄伟、果敢的总奏和弦开始，紧迫且恢宏，体现了英雄意志的充沛和锐不可当的气势。在一段简短引子严峻有力的冲击之后，河堤被冲决了，生活的泉流以其不可遏制的力量浩浩荡荡冲击海洋，各种乐器奏出的声音汇成一股激流，强烈地冲击着每个人的心弦。中间情绪虽有所缓和，但英雄意志的激流仍然没有停息，崇高的筹思，以及胜利的呼喊，仍是乐曲的主旋律。”每段音乐的起承转合后，你有没有想到一种人：勇士。

谁是勇士？他的名字是什么？勇士的特点是什么？

他说过：“人生如逆风执炬，虽有灼手之患，却能给人带来光和热。”这种对人生独特的诠释，或许就是一名勇士的形象。

请记住他的职业：警察中的勇士，刑警。

请记住他的名字：牛继文。

那张严肃的脸上带着敏锐与坚定，两只不大的眼睛在炯炯有神地闪着亮光，嘴角边总能荡漾着自信的笑容。人们说，不穿警服的刑警更具风采，一身便服，袖子也总爱往上挽一截，身材挺拔里透着一股不被征服的精神。

破案是刑警的天职，他把自己全部的身心投入到侦查破案工作中，不畏艰辛，敢打敢拼，有勇有谋，在打击犯罪、侦查破案战线上尽显神威，成为犯罪分子闻风丧胆的克星。

“我是共产党员”这句话如今已经很少有人提起了，和平时期毕竟没有战争年代那样随时会牺牲的严酷场景，大多数共产党员都是在平凡的工作岗位上做着默默无闻的工作，但是作为一名共产党员，他无私奉献，有所担当，在工作中发挥了先锋模范和带头作用。

他所从事的警察工作是和平时期最危险的职业之一，“时时在流血，天天有牺牲”是其工作的真实写照。作为基层刑警队的队长，他常年带领队友奋战在打击犯罪的第一线，面临的危险也最多，但从未忘记自己是一名共产党员，从未忘记自己的职责与使命。

钢铁刑警，大情怀的忠诚与奉献。

像是一曲英雄救世的交响乐，这乐符里有不断被命名的辉煌与伟大。

“刑警是什么？是一个人生理本能和职业本能的碰撞。那把随时可能会刺入我们任何人身体的刀不停挥舞时，你怕吗？怕，因为那是人的生理本能。但作为刑警却仍要往前冲，因为制服罪犯是我们的职责所在。当什么时候你的职业本能战胜了生理本能，那你就是一名合格的刑警。”

2015 年 7 月 28 日下午，牛继文带领五名侦查员跟踪一名公安部督办贩毒案件的犯罪嫌疑人张某。当看到张某和一名同伙走进某小区居民房时，牛继文等人一直在楼道里蹲守，伺机抓捕。下午 4 时许，正当牛继文和战友们商讨如何展开抓捕时，房门突然打开了。面对突然到来的抓捕时机，牛继文毫不犹豫地带头冲了上去，却见张某手持一把近 50 厘米长的单刃剑疯狂朝民警砍来。

牛继文的心里突然蹦出这样的想法：唯一的目的就是赶紧将犯罪嫌疑人控制住，不能把带过去的兄弟们伤着。

由于担心张某挟持人质或跳楼逃跑，牛继文和战友们与歹徒展开殊死搏斗，最终将其扑倒在床上。与此同时，张某的同伙也被民警控制住。警方当场缴获冰毒约 500 克、刀具 2 把、单刃剑 1 把、钢珠枪 1 支。

因为刚吸食了毒品，张某格外亢奋，面对抓捕显露出极度疯狂的一面。毒贩被擒，正当所有人稍稍松了口气的时候，民警才发现现场有很多血迹。

牛继文的第一反应是让大家各自检查有没有人受伤，结果大家都没事儿。最终发现滴在地板上、染到衣服上的血都是牛继文的，他在搏斗时精神高度紧张，根本没有感觉受伤或疼痛。当时在场的民警张伟说，牛继文左前臂流着黑血，肉都翻了起来，整条胳膊肿得有小腿肚那么粗……

说起这段经历，牛继文坦言都是下意识的举动，当时只想着不能让队员受伤，否则没法儿向他们的家人交代。

等现场工作结束时，一道长约一寸多的伤口正往外冒血，而且刀尖还卡在骨头里。经战友催促，牛继文紧急赶赴医院治疗。经院方诊断，他左小臂伤口深及臂骨，肌腱受损，需要手术治疗。

29日凌晨4时许，将近四个小时的手术结束。术后醒来，牛继文最关心的就是案件的处置情况，提及之前的惊险时刻，他说："伤好了继续抓！"

牛继文负伤住院后，虽然大家有意"封锁消息"，但他的母亲还是得到了消息，专程打车来医院看望儿子。生怕母亲担心，牛继文专门忍痛下床，当着母亲的面晃了晃伤口还未痊愈的左臂，一个劲儿地告诉老人："不疼，不疼，一点儿皮外伤，人好着哩！"其实，刚送母亲离开，牛继文胳膊上便洇出了鲜血。

牛继文需要半年时间的静养及康复治疗，但他坦言这时间似乎有点儿太长了。8月12日是牛继文刀口拆线的日子，妻子小原在拆开纱布那一刻，见到了那道让她担惊受怕的伤疤。在妻子和同事的悉心照料下，牛继文住院半个月来胖了一些，也睡了几个安稳觉，可随着伤情日渐好转，病床上的他又闲不住了。

住院期间，队友不时会来病房向牛继文汇报工作，他便"现场"与大家分析案情、讨论抓捕方案，经常忙到深夜。妻子小原担心他休息不好，有时会悄悄藏起牛继文的手机，可这点儿小动作总是被有着20年警龄的丈夫识破。

队员们知道，他还是放不下手头儿的案子。8月18日，伤还没完全好利落，他将未愈的左臂用绷带固定后便又出差办案去了，妻子小原只能无奈地感叹："他就是这样一个人。"

如今，极少有人知道，牛继文的伤情已达到伤残十级，还留下了不能治愈的后遗症——每当阴雨大风天气时，左臂就疼痛不止。在生与死的抉择面前，牛继文体现了一个共产党员敢于担当的优良品质，他总是把危险留给自己，把安全留给队友。

破案缉凶永远是勇士的使命与责任。勇士的先锋模范作用更是巨大的，在队长牛继文的带领下，小店责任区刑警队人心思齐、全队思进，连续两年在小店分局刑侦绩效考核中排名第一。2015年，小店责任区刑警队荣获集体三等功一次，被山西省委政法委评为"公正执法"先进集体，队内民警荣立二等功四人次、三等功六人次。牛继文本人荣立个人一等功一次，2015年8月，中共太原市公安局委员会号召全市公安机关向牛继文同志学习。2016年5月，牛继文同志又被山西省公安厅列为公安部"公安楷模"候选人。2017年5月，牛继文获得"全国特级优秀人民警察"荣誉称号。

2014年11月，牛继文带领小店责任区刑警队民警以一起零包贩毒案件为突破口，发扬锲而不舍的精神，不断拓展案件线索，深入经营，精心谋划，抓住有利战机，雷霆出击，破获公安部“2014–902”号目标毒品案件，抓获涉嫌制造、运输、贩卖毒品的犯罪嫌疑人 6 人，缴获毒品冰毒 22.5 千克、K 粉 1.73 千克、麻古 800 余粒、冰毒半成品 5 千克、制造毒品所用的原料麻黄碱 1.5 千克和氢氧化钠等物。一举摧毁了由广东省东莞市经河南省漯河市流入太原市及由四川省成都市、南充市进入太原市的两条贩毒网络。

“2014–902”号部督目标毒品案件是太原市侦破的最大的贩卖毒品案件，也是一次性缴获毒品数量最多的案件，因为上下联动，有力合作，材料证据充分，此案被太原市检察院定为经验交流案件，也成为山西省侦破大型贩毒案件的经典案例。在侦破期间，牛继文远赴广东，两下四川，不分昼夜连续工作一个月有余，克服身体和心理的双重疲惫，克服异地办案的重重困难，与犯罪嫌疑人斗智斗勇，体现了小店责任区刑警队善于攻坚克难的强大战斗力。特别是在抓获犯罪嫌疑人后的审讯工作中，由于犯罪嫌疑人自知罪行深重，大多抱着一种“破罐子破摔”的想法，拒不认罪，也不交代上线，给案件的侦破带来了很大的困难。牛继文锲而不舍，与犯罪嫌疑人聊家常、讲法律、话亲情，最终利用高超的审讯技巧攻克了犯罪嫌疑人的心理防线，使几名主要犯罪嫌疑人痛哭流涕，如实地供述了犯罪事实，其中一名主犯更是对牛继文说：“我注定是个死刑犯，但是死在你手上我心服口服。”

在破获“2014–902”号部督目标毒品案件后，小店责任区刑警队在牛继文的带领下又接连破获“2015–371”号、“2015–918”号、“2016–117”号、“2016–118”号四起部督目标毒品案件，共抓获犯罪嫌疑人 20 余名，行程 9000 余公里，收缴毒品 60 余公斤及大量毒资和作案工具，摧毁 4 个横跨数省的庞大贩毒网络。

智慧刑警，小细节的执着与坚守。

像是一曲无悔战斗的交响乐，这乐符里有永不退缩的顽强意志。

“此类案件如果不能尽快拿下，将会是我们全队民警警察生涯的耻辱，就是穷尽一切手段也必须侦破案件。”

2010 年冬，牛继文带领民警将盗窃车内财物的犯罪嫌疑人杨某抓获。但杨某到案后言辞闪烁，拒不交代自己的犯罪事实。对于形形色色的犯罪嫌疑人，牛继文也总是最大限度地给予帮助，以打开他们的心门。多年的刑侦工作经验让牛继文警觉起来，他旁敲侧击对杨某展开心理攻势，了解到杨某自小家庭残缺，没有享受过家庭的温暖，而第二天就是他的生日。牛继文根据了解到的情况决定改变审讯策略，专门为杨某准备了丰富的晚餐和生日蛋糕。杨某内心感动不已，他说：“牛队，这是我从小到大过的唯一一个生日，想不到却是在刑警队里过的，今天让我干什么都值了！”随后，杨某主动供述了盗窃案50余起、抢劫案4起，还特别供述了他曾于2002年在山西省晋中市杀害一名女子的犯罪事实。当牛继文押解杨某前去指认命案现场时，周围的群众自发地燃放起了鞭炮，这既是对沉冤昭雪的庆贺，也是对刑警队长牛继文最大的褒奖。在他看来，一个成功警察的最高境界是“既能赢得服务对象的口碑，也能受到打击对象的认可”。

从警二十年如一日，牛继文始终坚守在基层刑警队、派出所等平凡而艰苦的工作岗位，无怨无悔。特别是担任小店责任区刑警队队长以来，在每起案件中他都同队友一起摸爬滚打，冲在第一线，为民警立标杆作表率。面对生活疾苦，他考虑的是人民利益；面对荣誉得失，他想到的是战友兄弟。在同事眼里，牛继文工作非常认真，查办案件从不放弃，顽强执着。

一次，牛继文在送女儿上幼儿园途中，看到路边有个推电动车的可疑男子，便一路追踪。可疑男子进入一间出租屋后，牛继文返回头把孩子安顿在车上，直奔出租屋盯目标。最终，在随后赶到的队友协助下，刚刚盗得电动车的男子被当场抓获。

虽然自己也当过刑警，但妻子小原对丈夫的做法有些接受不了：“怎么能带着孩子去办案，他自己玩儿命不怕，可我还要这个家呢！”

每年入冬以来，刑警队辖区内扒窃类和盗窃车辆类的警情都持续高发。此类警情虽是小案，却事关民生，深遭群众痛恨。牛继文想群众之所想，放弃周末的休息时间，亲自率领民警，采用最原始的办法在案发地进行蹲守。他潜心研究犯罪分子的作案心理、作案动机、作案手法，最终划定了一个易被盗的大致区域。在华北地区的严冬，难以忍受的寒冷并没有吓退牛继文。他每天凌晨零点出门，6点回家。华北地区最寒冷的那个冬天，牛继文曾经连续几十天没回家，他从家里抱来棉被裹住双腿，披着一个军大衣猫在一辆面包车上，敏锐地观察车外的动静。

“这样日夜颠倒的生活每天重复，几乎成了一种执念，我想，只有把那些贼都抓住了，这种状态才会结束！”

40 天过去了，牛继文的意志坚如磐石。直到第 43 天的晚上，气温低至零下 20 多度，熄火的车内同车外一样寒冷，鼻涕冻得流出来，脸部的肌肉也没有了知觉，牛继文的眼睛始终亮晶晶的。突然，车外两个打着手电筒的人鬼鬼祟祟地出现了，在一辆捷达车上动手动脚。牛继文立刻招呼车上的战友，两人一起跳下车，大喝一声。一路从长风街追到亲贤北街，将那两个人摁倒，同时又连夜突击审讯，抓获三人。嫌疑人归案，并经过顺线追踪、层层深挖，牛继文带队连续抓获犯罪嫌疑人 29 人，一举打掉了以王某、苏某等人为首的特大盗车团伙，破案 30 余起，涉案价值 100 余万元。

2015 年 11 月和 2016 年 11 月，共抓获犯罪嫌疑人 40 余人，摧毁扒窃盗窃团伙 7 个，破获现行扒窃和盗窃电动车案件 80 余起。系列案告破后，他才抱着被子回了家。

2015 年下半年，小店责任区刑警队辖区内接连发生深夜强奸抢劫单身女子的恶性案件。由于犯罪嫌疑人具有很强的反侦查意识，多选择偏僻地点、监控死角深夜作案，侦查工作难以开展。牛继文多次在案情研判分析会上表态：一定要将犯罪嫌疑人绳之以法！警察的职业荣誉感成为了民警破获此案的动力，全队民警不辞辛苦，轮流在案件易发地整夜蹲守，终于将犯罪嫌疑人赵某抓获。但犯罪嫌疑人到案后，百般抵赖，拒不供述自己的犯罪事实。针对这种情况，牛继文连夜制订了详细的审讯方案，并亲自给犯罪嫌疑人赵某做细致的思想工作，对其动之以情，晓之以理，使其消除顾虑，树立改过自新、重新做人的信心和勇气，一举攻破了赵某的心理防线，使其如实供述了抢劫、强奸的犯罪事实。

一直以来，牛继文真诚地服务于民，温暖了一方民心，他因此获得了一片赞誉。

情怀刑警，平凡的人情味与真性情。

像是一曲青春不老的交响乐，这乐符里有人间情暖的爱意浓浓。

“一路走来，我所取得的成绩离不开身边人的支持和帮助，我很感谢支持我的母亲和妻子，我亏欠她们的实在太多太多。但是作为一名刑警，奉献就是我的主旋律。”

作为基层刑警队的队长，牛继文不仅具备高超的业务素质、优秀的指挥能力，而且他能以身作则，率先垂范。工作中，牛继文一心扑在案子上，对自己要求很严格，时时刻刻为百姓着想。他常常对年轻的同事说："办完案子，抓住罪犯，这不算完成任务，关键得看是否为百姓挽回了损失。"他对己对人一丝不苟，精益求精。为了增强队伍的组织性和纪律性，多年来，牛继文坚持每周一带班出操，雷打不动。生活中，他把队里的同事当作兄弟，同事一有困难他便会倾囊相助。因此，队伍拉得出打得响，连创佳绩，多次受到市局分局领导的表扬。

艰苦奋斗是中华民族的传统美德，更是共产党人的传家之宝。作为一名共产党员，牛继文每时每刻都牢记着这一优良传统，在工作生活中，他始终如一地保持着艰苦朴素的作风。牛继文的办公室旁边有一个洗漱间，工作忙起来，顾不上回家，他就在洗漱间浴缸上搭一块木板，算是自己的床铺。虽然单位离家只有几公里的距离，但更多的时间是妻子带着女儿来单位找他团聚。"简易床"的下面还放着加班时吃的方便面和出差时用的行李箱，以便随时待命，执行任务。妻子小原实地查看后感慨道："他的手搭在洗面池边上，脚都搭到了马桶盖上，而且卫生间里有股味儿，可他就能睡得着！"

从派出所副所长到刑警队长，岗位虽然转变，但却从未改变他干刑侦的热情。他带领队员冲锋陷阵、风餐露宿，加班加点更是不用说，他常讲，当领导就要早来点儿，晚走点儿，多想点儿，多干点儿，这是最起码的要求。由于岗位特殊，他常常无暇顾及家人。对此牛继文一直心怀愧疚，深深自责，不时也曾潸然泪下。结婚没有聘礼，妻子刚一出月子便被送到乡下，多年来全家人没有一块儿旅游过……

牛继文在自己的一篇随笔中写道："我的老娘、我的婆姨、我心爱的姑娘百禾，她们陪伴着我，而我却经常无暇顾及她们。血性和柔肠总在交替着、咬噬着我的'坚强'，我反感自己这样，不愿沉溺于这些私情，其实我们中的每个人内心又是多么渴望这些。但这绝不是简单的追逐名利的问题，是一种人生价值的求取，至少到现在，我依然愿意这样去理解它。"他这种舍小家为大局的奉献精神换来了一方平安，也演绎了他无悔的刑警人生。

牛继文曾笑言，年轻时的理想曾是做一名记者，如今却当了20年的刑侦警察。工作闲暇时，他喜欢读书，爱思考，也曾将自己对生活和工作的感悟写成诗词文章多次发表，太原市公安局领导这样评价牛继文："文武兼备，心思稳重，一名不可多得的高素质刑警队长。"他的工作已经和他的生活融为一体，别人看来又苦又累又危险的刑侦工作，在他看来却可以找到无限乐趣。牛继文在《子夜随想》一文中写道："如果这个世界很黑暗，我们又该去做些什么呢？执炬踟蹰前行，虽有烧手之患，但一路走来，总觉得心里有亮光。"又如牛继文在《生孩子养孩子》一文中写道："当警察有些年头儿了，回望过去，身处警察这个职场，就如同妻子和我生养女儿一样，有苦、有甜、有开心、有烦恼，看着她亲历着她成长，心中还是充满了希望……这就是我喜欢上警察这个职业的原因，因为我付出了，所以难舍了……"

他的人生可以为其歌吟，也可以为其高鸣：

我们一起战斗过，
绵绵细雨在空中舞蹈，
这个季节，我们开始战斗，
一年以前，光影模糊，
我在悸动中参加搏击，

我在懵懂里开始承担。
在营房与案件发生地之间，
奔驰，心灵也随之跃动。
在勇士与邪恶的直面碰撞里，
喷发，情感在兄弟间升华。

我们一起战斗过，
在冰天雪地的寒风中，
我们守卫，我们等待安宁慢慢降临。
在酷热难当的高温里，
我们坚持，我们守住精神世界的阵地。

兄弟，我们一起战斗过，
营房前的小树已经茁壮，
擒敌的武器也已更新，
岁月述说着我们锤炼的阵痛，
时光里还有我们喘息的疲惫，
当案情袭来，当风雨逼近，
我还要与兄弟们在一起，
在困苦里打拼，
在时代中穿行，
因为我们一起战斗过，
用生命最好的年岁，
向着年轻冲击，向着岁月问好！

英雄无悔，千古流芳。其实成功的秘诀无他，不过是凡事都自我要求达到极致的表现而已。著名作家冰心说过："冠冕，是暂时的光辉，是永久的束缚。"只有把成功忘掉，才能更好地面对新的挑战。只有保持"归零"和"空杯"心态，才能不断发展，创造新的辉煌。新的挑战在迎接着他，但同样新的荣誉桂冠也在等待着他去摘取。

归流河上的星光

——记内蒙古自治区兴安盟公安局信息通信处处长格日勒

贾文成

河水可以滋养草原和土地，也能承载迁徙的力量，把一个人从故乡带到远方。

从伊敏河谷到归流河畔，她像一只鸿雁，在广阔的草原上飞翔成长。

她的父亲听到那一声稚嫩的啼哭，欣喜地推开家门，准备把这一喜讯告诉草原，告诉亲戚朋友。这时，他看到一轮红日正从东方冉冉升起，在蒙古人眼里，这是吉祥的光芒，这是草原上最温暖的力量。

他张开双臂，对着天空大着嗓门喊道："我的女儿有名字了，她叫格日勒，她叫格日勒。"

母亲看到灿烂的阳光映照在女儿的脸上。

而在多年以后，2017 年公安部表彰的"全国特级优秀人民警察"的榜单上，赫然写着一个缀满星光的名字——格日勒。

如果长生天里的父亲和母亲，真的会有感应与感知的魔力，他们一定会为当初许下的心愿，为这个寓意深远的名字，而倍感欣慰。

万家灯火

归流河畔的这幢办公楼里，灯火通明，指挥大厅的电子屏幕上显示着"2014

年 1 月 30 日，星期四，农历除夕”的字样。

天空中不时炸响的礼花和爆竹破碎的纸屑，与除夕夜的星光交相辉映。万家灯火平安夜，这幢大楼里所照射出的就是兴安盟公安局为这片土地上的百姓保驾护航的平安之光。

指挥中心的电话铃声不时响起，值班的民警显得比平时忙碌。楼下的一间办公室，格日勒像平常在岗位上工作一样，静静地坐在那台伴随她很久的电脑前，检查着网络是否正常。她是信通处处长，网不通，全局的信息通道就会瘫痪，越是过节，越不容忽视。从 2002 年担任信通科科长起，除夕夜值班，就成了格日勒的专利，年年如此。

所以，看望和慰问值班同志的兴安盟副盟长、公安局长金锐刚，带着办公室主任张文彬等一行走进格日勒的信通处时，他只是像平常似的问了句：“有啥情况吗？”

格日勒说：“一切正常。”

金锐刚又问了一句：“孩子呢？”

格日勒说：“跟着他爸在医院值班呢。”

金锐刚点点头：“我听说了，王医生也像你一样，把科室的除夕值班给承包了。”

金锐刚说得好像很轻松，但他的心里一点儿都不轻松，作为从警几十年的老警察，他当然明白这奉献的背后意味着什么。

格日勒从抽屉里拿出一个方案交给金锐刚：“金盟长，这是我们信通处刚起草的调研报告，我们想为‘开门入户’研发一个信息采集系统。”

金锐刚眼睛一亮，扬扬手，招呼大伙儿坐了下来，他边看材料边说：“格日勒，今天可是除夕夜，没有酒，你给我们倒杯水呀。”

2013 年，金锐刚上任不久，便在全盟公安机关提出了“开门入户”的工作构想，并进一步提出了“提升、巩固、突破”和“三年三步走”的实施战略。这一构想，就是让民警走入百姓的家中，坐上百姓的炕头，拉近警察与群众的距离，这是公安工作的传统和基石。民警到群众家中进行调查访问时，按照工作流程，他们需要填写一些表格，掌握基础数据，片警们“头痛”的是，这些纸质表格，回到所里，还要登录，有的甚至变成了尘封的档案，采集来的数据，利用率极低。为了解决这一难题，格日勒与户政处的同志一起论证调研，设想通过自主研发，开发建立一套“一标五实”信息采集系统，这样一来，片警们用智能手机就能完成全部的信息采集，既简化了程序，也盘活了数据，同时还攻克了城市流动人口的管理难题。“一标五实”中的“一标”，就是规范门牌位置的地理坐标，“五实”即实有人口、实有房屋、实有组织、实有单位、实有图像。这些数据的采集和使用，实现了公安传统工作与现代管理的有机结合。

金锐刚从报告上移开视线，他们的构想从技术上解决了束缚“开门入户”的瓶颈，这也是压在金锐刚心中不小的难题和困惑。金锐刚端起茶杯呷了一口，轻声问道：“有啥困难？”

格日勒看了眼局长，犹豫了一下。

金锐刚放下茶杯：“你说嘛。”

格日勒只说了一个字：“人。”

金锐刚说：“你还是说卢国翔？”

格日勒点点头：“对，有了他，我们就能把‘一标五实’系统搞出来。”

卢国翔是扎赉特旗小有名气的程序员，被格日勒挖到了盟公安局，可是由于一直解决不了编制问题，卢国翔长期作为辅警身份在信通处工作，这对于一个小有名气的程序员来说，有点儿委屈了。卢国翔尽管喜爱公安机关，但为了解决身份问题，他考取了扎赉特旗技术监督局，忍痛离开了盟公安局信通处。所以，这两年来，能把卢国翔重新挖回来，就成了格日勒心头的一个结。

金锐刚说：“春节假期结束，我安排政治部的苑树彬主任和你一起去扎赉特旗，找旗委书记，找旗长，先把卢国翔调回旗公安局，到时候，咱再把人调回来。”

格日勒说：“金盟长，解决了人才问题，我们就更有信心了。”

很快，卢国翔先是借调，后来正式调回了盟公安局信通处，开始了“一标五实”系统的研发。事后，格日勒逢人便说，这是她在这一年的春节，收到的最大的礼物。

系统能不能在基层得到便捷广泛的应用，还是得多听听基层的意见。格日勒带着卢国翔多次深入旗县公安局和基层派出所，他们实地调研，科学论证，逐条逐项地对系统的可行性进行反复的测试，行程达数千公里。

经过半年的研发，系统开始在离公安局最近的科右前旗科尔沁派出所测试实验。派出所所长张明见证了信通处格日勒和她的研发团队调研研发的全过程，并且成为第一个受益者。“一标五实”推广以来，张明所长就是利用系统数据协助北京警方成功抓获了一个重大犯罪嫌疑人。他深有感触地说："我的辖区里，流动人口达到了90%，这个比例在全国都是最高的，所以，这个系统在全国都有推广价值。"

张明的科尔沁派出所是系统的受益者，体会最深，感触也最深，他的话也让格日勒和她的团队信心倍增。2016年初，全盟公安机关大力推行"一标五实"系统的采集应用，大数据下的基层基础工作在广袤的科尔沁草原如沐春风，生根开花。这一有自主知识产权的研发系统，不仅节约了近二百万元的资金，而且更贴近公安实际，更有利于公安实战。

征服雪峰

与格日勒同时入警，在公安机关已有二十八个年头儿的王铁萍，如今是盟公安局人事处的处长。她一边擦拭着眼泪，一边说："在一个对男人来说都充满挑战的公安工作中，在信通部门，一个女人，需要付出更大的艰辛。"

但有人说，格日勒虽然个儿头不高，却是个女汉子，这怎么解释，哪里可以证明？

信通处年轻的副处长高健山一指墙上的地图："登阿尔山雪峰。"

于是，时间又拉回到了2014年1月25日，一次重要到后来被全国瞩目的警务保障任务。信通部门接到的命令是，提前赶到距离盟公安局所在地乌兰浩特

270 多公里外的阿尔山完成应急通信保障任务。凌晨 4 点出发，路上满是白皑皑的积雪，应急通信保障车载着格日勒和她的队友缓慢地行进，车轮碾压着积雪，嘎吱嘎吱的声响刺破寂静的夜空，漫天的星光像外面的气温一样冰冷。

女内勤吴飞飞也破例随队执行任务，她伏在前排的椅背上打盹儿。

格日勒担心这孩子睡感冒了，就喊道："飞飞，醒醒，唱首歌呗。"

"我困。"吴飞飞抬起头，哼了一句，又睡着了。

这个车上，除了格日勒外，都是些年轻的警员，"80 后"的高健山已经算年龄大的了，格日勒又拍了拍高健山的肩膀："健山，带着大伙儿唱个歌。"

高健山揉了揉眼睛："唱啥？"

格日勒说："随便吧。"

高健山问："《父亲的草原母亲的河》成吗？"

格日勒笑了笑说："成，第二首歌，咱唱《多情的归流河》。"

"归流河畔飞舞的蝴蝶，还有象征圣洁的哈达……"歌声激荡在通信保障车内，驾车的司机先笑了。

到达目的地时，太阳已升到半空。自治区公安厅的技术人员已等候在山下，格日勒背起 350 兆转信台，其他队友也把分散的天线、电源等设备器材背了起来。阿尔山是闻名遐迩的旅游景区，但此刻室外的温度将近零下 40 摄氏度，伊尔施电视塔山上布满了深到膝盖的积雪，稍有不慎，就有可能滑落到陡峭的岩壁之下。

当地的老乡万分惊愕：大雪封山，又背着那么沉的东西，简直是玩儿命，那一千多米的高度，就够你们喝一壶的。

随后，又看看格日勒："你是他们的头儿吧，你咋能带着孩子们玩儿命？"

为了把设备架设到山顶，格日勒不置可否地笑了笑。由于任务涉密，她无法向老乡解释，只能挥挥手，告别老乡，沿着雪山下的小道，向山顶进发。

即使在三年后的今天，信通处的邹宁对那天的经历仍然心有余悸，他说："那是我到目前为止，经历的最危险的一次，上到半山坡，心提到了嗓子眼，想退下去，都觉得是一件难事。"

站在半山腰上犯怵的邹宁，望了眼前面的"格姐"，心里踏实了很多，浑身也有了力量和胆量。"格姐"是这个团队的灵魂，他们从不叫她处长、格处，也不叫她头儿，他们一律叫她"格姐"，就是刚入警的那几个毛孩子也一样称呼她"格姐"。她也愿意这帮孩子这么叫她，这称呼听起来，亲切！

登上顶峰，架起设备，调试成功。他们站在阿尔山的制高点，正午的阳光，从洁白的雪线上折射出一抹耀眼的光芒。

三个女人一个科

初识邓荣，都会被这位年近六旬的老大姐爽朗的笑声所吸引。她退休前的职务是兴安盟公安局政治部主任，也是公安局“元老”级的人物。她曾经做过格日勒的直接领导，格日勒现在的某些作风、性格，多少有些这位老前辈的影子和痕迹。

兴安盟公安局在九十年代初，以邓荣为科长，成立了一个情报资料科。这个科不仅担负刑事犯罪资料的收集，还包揽了全盟户籍人口和计算机的应用管理。基于这些业务，北京电子专科学院毕业的格日勒就被邓荣瞄准了。当时，局里仅有的一台计算机就在格日勒的手上，全盟公安系统唯一学计算机专业的人就是格日勒。从长城 0520、286 到 586，这些计算机型号，在现在的年轻人看来是那么陌生，可在当时，那是高科技的设备，所以兴安盟公安局信息化的见证人当属格日勒。

邓荣说：“现在格日勒的儿子上了复旦大学，丈夫也是一名很优秀的外科主任，否则，我在格日勒身上会懊悔一生。”

1995 年，继包头之后，经济相对落后的兴安盟成为全自治区第二家实行计算机户籍管理的盟市级公安机关。那时，计算机还是个陌生的玩意儿，推广计算机应用的前提是，必须大面积开展户籍内勤的计算机业务培训，而当时的情报资料科仅有邓荣、格日勒、马瑞雪三个女同志，邓荣和马瑞雪属于业务干部，在计算机专业上，也只是一般的了解，她俩在培训中，只能负责组织管理，而挑大梁的培训授课任务就落在了格日勒一个人的肩上。

邓荣说：“那几天，可把我给愁死了，这些年，在业务上我没怕过什么，可计算机培训这事儿，我算遇到了大难题。”

这边，扎赉特旗公安局已经把人集中起来等着培训，而另一边格日勒的儿子刚出生不到两个月。怎么办？

格日勒说：“科长，我可以去。”

邓荣仍然担忧：“孩子咋办？”

格日勒轻声道：“孩子有人管了。”

因为任务太急，邓荣没再详细追问，就带着格日勒到旗县办培训班去了，这一去就是两个月，而最长的时间，有时在派出所一蹲就是八个月。夜晚，邓荣突然发现，格日勒在悄悄地处理产后的肿胀疼痛，还有爬出眼眶的眼泪。邓荣捂着嘴，克制着没让自己哭出来，急忙走出了招待所的房间。后来的结果是，格日勒的儿子没有了妈妈的乳汁。格日勒对这段经历的描述是："每次培训办班，回来一次，就发现儿子长大了一些。"

而格日勒对邓荣所说的已经有人照顾，就是她的丈夫王凯。王凯现在是盟人民医院的心胸外科主任，是兴安盟心血管方面的领军人物，是当地群众眼中知名的"王一刀"。可那时，一个试图在医学上同样成为尖子的男人，又有着怎样的甜酸苦辣？

如果问奶爸是怎样炼成的，王凯有绝对的发言权。

为了能购置到质量最好、价格又最合适的电脑，全科三个女警察集体去了一次北京。她们背着二十万元的现金，由懂电脑的格日勒打头阵，在中关村一家又一家地选，一家又一家地比较价格，一家又一家地谈判，最终把这有限的二十万元，发挥到了极限。

可对于这次北京之行，邓荣的体会是："那个时候，我们三个女人真是胆子大，要是把二十万元现金弄丢了咋办？二十万，在当时可是一个天文数字。"

之后，随着计算机业务的拓展与普及，情报资料科经历了人员和机构的撤并，新的计算机通信科在兴安盟公安局成立，格日勒也历史性地成为了第一任科长。

阳光总在风雪后

互联网时代，云计算、大数据、信息通信已成为公安机关不可或缺的重要保障，同时也成为打击犯罪、维护社会治安、实施社会管控的重要一环，格日勒和她的信息通信处在盟公安局被人习惯称之为"格日勒团队"。政治部主任苑树彬说，那里可都是盟局计算机和信息化的人尖尖，哪个都是宝贝疙瘩。

每次，政治部组织选人考录，格日勒就像一只嗅到花粉味道的小蜜蜂，她都得把录用人员的档案看几遍。

2012 年，盟公安局考录了一批新警，格日勒一大早就到了政治部，她从厚厚的一沓档案里嗅到了花粉。

赵宇，曾在北京某知名软件公司做过工程师，这样的专业经历，让格日勒眼前一亮。她把赵宇的档案捧在怀里，再不撒手，她对人事处长张文彬说："文彬，这孩子，我要了。”

张文彬指着档案，努努嘴：“你先看看人家填报的志愿是啥。”

格日勒看了看张文彬：“我想试试。”

格日勒向赵宇递出了橄榄枝，她把赵宇请到了信通处，先让他参观了机房，认识了未来的战友。

赵宇摇摇头：“我还是想当刑警，这也是我当警察的动机。”

“你再想想好吗？我觉得，你的专业经历，在信通处，你会有更大的发展空间。”格日勒把一杯水递过去，平和得像一个邻家的大姐。

赵宇喝了一口水：“那我再想想好吗？”

事后，赵宇说，打动他并让他改变选择的，并不完全是格日勒那双求贤若渴的眼神，而是信通处这帮兄弟们对“格姐”的称谓，还有就是他听说，前些年因为地区经济原因，“格姐”为了解决设备难题，一次次地去自治区公安厅求援，去各级财政部门化缘，与通信运营商沟通，她受过的委屈，经历的波折，只有自己心里清楚，这也是信通处 12 个老爷们儿服“格姐”的原因。在他们眼里，格日勒就是信通处出征挂帅的“穆桂英”。

兵马未动粮草先行。作为公安机关的保障部门，格日勒这帅可并不那么好挂。2015 年，盟公安局机关办公楼搬迁。那是个冬天，那一年，雪天又似乎比往年频繁而漫长，还出现了罕见的极冷冰冻天气。

为了不影响搬迁，第一个进入办公地的就是信通处。因为是空楼，暖气几乎没有，室内外差不多一个温度，安装调试设备，又不能穿着厚重的棉衣，还要到外面搬运设备器材，为每一个办公室安装电话线、网线端口。两个多月中，信通处的人就是与寒冷、与风雪在抢时间赶速度。

赵宇说：“这几个月的经历，是我在北京的几年从没有经历过的。”

为了不影响各警种的正常办公，除了完成日常的信息通信系统的保障，系统和服务器的检修维护，他们往往选择在机关各部门下班后和节假日期间，这样能减少对全盟各级公安机关工作的“干扰”，所以加班在“格日勒团队”已成家常便饭。

有一次，机关进行内务检查，一位部门负责人对信通处没有按规定把个别物品放入柜子中提出了批评，了解情况的办公室主任张文彬打开了柜子，那柜子里码放的是成排的方便面。

“中午对付吃，晚上方便面”，这是格日勒的生活，也是信通处民警们的生活。

2014年的一个风雪天，通信基站的设备出现了故障，大风吹得连铁塔都似乎在晃荡，可是第二天就有任务，通信基站必须恢复正常。格日勒推开了高健山，推开了邬晓虎，推开了那些青春年少的战友，她只淡淡地说了句：“我是你们的大姐。”

是啊，那一张张青春年少，甚至有些稚嫩的面孔，他们有的初为人父，有的连恋爱都没有谈过，他们是父母的希望，也是公安事业的未来，何况她是他们的“格姐”，她不希望这些孩子们有半点儿闪失。

而王凯知道后，哀怨地望着她，嗔责道：“我和你儿子咋办？”

格日勒大咧咧地一笑：“儿子有你呀，你是奶爸。”

王凯无语地点燃了一支香烟，滋滋燃烧的烟草就如暗夜里闪动着的星辰。

其实，她的右腿正经受着半月板损伤的煎熬和疼痛。风撕扯着她，风的嘶鸣与啸叫，已不是嘈杂的噪音，而是从心底涌上来的恐惧，十分钟，二十分钟，半个小时，所有站在塔基下的人感觉时间从来没有过如此漫长，铁塔上，零下三十多度的空中，腿脚其实是僵硬的，所以每拧一个螺丝都比在下面要费很大的劲。此时，不知道格日勒是否还能想起老战友王铁萍说的那句话：“这是一个对男人来说都充满挑战的职业。”

太阳从飞舞的雪花中撕开了一道口子，一缕阳光照射在了银色铁塔的顶端，这是雪后的光芒，银光闪闪。

星星点灯

盟公安局有一个“格姐”，也有一个民警心中的“姐夫”，上了年纪的老民警则亲切地称呼王凯是“俺们公安局的保健医”。

在盟公安局，无论是年轻的民警，还是上有老下有小、肩负家庭重责的中年警官，很多人都被王凯“关照”过。

蒙古族的热情直爽、淳朴善良，以及古道热肠，在他们夫妇身上体现得淋漓尽致。王凯在盟医院是医术精湛的名医，而在公安局却以热心闻名，并感动着数不清的民警和民警的亲人。

民警老钱的儿子考上了长春某机关的公务员，这在一个普通民警的家里，那是全家的大幸福，够这个家庭欣喜和激动一阵子的。然而，老钱还没有从这喜悦中合拢嘴巴，不到半年，老钱的儿子查出了脑瘤，一下子把老钱摔入低谷。

格日勒出现在了老钱家：“老钱，你儿子病了，咋不吱一声？”

老钱叹了口气：“摊上这事儿，俺不知道咋整了。”

格日勒开门见山地说：“王凯已经给你们联系好了北京的专家，连床位都联系好了，你抓紧带着孩子到北京去吧。”

老钱意外地一怔，抬起手准备擦拭一下眼角：“妹子，俺不知道说啥了。”

格日勒按住老钱的胳膊：“老钱，咱们都是警察，是战友，啥也别说了，保住孩子的命，就保住了你老钱后半辈子的希望。”

手术很成功，一个月后，老钱的儿子能出院了。

老钱给格日勒打电话：“妹子，俺想感谢一下那个专家。”

格日勒说：“那个专家是王凯的朋友，你带着孩子回来就好，咱局里的兄弟姐妹们都盼着你回来呢。”

电话那头是长时间的静默。

民警大刘的丈母娘住院了，王凯亲自安排会诊，格日勒还不忘买些水果去看看。小李的爱人病了，王凯给挤出了床位。格日勒因为有了王凯这个貌似“得天独厚”的条件，像星星点灯一样，温暖着战友。

而信通处的小伙伴们更是“格姐”牵挂和关注的对象，比如有的夫妻两地分居，“格姐”利用下旗县的机会，找旗县领导，想办法解决难题。总之，格日勒就是以自己的热心、爱心，凝聚着这个团队像阳光一样温暖的力量与心灵。

最暖的光

2012年秋末的一天，兴安盟人大的张大姐找到了格日勒，她说："有个女孩儿，父亲精神上有些问题，女孩儿的母亲在她不到一岁的时候就离家出走了，女孩儿现在的境况很困难，急需救助，你能否伸出援手，救救孩子？"

当天下午，她和张大姐去了一趟女孩儿小可（化名）家。她目睹到的是家徒四壁，一贫如洗，小可的父亲连自己都照顾不了，更别说照顾女儿了。

格日勒想伸出援手，可家里的儿子也不小了，把一个小女孩儿领回家里来，太不方便了，而且她和王凯，一个是警察，一个是医生，虽然收入还算稳定，但也都是指着工资过日子的工薪族。

救救孩子。格日勒辗转反侧，一夜未眠，小可那张无助的脸，那间四面透风、满地垃圾的房子，像激荡在心中的海啸冲击波。

第二天，格日勒到局里把手头儿的几件要紧的工作处理完，然后直奔小可的学校。她和小可的班主任做了一次深入的交流，详细地了解小可的学习成绩、在校表现，甚至心理状态。

女班主任也是一个内心细腻的人，她一边介绍，一边为自己的学生落泪。一个年仅十一岁的女孩儿，本该在父母怀中撒娇的年龄，却要承受命运的重负，她幼小的肩膀是扛不起生活的大山的。

格日勒看着班主任，把一张银行卡递给她："孩子的学费和生活费，由你来支配，学校里交啥钱，你直接从卡上取，我平常也会来看看她。"

班主任噙着泪水点点头："格姐，你放心，我随时会把小可在学校的情况通报给你。"

"小可命苦，我们还是多一点儿关爱。"格日勒的眼睛也湿润了。

转眼，到了2015年，小可面临着小升初的问题。因为小可，格日勒又遇到了难题。初中是划片招生，乌兰浩特唯一可以寄宿的初中只有五中，但小可就读的小学并不在五中的片内。而小可的情况，又只能到五中去就读。

快开学了，小可的学校还没有着落。

吃过午饭，格日勒摇醒了睡午觉的丈夫："王凯，跟我走。"

王凯揉了揉眼睛："去哪儿？"

"还能去哪儿？教育局。"格日勒一脸的愁容。

每当遇到难事，王凯就是格日勒的一堵挡风的墙，就是为格日勒扛起生活之重的千斤顶。

教育局长听了说："这不是你们求我，而是政府和社会的责任，这样一个孩子，你们都能伸出援手，教育局更应该做好。"教育局长现场办公，特事特办，小可上五中的事儿算是尘埃落定了。

报名的第一天，格日勒又把一张银行卡交给了班主任，她和小学时一样，由五中的班主任接力支配小可的生活费和学杂费。小可长大了，格日勒有时也会把小可接出来，到学校附近的饭店里为小可换个口味，改善一下生活，送几件新买的衣物，最关键的是，小可快到青春期了，她得关注孩子的思想和心理。

如今，小可就要初中毕业了，需要关注和牵挂的更多，格日勒亲昵地摸了摸小可的头："快要中考了，考一中有没有信心？"

小可闪烁其词地说："有的，有。"

格日勒看了看小可："你一直到上大学的学费和生活费，我都会管的，你啥也别想，一门心思学习就行。"

小可点点头，轻声道："我会用功的，考一中不会有问题。"

格日勒又爱怜地看了看小可："上了高中，要自己学会理财，该怎么花，你自己看着买吧。"

小可勾着头，眼泪吧嗒吧嗒地掉进了碗里。

从饭馆里出来，把小可送回学校，格日勒独自走在朦胧的夜色里，她抬起头，向北眺望，北斗星下，是她的家乡牙克石吗？

当年从牙克石走出的小姑娘，如今已在归流河畔的第二故乡，走过了许多个日出日落、斗转星移的岁月与时光。

她看见了夜幕下的星光，这星光是否和父亲为她取下名字的那个夜晚一样地如梦如幻？

那是父亲的眼睛，是母亲慈爱的音容。

格日勒——一个蕴含着光芒的名字。

“疯子”警察

——记辽宁省辽阳市公安局禁毒支队支队长张喆

孙春平

一

张喆最早被人称为“疯子”，是在1994年。那时，张喆二十四岁，刚从警校毕业两年，在辽阳市白塔区的一个派出所当片儿警。

那是夏日里的一个深夜，张喆骑车回家，到了一个幽暗的胡同里，迎面走来了一个人。此人异常高大粗壮，身高将近两米（后来测定是一米九七），体重肯定在二百斤以上（后来测定是一百三十公斤）。说此人如黑塔一般，一点儿都不为过。张喆听同事们说，有一个人称“黑傻”的逃犯流窜到了辽阳。此人身材高大，在外地屡有盗窃、抢劫、强奸、行凶伤人等恶行。于是，张喆便捏闸下车，迎上前去。张喆一声“我是警察”刚出口，“黑傻”便已从腰间抽出了砍刀，猛地向张喆砍来。张喆灵巧地闪了过去，眼见那二尺来长的砍刀带着呼呼的风声和一道道寒光围着自己上下飞舞。张喆自幼习武，在警校时多次赢得了擒拿格斗前几名的好成绩。他迅速从对手疯狂的砍杀中看出，这家伙不过是凭着身高体重，并没有多少真实的武艺，便在躲闪腾挪中瞧准机会，顺势抓住“黑傻”执刀的大掌，一个“反关节”，猛力下拉，用肩膀猛磕，将那把砍刀磕飞了。“黑傻”没了刀，一条檩子粗的胳臂又被张喆死死地缠住了，越发地慌了手脚。张喆想以一招“高鞭腿”将“黑傻”踢倒，没想到读警校时屡屡在武打比赛中出奇制胜的绝技却一时难以奏效——“黑傻”毕竟太过高大沉重了。张喆的身高只有一米七，身子又被“黑傻”狗熊一般缠抱得死紧，一双腿踢得再高也难踢中“黑傻”的脑袋。这家伙太扛打了！张喆再想办法，右手牢牢地抓住“黑傻”的腰带，想换一招，以“臀顶”将其摔倒。但是，二百六十斤的“大狗熊”毕竟太沉，体重不足他一半的张喆用足了力气，“黑傻”也还是两腿生根、身子纹丝不动。如此厮拼，数个回合下来，“黑傻”虽非聪明之人，但也知眼前的“豹子”绝非等闲之辈。于是，他拼命挣脱，只想一逃了之。张喆看破了他的心思，便将双手都抓到了他的腰带上。一个死挣，一个拼力紧抓，只听“咔”的一声，那根老式的电工专用腰带竟被生生地挣断了。那声响过后，便是刺啦啦的裂帛之声——“黑傻”的牛仔裤竟被撕成了两片。张喆因用力过猛，一屁股跌坐在尘埃之中。“黑傻”踉跄着，甩掉绊脚的裤子与四十七码的大鞋子，钻进街心公园，不见了踪影。

那场身贴身的肉搏，“重量级”落荒而逃，败了。“轻量级”虽然没有达到生擒活捉的目的，但还是零距离地见识了这位被通缉逃犯的真实面目和拳脚本事，为最后将其擒拿归案铺平了道路。

那夜，张喆也曾起身追赶。黑暗中，他死盯着的目标是没了鞋、裤的“黑傻”那白色的内裤。毕竟，“黑傻”身高腿长，再加上张喆突然觉得眼睛好像被什么东西给糊住了……他抹了一把，似乎好了些，但很快就又模糊了。他眼见着“黑傻”消失在街心公园的黑暗中，便在公园的长椅上坐了下来。娘的，不信你傻大黑粗的“大狗熊”不出来，老子今儿就在这儿候着你了！

兴许是在刚才的那场殊死搏斗中用力过猛，张喆只觉得格外乏力，脑袋眩晕、迷糊，特别想躺下睡一觉。于是，他往长椅上一歪，便沉沉地睡了过去。

清晨，公园里有了晨练的人。人们看到浑身是血地躺在长椅上的张喆，大惊失色。巡警接到群众的电话，驱车赶了过来，赶忙送张喆去了医院。原来，张喆的头顶上被刀子砍出了一道口子，头发茬乱糟糟地糊在伤口里，鲜血一直在流。上衣被血染了，裤子被血染了，两只鞋里汪了血，踩在医院乳白色的地面上，留下了让人触目惊心的红色脚印。护士说：“你不知道疼吗？”张喆说：“要说疼，浑身都疼。看胳膊、腿儿都还能动，就不觉得疼了。”护士又问：“流了那么多的血，你也一点儿不觉得吗？”张喆说：“要说感觉，最早是眼睛。追那个黑大个儿的时候，眼睛模糊了，我还以为是汗水呢。”

护士嘴忙手不闲。她问了那么多的话，除了惊异，主要是想借对话转移受伤警察的注意力。张喆见护士拿起了注射用的针头，忙问：“你要干什么？”护士回答：“先打麻药，再给你缝伤口呀！”张喆说：“麻药别打了，行吗？”护士说：“你不怕疼吗？”张喆回答：“疼就忍忍。打了麻药，我可能就更想睡觉了。我还得抓紧去找那个黑大个儿呢。”护士说：“你不是疯了吧！受了伤，流了这么多血，不知道得先休养几天吗？”张喆说：“不是我疯了，是那个犯罪分子疯了。我如果不抓紧把他抓起来，那小子不知道还要祸害多少人。”

那天，张喆从医院里出来，怕老爸、老妈看了他这般模样心疼，便让巡警把他直接送回了派出所。所里有备用的衣裤鞋袜，换过之后，算计着老妈该上班了，他便打了个电话，说自己这几天有任务，回不了家，让爸妈放心。放下电话，他便去站前转悠了。想一想昨夜那场搏斗，张喆心里颇为不爽——虽说没败，但也算不得全胜。张喆琢磨着，“黑大个儿”若是急着逃离辽阳，不是坐火车就是乘长途客车。那么，守住站前这个关口，就等于关上了打狗的大门。站前一带正好归白塔派出所管辖，日常为了大大小小的案子，他常来。正所谓“人熟是宝”，不信打听不出“黑大个儿”的下落。

很快，张喆便从那些在站前流浪的孩子口里得知，“黑傻”还没有逃走，他的“窝”极有可能就在站前附近。白天，张喆在派出所处理完警务，只要有时间，就去站前一带转一转。夜里，他守在车站的候车大厅里，困得厉害了就干脆睡在长椅上。第十三天的深夜，在进站的人流中，张喆终于等来了那个高出众人一头的大个子。凝目细观，“柳芭”头型的大脑瓜子、有棱有角的方形脸，不是他是谁！张喆虽然激动不已，但还是控制住了自己的表情，站起身，迎着“黑傻”走去。“黑傻”看见面前的这个平静的、冷冷带笑的年轻人，面色陡变，身子竟不由自主地抖了一下。张喆问：“还打不？”“黑傻”把大脑袋摇成了拨浪鼓。张喆又问：“还跑不？”“黑傻”的脑袋还是摇。张喆撂下了脸子，喝道：“那你就给我坐下！”旁边就是候车椅，“黑傻”立刻乖乖地坐下了——坐下也比张喆高。他的一双眼睛耗子似的贼溜溜地望定了张喆的两条腿，只怕那腿突然之间飞起来教训他。

巡警来了，巨人般的“黑傻”被铐上了双手，低头耷拉脑地被押送了出去。跟在后面的年轻警察挥手向目睹了这一幕的旅客们致意。人们的脸上不仅有惊愕，还有疑惑——那个超级高的大个子在孩子般的小警察面前，怎么就服服帖帖地连大气都不敢喘了呢？

二

1970年8月，张喆出生在辽阳市的一个知识分子家庭，父亲是市文化局的一位专职画师，在京剧团、话剧团等单位都工作过，母亲是小学教师。幼年时候的张喆，瘦小而虚弱。为了让儿子的体魄强壮起来，父亲在张喆五岁时就把他带到了市京剧团，让他跟着叔叔阿姨们翻跟斗、打把式。别看小张喆身子弱，胆子却很大，也肯吃苦，小身子转得如风车一般，尤其是两条腿，踢得出神入化，功夫不比那些专业演员差。父亲见儿子进步快，便把儿子送到了少林武术传人李见春的门下。初进师门，师傅自然会让徒弟展示一下拳脚。一番拳脚过后，老师对父亲说："虽说好戏子胜过赖拳脚，但毕竟是花拳绣腿，不实用。好，把这孩子给我留下吧。"母亲对此心存忧虑，对父亲说："一个男孩子，身子不差就行了呗！你让他学那些没用的东西，不怕他长大以后打架欺负人吗？"父亲笑着说："打不打架、欺负不欺负人，那是道德层面的东西。我就不信，老师教出来的孩子，连这点儿道理都不懂！"

1989年夏天，张喆参加了高考，分数不低，确定将被东北财经大学录取。但是，就在录取通知书寄发之前，张喆想办法找到了省高招办的一位同志，坚持要把志愿改成辽宁警官学校，理由是"这辈子就想当警察，除暴安良"。

生擒"黑傻"十年后，2003年的夏天，出现了一个连续作案、恶贯满盈的恶魔，活动区域为东北三省和内蒙古自治区。此人姓刘、名宏伟，四十岁出头，流窜于四个省区之间，多是在夜间撬锁、抢劫财物、强奸妇女、杀人越货。公安部将此案列为当年的"四号公案"，由一位副部长亲自督办，并指派公安部刑侦局的副局长亲任一线指挥，部署四省区五千警力日夜追捕，严防恶魔窜至关内。

那一年，张喆已是辽阳市公安局刑侦支队的副支队长，直接负责"四号公案"的侦破工作。整整三个月，张喆和负责此案的民警们日夜巡逻或蹲守，有时会痴痴地站在密如织网的辽阳市街区图前，一站就是半天。有人以为他们是累坏了才发呆，殊不知在他们的脑海里，每时每刻都翻搅着追捕案犯的思谋与运筹。依据张喆已经掌握的情况，这个犯罪嫌疑人胆大手黑，心理素质超好，身体健壮如牛。参考了其他省市通报的情况之后，张喆推断，此人极有可能已经流窜到了辽阳。

在研究案情的会议上，张喆说："现在，报纸、电视上最常说的词儿就是'机遇和挑战'。啥叫'机遇和挑战'呢？我看，这个疑似刘宏伟的家伙就是。抓到了他，立不立功且不说，最起码咱们对得起这身警服和人民警察的称号。可要是抓不到呢？这家伙要是跑到外地去，被外地的同行们铐住了，一审，说是在辽阳待过，而且没少作案，那咱们可就没脸再穿这身警服了。"

11 月 28 日凌晨二时许，彻夜未眠的张喆接到报案，称市内某街区的一临街店铺被盗，嫌犯是撬门进去的。于是，张喆立即带领侦查员张恩涛驱车出警。坐进汽车时，张恩涛提醒道："咱们俩可都没带家什。""家什"就是手枪，公安系统内部有严格的纪律，枪械要统一保管，执行任务时才可以领取。张喆说："哪还有时间啊，先到现场看看再说！"

在店铺里明亮的灯光下，张喆发现了留在门口的几个木屑。张喆对张恩涛说："撬门的手法像！追！"

多亏了张喆连日来周密、细致地思虑与谋划，算计好了恶魔进了哪个区域、可能从哪里逃窜。坐进汽车后，他立刻便指挥着张恩涛左折右拐，毫不犹豫。在一条狭长、昏暗的街巷里，有一个男人骑着自行车往巷子深处去了，后座上还夹着一个粉红色的女士挎包。张喆命令："靠上去，逼停他！"骑车人扭头看见有警车追上来，便将车子贴墙停下，双手仍扶着车把，一条腿却蹬墙而立。汽车停了，就在张喆下车的那一瞬间，骑车人的脚往墙上用力一蹬，自行车立刻迅速地向前滑去。张喆快步紧追，一边追一边喝令："你下来！"骑车人说："我又没做坏事，下来干什么？"张喆问："你是哪儿的人？"骑车人回答："大连人。"就在这一问一答之间，张喆确认了自己的判断。他说话明显是内蒙古那边的口音，为什么说是大连人？说时迟，那时快，张喆已经追到了骑车人的身后，飞身一跃，从后面将骑车人拦腰抱住，与骑车人一起倒在了地上。刚才那一抱，张喆立刻感觉到了此人的非比寻常——那腰太粗、太壮，两只胳膊根本合不拢。此人的腰间没有一点儿虚肉，硬邦邦的都是腱子肉。翻滚在地的骑车人身子压在自行车上，伸手去够挂在车把上的黑色人造革提兜，并从提兜里抓出了一把剁骨头的刀。张喆的右腿猛然前踢，正踢在恶魔的腕子上，那把刀当即落地。恶魔把手伸向自己的胸口，又掏出了一把短刀。张喆抓住他那执刀的手，下死力翻腕，使得那把短刀也落了地。

这又是一场力量悬殊的搏斗。说实话，若一比一地比试力气，张喆真不是恶魔的对手，好在张喆的身边有助手张恩涛。那一刻，张喆就像一条蟒蛇，死死地缠住恶魔的上半身，随着恶魔一起翻滚，张恩涛则下死力气压住了恶魔的两条腿。十五分钟后，增援的民警赶到了，才算把恶魔彻底制伏了。

恶魔被推上警车之后，张喆筋疲力尽，连坐起来的力气都没有了。同志们要扶他站起来，他无力地摇了摇头，喘息着说："先别动，让我喘……喘口气。你们要是再不来，我就下嘴了，咬住他的脖子，咬……咬死他！"民警们清理现场时，只见半个网球场大小的街面上，到处血迹斑斑。张喆的身上磨破了好几处，右肘和右腕有两个地方已经见了白森森的骨头。

当天晚上，公安局那边来了电话，确认通过 DNA 检测，辽阳市公安局捕获的嫌犯正是全国通缉的犯罪嫌疑人刘宏伟。

三

2006 年，张喆担任了辽阳市公安局禁毒支队支队长。

从警二十七年来，张喆当过治安警、特警、刑警，这次又当上了缉毒警。在职务上，他担任过警员、派出所副所长、派出所所长、刑侦大队大队长、刑侦支队副支队长、区公安分局副局长、县公安局副局长。他所在的单位，都曾荣获过省市级先进集体的光荣称号。只是，这个当初俊朗帅气的年轻人已经步入了中年，仍然茂密的头发已经隐隐地发白了。

应该说，禁毒工作比起其他警务工作来，更繁重、艰巨，也更加险象环生。网络通信和现代交通的迅速发展，使得禁毒工作早已没有了前方后方、一线二线之说。那些贩毒分子明知法律早有严格规定，仍然铤而走险。带毒者多携枪藏刀，正所谓“枪毒同流”，因此禁毒民警每时每刻都有可能遭遇不测。深切地了解这一严峻形势的张喆在部署任务时是指挥员，而在追捕毒犯时则是一如既往地身先士卒、勇往直前。

那是一个秋夜，禁毒支队的民警接到内线报告，一伙毒贩将在某建筑工地交易。张喆立即带领民警奔赴了现场。毒贩一见警车，立时作鸟兽散。张喆盯牢一个目标，紧追不舍。毒贩见追捕者越来越近，便跑进一幢在建的楼房，顺着楼梯一直跑到了五楼的楼顶。张喆一步不舍，也上了五楼。毒贩纵身从五楼顶上跳了下去。张喆见状，毫不犹豫地从五楼一跃而下。事后，张喆才知道上当了。毒贩十分熟悉地形，落地之处是个高高的大沙堆，而张喆的落地之处则是一片硬地。就在落地的一瞬间，他只觉得五脏六腑像是撕裂了一般，胸腔内一股滚热的东西直往上涌。张喆强忍着疼痛，爬起来之后又追出了一千多米，直至将精疲力竭的毒贩扑倒在地，并从他身上搜出了自制手枪和军用刺刀。总算松了一口气的张喆突然开始剧烈地咳嗽，鼻子和嘴巴喷出血来，一口又一口，难止难休。随后赶来的民警们赶忙将他送到了医院，才得知他两根肋骨骨折，又由于剧烈地奔跑而引发了支气管多处破裂，也就是老百姓常说的“跑炸了肺”。医护人员心疼地说：“怎么又是你这个‘疯子’呀，不要命啦！”

2015 年 3 月，张喆从邮寄到辽阳的毒品入手，顺藤摸瓜，不仅查到了广东东莞的毒源地，还按照落网案犯提供的线索，用电话与毒枭取得了联系。从警二十多年，张喆学会了射击、格斗、游泳，还自学了一种本事——说出二十多个地区的方言，而且说得惟妙惟肖。平常，他身上带着六部手机，就是为了在不同的情况下转换不同的方言。那日，张喆用广东方言赢得了对方的信任，答应隔日在东莞的某地下停车场进行交易。关于去不去广东，市公安局和禁毒支队之间有很大的争议。有人说，把如此重要的线索提供给广东警方，由他们就近出警侦破，我们已经是不辱使命了。张喆说：“抓捕毒枭的事，关键在于捕获现行、人赃俱获。毒枭已经知道了我的手机号码，也熟悉了我的广东口音。那些人比狐狸还狡猾，只要发现一点儿破绽，就会销毁毒品，或者四处潜逃，这个案子就算黄了。所以，我的意见是，我们必须按时去，而且只能由我出面。至于具体的破获方案，只能根据现场的情况临时定夺。”局领导指示说，现在广东那边可谓“三个不明”：地形地貌不明、对方人数不明、对方携带的武器不明，那个停车场内危机四伏。所以，局领导要求张喆带领同志们去了之后见机行事，务必保证所有民警的安全。

张喆带领禁毒民警急飞广东，先带同志们去了那个停车场附近，从外围熟悉情况。又有同志提出：“我们是不是可以事先派人到停车场，埋伏在里面？”张喆说：“不行。现在就算我一个人先去，都有可能打草惊蛇——谁知道停车场的执勤人员和那帮家伙有什么瓜葛！我的方案是，到时候先让毒贩开车进去，我再一个人开车跟进。大家埋伏在外面，盯牢时间，以我驾车进停车场算起，三十秒后启动，四十秒后务必到达现场增援。民警们闻言，一个个瞪圆了眼睛，都不同意，说：“你一个人，身上又不带家什，四十秒，毒贩们什么事做不出来！太悬！”张喆笑道：“常山赵子龙在此，那就只可进，不能退。不入虎穴，难得虎子，没有时间再商量了，大家抓紧准备吧。”

多年以来，张喆智勇兼备，一次次出生入死，屡建奇功。有人把他比作智取威虎山的英雄杨子荣，但张喆似乎更喜欢以三国时期的忠勇战神赵云自居。每每在研究重大的侦破方案时，只要他把这句“常山赵子龙在此”的戏文说出口，那就是他率先出征、冒死一搏的决心已定了。

那夜，张喆穿着南方的街头痞子爱穿的那身行头独自驾车出现在了地下停车场。所有的车窗都落了下来，他戴着墨镜，光着脑袋，花里胡哨的半袖衫大敞着，露出赤裸的胸膛与肚腩。张喆是要以此姿态告诉对方：请看好，我是一个人来的，赤手空拳。此时，张喆也看清了，坐在毒贩车内的有两个人。他们戒备心很强，仍然是“车不熄火，人不下车”。张喆率先下了车，手里提着备好的“现金”袋子，说：“你交货，我交钱，票子一张不少，都在这儿啦。”其实，所谓的“票子”就是从超市买来的盒装牛奶，装在袋子里，沉甸甸的，有棱有角，看不出破绽。两个毒贩听了张喆的话，与手机里的毫无二致，便下了车，一个人上前接钱，另一个人手里提着袋子，袋子里装满了东西——应该是毒品。接钱的人到了跟前，伸手接过了沉甸甸的袋子。张喆估计，他们若是有枪，八成会在接钱的人身上，因为他穿得很严实。于是，他就趁接钱的人伸手、弯腰的机会，闪电般地突然出手，一把抓住了对方的腕子，猛地将他扛了起来。只要这个“高摔”成功了，不摔他个半死，也会摔得他半天爬不起来，剩下的那个就好对付了。没想到，被扛起的毒枭在凌空而起的一瞬间，竟把右手伸向了腰间——那是在掏枪！这个人显然也是练过功的。张喆手疾眼快，在将对手摔倒在地的同时，迅速跨了上去，紧紧地抱住了他的双臂，让他动弹不得。另一位见状，连忙扔下手里的毒品，直向张喆扑来。张喆压住前者的双臂，凭借腿上的功夫，不待对方近身，便一脚踢在了那个人的脸上。那家伙再扑，张喆就再踢。

生死四十秒，张喆坚持住了。增援的民警赶到了，成功地抓获了两名毒枭。从他们身上搜出的仿“六四”手枪已是弹在膛上，一触即发。

一切都是依照战前的方案进行的，可谓“完胜”！但是，张喆却并不满足，他要乘胜追击。他命令将毒枭分别押上两辆汽车，立即审讯。他指着刚刚缴获的四十四公斤毒品说：“就凭这些东西，依照国家的法律，你们是什么罪，我就不说了。要想保命，眼下只有一条出路——争取立功减刑。”这个毒枭垂头丧气、低头不语。张喆说：“你不说可以，但是你能保证那辆车里的那一位也不说吗？我给你把底儿交在这儿，你们两位被抓的消息可能很快就会传出去，你的那些同伙极有可能一听到消息就立刻潜逃。到了那时，你就是想立功减刑，只怕也是‘晚三春’了。”这个毒枭听张喆露出了东北口音，问：“你们到底是哪儿的警察？”张喆笑着回答道：“东北那疙瘩的。咋的，不服？”

将两个毒枭交给当地警方之后，张喆连夜带着民警乘飞机到了另一个地方，仍然是张喆化装成毒贩单刀赴会，给同事们留出了增援的时间。此次，辽阳市公安局禁毒支队又一举抓获了三个毒贩。他们一鼓作气，连夜飞往广东汕尾的陆丰，直接捣毁了制毒工厂，并以此为突破口，查清了涉及二十九个省市的贩毒网络。公安部统一组织收网，共抓获毒贩 661 人，缴获冰毒 440 公斤。这一仗，打响了全国网络禁毒战役的第一枪！

为了出席全国公安战线的英模表彰大会，张喆穿上了整洁、英武的警服，并按要求佩戴了军功章：第一排，四枚，一等功；第二排，四枚，二等功；第三排，四枚，三等功。张喆捧着放奖章的盒子对工作人员说：“就这样吧，再多挂就不好看了。”

不错，从警二十七年，张喆立下的功勋无数，获得的各种奖牌、奖章也多得难以一一列举。他实现了自己当年的誓言，让父母为自己骄傲，让妻儿为自己骄傲，也让辽阳市乃至辽宁省的人民群众为有这样一个忠诚卫士而感到骄傲与欣慰。

张喆从警近三十年来经历的坎坷与获得的荣誉实在是让人感慨万千。还是高悬在办公室墙壁上方的那八个字的队训归纳得好：忠诚、谦逊、坦荡、担当！

与死神“对赌”，我不后悔

——记吉林省吉林市公安局特警支队技术大队大队长朱建民

王文硕

一根红线，一根黄线，我到底要剪断哪一根？

伴随着定时炸弹嘀嗒作响的倒计时声音，主角拿着剪刀面临生死抉择，观众的刺激和紧张感瞬间爆棚。警匪片中，这是人们异常熟悉的桥段。

许多个夜晚，朱建民都会反复做着这样类似的梦。

每次醒来，后背都已挂满汗水。

每当下一个夜晚来临，他都希望自己的梦境寂静无声。

因为，自从干了这一行，心里总会对突如其来的巨响感到莫名的抵触和恐惧。

对于像朱建民这样的排爆手们来说，第一次错误，就是最后一次错误。

许多人劝过他，能换一个工作就换一个工作吧，干啥不是干，已经是上有老下有小的人，何苦非要整天把命别在裤腰带上挣饭吃？

朱建民总是笑笑不说话。

的确，排爆工作的危险，不身临其境真的无法切身体会。

许多年轻人练兵千日，觉得自己确实准备好了，可一到排爆现场，面对真实的炸弹，忽然就连站立的力气都没了。

“他们害怕炸弹真的响。只要一响，在场所有的人都完了。”朱建民说。

这本身就是一场与死神的“对赌”——要么全赢，要么全输，唯一的赌注，就是生命。

恐惧，是排爆者内心的一道魔障。有的人迈过去了，有的人迈不过去，最终选择离开。

朱建民今年47岁。这么多年过去了，他遇见过太多的同行，也见识过太多次离开。他总是拍拍他们的肩膀，即使这其中有许多都是自己一心一意、手把手带出来的徒弟，他也真心祝福这些离开的身影。

然后，朱建民再默默转身，回到自己的工作岗位上，继续训练、研究，同时，时刻准备着下一次突发任务的到来。

排爆，对朱建民来说，绝不只是“挣饭吃”这么简单。

在他心里，用文绉绉一点儿的词来说，坚守，关乎信仰，关乎责任。

认识朱建民的人都说，他是个谦和亲切、从没跟人红过脸的人。然而，在爆炸物面前，他却会表现出另一面——冷峻、果断，甚至带点儿霸气和杀气。

“每次出任务，他都是第一个上。那种危险，搞排爆的人都明白。可是他永远把危险留给自己，哪怕只有一点儿生的希望，也是留给我们。”不止一个队员这样描述朱建民，言语中流露的，是生死堆里过了命的兄弟之间那种特有的亲切、感激，还有敬佩。

至今，朱建民已经参与过重大活动安检搜爆任务210余次，妥善排除各类爆炸装置40余个，销毁各类废旧炸弹80余枚，没有出现过一次纰漏和疏忽。

这就是吉林省吉林市公安局特警支队技术大队大队长朱建民从事排爆工作17年来交出的成绩单。他是吉林市唯一的“排爆专家”，先后荣立2次个人二等功、3次个人三等功。

荣誉接踵而至，而在朱建民的内心深处，他还是那个从东北小镇上走出来的农家孩子。

怀抱爆炸物的一小时

吉林省蛟河市黄松甸镇，是朱建民的家乡。1970年8月，朱建民出生在镇上一个普通的农民家庭。

1989年，沈阳军区来镇上招兵入伍。朱建民以各方面优秀的表现，实现了成为一名军人的梦想。爆破排雷，成了朱建民的一块“金字招牌”。多年如一日的刻苦训练和数百次的实爆作业，使他从一个“毛头小兵”变成全军的技术骨干，多次得到上级表扬。

1999年9月，朱建民正式从部队转业，被分配到吉林市公安局巡特警支队工作。

“局里正缺排爆人才，你能不能回去考虑一下，继续干排爆的老本行？”领导知道朱建民的爆破排雷专长，请他认真考虑组织上的建议。

排爆工作的高危性，朱建民是心知肚明的。此时，朱建民的父母双亲已70多岁，孩子才两岁多，各方面的担子都不轻。

朱建民也矛盾过。他也想做个让老人放心的儿子，做个能平安无虞陪伴孩子长大的父亲。但是，想一想组织上的重托，想一想部队多年的教育，他总觉得，只要事业需要冲锋陷阵的闯将，自己就不能做唯唯诺诺的庸人。

“好战士就应该吃得住硬、扛得起来，就应该到党和人民最需要的地方去建功，书写别样精彩的从警历程。”朱建民在日记中写道。

心意已决。他瞒着家人又干起了老本行，担当起了特警支队排爆排险“排头兵”的角色。

刚到特警队，朱建民成为队里唯一的排爆民警。入警两年后，第一次真正的考验很快到来。

2002 年 5 月的一天，吉林市公安局接到群众报警，在吉林大街一楼内发现一枚使用煤气罐制作的爆炸物。

经过紧张排查，朱建民在进楼大厅和楼道内发现了两枚由煤气罐和灭火器制作的爆炸装置。两枚爆炸物制作得非常专业，采用洗衣机定时器和继电器的方式导电激发。

此时，定时器的指针已经临近燃爆点，情况十分紧急。看到这种情况，朱建民一边喝令战友们紧急撤离，迅速从其他通道疏散楼内群众，一边只身进入现场进行排爆。凭借专业知识和胆大心细的工作作风，他成功拆除了安在煤气罐爆炸物上的洗衣机定时器，整个过程用了大约五分钟。

“那简直是人生中最漫长的五分钟。”朱建民回忆，虽然定时器拆除了，但他无法判断煤气罐内部爆炸装置的结构。如果在煤气罐内部接有继电器，切断电源时爆炸物会引起爆炸；如果煤气罐内部还有其他起爆方式，随时还有可能爆炸。

必须迅速将爆炸物转移到野外无人地区进行拆解！

当时，由于条件所限，队里根本没有现在排爆工作普遍使用的专门盛放运输爆炸物的设备，更没有专业的防爆服。为了防止颠簸引起爆炸，朱建民找来一件防弹衣裹住这枚随时可能爆炸的煤气罐，然后抱着它就爬上了一辆普通运兵车。

崎岖的山路上，坐在运兵车后排的朱建民死死盯着司机的后脑勺，他小心翼翼地把爆炸物抱在怀里。

一动都不敢动。汽车每一次颠簸，他的心都像要停摆。不多久，就清晰地感觉到一股股汗顺着脖子往下流。他的脑子一片空白，心里默念着：“不要炸……不要炸……”

就这样，一直颠簸了一个多小时，他们终于把爆炸物带到了野外安全的地点。

接下来的三个多小时，朱建民成功分解出计时器、电池和雷管，以及填满的炸药和剧毒化学物质。

“那一战与其说是胜在专业知识，不如说是胜在胆识。当时我血气方刚，而且刚刚成为一名排爆民警。我只有一个念头——必须拿下！”说话间，朱建民眉梢一挑。

关键时刻的肩膀，危难时刻的担当

工作之余，朱建民喜欢爬山，一来可以锻炼身体，二来可以缓解紧张的情绪。“爬山能让自己冷静下来。”

的确，头脑冷静、思路清晰是排爆民警必需的素质。

“轰！”2005 年 6 月 6 日，吉林市船营区一居民楼发生爆炸事故，一名犯罪嫌疑人在家中自制爆炸物时不慎引爆其中一枚，造成肋骨骨折、眼部受伤。据嫌疑人交代，其家中还有五枚自制爆炸物。

“那是一个老式火炕楼，火炕被炸出了一个直径约一米、深约半米的大坑。”朱建民回忆，爆炸导致房间的墙上全是血迹，棉絮、衣物、纸箱等物品将本就凌乱的房间填满。

朱建民很快发现了问题的关键：“这起爆炸导致那些未爆炸的炸药、电池、裸露铜芯全都缠绕在一起，线皮烧焦、铜线裸露，如果稍有不慎线路导电，或者拆除导线有误，那遗留在现场的五枚爆炸物随时都可能发生爆炸！”

此时，楼外战友在焦急等待，群众也在翘首期盼，时间越长，社会舆论压力越大。

冷静，一定要冷静。一条线路一条线路地查，一块电池一块电池地解。找到线头，一点点往下捋，一根根往外拆。

时值暑期，气温超过 30 摄氏度，加上身上 70 斤重的排爆服，朱建民的衣服很快被汗水浸透。“当时穿的排爆服由于年久老化，排风扇失灵了，不断从头上流下的汗水布满了防爆头罩，模糊了我的视线。”为保证拆弹速度，朱建民直接摘下了防爆头罩。

就这样，头部没有任何保护措施的朱建民紧张忙碌了一个多小时后，五枚爆炸物的导线、电池和炸药全部被分离开来，并被成功转移到排爆罐内。任务完成后，在队友的帮助下，他脱下排爆服，里面的作训服就像水洗了一样。

像这样的情况不在少数。一些炸弹已经炸响，而排爆民警需要在非常危险的情况下，坚决防止二次爆炸，保障人民群众的生命财产安全。

随着社会经济的发展，公安排爆的地位作用更加突出，责任使命更加艰巨。危难之时，公安民警必须要吃得住硬，顶得起来，把“担当”二字突出出来。

2008年3月，一名犯罪嫌疑人手持炸弹闯入吉林市一家银行，并索要3万元现金。银行工作人员立即呼救报警。慌乱中，嫌疑人扔下炸弹，逃离现场。

这是一个使用手机遥控的炸弹。嫌疑人将靶机和炸弹连接在一起，一旦用手机拨通靶机，靶机的响应便会产生电流，振动和响铃即刻触发炸弹的传感器，控制引信起爆，其专业精密程度超出预想。

此时，犯罪嫌疑人仍然在逃，随时可能通过手机信号引爆炸弹，而且当时全国的特警队中还很少配备信号干扰仪。为审慎起见，公安局专门请来了社会上两名资深爆破专家参与处置。然而，在评估过现场爆炸装置后，两位爆破专家都认为情况太危险，无能为力。

面对困难，等不是办法，干才有希望。“别人能退，公安民警不能退。”朱建民告诉队友。

就在大家冥思苦想寻找解决办法之际，朱建民提出了一个大胆的设想——用考场屏蔽仪试一试。尽管他明白，考场屏蔽仪属民用设备，并不能完全屏蔽所有手机信号，处置依然存在很多风险难点，但时间不等人，他决心冒险一试。

架设考场屏蔽仪之后，朱建民进入了现场，他感觉到自己心跳得厉害，状态不够好，便迅速退了出来进行调整。

呼气……吸气……朱建民一遍遍做着深呼吸，努力平静着自己的心情，然后，第二次进入现场。

这一次，朱建民沉着冷静，先利用排爆机械手将爆炸物夹出，再小心翼翼地把爆炸物转移至排爆罐内销毁。

危险解除了，当身着排爆服的朱建民终于从排爆现场走回来时，等待他的是队友们雷鸣般的掌声。一名队友一边流泪，一边抱着朱建民：“朱哥，看到你逆行的身影，看到你一步一步地走向炸弹，我们帮不上你忙，心里特别难受、特别无助、特别痛苦。你回来就好，回来就好！”

每当这种时刻，朱建民总是拍拍战友们的肩膀，安慰他们，就像什么危险都没有发生过。

他是整个技术大队的“魂”

东北是抗日战争时期的重要战场。

曾与朱建民共事多年的王阳记得，2007年10月，吉林市火车站工地发现多枚日军遗留炮弹，朱建民接到命令，带领队员迅速赶赴实地查看。

由于这些炮弹生产年代久远，引信保险装置已经脱落，外表严重腐蚀，弹内炸药与弹皮已经生成苦味酸盐，只要受到摩擦、撞击或断裂，就可能随时引爆，把附近夷为平地、化为灰烬。

在这样的处置条件下，防爆服根本无法保证安全，而且穿着笨重不方便工作，因此，排爆人员只能在没有任何防护措施的情况下进场作业。

“像往常一样，他把我们都劝到了几百米外的安全地带，自己只身进入了排爆现场。在这里，铁锹、铁镐等坚硬工具根本无法使用，他只能用木棍和双手一点点剥离土层。”王阳说。

手上的皮磨破了，指甲里嵌满了泥土，朱建民咬紧牙关，继续用双手清理着。他大气也不敢出，丝毫不敢松懈怠慢，因为中途如果摔倒或者碎石滑落都是极其危险的。

“我就一块土一块土地刨挖，连续在两米深的坑内爬上爬下，时间长了，手指麻了，胳膊担不住了，累了困了。但我时刻提醒自己，再苦再累，我都要咬紧牙关。”寂静的世界里，朱建民不停地给自己打气。

在持续用手刨挖12个小时之后，朱建民独自清理出各种类型的遗留炮弹共计36枚！他忍着疼痛，像呵护婴儿一样，用双臂抱住弹体，小心谨慎地把它们逐个放进了装满沙子和布条的车厢内。随着炮弹被拉至安全地带并成功销毁，全市人民的心也终于落了地。

“朱队长就是我们整个技术大队的‘魂’。”

在吉林市公安局特警支队技术大队，不止一个民警这样向记者形容。

“朱建民是我们整个特警支队的中流砥柱。”吉林市公安局特警支队政治处副主任张治说，“他是一个极具党性，而且业务上十分突出的人，在从警的17年里，他保持着一名党员的优秀传统作风，不怕困难不怕危险，特别是在支队分配到险急任务的时候，他总是第一个上，并且能保证任务顺利完成。在他的办公室里，无论是桌子上的文件还是书柜上的书永远都摆放得整整齐齐。在思想上他也是积极要求进步，在大队内部，他经常性带领全体队员进行党内学习，起到了良好的带头作用。朱建民一有时间就研究各类爆炸装置或者是浏览各大排爆论坛，在论坛上通过和同行交流，他学习了更多的排爆技术，也可以对全国各地方处置排爆案件提供更多的宝贵建议。”

用科学精神把排爆事业传承下去

这些年，干排爆越久，如履薄冰的感觉就越深；看过的爆炸案例越多，朱建民对犯罪嫌疑人就越痛恨。

“我们都是有血有肉的人，想到幸福的家园被炸得瓦砾遍地，蒙难群众在惊恐中痛哭流涕，还有什么比这种事更让人揪心呢？”朱建民想，一定要让更多年轻民警把排爆这项事业继承下去，让老百姓活在一个安定的环境中。

公安排爆工作特别需要科学的精神和严谨的态度，因为这项工作中深藏着太多的未知。正因如此，朱建民抓紧一切时间向书本学理论、向同行学技术，一点一滴积累，一步一步提高，只要遇到与排爆有关的知识，他都会抓住一切机会学习。正是基于这些准备和历练，他成功创造了 17 年“排爆零事故”的战绩。

多年来，朱建民不仅圆满完成了吉林市勒索大型超市爆炸案、爆炸杀人案、某小学遥控爆炸案、邮寄快件爆炸案等一批高风险排爆排险任务，仅近三年，就排除疑似爆炸物十余个，排爆工作成绩一直处于全国同行业前列。

为了让更多同志更好、更快地学习排爆技能，他结合平日所学，查找有关案例，在电脑上还原制作了许多爆炸物原型，为身边同志学习提高提供了有力依据参考。

“我每周花三个半天，为大家讲排爆理论知识、炸药类型和特种设备的使用方法，还组织大家进行体能和心理训练。”朱建民说，“我不担心随时可能出现的警情，操心的是大家业务素质的提高，希望有更多人把这项事业继承下去，希望我们这个团队越来越正规、越来越专业、越来越职业。”

技术大队民警史明杨告诉记者：“朱队长虽然话不多，但他说的每句话都在点儿上，很实用、很暖心，因为他的出发点就是确保我们每个队员的人身安全。”

“朱队长很重视我们队员的技术培训和学习深造，还非常重视将我们队员送出去深造。从我入警以来，我们中队七个人都轮流赴南京、合肥等地参加了排爆技术培训，这也极大地拓宽了我们的视野。”史明杨说。

教导员郑连中也觉得，朱建民在生活中和在业务上有一种“反差萌”：“平时在生活里，他是个少言寡语的人，但是在工作中，他对排爆队员的培训却十分认真，无论是理论还是实战经验，他都讲得细致入微，希望队员们在以后的工作中，能保证自身安全，顺利地完成任务。他就是这么一个无私的人，是我们整个团队的核心。”

“目前，吉林特警拥有价值超过千万元的高科技精密排爆装备。”吉林市公安局特警支队副支队长翟延军告诉记者，“老朱业务知识丰富、作风过硬，对所有的设备都使用得很小心，而且保养得好。装备交给他，我们放心。”

事实上，朱建民为这支队伍的发展壮大费尽心血。为实现实战经验与技术创新的完美结合，朱建民组织革新了老式排爆机械手，研发了速降绳索固定器、破门器、多功能排爆车，既增加了实用性，又节省了资金，特别是他组织设计的多功能排爆车，更是处于国内一流水平。

2010年，朱建民向特警支队建议，要在技术大队内部，设立一个排爆中队，培养专业人才，打造专业队伍。“一晃七八年过去了，排爆中队从最初只有一名民警发展到现在一个七人建制的中队，而且已经有了相对完备的应急预案来处置爆炸突发警情。在近年来我们一起处理的涉爆案中，他不但保证了各个爆炸物的成功拆除，也确保了各个大型活动的顺利进行，得到了各级领导的好评。”翟延军说。

隐瞒十年，不想家人忍受等待与担忧的煎熬

“从事这么危险的职业，你家人一定很担心吧？”

面对这个问题，朱建民的答案出乎意料——直到十年后，他的家人才真正知道他的工作性质。“当时有吉林当地媒体对我的事迹进行了报道。看到报道后，我三弟第一个给我打电话，让我赶紧转行，说太危险了！”朱建民说。

朱建民去了部队，妻子王艳秋只知道丈夫在工兵营，却根本不知道他在部队具体做什么。朱建民转业进了公安局，他只告诉妻子自己进了特警大队，却压根儿没提自己搞什么专业。

他不说，她也就不问，而且从来没有起过疑心。她只知道丈夫有时候会打篮球，会和队友们一起游泳、跑步、射击，做各种体能训练。在家里，丈夫从来不提工作上的烦心事，报喜不报忧是他的一贯风格。只不过，他偶尔会捎几本公安业务的书回家，这些书放在他的床头，因为翻的次数太多，都起了毛边。

“犯罪嫌疑人一次次给我们出题，排爆民警就要一次次地完成答卷，我们工作的性质决定了我们不能出错，必须每次都考一百分。”朱建民知道，排爆工作不仅意味着排爆队员要承担更多、付出更多，它更意味着流血和牺牲。这对一个妻子来说，无疑是残酷的。

有多少次，当他穿上防护服走向爆炸物时，脑海中闪现的是妻子和孩子陪伴在身边的画面。唯一知道的是，每一次出任务，他都做好了不能再回来的准备，而他肩负的使命不允许任何害怕和迟疑。

然而，每次从鬼门关回来，朱建民都只字不提自己经历的那些生死瞬间。他知道妻子已经很累，他不忍心让她再有额外需要操心和担心的事情。

从两人结婚开始，两地分居就成了常态。家里的大事小情，老人的身体、孩子的学习、亲戚朋友们之间的走动往来，王艳秋从来不用丈夫操心，里里外外一把好手。

和丈夫一样，王艳秋也有自己没有说出口的“秘密”。

那是他们的儿子出生刚满 6 个月的时候，一天夜里，儿子突然发起高烧，小小的身体滚烫灼人，急得王艳秋欲哭无泪。那时正值半夜，邻居们都在熟睡，街上空无一人，王艳秋先是不断用酒精给儿子擦拭着手心脚心，实在没办法了，她抱起儿子，深一脚浅一脚，一路走到医院。

许多这样孤独无助的时刻，王艳秋都是自己度过的。“挺过来了，再回头看看，也没啥，没有过不去的坎儿。”她笑笑，就好像在讲述别人的故事，就好像每次朱建民从部队回来问起家里如何的时候，她总是回答的那句——“一切都好”。

细心的朱建民明白，妻子这句“一切都好”的回答，包含了多少坚忍和操劳。她已经如此辛苦，他不忍心再告诉她工作上的事，让她默默承受等待与担忧的煎熬。

所以，他瞒着家人，尤其是瞒着妻子，这一瞒就是十年。

直到2010年，夫妻俩一同去参加一个同事聚会。席间，一位在部队里也搞排雷的战友走过来，端着酒杯激动地说：“老朱，我敬你一杯！你是我们排爆行业的专家，那么难拆的炸弹都被你给解决了，我们佩服你，必须敬你一杯！”

朱建民端着酒杯笑着，可是他不用看就知道，妻子那双疑惑的眼睛在紧紧盯着他。

“啥是排爆？你到底在干什么？”这顿饭过后，从来不过问丈夫工作的王艳秋终于忍不住当面问丈夫。他不是特警吗？怎么会和拆炸弹联系在一起？王艳秋的心瞬间揪紧了。

“你说你干哪个警种不行，非得干这个吗？多危险啊！”当时，妻子王艳秋也十分不理解。

王艳秋这才明白，以前许多个深夜，朱建民被紧急叫走，问他，他只说“单位有急事”，却从不肯说具体什么事情。她也才明白，有时候在丈夫胳膊上、腿上看到的伤痕都是因为什么。她想到朱建民每次出任务后回家时的轻描淡写，就不禁后怕。

此后，每次朱建民出门，王艳秋都提心吊胆，直到他下班平安到家，她悬着的心才能彻底放下。

“排爆，是他专注的理想和追求，他想干的事儿，谁也劝不了。”王艳秋逐渐理解了丈夫，“自己最大的心愿，就是丈夫和他的战友们，在每一次排爆中都平安。”

金盾下的荣光

摆在我们面前的，是一张出色的答卷——从警17年来，朱建民始终身处公安排爆排险第一线，时刻牢记肩负的职责和使命，他深知社会平安的“生命导线”

就拽在自己手里，敢于与危险和死神“对赌”，先后妥善排除各类危险爆炸物品40余枚，参加重大安检安保任务210余次，一次次出色地完成上级交办的急难险重任务。17年来，他荣立个人一等功1次、二等功2次、三等功2次，先后被评为全省“吉林好人”、全省“我最喜爱的人民警察”，并被授予省五一劳动奖章。他所在的特警支队技术大队先后被授予“市青年文明号”、“市局和谐警民关系建设先进集体”、“队伍正规化建设先进集体”等荣誉称号。

一年又一年的出生入死，一年又一年的默默奉献，朱建民从吉林的小山村，一路走到了首都北京。

2017年5月19日，北京，人民大会堂。

五年一度的全国公安系统英雄模范立功集体表彰大会隆重举行。金色大厅内，气氛庄重热烈，全国公安系统英雄模范立功集体表彰大会代表着装整齐、精神振奋，胸前的荣誉奖章和大红花格外醒目。

“和平年代，公安队伍是一支牺牲最多、奉献最大的队伍，大家没有节假日、休息日，几乎是时时在流血、天天有牺牲。这些年来，每当看到公安民警舍生忘死、感人肺腑的事迹，我都深受感动；每当听到公安民警在血与火、生与死的考验面前赴汤蹈火、流血牺牲的消息，我都深感心痛。广大公安英雄模范身上体现的忠诚信念、担当精神、英雄气概，是中华民族伟大精神的真实写照。”习近平总书记的话语，激荡着朱建民的心灵，让他与在场的所有英模代表们深感温暖与激动。

在这一天，朱建民被授予“全国特级优秀人民警察”荣誉称号。手持锦旗与奖牌，朱建民与来自全国各地的英模代表们站在领奖台上，用庄严的敬礼回应捧在手中的荣誉。

这一路，风雨兼程不离不弃；

这一生，誓言常伴无怨无悔。

朱建民知道，鲜花和掌声，饱含着党和人民的期待，饱含着沉甸甸的责任与使命。

一次次与死神“对赌”，一次次挑战生命的极限，这就是“排爆”特警朱建民的无悔人生。一个铮铮铁汉，靠的是人生信念，靠的是英雄虎胆，靠的是忠诚果敢，靠的是铁打双肩。面对正义，面对道义，他选择的是冲锋在前。默默坚守17载，他内心中坚持的只有社会的和谐、百姓的平安。洒向人间皆大爱，浩然正气在心间。我们相信，朱建民的人生不仅无悔，而且还将更加精彩。

武松打虎

——记黑龙江省鸡西市公安局刑事侦查支队重案侦查大队副大队长朱振龙

冯锐

虽已年届六旬，于铁义仍然在各种补品猛药的滋养下健壮如虎。

2016年初春，北京市顺义区某度假村内，巨贪三亿有余的黑龙江鹤岗人于铁义和女儿在满是山珍海味的餐桌旁风卷残云。他那满身的肌肉块没有一丝松懈，胃口亦是如狼似虎。饭毕，午睡时鼾声如雷。醒来，狂奔千米……

中纪委在这天下午发出了抓捕于铁义的指令。

度假村门前的一辆轿车内，跟踪于铁义多日的朱振龙已是心力交瘁。他和三名鸡西的公安战友一口一口地嚼着干巴面包，为了果腹，更为了打发时间。他们外表松懈，内心却是战斗意志满满。

下午三点，于铁义出现了。他来到“奔驰”吉普车跟前，刚要上车，朱振龙等人便出现在他面前并表明了身份。刹那间，于铁义竟然疯狂地拒捕。几个回合的缠斗过后，朱振龙等人将其制伏。

中纪委来电，对抓捕工作表示满意。

鸡西市公安局的领导回复说：“这家伙的确很难对付，要不我们怎么会把任务交给大龙哪！”

“是不是可以让我安心地去抓‘西门庆’了？”

“纪检委临时交办，必须配合。任务特殊而又艰巨，只有打扰你了……接下来，你安心去抓那些逃犯吧。”

朱振龙笑着问，局领导笑着答。朱振龙笑着笑着，脸上突然呈现出异常痛苦的表情。

没等局领导问，朱振龙便说：“通过 X 光片已经看出来了，他踹折了我两根肋骨。”

局领导说：“常年吃面包和方便面的，没有人家常年吃山珍海味的身子骨结实啊！但是，别看他于铁义对咱们警察威风，纪检委的同志说他见了他们就长跪不起、痛哭流涕。好好休养一下，伤筋动骨一百天啊！”

大眼睛、双眼皮的朱振龙依然表情憨厚：“没事儿，不影响我抓‘西门庆’。”

好好学习，长大了离开这个地方……

“振龙伏虎”——爹给朱振龙起名的时候，意义就在于此。

上初中三年级时的一天下午，朱振龙因为拒绝交出兜里的两角钱，被一伙闹校无赖揍得鼻青脸肿。朱振龙越想越窝囊，觉得自己特别对不起爹给起的这个名字。

爹年轻的时候，从千里之外的山东老家来到小城鸡西，乡音不改的山东快书《武松打虎》字正腔圆。爹画的简笔画《武松打虎》，寥寥数笔，虽简单却很有意境。朱振龙他们兄弟三人的学习成绩一个比一个优秀，都是在爹的唱腔里一点点长大的。

闲言碎语不要讲，
表一表好汉武二郎。
那武松学拳到过少林寺，
功夫练到八年上。
回家时大闹了东岳庙，
李家的恶霸五虎被他伤……

“爹，我要去拜师，我要去学武。”爹没有在意他的鼻青脸肿，只是轻轻地抚摸着他的头，说：“好啊！”

爹教导说：“好好学习，长大了离开这个地方。”

蹲马步的时候，朱振龙可以连续坚持四五个小时。李姓师傅一次次眼见他满头大汗，会一次次竖起大拇指，说：“你是我所有徒弟中最刻苦的。”而每逢春节，朱振龙都会郑重跪地，给师傅磕头施礼以示谢意，爹也会带着礼物向师傅表达敬意。

朱振龙从警二十多年后回忆起那段练武的日子，感觉自己练就了体魄，又磨炼出了很强的忍耐力和意志力。从小生活的那座城市，原本是没有带给他安全感的，那种不安也是一代人的记忆。就是在那个记忆的路口，很多人作出了选择。

高中三年，沉默寡言的朱振龙把全部精力都放在了学习和练武术这两件事上。高三报志愿的时候，朱振龙和父亲发生了争执。

朱振龙的两个兄弟同样学习成绩优秀，其中朱振文后来还在哈尔滨工业大学的研究生考试中获得了第一名。父亲问及高考志愿，朱振龙回答说：“公安大学。”父亲态度严厉地回答说：“不行。”

不能当警察，要认真研究一门学问——这是父亲的态度，却不是朱振龙的追求。朱振龙依然悄悄地报考了中国人民公安大学。高考结束后，他的分数当然是遥遥领先，但是体检的时候身高却差了一厘米。

一厘米，朱振龙与公安大学失之交臂。1995 年大学毕业的时候，他被分配到哈尔滨的一所知名高校任教。他还是不甘心，拿着档案和履历回到了鸡西。那一年，鸡西市公安局招募警察，朱振龙轻松过关，披上了战袍。于是，朱振龙的警察梦开始了。

这个“西门庆”比西门庆还“西门庆”，罪孽加倍……

自家兄弟都已经去外地发展了，回到鸡西的朱振龙已经是警装在身了。但是，朱振龙还是不喜欢说话。他去找棋友天宇下围棋，天宇却是心事重重。天宇说：“我媳妇有外遇了，是牛二。牛二让我把媳妇让出去……”

天宇像是祥林嫂，似乎只有和别人诉诉苦，才能缓解一下心中的郁闷和痛苦。

当初，牛二来到天宇家的时候，天宇的家人把他敬为上宾，天宇的两个妹妹给他沏茶、上水果。但是，后来就不这样了。夜里，牛二来到天宇家，便会把天宇赶出家门。有的时候，不用牛二动手，他的媳妇便会把他踢出家门。

天宇的妹妹找到牛二的妹妹，希望她能劝劝她哥哥，结果牛二的妹妹比她哥哥还要无理和霸道。弱弱的天宇家，敌不过牛气的牛家。

人们都说，天宇成了武大郎，牛二就是当今的西门庆。人们又说：“天宇，你可要小心了。你媳妇和牛二关系不错，你媳妇就是潘金莲。”人们还说：“不对，天宇还不如武大郎呢。武大郎还蒙在鼓里呢，而这个‘西门庆’比西门庆还‘西门庆’，这个‘潘金莲’比潘金莲还‘潘金莲’，罪孽加倍……”

天宇抑郁了。他脚步蹒跚，常常茫然地握着一颗棋子，不知往哪儿摆。

牛二和黄牛原是鸡西市下辖虎林县城的两霸，后在鸡西市区以贩卖牛肉为生。他们卖牛肉还算足斤足两，但收购各种肉牛的时候却是常常赖账不还。那个夏天，黄牛不知所踪，但他的无言威力还在，人们都觉得他随时会回来。那个夏天，牛二已经欠了别人二十头牛钱。一个牛二再加上一个黄牛，面对这两个人，无人敢言语。

“西门庆”与“潘金莲”取代了这两个逃犯的名字

即使天宇逆来顺受，在牛二眼中也是一个障碍。

1998年的一个夜晚，妻子抱着三岁的女儿，目睹牛二来到家中，又来到躺在炕上生闷气的天宇身旁。这绿帽子戴得天宇早已感觉没脸见人了。但是，他那双下棋的手稚嫩无力，面对杀牛卖肉的牛二无可奈何。

即使这样，牛二也依然不满足，把天宇看成了眼中钉、肉中刺。牛二提起尖刀的时候，天宇没来得及反抗。那把尖刀深深地扎进了他的喉管，扎透了脖子，鲜血喷射出来。

一刀毙命，牛二还觉得不够，又连续补上了数十刀。

三岁的女儿静静地看着眼前的一切，没有哭，也没有闹。女孩的妈妈也是那样静静地看着眼前的一切，没有哭，也没有阻拦。后来，孩子的奶奶哭泣着向警察描述了那些画面。

此后的十八年里，女孩的妈妈和牛二几乎每天都在观察这个女孩，观察她是否对那个血腥的夜晚存留着某种记忆。他们没有发现任何痕迹，似乎那个女孩完全没有相关的记忆了。此后的十八年里，女孩一直称牛二为“爹”。牛二和那个女人又生了一个儿子，女孩因此而有了一个弟弟。

“哪有这么欺负人的，天理难容！恶劣程度远远胜于西门庆与潘金莲！”这是人们对这起事件的普遍论调。于是，“西门庆”与“潘金莲”取代了这两个逃犯的名字，天宇的名字则被“武大郎”替代了。这个案子，从案发到随后的许多年，由于其情节特殊，始终被城市里的人们津津乐道，而且成了人们对公安局发牢骚的一个焦点——“西门庆”和“潘金莲”踪影皆无，公安局又似乎束手无策。

包括朱振龙在内的很多警察努力研究“潘金莲”的父母亲人，没有发现与她有关的任何线索。于是，大家都说：“这个‘潘金莲’，的确够狠，为了‘西门庆’都六亲不认了。”

大家并不知道，“潘金莲”和“西门庆”又生了一个儿子，户口落在牛二的妹妹家；大家并不知道，“潘金莲”和天宇的女儿一直称“西门庆”为“爹”，户口落在牛二的妹妹家；大家并不知道，“潘金莲”和“西门庆”都改了姓名，洗白了身份……

这些都是牛二他们村的老村长、后来的墨镇镇长出面办妥的，牛二把欠别人的牛钱都给了他。

很多人不再相信“西门庆”会落网

转眼间，朱振龙已经是鸡西市公安局乃至黑龙江省公安机关的先进典型了。他常常胸戴红花出席各种各样的表彰活动。鸡西市最近四年总共抓回了三十六名命案逃犯，朱振龙自己就抓了十九名，占了一半儿。有人提起了朱振龙的事迹，将其形容为“新时期的武松打虎”。

听到这个称谓，朱振龙苦笑道：“我怎么和武松这么有缘分。”

冥冥之中，总是有些东西很难说清。生龙活虎、深入虎穴、虎虎生风、降龙伏虎……当警察这些年，朱振龙就是这么走过来的。

朱振龙荣获黑龙江省第七届“我最喜爱的十大人民警察”称号

七十七岁了，爹已经很苍老了，但唱起那个腔调时依然字正腔圆。虽然常常哼唱《武松打虎》，但是爹的晚年生活却波澜不惊。“武松打虎”毕竟是一种艺术呈现，而朱振龙的“武松打虎”却是真真切切的。从这一点上看，简笔画上的那位武松和山东快书旋律里的那位武松都无法与现实中的朱振龙相比拟。

“西门庆”逃走了十八年，朱振龙已经有了一个特别默契的搭档赵迎伟。

十八年过去了，朱振龙认真算了算，被害人那三岁的女儿如今应该是二十一岁了。那个女孩怎么样了呢？她是完好地活着，还是被那个狠心的母亲抛弃了呢？即使那个女孩出现了，也没有办法认出她就是被害人的孩子了——三岁时的模样和二十一岁时的模样，怎么能有可比性呢？人们都知道，那个孩子当时被“潘金莲”抱着，在现场目睹了父亲遇害。虽然没有人听到哭声，但她一定是看到了那个每天亲吻她、抱着她的人血流如注……

“你知道我为什么一定要抓到‘西门庆’吗？为了被害人，为了那位老母亲，为了那个三岁的孩子……”少言寡语的朱振龙对赵迎伟说，“这些年抓的所有杀人犯都如狼似虎。这个‘西门庆’除了如狼似虎，还有些狐狸气息，狡猾极了。我一定还有没想到的地方。现在还抓不到‘西门庆’，我是有责任的。”

目睹亲人被害，女孩即使只有三岁，也应该会受到某种心理伤害。没有哭声是最为反常的，从另一个角度证明了她一定是在心灵深处真真切切地受到了伤害。虽然当时她还那么弱小，但她却以无声和没有哭泣表达了一个弱小生命对血案的震惊。也许她记事早，良好的记忆力会令她清晰地记得那些画面；也许她记事晚，不太好的记忆力会令她完全忘记那些画面。无论这些情况存在与否，朱振龙都坚信这个女孩会成为侦破案件的关键。

在女孩的奶奶家，没有人知道女孩的去向。女孩的户口一直就在那里没有注销，也没有迁出。一个灵感刹那间出现了：女孩现在应该二十一岁了，应该围绕“潘金莲”和“西门庆”的亲属来排查二十一岁的女孩。

这个时候，在牛二的妹妹家出现了反常的情况。在牛二妹妹家的户口上，竟然有三个孩子，而且三个孩子都不姓一个姓。其中有一个女孩叫张颖，年龄刚好二十一岁。朱振龙调出女孩的户籍照片，那照片是前些年拍摄的。朱振龙注意到了女孩的眼神——安静而忧郁。

户籍资料显示，张颖和牛二的妹妹是母女关系，而在走访中发现牛二妹妹的丈夫姓赵。牛二妹夫的户籍是与牛二的妹妹分开的，单独立户，户口上有两个男孩，一个姓赵，一个姓牛。

朱振龙看着女孩的照片，在心里默念："孩子，你能给我一些暗示吗？你是当年那个三岁的小女孩吗？我感觉，你就是她。"

冬天套死的两只老虎

2016年春，朱振龙和赵迎伟直接驾车赶赴虎林县的一个偏僻的村庄，那里是牛二的老家和出生地。牛二和黄牛是在同一个冬天出生的。那个村庄在那个冬天里，只增添了这两个男丁。那年冬天，毗邻山林的村庄不断受到两只恶虎的滋扰，它们几乎吃光了村里所有活着的家畜。后来，两只老虎的尸骨被护林员发现了，不知是哪个猎人下的铁套要了它们的命。牛二和黄牛是同龄人，在脾气秉性上也是臭味相投，于是他们便形影不离，一起偷鸡摸狗、欺男霸女、打架斗狠。再后来，村里的老人把那年冬天套死两只老虎的事和他们联系起来，说是两只老虎转世成了两个恶人。这两个恶人就是牛二和黄牛。

此时，黄牛早已被枪毙了，牛二也不见了踪影。这个小村庄宁静而祥和，看不出有任何异样。在牛二的妹妹家门口，朱振龙和赵迎伟驻足良久。那个名字叫张颖的女孩和牛二的妹妹一起走出院子的时候，朱振龙一眼就看出了这个女孩有些缩手缩脚。

这是一次跟踪行动。绿皮火车上，牛二的妹妹一直玩着手机。女孩张颖的目光总是游离在车窗外，牛二的妹妹几次给她零食，她都摇头，完全没有年轻人应有的活泼。但是，可以看出，张颖经常和牛二的妹妹在一起。

下了火车，朱振龙和赵迎伟紧紧地跟着这两个人。朱振龙听到张颖称呼牛二的妹妹为"老姑"。看来，二人的实际关系并不像户口本上写的那样。张颖已经是亭亭玉立的大姑娘了，有可能是当年目睹血案的那个三岁的小女孩吗？

牛二的妹妹带着张颖来到了哈尔滨，在道里区的一个旅店住了下来。于是，朱振龙和赵迎伟便在她们的隔壁住下了。牛二的妹妹和张颖下楼吃晚餐的时候，朱振龙和赵迎伟将一个窃听器放在了她们的房间里。

夜，很静。牛二的妹妹和张颖回到房间后，竟然没有一句交流。通过窃听器，朱振龙和赵迎伟听到了她们走进房间、脱鞋、脱衣服、洗澡的声音，还听到了电视的声音，就是没有听到她们交流的声音。最后，他们听到张颖说："姑啊，我睡了！"

夜，继续保持着那份宁静。朱振龙和赵迎伟非常失望——他们已经调取了与牛二的妹妹和张颖有关的一切通话记录、活动轨迹等信息，竟然没有发现她们与"西门庆"和"潘金莲"有任何交集。朱振龙和赵迎伟睡不着觉了。他们不是失望，而是兴奋，因为越是反常，就越是有大戏码在里边。

赵迎伟说："我们是在替天行道，是为了告慰冤屈的灵魂，会有一种力量保佑我们的。"

朱振龙说："如果一个人真的有灵魂，那么天宇的灵魂一定会时刻陪伴着这个女孩的……一定会想尽一切办法让她平安……"

赵迎伟说："这么说，天宇的灵魂一定不远，就在隔壁……"

赵迎伟的这句玩笑话给这个宁静的夜晚带来了一丝恐怖。突然，隔壁的一声尖叫惊得朱振龙和赵迎伟一同从床上跳了起来。

连续好多声尖叫，他们在窃听器里听得清清楚楚。接下来，朱振龙和赵迎伟听到了隔壁开门的声音，很快便从走廊里传来了奔跑的声音。

朱振龙和赵迎伟来不及穿外衣，打开房门张望，只见昏暗的走廊里，一个披头散发的身影从他们面前飘过……即使朱振龙有着武松打虎的勇气，这个画面也把他吓坏了。

当刑警的，这辈子啥都能见到，最起码能够见到许多常人见不到的东西。

紧接着，牛二的妹妹冲了出来，连拉带拽地将张颖拉回房间，锁上了门。

"又梦游了！快，快躺下……"

那声音显得十分严厉、生硬，但却很快令房间恢复了安静。短暂的骚动之后，这个旅馆恢复了平静。

门外好像有服务员的声音："刚才是怎么回事？"

无人回答。朱振龙和赵迎伟认为没有必要出去解释，无奈地相视一笑。

一切，不急。一切，慢慢来。

第二天早晨，朱振龙跟着牛二的妹妹来到了一个市场。陪着她的张颖忙前忙后，很卖力气，就像前一天夜里什么也没发生过似的。看到女孩忙忙碌碌的样子，朱振龙的心里有种说不出的凄凉。

表面上看起来自然而然，但朱振龙却感觉有种诡异的气息。"西门庆"和"潘金莲”消失了十八年，他们一定是谨小慎微，否则不可能踪影全无。但是，就像是天意使然，眼前这个女孩一定会引领他们找到想要的答案。他有种预感，这个女孩一定就是当年那个目睹血案的三岁女孩。

“朱队，回忆一下，你是多大开始记事的？”赵迎伟问朱振龙，然后自言自语，“我两岁时，每天早晨都会在其他人都还没有起床的时候，陪着我娘削土豆皮。我还记得我两岁时，打碎了一个盘子……”

“我两岁时，我娘抱着我……她当时在吃东西，我还记得咽下食物的声音。我爹在一旁声情并茂地唱着《武松打虎》。”朱振龙说，“我的记忆力很好，记事早。刚才我说的这个场景，我找我娘核实过，她说那是在我两岁时……”

“童年的记忆，都是在潜意识里的。即使女孩记得亲爹被杀的场景，也是在潜意识里，但这一定会对她的性格造成影响。”赵迎伟说。

朱振龙说：“我赞同你的观点，我见到这个女孩的时候，有种凄凉的感觉。”

他们再次回到了虎林的那个偏僻的村子。朱振龙和赵迎伟通过进一步跟踪，发现女孩在距离村子六十公里的一个镇子上的餐馆打工。朱振龙和赵迎伟会同片儿警与那个餐馆的老板交流的时候，老板说张颖这个孩子总是怯生生的，但干起活儿来从来都不抱怨，任劳任怨又很细心，缺点就是不善于和顾客说笑。这个餐馆的服务员是包吃包住的，别的服务员常常说张颖夜里会说梦话或是梦游，有时还会在夜里尖叫。第二天问她，她却一问三不知。好在张颖这个女孩白天见人时很有礼貌，从不惹人烦，所以能够得到其他人的理解和包容。

“见过她的父母吗？听说过吗？”

几乎没有人认识她，只是知道她是牛家的人。牛家对于当地人来说是很神秘的，因此她的父母是谁便没有人知晓。

片儿警说：“我的师傅告诉过我，牛家的牛二是市里边在册的命案逃犯，但我从来没有见过牛二。”

朱振龙和赵迎伟逐渐明白了，“西门庆”和“潘金莲”过得小心翼翼，一直在通过这种方式与警方较量。“西门庆”和“潘金莲”的案子对于这座城市来说，就是一个丑陋的传说，弄得满城风雨。

这个时候，天宇的妹妹给朱振龙打来电话说：“娘已经卧床不起了，她再也不能去为了儿子的案子上访告状了，但一直念叨着儿子的案子。”

朱振龙承诺道："请放心，我一定给老人一个交代。"

朱振龙急了。他有了一个大胆的决定：直接和张颖聊一聊与她父母有关的事情。她能够在牛二的妹妹这里生活，应该是受到了"潘金莲"和"西门庆"的双重嘱托，他们不太可能与她断绝联系。

被害人天宇（人们常说的那个"武大郎"），十八周年的祭日就要到了，天宇的老娘又奄奄一息地等待着消息……

朱振龙对赵迎伟说："咱们一定要让老人瞑目！"

"振龙伏虎"，你对得起爹给你起的名字……

"我们是警察，想核实一下你家的户口。你的父母亲在哪里？"

面对朱振龙的问话，女孩笑了。她这一笑，惊呆了连续跟踪其多日的朱振龙，也惊呆了其他所有人。大家默不作声，静静地看着她。

平常人这样笑没什么大不了的，但是对于这个女孩来说却大为不同。人们睁大了眼睛，看清她确实是笑了。那个忧郁的面孔上呈现出的难得一笑，会让人感觉瘆得慌，又会让人产生怜惜之情。从她的笑容里，朱振龙明显觉察到了一种无助、无奈和尴尬，似乎还有着某种依赖和求助的意思。那一刻，朱振龙甚至想流泪。

"我可以带你们去找他们……"

当张颖说出这样一句话的时候，朱振龙顿时感觉浑身发麻。

走进墨镇，正赶上一场葬礼。

墨镇的老镇长去世了，他曾经是牛家所在村子的书记。当朱振龙等人走进那个小院子的时候，朱振龙一眼就认出了"潘金莲"。

"你叫什么名字？"

"牛某某。"

"潘金莲"报上的，是牛二妹妹的名字。

"你丈夫在哪里？"

"他在房间里午睡。"

"潘金莲"想说谎也不可能了，"西门庆"已经被他们一行人堵在房间里了。朱振龙和赵迎伟走进那个房间的时候，牛二坐了起来。此时的牛二，让人几乎认不出来了，因为过去的牛二特别黑，现在他白惨惨的肤色有点儿吓人。

“你叫什么名字？”

“赵某某。”

牛二报上的，是她妹夫的名字。“潘金莲”的手上有一个户口本，上边真真切切地写着他们的假名字。十八年来，牛二天天下井挖煤，从煤井里一出来就倒在炕上睡觉。于是，他虽然力大无比，整个人的面相和面色都发生了变化。看来，他们的身份算是“漂白”了，应该是有人暗地里帮助他们。

牛二得知自己要被抓，便又回到了当年的“疯牛”状态。朱振龙和赵迎伟对阵牛二的时候，整个房子都快被拆掉了。双方混战的时候，“潘金莲”哭得惊天动地，所有人都被惊吓得瞪大了眼睛。只有张颖面无表情地一动不动，就像什么也没发生一样。

赵迎伟手上有伤，还包着纱布。朱振龙的两根肋骨被贪官于铁义踹断了，胸前还打着夹板。但是，他们把伤痛抛在了脑后，最终合力将牛二制伏了。朱振龙说：“还是‘武松打虎’模式。”赵迎伟说：“和你做搭档……这警察当的，天天就像打野仗！”

为牛二等人“漂白”身份，系墨镇那个葬礼上的老书记所为。一切都已经结束了。

由于案件发生的年代久远，调取口供和搜集各种证据的时候遇到了很多难题。朱振龙对赵迎伟说：“这些困难一定要克服！天宇的老娘还躺在那里，等着我们给她答案。”

最后，朱振龙成功地将证据搜集齐全了，牛二被判死刑，缓期两年执行。知道这一消息后，天宇的母亲安详地闭上了眼睛。

牛二被判死缓的时候，连连后悔：“要是知道死不了，何必那么和警察对着干？”

入狱后的漫漫长刑，是对牛二最好的惩罚……

闲言碎语不要讲，
表一表好汉武二郎……

爹的唱腔依然饱满圆润。他对朱振龙说：“儿子，最近我看到了你这些年的全部事迹。你这些年所做的一切，我都知道了。‘振龙伏虎’，你对得起爹给你起的名字……”

全能战警是这样炼成的

——记上海市公安局特警总队防暴突击二支队副大队长王春军

张蓉

浪花四溅中，他们头戴钢盔脚踩战靴身挎长长短短的枪支，匍匐在劈波前行的公安艇上；巨大的轰鸣声里，他们从盘旋直升机上飞速索降而下；平静的水面上，身着潜水装备端着冲锋枪的他们突然冲出……他们是在用最极端的训练，将自己打造成空中、水面和水下的全能战警，他们来自上海市公安局特警总队防暴突击二支队水面空中突击大队，其中的核心人物之一是副大队长王春军。

见到王春军，你就会知道，仅仅用酷来形容是不够的，寸发，硬朗的面部线条，坚毅的眼神，充满爆发力的肌肉，如塔的站姿，周身散发出强大的气场，是的，仿佛好莱坞大片中的全能战警。既然是全能战警，超凡的战力和超绝的战绩是必需的：奔赴汶川抗震救灾，两次参与并成功处置劫持人质案件，参与世博会、亚信峰会外滩核心水域武装巡逻，以反恐为标准负责组建和训练国内一流国际领先的水面空中突击队，成功护航2014年中俄联合海上军演，圆满完成2015年中塔特警联合反恐演习任务和环浙五省市公安特警支援G20峰会安保备勤任务，圆满完成2016年全国公安特警实战技能比武和央视“特警神威”专辑节目的录制，编写的教材被上海公安高等专科学校纳入特警专业教学资源库……

地震废墟中，他将身边仅有的一块巧克力递给灾区的小女孩儿

汶川地震已经过去九年了，关于抗震救灾的点点滴滴，还依旧在王春军的记忆里。

地震发生的当晚，王春军突然接到电话，说要紧急集合。他很敏感，觉得这次集合一定和刚刚发生的特大地震有关。果然，飞一样地赶到特警总队后，只听领导宣布，公安部下令调动 200 名上海特警紧急赶赴四川，愿意去的报名，当晚就出发，乘专机。当时的情况大家可能还回忆得起来，强震几乎将汶川夷为平地，震中几个镇与外界道路和通讯全部中断，数万居民生死未卜，高震级的余震不断发生，前方的路未知，可能遇到的危险未知，当然，归期也未知。所以，王春军站在妻子面前时，一时不知道怎么开口。他张口结舌背后的矛盾心理，被聪慧的妻子一下子猜到了，只听见她说："是要去汶川对吧，去吧，我支持你，亲爱的老公，我知道你是最棒的。"话说完，就手脚麻利地动手帮他整理行囊。"灾区连干净的水都喝不到，更谈不上洗，袜子、内裤得多带点儿，感冒药、拉肚子的药也带一点儿，巧克力也多带点儿，没有东西吃的时候，补充点儿热量……”王春军傻乎乎地站在一旁，他知道，妻子口是心非，她舍不得自己走，她用这些唠叨，用这些细碎的物件，表达对丈夫的爱。

进灾区只能步行，走着走着山上就会掉下来大石头直接砸在路中间。脚磨破了，皮肉连同血和袜子粘在一起，每走一步，都跟走在刀尖上一样，脱鞋的时候痛得龇牙咧嘴，天黑了找块稍微平一点儿的地方和衣躺下。有一个晚上睡到半夜突然整座山都在摇，是余震。等余震过去，大家又都鼾声四起，接下来天不亮又开始赶路。他们想要在最短时间到达受灾最严重的震中，早一点儿到，埋在废墟下面的老百姓就有生还的希望。

这个时候，王春军开始感谢之前自己曾经有过怨言的各种极限培训。当时，他刚刚入警两年，对警察这个职业的理解还远远没有现在这么深，感情也自然远远没有现在这么深，所以常常会想，天天早晚五公里负重越野也就算了，一个个傻乎乎地弄个大轮胎翻腾来翻腾去做什么？索降要领掌握了不就行了，同一个系列的动作，有必要一直练吗？但是此刻在汶川，王春军感觉到，若不是这些极限训练，能在缺水少食的状态下急行军吗？能在巨石落下时快速地躲避吗？能背着那么大一个行囊说走就走说睡就睡吗？世上没有白吃的苦，没有白受的累。尤其是特警，这个被冠以“特”字的警种，注定要吃更多苦受更多累，正是那些高强度的甚至非人的训练，提高了身体素质和作战技能，也磨炼了意志和品质。不仅在汶川，在未来的日子里，王春军和队友们也将会感谢这些训练，使得他们能够在紧邻屠宰场和火葬场这些终日散发着恶臭的环境下，适应夏天最高 40 摄氏度的高温和冬天零下 30 摄氏度的低温下每次最短一小时的户外执勤。

王春军记得，到达水磨镇时，他们正在路边休整，遇到了祖孙三个人，爷爷带着两个小孙女，三个人灰头土脸的，衣服也都皱巴巴的，又饿又渴的样子。爷爷悲伤地说儿子媳妇都不在了，一家人转眼只剩下老的老，小的小。王春军和队友们拿出吃的喝的给他们，两个小女孩儿风卷残云，几块面包几瓶饮料很快都没了。王春军摸到了口袋里妻子临行前塞给他的这个时候只剩下一块的巧克力，想也没想就拿出来分成两半，蹲下身子递给两个小女孩儿。小女孩儿脏脏的脸上，顿时笑靥如花。

小女孩儿的笑让他心里一阵难过，她们也许还不知道父母的意外离世对幼小的她们意味着什么。自己所能做的，就是为灾区百姓多做点儿事，再多做点儿事。

想到这些，他的内心再一次充满了力量。

锤起窗破，他飞身穿过碎玻璃幕帘，猛虎一样扑向歹徒

2008年9月，刚刚开学没几天，一个小学校门口，母亲开着车接放学的儿子，小男孩儿蹦蹦跳跳拉开后门跳了上去，谁知门没来得及关，一男青年跟了进来，拿把刀架在小男孩儿脖子上，先是命令母亲把手机扔到后座，然后听他的指挥，他说往哪里开就往哪里开，不听的话，哼，你儿子的性命……车子开到沪宁高速安亭道口时，眼看要离开上海了，绝望中母亲突然灵机一动，追了前面一辆车的尾，待对方怒气冲冲下车和她理论时，她悄悄告诉对方自己车上的情况，结果警察就来了。

王春军的任务是如果谈判不成便开枪击毙对方，但后来经过反复研判，现场指挥员认为隔着玻璃击毙，条件不成熟，最后决定强攻，方案是谈判员在递饮料递吃的进去时，诱使嫌疑人打开车窗，然后等指挥员的指令。指令一旦作出，谈判员的任务是揿开车子的中控门锁，在这个同时四扇车门外各埋伏一组人，中控门锁一俟打开，便有人立即拉开自己所在的那扇车门，王春军的任务是以最快速度从歹徒手中抢出被劫持的男孩儿。所有参战人员都只有一次机会，不允许丝毫失误。失误的后果，大家都懂的。

方案定下来后，参战人员找了一辆与劫持车辆配置完全一样的车，在另外一块场地上反复练习配合，直到完全默契。但临到行动时，王春军觉得自己心咚咚直跳，毕竟是第一次执行如此重大的任务，他告诉自己，不能有失误，绝对不能有失误。

耳机里低沉有力的命令一下达，王春军心里只有一个念头，那就是等队友车门一拉开，他立刻冲进去，以最快速度把男孩儿抱出来。结果，完全按照预案，成功了。

这个时候，王春军才发现，现场已经成了各路媒体的直播室，长长短短的镜头，花花绿绿的贴着LOGO的话筒，此起彼伏的播报声……是啊，有些事情是不能出错的，一点儿也不能。暗暗地，他捏了捏拳头。所以，在四年之后的2012年，又一次接到前往闵行处置劫持人质的命令时，他感到底气足了很多。

现场是一家宾馆二楼的一间客房，劫持者是宾馆的住客，男性，20多岁，

被劫持者是保洁工，女性，40 多岁，是劫持者女友的同事。

客房的窗帘是拉上的，谈判专家隔着门提出，给里面送个对讲机，方便交流，劫持者想了想同意了，趁着门打开送对讲机的机会，民警观察了一下室内的情况：劫持者右手拿刀，左手和左小臂控制被劫持者的脖子，两个人在床与墙壁之间狭小的夹角里。

那边，谈判正在进行，这边负责进攻的已经开始研究方案。负责进攻的是两组 6 个人，王春军和两个消防的同志一组在窗外，另有 3 个人布置在门外的走廊，他们的任务是同时发起进攻，同时控制劫持者，不给劫持者伤害人质的机会。趁着谈判进行的时间，两组 6 个人找了间与事发客房结构完全相同的客房，开始演练。窗子怎么破，门怎么开，窗外和门外的人分别怎么进，进去谁控制左手，谁控制右手……前前后后研究演练了 45 分钟。

演练结束后，王春军又开始观察地形。这个时候，消防的伸缩梯已经架设在窗子的两侧，一大一小两柄铁锤已经准备好。大铁锤是消防的同志拿的，只要现场指挥员命令一下，他马上抡上去把玻璃敲碎；小铁锤是王春军拿的，他要在消防的同志第一锤抡上去之后马上补第二锤，使破开的洞口尽可能大，方便人进去，然后丢下小铁锤，立刻跳入房间——消防的同志是来不及再抡第二锤的，因为从第一锤到第二锤，他的手臂摆动需要时间，而这个时间，就有可能使劫持者从惊愕中回过神来并实施伤害被劫持者的行为。左侧窗外有空调的外机，伸缩梯的位置有个尴尬之处：外机的内侧不能放，放高了，万一窗帘打开，劫持者看到怎么办？放低了，不是最佳的发力位置，影响动作的连贯性。外机的外侧太远，等跨过去，时间就又一两秒过去了。王春军看了看支撑空调外机的锈迹斑斑的三脚架，小心翼翼地站了上去，想试试看自己这个体重行不行，发力的时候撑不撑得住。可是刚刚站上去，就听得里面的窗帘唰地一下打开了，他赶紧缩起身子，屏住呼吸，尽量往外侧靠。还好，窗帘很快又唰地拉上了。好险！如果劫持者发现外面有人，还不知道会做出什么可怕的事来。

接到报警的时间是下午两点，这个时候已经 6 点多了，当时是 12 月，天黑得早，6 点多已经墨墨黑了，谈判还在艰难地进行。劫持者提出放掉手中的人可以，但警察必须给他一把枪，他只要一把枪。这个要求当然不能满足，但又不能拒绝他、激怒他，谈判专家用各种技巧，不断对他进行言语安抚，征得他同意后还送水和水果进去，试图磨去他的急躁。到了晚上 7 点多，谈判专家和劫持者正在进行的一次通话时间超过了 20 分钟。这是个有利的信号，通话时间越长，就意味着对方越松懈，处置的时机越成熟，于是现场指挥员一边要求谈判专家尽可能拖延通话时间，一边准备下令强攻。

窗外，王春军和消防战士前臂护具和防割手套已经戴好，分分钟准备发起进攻。

晚上 7 点 52 分，耳机里传来动手的命令。只听得耳边大铁锤风一样掠过，窗玻璃应声而碎，王春军紧接着补上一锤，并接着飞身钻入。在钻入的一瞬间，他感觉到玻璃碎片像水帘一样落在头上、耳朵边、肩膀上。顾不得了，他猛虎一样扑向墙角被这一幕惊得正在发愣的劫持者。与此同时，从门里进来的队友也扑了过来，他们合作，队友死死扣住劫持者的右手，他则迅速掰开劫持者的左手，把人质救了下来。整个过程一气呵成，总共只耗时 3 秒。

劫持者被带走了，人质也送去医院了，王春军突然感到手指一阵刺痛，低头一看，右手大拇指关节处，一块尖锐的碎玻璃闪着亮光。

受伤，在特警，几乎很难避免，索降落地时的扭伤，登高攀爬时的擦伤，长时间高强度跑步时的膝盖伤，等等。王春军知道，想要成为全能战警，这点儿伤痛，不算什么。

第一次深潜出水后，他感觉自己连抬手的力气都没有了

上海水域面积广阔，在反恐形势日益严峻的情况下，上海市公安局党委提出，要构筑水陆空全覆盖的应急处突实战体系。王春军所在的水面空中突击队，就是在这种形势下成立的，时间是 2012 年年初。

水面空中突击队，需要实现的是水陆空立体作战能力的贯通。打个比方，如果一艘船被劫持，就需要王春军他们队出动。要接近被劫持船只，可以从空中索降，可以从水上借助公安艇，也可以从水下潜泳。所以，水面空中突击队训练的项目都相当“高大上”，比如武装泅渡、水上救生、自携式潜水、船体贴靠进入、船艇攀爬、船舱突击作战、直升机滞空垂降、水面反劫持……他们的装备、训练设施、训练方法，全是参照法国的黑豹突击队、澳门飞虎队等国际反恐前沿队伍的，他们的梦想，就是成为黑豹突击队和澳门飞虎队那样的王牌反恐力量。

单看这些项目名称就知道，水面空中突击队的训练需要很多单位的配合——

警航队给他们开飞机，水上公安局给他们提供公安艇，有时候还得需要边防总队海警支队的配合。

就拿空中训练来说，水面空中突击队现在重点攻坚的是直升机空中游绳垂降。直升机空中游绳垂降的长处是能够快速把兵力投送到作战区域，立刻形成战斗力。王春军记得第一次训练这个科目时，直升机距离地面 15 米，舱门打开后，他站在第一个，风猛地灌了进来，形成巨大的推力，衣服和裤子被吹得哗哗作响，耳边是螺旋桨和发动机同样巨大的呼呼声，俯身看去，这个高度和他们平时训练的楼宇索降的五层楼的高度差不多，但完全是两回事，空中游绳垂降没有任何安全措施，没有任何保险绳的保护，仅靠队员的双手和双脚夹住绳索，从空中下降到地面。他强迫自己镇定下来，查看垂降绳的安全点，通过手语和队员之间完成指令的传递，然后双手一扣，双脚一夹，整个人出了机舱，呼地一下，3 秒之后便安全到达地面，后面的队员一个跟着一个，完美地完成了他们的第一次空中游绳垂降。

在他们的训练中难度最大、最危险的要数潜水。说起潜水，很多人脑子里就会浮现出三亚、马尔代夫或者塞班的旖旎风光，金黄的沙滩，湛蓝的海水，飞翔的海鸥，斑斓的热带鱼，肩背上的空气瓶，仿佛美人鱼尾巴的脚蹼……可是，王春军他们的潜水，根本没有这么美好这么浪漫，是在能见度较低的黄浦江、苏州河，最上档次的不过是水质稍稍好一些的淀山湖。

大家都知道，水的深度每增加 10 米，潜水员所承受的压力就会增加 1 个大气压。1 个大气压大约是 101 千帕，也就是说，差不多 1 平方米的表面积要承受 1 吨的重量，加上他们身上加起来超过 50 公斤的装备，仅仅这个，在水底就举步维艰了。这还不算，你还得心里有数——水底是否有淤泥，是否有陈年的渔网，水的流速快慢，水能见度的大小。所以，每次潜水之前，王春军他们都得检查好装备的所有零部件，确保完好和能够正常使用。

王春军第一次潜水训练时，下水的时候，他信心满满。如何入水，如何出水，潜多深，潜多久，在水下如何沟通，与水上如何沟通，这些细节都一一核过。在水面空中突击队，他是取得海军援潜救生医学与装备技术训练中心颁发的“自携式潜水结业证书”和国际专业潜水教练协会颁发的“潜水员证书”的 6 个人之一，是取得“游泳救生员注册证书”的 14 个人之一，而且他对自己的体能也是相当自信。可是，一到水下，他才知道，游泳池里的环境和实战的环境完全是两回事儿。

实战的环境中，完全漆黑一片，腕上的表有指北针，但没有能见度，你看不见有什么用？深度超过 12 米后，每增加 3 米，就需要通过装备减一次压，即便如此，他还是能感到越来越强烈的水的挤压，水里的 40 分钟，对他来说真是异常漫长。等训练结束的时候，王春军觉得连抬手的力气都没有了，是船上的队友硬把他拖上来的。这个时候，他又一次想起老师曾经讲过的潜水 10 条军规中的第一条，“你不如你想象中精锐”，所以，在潜水中，一定要将自己的感情从当下的决策中抽离，尽可能做到冷静和客观。

承担反恐、防暴和处突的任务，对手是穷凶极恶的暴徒，你靠近对方之后连抬手的力气都没有，还怎么扣动扳机？还怎么瞄准目标一招制敌？看来，成为全能战警，要走的路还很长很长。于是，他带着队员更加努力地训练。特警日常的科目，他们都一个一个不折不扣地完成；水面空中突击队特有船体贴靠登船、船舱突入战术、抗眩晕训练等战术空白和难点，他们都一个一个克服。他和队友知道，唯有加倍的训练，才配得上国内一流这个评价，才能担起反恐、防暴、处突这些任务。

雄壮的国歌声中，他在异国的土地上亲手升起了五星红旗

新华网在 2015 年 6 月 6 日晚间发布消息称，中国公安特警 6 月 5 日至 6 日应邀参加了在塔吉克斯坦首都杜尚别举行的特警反恐演习。国务委员、公安部部长郭声琨和出席上合组织成员国第三次公安内务部长会议的各国代表团团长共同观摩了 6 日的演习。新华网还说，此次塔吉克斯坦内务部门邀请中国公安特警参加的演习旨在加强国际执法安全合作，共同应对跨国犯罪、维护地区安全稳定。演习分为模拟实战联合行动和特警基本技能演练两部分，参演特警队伍完成了模拟反恐、精度射击、越野综合体技能等科目。这是中国公安特警首次成建制参加跨国演习。通过演习，磨砺了特警队伍在高山峡谷等复杂环境下的实战能力，展示了中国特警的坚强战斗力和良好精神风貌。

这次参加演习和展示的中国特警有 200 人，上海特警有 24 人参加，是除新疆之外派出人数最多的省市，王春军也身在其中。在过去的几年里，王春军在 2011 年全国教官比武中获得“全国优秀实战教官”称号，参加过 2012 年和 2014 年“苏浙皖沪”警务合作区公安特警五项练兵比武，还参加过 2013 年公安

部青岛演练并担纲92式手枪快速射击科目负责人和主力队员，但出国演练还是头一次。他和队友们心里都有一股劲儿，要拿出上海特警、中国特警的最高水平，要把塔吉克斯坦警方的高山峡谷和野外作战的经验学到手。

刚到杜尚别，还真不适应。第一个是语言沟通上困难重重。塔吉克斯坦的官方语言是波斯语，日常使用的是带着口音的俄语，队员们英文都还凑合，出来前培训过简单的俄语，但真正交流起来，即使有翻译，也常常会有误差，弄得好几次设备装好了又得换地方，几吨的装备转移起来真不容易。第二个是生活方面的。杜尚别的山区平均海拔2200米，山里的天气说变就变，刚刚还是晴空万里，接着就是电闪雷鸣。他们的帐篷就搭在山地里稍微平坦一些的地方，床只有60厘米宽，转个身都会掉下去。吃的，塔吉克斯坦很西化，几乎顿顿是汉堡和色拉，饭和菜基本吃不上。没有洗澡的地方，就着雪山融化流下来的山泉水洗，即使是6月份，水也冷得刺骨。第三个是训练方面的。每天负重爬山，练习攀爬和野外作战，肌肉异常酸痛，原因是爬山用的肌肉和平地用的肌肉不一样，没办法，得去适应。

就在王春军和队友们抓紧最后的时间进行战前训练时，领导找到他，告诉他有个新的任务，部里把升旗的任务交给上海，考虑他当过兵，要比其他同志在这方面有优势，所以这个任务由他来完成，在演习开幕当天充当升旗手，把国旗完美地升上旗杆。这个任务王春军当然愿意接受，但问题是他从来没有做过，在上合组织成员国那么多国家的警界领导人和那么多各国警察面前升旗，自己行吗？这个时候，离开幕还有不到3天时间，王春军马上开练。

天安门的升旗仪式大家电视里看过多少次了，护旗的只管护旗，甩旗的只管甩旗，升旗的只管升旗，可是，6月5日这天在杜尚别的升旗，只有王春军一个人，一个人护旗，一个人甩旗，一个人升旗。

经历过抗震救灾，经历过世博会和亚信峰会安保，经历过千钧一发的劫持人质处置过程，王春军的心理素质已经变得相当好，所以，尽管时间紧、任务重，他很镇定，找来国歌，一个人在旗杆那里试。练了很多次之后，王春军有了心得，在国歌开始后4秒开始拉动绳子，每一次从胸前拉到眼眉的位置，一共拉16次，刚刚好。

6月5日这天，天气异常晴朗，高海拔地区的天蓝得几乎让人心醉。王春军很早就爬起来了，心里还在复习国歌的旋律和升国旗的动作，但是当各国的警察列队站好，当不同语言的口令响起，当乐队指挥示意他准备工作已经就绪，当全场安静得没有一点儿声音，他觉得自己被一种神圣、庄严的感觉充斥着，激荡着，完全忘掉了技术层面的东西，只凭着一腔的感动和热爱，将五星红旗完美地升到了异国的碧空当中。在那一刻，他为自己是中国人、中国警察、上海警察骄傲。

王春军一直觉得自己很幸运，从警只有11年，就多次立功受奖，被评为第三届上海公安十大优秀青年、上海市市级机关先进人物，被评为全国政法系统优秀党员干警、全国优秀实战教官、全国优秀人民警察和全国特级优秀人民警察。

其实，我们知道，幸运女神不会随便眷顾某个人的，是王春军使自己成为每次都能被挑中的那个人，也使自己成为特警总队很多年轻队员想要成为的那个偶像、那个英雄、那个全能战警。

淬火成“金”

——记江苏省镇江市公安局京口分局刑事警察大队刑事科学技术室主任金怡

徐向林

警营，是一座热血丹心铸就的烈焰熔炉。

从这里，锻造出一把把执法为民的护法利剑，熔炼出一个个坚不可摧的金色盾牌。

警营，也是一个用梦想构筑的斑斓世界。

从这里，谱写并传诵出一曲曲高昂的热血壮歌，绽放出一朵朵璀璨的警苑文明之花。

她，在警营这个熔炉里淬火成金；她，是警苑里迎风绽放的铿锵玫瑰。

走近她——江苏省镇江市公安局京口分局刑事科学技术室主任金怡，2017年5月新当选的全国特级优秀人民警察……从警18年来，她用智慧与汗水、青春与激情，诠释了共和国人民警察的神圣使命与职责担当。

她的几张人生标签

要全面了解金怡，得让我们在解密中，先看一组有关她的素描和速写——

如果有一个女警，曾经在办公楼的走廊上一蹦一跳地行走，哪怕一不小心摔个“大马趴”，她爬起身掸掸身上的灰尘，依然笑容满面，请不要惊讶。因为，她就是金怡。

如果有一个女警，能够在案发现场摆出高难度的动作勘验甄别，哪怕在她怀有八个月身孕时，依然不管不顾地趴在地上，寻找嫌疑人留下的蛛丝马迹，请不要惊讶。因为，她就是金怡。

如果有一个女警，静下来时会不分白天黑夜地在工作室一坐就是十来个小时比对指纹，动起来时却浑如“假小子”，甚至能与肌肉发达的男警们过招，请不要惊讶。因为，她就是金怡。

有心理学家说过，大多数的人具有双面性甚至多面性。那么，到底哪一面才是真实的金怡？

这个答案还真不能“一锤定音”。

因为，所有接触过金怡的人，都能感受到金怡那种热情似火、乐观向上的一面，他们眼中的金怡无疑是个“开心果”。他们说：“金怡爱看电影、爱唱歌，甚至还能上台扮演《沙家浜》里的阿庆嫂。女警们当她是无话不谈的好闺蜜，男警们当她是豪爽干练的好哥儿们。”

所有领教过金怡专业技能的人，都能感知到金怡心细如发、沉稳冷静的另一面。他们心中认定的金怡就是一个“工作狂”。他们说：“跟金怡一起工作，她似乎有使不完的劲，任何时候找她，哪怕是节假日，她也经常在工作岗位上。”

而与金怡打过交道的普通市民，都会被金怡的一诺千金、热心仗义所感染，他们会毫不犹豫地给金怡下一个“暖心人”的定义。他们说：“我们把金怡当成了全能警察，只要我们遇到难事，找到金怡，她几乎帮我们全部包揽了。”

开心果、工作狂、暖心人，是贴在金怡身上的三张标签。但走进金怡的世界，我才发现，仅仅是这三张标签还远远不足以给金怡“画像”。就拿接受我采访中的金怡来说，她的腰板永远挺拔得有如现役军人般笔直，她的普通话流利，表达能力及感染力都很强，在表述繁重、紧张的工作时，她妙语连珠，还时不时伴以爽朗的笑声，压力千钧的刑事技术工作到了她这儿简直“举重若轻”。

我不禁疑惑，这个看似大大咧咧、对工作轻描淡写的人，能做好缜密精细的刑侦技术工作吗？但是，当我翻开金怡的办案记录时，又不禁吃惊——仅以2016年1月至12月为例，金怡带着刑事科学技术室的同事，全年共勘查杀人、抢劫、有手段入室盗窃等十三类刑事案件现场942起，引领派出所兼职技术员勘查非十三类现场1445起，在全省刑事技术效益年评比中，指纹、DNA、足迹提取比对均名列前茅……

数字是枯燥的，但数字却是最有说服力的量尺！

金怡，她的身上，到底有几张人生标签呢？

“武将”歪打正着入警营

在人文底蕴深厚、依江傍山的江南城市镇江，金怡显然是一个能让众多市民耳熟能详的知名人物。写金怡的新闻报道很多，提及金怡的入警初心时，差不多都以“她自小就有立志做警察的梦想”而一言带过。

事实上，金怡自小的梦想不是做一名警察，而是做一名幼儿教师。

“我有喜欢小孩子的天性，而且我自幼读书时，就真切地感受到做一名教师的魅力和荣耀。”金怡坦言，她初始的幼儿教师梦想被父亲生生地给“扼杀”了。金怡的父亲金圣玉是共和国的同龄人，跟那个时代所有的年轻人一样，金圣玉在青年时代也曾立志走进军营，做一名光荣的军人。可是因为听力不合格，他未能如愿以偿。但他始终不甘心，他将军营梦延续到自己的独生女儿金怡身上。

于是，金怡的童年与少年时代，就生活在被金圣玉刻意安排的“军训”中：按时定点起床，写作业要坐得笔直，每天要进行体育锻炼，父亲要求她站如松、坐如钟、走如风……一切，都按军人的标准来严格执行。

也正因如此，从小就爱美的金怡，硬是被父亲“逼”成了体格健壮的“假小子”，最喜欢她的伯伯还送她一个绰号——武将。

高考那年，金怡军检合格，尤其是视力达到惊人的2.0。金怡也不负父亲的厚望，毫不犹豫地填报了军校，但天不假时，在高考前，金怡却突然患上“高考综合征”，高考前的三天三夜都不能合眼，高考的成绩因此大打折扣。但她的底子好，高考成绩还是够上江苏大学的三本线和江苏公安专科学校（现江苏警官学院）的录取线。

江苏大学就设在镇江，几乎就在金怡的家门口。许多人建议她读江苏大学。父亲为金怡未能读军校有点儿失望，女儿究竟上哪所学校，父亲也一时犯了疑，为此，他打电话给金怡的伯伯征求意见，伯伯想都没想，脱口而出：“金怡是武将，当然读警校了。”

正是“武将”的名号，让金怡走进了江苏公安专科学校，成了技术系痕迹检验专业的一名学生。

这个选择看似偶然，但如果运用扩散思维的方式进行剖析，这个选择又是必然。如果没有自小就接受的准军事化训练，如果没有“武将”的绰号，也许，这一生金怡就会与警营绝缘了。

每个人在过去和当下，都是未来的一面镜子。金怡的从警经历，无疑再一次验证了这句话。

进了别的大学校园，学子们大多有“解脱”之感。然而，进了警校，却意味着新一轮锤炼的开启。

倒功、障碍跑，擒敌拳、散打，这些体能训练，金怡每一个训练项目几乎都是全班第一个合格的女生。“这完全不是我的个人天赋，而是我下了‘笨鸟先飞’的苦功实现的。”金怡回忆警校生活时说，她将别人放假的时间、聚会的时间都用来训练，训练量远远超过别人，能取得优异成绩也就不足为怪了。

骐骥一跃，不能十步；驽马十驾，功在不舍。“笨鸟先飞”，后来成为金怡的工作准则。“如果别人在现场勘验甄别中需要花一个小时，我就多花一个小时；如果别人比对痕迹中要花两个小时，我就多花两个小时。”

金怡对此还举了一个事例：2017 年 4 月，金怡接手了一起 20 多年前的刑事杀人案件，从现场提取的指纹，不知被多少人比对过，但毫无进展，到了金怡手中，第一天晚上，金怡花了三个小时比对指纹，没有结果。第二天一早，金怡继续比对，又花了三个小时。就是这枚小小的指纹，金怡花费了六个多小时，结果取得了重大进展，一起尘封 20 多年的凶杀案，真凶终于浮出了水面。

世上所有的事，都怕“认真”二字。而金怡，恰恰是最愿意在“认真”上花时费力的人，所以她取得的工作业绩，跟天分无关，只跟“认真”有关。

坚守，是最好的攻克

破案，离不开勘验甄别；勘验甄别，离不开刑事技术警察。

在公安诸警种中，刑事技术警察虽然身居幕后，没有刀光剑影、惊险刺激的抓捕场景，但破案的功劳簿上，永远缺不了他们的一页。

2014 年 1 月 12 日晚，镇江市桃花坞新村发生了一起住宅火灾事故——离异独居的中年妇女解某死在卧室床上，现场门是完好的，煤气被开到最大，室内一片灰烬，从表象上看，可能是煤气意外爆燃导致解某死亡。

金怡带人勘验现场时，一直找不到可疑的痕迹。连续几天勘验，都一无所获，按常规，案子可用“意外死亡”来定性了。但是金怡却始终心存疑虑，她无数次面对着那具被烧得面目全非的尸体，不停地反问自己：死者为什么要把煤气开到最大？为什么在床上一点儿垂死挣扎的痕迹都没有？

然而，对于办案人员来说，主观上的千疑万问，永远比不上一个有力的证据有效。细致、客观、耐心是一名刑侦技术警察应有的精神品质，案发现场的千变万化、错综复杂，需要刑事技术警察的明察秋毫，不放过任何一个细节。

为了证实自己的判断，金怡带领队员们泡在案发现场。当时天气寒冷，为了找到有效证据，他们几十次或跪或趴在冰冷的地板上，一寸一寸地筛着现场燃烧过后的灰烬。

几天过去了，没有进展。

十多天过去了，还是没有进展。

就在同事们以为金怡要放弃时，金怡却凭着明察秋毫、心细如发的慧眼，经过无数次筛选，终于从未燃尽的棉絮上，找到了含有汽油的残留物和潜在的血迹。

经过 DNA 比对，证实是死者解某的！

有了物证，该案立即被抽丝剥茧：这是一起恶性杀人焚尸案。

一个月后，在京口分局刑侦大队的全力侦破下，嫌疑人落网。据他归案后交代：死者解某是他老婆的姐姐，因“看不起他”而经常当面责骂他。他怀恨在心，决定杀人报仇。经过精心策划，他持刀敲开解某的家门，趁解某不备用刀刺死解某后，将尸体拖到卫生间冲洗了血渍，然后想将解某拖放到衣橱里，因衣橱里衣物太多，他改变了主意，将尸体放到了床上，然后制造死者被烧死的假象。

这其中还有一个插曲，足见嫌疑人的狡猾之处。嫌疑人在死者的房间多处泼洒了汽油，为了在纵火后自己能安全离开现场，嫌疑人在家中曾做过小试验，他用一支木香作为导火索，当木香燃到汽油处时，木香上的火头较小，不足以引燃。于是，嫌疑人就在木香的根部巧妙摆放了四支火柴，当木香烧到头儿时便引燃火柴上的磷硝，从而瞬间燃烧，进而明火点燃汽油。而那个被刑侦人员重点怀疑过的煤气阀，其开到最大则纯属巧合。

天网恢恢，疏而不漏。嫌疑人的犯罪手段再狡猾，也未能逃过金怡的火眼金睛。

金怡说："刑事技术工作是一项细活儿，要做好，就得静心和坚守。"回望金怡所勘查的案件，几乎每一件都留有"坚守"的痕迹。

2012年夏天，镇江市京口区、润州区连续发生数起白天撬简易防盗门、木门入室盗窃的案件。每发生一起案子，金怡都要到现场进行仔细勘查，但由于嫌疑人在案发现场留下的有效线索有限，仅凭几个脚印难以锁定嫌疑人。

这边，警方全力投入侦破，那边，又不时有新的入室盗窃案发生。一时间，当地群众对警方颇有微词，他们接二连三地报案，每次都看到金怡背着勘查箱、单反照相机、取样仪器等现场勘查的"三件套"上门勘验，有的群众就会说："报案没有用，他们来就是装装样子的，案子又破不掉！"

这句话，金怡听着特别刺耳。但她脸上还是含笑对群众解释："我们不是装样子，破案需要时间，这个案子我们肯定能破获！"话说出去轻飘飘，但带给金怡的压力却是沉甸甸的。

对于刑事技术警察来说，不仅要能吃苦，更要有敏锐的职业洞察力和缜密的逻辑思维能力，要用心、用智、用精湛的刑事科学技术去辨别嫌疑人设下的一个个迷局、一个个雾障。

那一个多月，金怡白天奔走在各个案发现场提取痕迹物证，晚上回工作室对痕迹物证进行比对、分析、串并，每天的工作时间长达16个小时。经过连续奋战，心脑并用，捷报终于传来：在足迹串并后，确定这数起盗窃案系同一团伙所为，并依据足迹串并绘出了作案规律图，为该案的成功侦破打开了重要的缺口。

不久，两名嫌疑人落入法网。当案件告破时，当地的居民为金怡的坚守和付出鼓起了掌。

"当时我激动得差点儿哭了。"这是金怡除了表彰会听到的掌声外，第一次听到来自老百姓的掌声。

从"小芬"到"予恩"

"当你带着感情、带着热心去做事时，你的付出才会有所收获。"这是金怡经常挂在嘴边的一句话，这也是她从警18年来的亲身体验。

金怡清晰地记得刚入警不久时，分局侦破了一起在火车站附近以色相勾引实施抢劫的专案。当时负责色相勾引的女孩子被关进看守所时突然“疯”了，专案组要把她送进精神病院进行治疗并派人看守。还有四五天就刑拘期满，如果不突破就得放人！

面对这个蓬头垢面的“疯女孩儿”，负责看守的金怡对她异常照顾，给她打水洗脸，给她梳头，还给她捏腿按摩。女孩儿不讲话，金怡就自说自话地给她讲法律、讲亲情、讲做人的道理。几天下来，奇迹出现了——那个女孩儿在刑拘期满前终于主动开口说话：“金姐，对不起，我是装疯的……”

“疯女孩儿”的心理防线终被突破，一起涉及十多人的犯罪团伙被成功打掉！

其实，看守嫌疑人不是金怡的本职工作，但“跨职作业”却让她永远铭记了这样一个道理：爱心，是每一个警察必须具备的基本素质！

时光回转到2016年7月22日。这一天，一个名叫“小芬”的姑娘，在走失十年后，终于在金怡的帮助下见到了亲人。这一天，“小芬”坚持要将名字改为“予恩”，以此表达对好心人“金姐”的感激之情。

原来，一个月前，17岁的小芬到派出所办理身份证。小芬属于“无身份证人员”，民警采集了她的血样，连同询问笔录送到刑警大队，金怡碰巧看到这份笔录。她了解到小芬是贵州人，十年前和父母到福建晋江打工，在一次玩耍中不幸走失，从此无法和家人联系，四处流浪，于2013年到了镇江。

随后，金怡在DNA资料库里寻找，经过比对，一条信息引起了金怡的高度注意。那是贵州一位父亲为女儿报失踪时而采集的血样，可失踪的女儿叫“远芬”，与“小芬”并不相符。为确认，金怡拨打对方的电话，但对方把她当成了骗子。连续多天打了20多个电话，对方仍然不信，她于是穿着警服与对方视频，可对方还是不信，有人劝金怡放弃，金怡却说：“不帮小芬找到家人，就会是她也是我一辈子的遗憾！”

直到通过当地的警察找到对方，对方才半信半疑，同意配合调查。很快，失踪女孩儿母亲的血样寄到了镇江，经过DNA室的比对，得到了确认。于是，在金怡的安排下，“小芬”的家人赶到了镇江。失散十年后，一家人喜极而泣、抱头痛哭……

“小芬”改名“予恩”后，她回贵州办理了户口和身份证，又再次回到镇江。金怡又联系当地妇联，帮“予恩”找到了工作。在一条微信中，“予恩”说：“我从此要怀着一颗感恩之心，回报社会。”

夜阑人静时，金怡看着这条微信留言，心头涌上了满满的自豪感。

翻开金怡的工作日记，我们会发现，“小芬”只是金怡用爱心为民服务的一个事例，类似的例子在她身上不胜枚举。

2013 年，康康和小贺这两个未成年人，白天泡网吧，晚上就去撬沿街店铺的卷帘门。被派出所抓住，因是未成年人，教育后放掉。可是，他们仍不罢手，那段时间，最多的时候，金怡要出五六个现场做勘查，每次勘查下来，都与小贺和康康有关。

金怡决定与他们交交心。那天，她请康康和小贺下馆子吃饭。在交谈中，金怡了解到康康父母离异，爸爸常年不在家，对他不管不问，和他相依为命的爷爷管不住他。她主动对康康说：“我来管你。”过了几天，就是新年，金怡带着衣服、水果、零食来到康康家，康康生平第一次吃到肯德基，他突然对金怡说：“我要上学。”第二天，金怡就联系教育部门，让康康走进了校门。

对于小贺，金怡送上了同样的关爱。金怡联系了小贺远在上海的父母，父母再三感激之余，决定把小贺带到上海他们的身边。那天，金怡开车送小贺上火车前往上海，临上车前，小贺突然喊了她一声“干妈”，金怡先是一愣，而后很爽快地答应了，脸上露出了欣慰的笑容。

送走了小贺半个月后，在又一个盗窃现场，金怡没想到，她竟又一次采集到康康的指纹。

康康再次犯事了！金怡的心沉了下来，康康走犯罪“回头路”，金怡自责不已，“这说明我的工作还没有做到位”。在康康被教育释放后，金怡隔两三天就要与康康见面交流，并且多方奔走，将康康送到技工学校模具班。入学的时候，金怡塞给康康 300 元钱，对他说：“你要给我好好学争口气，阿姨会以你为荣。”

人生的轨迹，有时，只需在重要的拐点上拉上一把，就会是另一番景象。康康误入歧途的人生，在金怡的不懈努力下，被拉上了正途。

2016 年春节前的一天，康康冒着大雨来到公安局找金怡还钱。“阿姨，这钱是我打工挣的，一定要还给您！”

康康还给金怡的钱，是康康入学那天金怡塞给他的 300 元钱。面对这带着康康体温的钱，金怡感动万分，康康能主动找她还钱，这已经不是钱的问题，而是真切地呈现了浪子回头金不换，她真的为康康的转变而感到欣慰！

金怡和资助对象康康

我要时刻美美地活着

女警，在职业上是警察，在生活中，她们是一群同样爱美的女人。

金怡也不例外。不过，她的美，是一种别样的美。用她的话说就是："我不喜欢跟别人拼颜值，我拼的是气质！"

2016 年夏天，镇江市京口区发生一起涉枪案件，嫌疑人在楼道把受害人打伤了，血迹分布在墙面和地面上。金怡从晚上开始勘查，一直弯腰作业到 12 点，同事开车送她回家，可是她怎么也下不了车。

那天之后，金怡的腰伤全面爆发，下车后要扶着车门缓一分钟才能行走。但金怡一天假没有请。那段时间，谁也没看出金怡有哪里不对。他们看到的金怡照样有说有笑，照样一如既往地出现场、坐班比对，照样与他们有说有笑。

直到有一天，金怡腰疼得像锥子扎，她在单位站不住坐不住，工作根本无法进行下去。金怡急得哭了，这下真把同事吓坏了，这是他们第一次真切地看到金怡流眼泪。同事们送金怡去医院，才查出脊椎侧弯超过 15 度，骨盆变形，核磁共振后是腰椎间盘突出。

无疑，这是多年来的现场勘查以及埋首于工作室做比对"馈赠"给她的"礼物"。

医生开出治疗方案：卧床休养半年。

但是，金怡半天病假也不肯请。出了医院，她又出现在工作室。同事们劝她回去休息，她说："你们别以为我是疼哭的，我是怕我不能上班了，没人让你们开心而哭的。"一席话，逗笑了同事，也让他们悬着的心放了下来。没事儿，金怡就是金属做的人，工作累不垮，病痛摧不垮！

金怡腰伤在身，她从不以为然，还常对同事说："即使我是残疾人，但我不会让别人看出我残疾，我要阳光地笑对人生，并且时刻美美地活着。"

有一天晚上，金怡带儿子去加班。事后，儿子写了一篇作文：

> 又过去了一个多小时，他们都回来了，带来了足迹，带来了希望。"好，马上比对、扩串！"妈妈兴奋地叫了起来，一扫一个多小时的疲倦，立马又刷了一遍机，面带微笑地比对起来……

这就是我的妈妈，一个宁可放弃自己休息时间也要为社会和谐出力的人，一个一工作起来可以排除任何干扰全身心投入其中的人，一个即使自己再累也不会表露且会鼓舞大家的人，一个握住希望便决不放手、拉来成功的人！

这是一种高贵的人生气质，也是金怡时刻美美地活着的底气。

这气质之美，传承和发轫于她良好的家风。“处事以谦为贵，做人以诚为本”，这是金怡牢记一生的家训——

镇江市京口区贾家巷，是一个寻常的江南小巷。金怡就出生在这个巷子里，尽管结婚后离开了贾家巷，但她还是有事没事“常回家看看”。因为，这里留有她太多的童年记忆。

金怡的父亲金圣玉退休前是镇江技师学院的职工，母亲戴小红退休前在镇江市食品公司工作。这对恩爱的夫妻在工作时有一个特殊的爱好，那就是比拼哪个人得到的先进个人等奖状多。金怡记得，那时父母几乎每年都能从单位捧回奖状或证书。至今，金怡父母家的阁楼上还有一个“荣誉室”，里面是金怡父母所获得的成捆的获奖证书。

贾家巷里有个名叫候华祥的七旬老人，他家与金圣玉家是邻居，老人的儿女们不在身边，金圣玉夫妇俩就与他结成了爱心对子。他们在家门口安起了“爱心门铃”，一端连着候华祥老人家，另一端连着自己家。如有突发情况，候华祥老人只需摁响门铃，他们会随叫随到，随时上门服务。两位热心的老人被评为“小街好人”，家庭也被评为“镇江最美家庭”。所在的贾家巷，也成为文明社区里的文明小巷。

父母的言传身教，让金怡受益匪浅。金怡的爱人殷凯也是一名人民警察，现担任镇江市公安局京口分局法制大队教导员。夫妻俩有个约定，也跟金怡的父母一样，展开了获奖竞赛，如今夫妻俩所获的奖状、证书也已成捆。“总有一天，我们获得的奖状和证书会超过父母的高度。”

金圣玉夫妇即使退了休，老两口儿也不闲着。夫妇俩用上了“平安锣”，每个值班的晚上，他们走街串巷，一边巡逻一边用电喇叭提醒居民防火防盗。每到周六，金怡就会带着丈夫和儿子，一起加入到“平安锣”的队伍中，“夫妻平安锣”也就在这一天成了“祖孙平安锣”，成为镇江一道亮丽的风景线。

金怡生日那天，老公殷凯送给金怡的一只穿着警服的玩具熊

家风的传承，焕发着“厚积薄发”的气质之美。而金怡的爱学习，则焕发着另一种“腹有诗书自芳华”的气质之美——

多年的一线工作，使金怡清醒地认识到，随着科技的高速发展和信息的广泛传播，犯罪出现了智能化、团伙化、隐蔽化的新特点，破案的难度更大。金怡除了在每破获一起案件后认真总结侦破过程的得失，还广泛阅读心理学、文学、哲学甚至理工方面的书籍，积淀了深厚的业务素养和学术素养。一次，金怡出差去南京，到省公安厅调查指纹。省公安厅技术处的负责人一见金怡就说：“我们正在组织学先进活动，你就是我们身边的典型，你来了正好给我们上堂课。”

那天，金怡没做准备，但结合工作实际，她的讲课异常精彩。金怡自我调侃道：“省厅的同志不断给我鼓掌，现在回想起来，我的临场发挥能力还真不错，想起来心里就挺美的。”

一个荣誉簿，一本爱心账

金怡办公桌的抽屉里有一个笔记本，上面记满了她这些年所获得的各类荣誉。

仅 2012 年以来，她就先后获得各类荣誉计 10 多项：

——2012 年，她被评为镇江市三八红旗手，当选为镇江市第七届党代会代表，当选为镇江市青年联合会常委；

——2013 年，她被评为镇江市十佳杰出女青年，同年当选为江苏省三八红旗手标兵，并被授予“镇江最美警察”光荣称号，荣立个人三等功一次；

——2014 年，获“江苏省最美警察”提名奖，荣立个人二等功一次；

——2015 年，获“江苏省杰出女警察”提名奖，再立二等功一次，同年当选为“镇江市劳动模范”，获得“镇江市人民奖章”；

——2016 年，她被评为全国三八红旗手，被授予“江苏省先进工作者”、“江苏省优秀共产党员”称号；

——2017 年 5 月，金怡被评为全国特级优秀人民警察。

……

如果再加上 2012 年之前所获的各类奖项，金怡从警 18 年，累计获奖 25 项。

这些，都在她的笔记本上被用清秀的字工整地记着。

然而，这本笔记本不仅仅是她的荣誉记录本，还是一本爱心账！

翻开笔记本，上面详细地记录着她每次的奖金收入。这些奖金，有的用于请刑事科学技术室的同事们吃饭，有的用于差旅费用的补贴。她还别出心裁地设立了一个奖项——“金怡爱心奖”，室里的七位同事，每做一件分外的事，她都认真记录下来，年底时汇总积分，给予一定的经济奖励，多的近千元，少的一二百元。这笔钱，全是从她奖金里出的。她的一名同事说：“金姐的奖金收入，成了我们的公款。”

在采访中，镇江市公安局京口分局政治处主任吴晨牧曾告诉我：“起初金怡拿奖金回来，她要把奖金缴公。我跟她说，这是奖给你个人的，是你的合法收入，把个人奖金缴公也不符合有关规定。于是金怡就用这一笔笔奖金与她技术室的同事共享。”

而金怡对此的回应则是：“侦破每一起案件，都是大伙儿合力的结果，我个人得了荣誉，就已经过意不去了，如果只是我个人花了这笔奖金，我会内心不安的。”

这就是金怡，她无声的行动似春风化雨，深深地感染着她的同事，也激励着她的同事。走进这个由八名在编人员组成的刑事科学技术室，处处洋溢着和谐向上的气氛。

金怡，宛如一盏灯，照亮了一个群体。

采访那天，正是江南初夏，人间最美的五月天。因为配合采访，金怡“浪费”了半个工作日的时间。第二天，恰逢端午节假日，金怡在送别我时，电话约上了儿子到她的办公室做作业。她说：“我今天要把昨天落下的任务追上来。”

临告别时，她还一再跟我解释说：“你千万别把我写成又苦又累的苦情警察形象，儿子在我这儿做作业，我做痕迹比对，两不误呢，我很享受这种生活与工作状态！”

看着金怡领着儿子渐行渐远的身影，我想起金怡告诉我的一件事，还在她读警校毕业前，学校政委专门给她写下了一语双关的一句话：是金子总会发光的！

金怡指着这句话笑道：“我的名字很有意思，金是金子的金，怡有快乐愉悦之意，合起来就是快乐的金子。”

是的，金怡在警营这个大熔炉中，早已淬火成“金”。

这块“金子”，给庄严警徽上的金盾，增添了一抹亮色。

三十余载痴心不改

——记浙江省湖州市公安局刑事侦查支队警犬基地民警盛建

郑天枝

引言

2017 年 5 月 19 日，全国公安系统英雄模范立功集体表彰大会在北京人民大会堂隆重举行。习近平总书记亲切接见全国公安系统英雄模范立功集体代表并发表了重要讲话，对全国公安机关和广大公安民警、公安现役官兵寄予了殷切期望，提出了新的要求。

浙江省委常委、公安厅长徐加爱率浙江省 7 名公安功模代表赴京受奖。此次浙江省共有 8 人荣获“全国特级优秀人民警察”荣誉称号，湖州市公安局警犬基地主任盛建榜上有名，这也是湖州市公安系统有史以来第二个获此殊荣的人民警察。据悉，此次受到表彰的 220 名全国特级优秀人民警察中，盛建是唯一的警犬训导员。

北京的表彰大会开始前，盛建就早早地守候在市公安局会议室，等待分享这份荣耀和喜悦。虽然他没能到北京参加这样一生难得的盛会，但是他要感受这样的氛围，铭记这样的感动，牢记荣誉背后所赋予的神圣使命。

盛建流泪了，是感动的泪水，是幸福的泪水，情不自禁……

2017 年 5 月 20 日，省公安厅举行“薪火传承——向公安英模学习座谈会”。当盛建从省公安厅领导手中接过“全国特级优秀人民警察”荣誉称号的奖章和证书时，他觉得是那样沉重，深知厅领导的目光透出的不仅是赞许，更是勉励和期待。

5 月 21 日，湖州市公安局召开英模座谈会，作为刚荣获“全国特级优秀人民警察”荣誉称号的盛建，在座谈会上作交流发言。他发自内心的话语，受到市委常委、市公安局长夏文星等与会者的鼓掌点赞……

请让我切换一下镜头：

今年 4 月 21 日，“警徽荣耀·走近公安英模”融媒体直播报道组来到浙江湖州，用镜头记录了被人们戏称为“警犬司令”的盛建和警犬之间的动人故事。此次直播活动由人民公安报、中国警察网两个微博第一次同场直播，截至 4 月 21 日 21 时，两个微博的直播视频，共吸引 6 万余人次观看，活动相关微博浏览量达 70 余万人次，“走近公安英模”的话题也进入微博话题榜政务类前 10 名……

默默无闻却浑身都是故事的“警犬司令”盛建，一下子远近闻名，人们为盛建几十年如一日，在警犬训练基地无私奉献、建功立业的故事所感动。

无悔的选择

1984 年 5 月，盛建放弃了原本工作稳定、收入远超过机关待遇的单位，从 14 名参考人员中脱颖而出，被选调至湖州市公安局，成为该局有史以来的第一位警犬训导员。

当时，他的家人和亲朋好友对他的选择有些不理解，因为当时企业的收入远高于机关，一些好的企业，光是奖金就要高出机关的工资收入几倍。如果盛建调入市公安局从事刑事侦查或者其他管理工作，人们还能够接受，可分配给盛建的工作却是警犬训导员，人们就有些不理解了。一时间，各式各样的议论都有，最典型的莫过于：盛建真是傻得可爱，竟然乐意到公安局去养狗……

面对亲朋好友的议论，盛建不做任何解释。他明白自己的选择意味着什么，更深知在今后的人生道路上，绝不会一帆风顺。盛建在心里暗暗下定决心：既然选择了这条自己喜欢的道路，就要一直走下去，风雨无阻，不改初衷。

到市公安局报到后不久，组织上送他到省公安厅警犬基地培训，同期参加培训的学员共有 25 人。在培训期间，盛建起早贪黑，努力掌握警犬训练的技能。

在培训班，基地分配给盛建训练的警犬，是一条只有三个月大的德国牧羊犬，盛建给他的小伙伴起了名字叫“小虎”，这是盛建的第一个亲密“战友”。

1986 年 6 月，盛建以优异的成绩结业，带着“小虎”回到湖州。迎接他的是领导分配给他的新任务：到远离湖州市区的一个山坳里，组建临时的警犬训练场所。他成了这个崭新领域的拓荒者。

当年的警犬训练基地，四周都是荒郊野岭，交通也不便利，陪伴盛建的是“小虎”和另一只警犬。用盛建的话说，那时他感到很孤单，是两条警犬和他“相依为命”，警犬的形影不离，慰藉着他的青春岁月。

盛建每天起早骑着自行车，从基地出发，骑一个多小时，到湖州市区的菜场，购买警犬所需的食材，比如肉食、鸡蛋等。买好了这些必需品，他再骑着自行车返回警犬训练基地，来回接近三个小时。那时，给警犬买的这些东西都是凭票供给，时间久了，人们看见盛建每天都能购买那些肉食和鸡蛋等物品，以为他是老干部的后代，因为只有老干部，才能享受如此“特供”的待遇。看到人们投过来的羡慕眼神，多少让盛建有些惬意。

那时还没有“狗粮”生产，两只警犬的“吃饭”问题，就是由盛建每天下厨专门制作的独家套餐。

日复一日，时间就这样悄声无息地流淌着。那段时间，盛建甚至觉得自己就像一个小老头儿，每天的工作就是训练两只警犬、饲养它们、陪伴它们，日出而作，日落而息，整个人就交给了两只警犬，警犬是圆心，他围绕着警犬转圈……

一个人孤独的时候，容易辗转反侧，正值谈婚论嫁的盛建，回想起几次失败的恋爱，不禁有些黯然神伤。

调到市公安局不久，父母和亲朋好友就开始忙着为他张罗找对象。盛建身高一米八八，身着警服的他更显得帅气，按理说找对象谈恋爱理应不成问题。出人意料的是，接触了几个女孩儿后，无一例外地都分手了，原因很简单也很直接，都是不喜欢盛建的工作，说一个警察养狗没出息，肯定是表现不好，才会被发配去做这样的工作。

在不到一年的时间里，盛建在家人的催促下，前后谈了五个女朋友，都是没有开花结果。这对盛建来说，或多或少会带来沮丧的情绪。闲下来时，他反思自己的选择：难道选择警犬训导员这项工作错了吗？难道警犬训导员就是“卑微”、“低贱”的吗？

“道不同，不相为谋”。盛建很快就从失恋带给自己痛苦的低落情绪中走出来，全身心投入到训练中去，不怕艰难困苦，他要用辛勤的汗水，冲刷失恋的苦痛。盛建用优秀学员的成绩，证明自己的人生价值。他的努力前行，热爱警犬的故事，叩开了一位美丽大方的姑娘的心扉。她与他心心相印，在人生最困难的时期，陪伴他、鼓励他，最终成为他的妻子，成为他事业上最坚强的后盾。

时间一晃，33 年过去。作为浙江省的第一批警犬训导员，当时与盛建一起参加省公安厅培训的 25 名警犬训导员，之后都陆续调离了警犬训导岗位，只有盛建仍然在自己热爱的警犬训导员岗位坚守着。

为了适应安保新需要，湖州市公安局在 2012 年建立了新的警犬训练基地，训导员扩充至 18 名，警犬有 30 余条。作为警犬基地主任，盛建经常思考如何做好传帮带，如何进一步适应不断发展变化着的新形势，倍感肩上所担负的责任重大。

33 年时间，说长不长，说短不短，说这是人生事业的黄金时期，我想不会有人提出异议。33 年的坚守，33 年的努力，只为了做好一件事——训导警犬。是什么样的东西在支撑着盛建的坚守？热爱！是热爱给予的信念，是对公安事业的无限忠诚。

盛建长期奋战在警犬技术工作第一线上，在平凡的工作岗位上做出了不平凡的业绩。远不说盛建带领警犬协助侦破了多少起大要案，就说近几年盛建带领他

的战友“小白”参加近百次大大小小的防爆安检工作：

2014 年 8 月，盛建代表湖州、浙江参加第二届夏季青年奥林匹克安保勤务工作，开幕式前一天，盛建带领“小白”在南京奥体中心主会场，搜获一枚仿真迫击炮弹，得到了公安部领导的充分肯定和表彰，警犬“小白”被授予“功勋犬”称号。同年 10 月，盛建又被抽调参加了北京 APEC 会议安保勤务工作。

2015 年 9 月，盛建作为浙江省警犬技术团队的领队和全国警犬技术团队尖刀组长，参加中国人民抗日战争暨世界反法西斯战争胜利 70 周年活动，携带警犬“小白”驻守在天安门广场和王府井大街执行安保警卫任务。2015 年 11 月，盛建又作为浙江省警犬技术领队，参加了全国第一届青年运动会安保任务。

2016 年 7 月 28 日，公安部从全国选调 190 名警犬训导员集结杭州，正式入驻 G20 峰会安保驻地，盛建一直坚持在警犬屯兵点工作，先后参加警犬集结后勤保障、现场勘查、演练等安检工作，还受到了公安部郭声琨部长的接见和提问。盛建凭借过硬的业务技能和以往参加过全国大型安保勤务工作的经验，成为 G20 峰会全国警犬技术团突击队的队长。他在室外 40 度高温下连日加班加点，身先士卒。8 月 30 日中午，盛建带领警犬“小白”，在某宾馆安检中发现烟花 10 支、管制刀具 4 把、易燃易爆气体 4 瓶，及时消除了严重的安全隐患，受到杭州市公安局和省公安厅的通报表彰。8 月 31 日 14 时 10 分，盛建带领“小白”第二次对喜来登大酒店进行安检的过程中，又在地下停车场的一间房子里发现两盒打火机、违禁物品 90 多件、易燃易爆物品 30 多件，为 G20 安保作出了重大贡献。

一分耕耘，就会有一分收获。参加工作以来，盛建先后六次被评为公安部南京片区警犬技术先进个人，四次荣立个人三等功，一次荣立个人二等功，2016 年还被浙江省公安厅荣记个人一等功，2015—2016 年度被评为全省政法系统先进个人，2016 年度被授予“最美湖州人”荣誉称号，今年 5 月 19 日，盛建被授予“全国特级优秀人民警察”荣誉称号……面对鲜花和掌声，盛建戒骄戒躁，将荣誉作为动力，他要用更加优异的成绩来回报这些沉甸甸的关爱。

难忘的战斗

从警 30 多年来，盛建在工作中逐步探索，创立了一套“三多、三少、一杜绝、一过渡、五结合”的实用训练方法，并做好传帮带。由盛建亲手训练的警犬，在追踪、鉴别、搜捕等方面，均达到了国内先进水平，在全国及省级的历届警犬技术大赛中屡获佳绩：2012 年 12 月浙江省第三届警犬技术大比武中，盛建携带的警犬“黑丽”获得搜毒项目第一名；在 2013 年 10 月参加全国警犬技术大比武中，盛建携带的“黑丽”，以各项竞技比赛满分的战绩，为浙江省代表队勇夺团体第二名作出了突出的贡献，这也是浙江省代表队历史上获得的最好成绩；“黑丽”也因为两次不俗的战绩，两次被授予“功勋犬”称号。

盛建注重将训练与实战有机地结合起来，练为战，从难从严，紧紧围绕破案打击，依托精湛的嗅源鉴别追踪技术，将警犬技术不断拓展打造成全警破案打击的有力支撑。30 多年来，盛建先后勘验现场 4500 多起，鉴定 250 余起，直接抓获犯罪嫌疑人 52 名。时至今日，那些难忘的战斗，经常在盛建的脑海里萦回。

之一：带领警犬侦破一起部级毒品案件

2014 年 11 月 4 日，吴兴公安分局在该区织里镇抓获贩毒嫌疑人代某某、陆某某，当场缴获毒品冰毒 500 余克，并发现毒源来自广州市一带，上家系吴某，长期在湖州市吴兴区、长兴县等地贩卖毒品，且销量巨大。因而，此案被列为部级毒品案件。

经过前期的专案侦查，2014 年 12 月 2 日凌晨 1 时许，指挥部决定统一收网。

俗话说得好：好钢用在刀刃上。养兵千日用兵一时。凌晨 2 时许，警犬基地在接到指挥部的指令后，由盛建带领警犬“小白”，并挑选精兵强将一同出征。

这是湖州市城乡接合部新开发的某楼盘。按照指令，盛建带领警犬“小白”对某出租房进行搜查。现场一片狼藉，屋内堆满了酒瓶、衣服、杂物、垃圾，脏乱不堪。这样的环境给警犬的搜索带来了很大的困难。但是，盛建不畏艰难，指挥“小白”对现场进行从外到里地毯式搜索，不放过任何蛛丝马迹。

突然，警犬“小白”对阳台上的一大堆啤酒瓶有示警反应，盛建立即上前查看，从啤酒瓶堆的最底层发现一大包毒品。看见毒品，原先百般狡辩的犯罪嫌疑人乖乖地束手就擒。

初战告捷，乘胜追击。按照指挥部的命令，盛建带领警犬和训导员向湖州市区某大酒店进发。在大酒店的 1213 房间，盛建指挥“小白”进行搜索，不一会儿，就在床铺底下搜出冰毒和麻古 100 余克。

经过盛建带领其他警犬训导员一昼夜的奋战，成功破获部级目标案件，一举抓获骆某某等贩毒犯罪嫌疑人 14 名、田某某等吸毒违法嫌疑人 5 名，当场缴获毒品冰毒 440 余克、毒资 17 万余元。至此，此案共抓获贩毒犯罪嫌疑人 17 名、吸毒违法嫌疑人 21 名，缴获毒品近 1000 克、毒资 18 万余元，成功斩断了由广东通向湖州的一条贩毒通道。盛建和他的战友带领的警犬，在此案的侦破过程中起到了很大的作用，可谓功不可没。

之二：跨三省一市协助破获一起重大杀人案件

2013 年 9 月 9 日，南浔公安分局练市派出所接到颜某某报案称：练市镇荃步村徐文波自 2013 年 9 月 4 日离家外出至今未归。练市派出所接报后，立即按照相关规定，启动查找程序。经过几个月的排查，至春节前，仍未找到徐文波，也没有发现有价值的可疑线索，遂将此情况向分局相关部门汇报。

南浔公安分局领导接到练市派出所报告后高度重视，立即指令由分局刑侦大队和练市派出所成立专案组，开展疑似命案侦查。经过对徐文波的轨迹查证和其失踪前目击证人的查访等工作，发现徐文波疑似被害，其特定关系人杨兴美（女，安徽省来安县人）的证词与事实存在显著矛盾，具有重大作案嫌疑。

2014 年 2 月 18 日，专案组将刚从来安县过完年回到南浔的杨兴美传唤到练市派出所询问。经外查内审，杨兴美最终交代了残忍杀害徐文波的原因和过程。

原来，杨兴美与徐文波存续不正当的两性关系时，同时与练市镇的陆洪林勾搭成奸。后来，杨兴美和陆洪林厌烦徐文波的纠缠，二人竟然产生了杀死徐文波让其“消失”的罪恶邪念。

2013 年 9 月 6 日，杨兴美与陆洪林密谋后，将徐文波诱骗至安徽省来安县半塔镇深山中，杨兴美趁徐文波毫无防备之际，用石头猛击徐的后脑勺，将徐砸死，随后用火焚烧了徐文波的随身衣物和尸体。

2014 年 2 月 20 日晚，专案组在练市镇抓获了此命案的另一名犯罪嫌疑人陆洪林。审查中，陆供认了伙同杨兴美事先预谋故意杀死徐文波（但未参与实施杀害）的犯罪事实。

专案组立即押解犯罪嫌疑人杨兴美赴安徽省来安县寻找辨认杀人现场，但经过两天两夜的找寻，杨兴美居然辨认不出当初的杀人现场。专案组立即将情况分别向南浔公安分局和市公安局汇报，请求警犬支援。

2014 年 2 月 23 日上午 11 时许，盛建接到支队领导指令，迅疾带领周小东等四名警犬训导员，以及刑侦追踪犬“花花”、“月月”，血迹搜索犬“小七”，向安徽省来安县长途奔袭。经过四个多小时的长途跋涉，盛建等跨三省一市驱车来到了安徽省来安县半塔镇。

了解案情后，盛建带领训导员和警犬，带足干粮和饮用水立即上山。他们翻越一个多小时的山路后，到达了犯罪嫌疑人杨兴美大致指认的作案现场。通过仔细观察，盛建决定先使用两只警犬交替的搜索方式向前推进，先用镊子夹起被害人穿过的鞋子、衣服，采取“握嘴嗅”的方式让警犬充分感受被害人的气味，警犬得到警犬训导员的指令后，迅速投入工作状态。当交叉向前搜索至约 1000 米处时，警犬“花花”突然在某石缝处做出明显的示警反应，盛建等立即上前查看，发现一块未焚烧干净的红色皮料（后证实此物品为犯罪嫌疑人携带的背包的边角）。

盛建指挥训导员继续引导警犬进行追踪作业，直到向南追击约 400 米后，警犬停止前进在原地徘徊，侦破工作顿时出现了“困局”。

盛建与其他训导员商讨，仔细分析原因，决定使用血迹搜索犬“小七”开展搜查。“小七”沿着崎岖的山路穿梭在山坡上，不一会儿就气喘吁吁，显得筋疲力尽。训导员给“小七”喂了些矿泉水，让警犬休息片刻便又继续搜索。约 30 分钟后，“小七”引领着盛建等人到达一堆乱石旁。它来回穿梭，显得极其兴奋的样子，让盛建等人为之一振，他们感到“有戏”了！盛建等扒开乱石，只见被害人被焚烧的尸骨的遗迹赫然入目。更可喜的是，警犬“月月”在另一处发现了杨兴美、陆洪林两人上山时携带的食物，使得案件有了突破性的进展，为侦破这起跨省特大杀人焚尸命案提供了有力的证据，也为此案画上了一个圆满的句号。

情未了

之一：一张发黄的照片

在 33 年的警犬训导员生涯中，盛建与每一只警犬都有说不完的故事，而最让他难以忘怀的，还是盛建训练的第一只警犬“小虎”。

盛建一直珍藏着一张早就泛黄的照片。这张照片摄于33年前，照片中的盛建还是20多岁的帅小伙儿，依偎在盛建身边的警犬，是盛建成为警犬训导员后饲养的第一只警犬“小虎”。

说到“小虎”，盛建打开了记忆的闸门，将时空倒回到30年前的1988年——

德清县上柏镇一个农民的儿子，和同村的村民主任的女儿搞对象，两个年轻人的感情很好，村民主任却嫌弃小伙子仅仅是个农民，坚决不同意两个人谈恋爱，要硬生生地拆散这对年轻人。

一天晚上，这个小伙子的父亲独自一人喝闷酒，想想自己儿子的恋爱受阻，完全是女孩儿的父亲一手造成的，越想越不开心，越不开心就越喝闷酒……有点儿醉意后，他来到了村民主任家，和村民主任理论，一言不合，激烈争执起来。争吵中，小伙子的父亲举起随身携带的两把长刀，在房间里挥舞起来，最终砍死三人，砍伤一人，冲出房间往外逃跑时又砍伤三人，随后迅疾消失在茫茫的夜色中……

接到指令，盛建带领“小虎”赶往案发现场。对现场进行搜索后，盛建指挥“小虎”对犯罪嫌疑人进行追捕。很快，“小虎”追踪到犯罪嫌疑人藏匿的小茅屋，未等盛建下达扑咬犯罪嫌疑人的指令，“小虎”就冲进小茅屋，撂倒了手握两把长刀的犯罪嫌疑人……

犯罪嫌疑人被抓到后，这个村的老百姓连夜杀猪摆庆功宴，感谢公安机关为民除害，很多人很想一睹盛建和“小虎”的风采。

可是，到了次日早上，盛建看到“小虎”匍匐在地，奄奄一息的样子。盛建立即送“小虎”到医院抢救，经过六个多小时的紧急抢救，“小虎”还是没能睁开眼睛。

原来，犯罪嫌疑人行凶后逃离现场到山上的小茅屋，想想自己所犯下的罪行，自知罪责难逃，不如一死了之，于是就喝下了剧毒农药。正在此时，“小虎”扑向犯罪嫌疑人前胸，撕咬中误食了犯罪嫌疑人呕吐出来的、带有剧毒的残留物……

那天下午，盛建坐在犬室外面的水泥地上，抱住“小虎”默默流泪。第二天，盛建的爱人得知“小虎”遇难，就请假赶到市郊的警犬室，陪着盛建，与盛建一起流泪……

经过上级批准，盛建和爱人在附近找了一块好地，将“小虎”掩埋了。在过去的30年里，盛建始终难忘与他朝夕相处的“小虎”，每年都要带着夫人和孩子，来给“小虎”扫墓……时至今日，说起“小虎”，盛建的声音依然有些哽咽……

之二：我不敢看“黑丽”的眼睛

那天在警犬基地采访盛建，讲到了他的另一个爱将“黑丽”时，盛建的眼神有些低迷。

见我有些不解，盛建打开手机相册，让我看了两张照片，一张是一条狗拦住警车，一张是这条狗依偎在盛建的怀里。

盛建告诉我，这就是两次荣获“功勋犬”称号的“黑丽”。照片上的时间是2015年9月13日，地点是一户人家，这户人家是“黑丽”的新主人。

原来，“黑丽”在2014年秋天，以工作了12年超期服役“老兵”的身份正式“退休”。一般而言，一只警犬最多服役8年至10年，因为盛建的精心护理，“黑丽”工作了12年，当时它的年龄相当于人类100岁。

按照规定，退出现役后的警犬，要寻找有爱心又有经济能力的人士领养。盛建虽有不舍，但依然逃脱不了和“黑丽”分别的结局。盛建为“黑丽”寻找到新主人后，每年总要抽出时间看望“黑丽”。

2015年9月13日下午，盛建忙完了手头儿的活儿，跟助手交代好工作后，驱车去看望“黑丽”。见到老主人盛建，“黑丽”显得异常兴奋，撒起娇来十分可爱，完全不像一只“百岁”老犬。

临别在即，盛建依依不舍地坐进警车，在他准备发动警车时，发现“黑丽”扑打着副驾驶的门窗。盛建于心不忍，就摇下窗玻璃，“黑丽”立即钻进车内，依偎在盛建的怀里不肯离开……

说到“黑丽”，平时话不多的盛建变得健谈起来。他向我说起了一件往事——

2009年，盛建外出培训，回来后发现“黑丽”的肚子明显大了，他怀疑是不是不小心致使“黑丽”怀孕了。

盛建将“黑丽”送到市里最好的宠物医院检查，发现是“黑丽”患了子宫肌瘤。当时的医生说：“这个肌瘤太大了，很难取出来。即便是强行取出来了，谁也不能保证警犬还能活着。”医生建议对“黑丽”实施“安乐死”……

盛建坚决不同意，他反复做宠物医院这名医生的工作，并协助医生对“黑丽”做稳定情绪的安抚工作。做完手术取出子宫肌瘤后，盛建将“黑丽”带回警犬基

平

地，按照医嘱，对“黑丽”进行术后治疗工作，每天挂盐水，连续一个星期。前三天，盛建每天24小时陪伴“黑丽”，几乎没合眼。有了盛建的精心护理，“黑丽”很快恢复健康，驰骋于追击罪犯的战场……

军功章的另一半

爱是一粒种子，有时会是一粒漂移不定的种子，会让追寻爱情的人无所适从。当我们执意要把爱情的种子握在掌心，爱情的种子却会在不经意间从我们的指间滑落。

爱，更是一种缘分。我们寻寻觅觅，茫茫人海中繁花似锦会让我们看花了眼、看走了眼，与我们擦肩而过的人很多，能牵手一直到老的那个人，其实早已“命中注定”。

盛建和钟秋萍的爱情，就是缘分使然，是一种幸福的缘分，将他们的手牵在一起的。

在盛建经历了几次恋爱挫折后，经人介绍，他们相识，那时盛建还在省公安厅举办的警犬培训基地学习。当盛建从杭州请假回到湖州，初次见面，盛建就坦诚告知钟秋萍，说他是警犬训导员，就是大家俗称的“养狗的”，并明确表示，他热爱这项工作，也不会因为婚恋而改变自己的职业选择。

钟秋萍为盛建的坦诚而感动，她羞涩地表示：爱一个人，会同样爱这个人的选择。她还说自己也很喜欢猫狗这些讨人喜爱的动物。

于是，两个年轻人的心，开始慢慢靠近。

盛建在杭州培训期间，很少能回湖州，维系彼此之间的爱恋和相思，是鸿雁传书。紧张的训练之余，盛建喜欢一个人找个安静的地方，默默读恋人写来的信，这是那段时间最珍贵也是最为浪漫的回忆了。同样，当时在丝绸厂做“三班倒”工作的钟秋萍，展读盛建的来信，也是一件很甜蜜幸福的事情。

盛建结束在杭州的培训，回到市公安局，就领受了到湖州郊区组建警犬培训场地的任务，做一个警犬训导工作的“拓荒者”。

在那些寂寞的日子里，钟秋萍只要有空儿，就骑车赶到盛建那儿，做盛建训练警犬的助手，帮助他打扫卫生。她还经常从同事那儿取来“气味源”，为盛建的训练提供帮助。

这次采访时，盛建告诉我："别人谈恋爱，是在电影院、在商场、在花前月下进行的；我们谈恋爱大多是在乡间的小路上度过的。她主动做起'助理警犬训导员'，扮演'假想敌'、'走线'……她所做的这一切，至今仍让我感动。"

那年，"小虎"的离去，对盛建无疑是一次很大的打击。盛建忧伤，钟秋萍陪着忧伤；盛建流泪，钟秋萍陪着流泪……

就在"小虎"离去一个星期后，组织上送盛建到公安部警犬研究所参加带犬培训。两个月后，培训还在继续。有一天，盛建的母亲打电话给盛建："秋萍住院了……秋萍流产了……"

盛建从母亲的声音里，感受到了悲伤。此时的盛建何尝不是"万箭穿心"呢！

原来，钟秋萍的流产，最主要的原因，是因为"小虎"的不幸离去，是因为她忧伤着盛建的忧伤。

盛建向学校请假，学校批准了一个星期的假期，并安排盛建的指导老师同行。

在病房，盛建的指导老师送上慰问品，表示真诚的关切后，就回南京了。

盛建准备利用假期好好陪一陪爱人，因为盛建明白，这个时候最好的安慰，莫过于陪伴。钟秋萍拉着盛建的手，催促他吃过中饭后就返回南京参加培训……带着妻子的爱、妻子的叮嘱，盛建依依不舍地返回南京，全身心投入到训练中去。

过了两年，钟秋萍又怀孕了。在妻子怀孕、生产期间，因为经常出差，奔波在侦查破案第一线，盛建很少能照顾妻子。这些，钟秋萍都毫无怨言，一个人默默地承担着抚养女儿的重任。至今，盛建还清楚地记得：在女儿四岁那年，女儿发高烧送医院挂盐水，在回来的路上，女儿说冷，盛建的父亲急忙用被子包裹住孩子，结果适得其反，致使孩子突然抽筋……吓坏了的钟秋萍，连忙打电话告诉盛建。此时的盛建正带领警犬在千里之外侦查破案……钟秋萍满含热泪，和盛建的父亲连忙抱着女儿送医院急救……

2010 年 5 月，正值女儿高考备战的关键时刻，已经调到金融系统工作并担任了部门经理的钟秋萍，因工作太忙且吸储压力大，就和盛建相商，女儿高考期间，由盛建多照顾一点儿，盛建满口答应，也是义不容辞。

无巧不成书。恰巧在这期间，盛建的母亲因为肺部结节，住院开刀拿掉半个肺叶，急需人照顾。盛建在医院陪了几天后，市区就发生了一起凶杀案，他必须立即随队出征……

望着丈夫为难的神情，钟秋萍开口："你去忙吧，那是大事情！还是我来请假照顾咱妈和女儿，你就放心地去吧！”

钟秋萍向单位领导请假，领导不同意，并说：“你如果请一个月以上的假，就必须先请辞部门经理，改为一般办事员……”

为了这个家，钟秋萍咬咬牙，辞去了部门经理，请了两个月的假，悉心照料这个家，让丈夫毫无牵挂地去工作。

家，不仅是温馨的港湾，更是鼓舞斗志、激励人奋发向上的坚强后盾和靠山。对此，盛建深有感触，他心里充满了对妻子的感激。他更明白，党和人民给予的那些荣誉奖章的背后，凝聚了妻子一直以来默默的奉献、无怨无悔的爱……

尾声

“太阳燃烧，那是因为它选择了辉煌；高山伟岸，那是因为它选择了坚毅。而我，选择当一名刑警，一名警犬训导员，我觉得和许多同事一样，选择了‘坚守’，坚守平凡，坚守奉献。回顾30多年的工作经历，在警犬训导员这个平凡的岗位上，为人民、为公安事业，做了一些力所能及的工作，党和人民也给予我荣誉，给了我鲜花和掌声。现在，我觉得我是最幸福的人，因为我坚持了我的初衷……

“当然，我深知，自己所做的一切，与党和人民的要求还有很大的距离。在未来的工作中，我将进一步端正执法理念，增强执法能力，把自己的全部奉献给我所热爱的公安事业，更好地为人民服务，做一名人民满意的警察……”

这些充满情感的话语，是盛建在5月21日湖州市公安局召开的英模座谈会上的交流发言片段，它道出了盛建的心声，也是他毕生孜孜不倦的追求……

陈三喜和他的士兵突击

——记安徽省公安消防总队合肥市支队高新区大队高新区中队三级警士长陈三喜

潘沈斌

一、种下的种子

在陈三喜的记忆里，二十世纪八十年代的阳光永远是苍黄的。六岁的他和一帮小伙伴在苍黄的阳光里，奔跑在一望无际的油菜花田之中。他们呐喊着，追逐着，跑出了那个叫作“团山”的村庄。他们手脚并用，攀爬上了村子后面的山包。

在湖面两侧的山头上，在飘摇的竹林之中，有一排排穿着迷彩服的士兵。他们肩膀上的钢枪熠熠生辉，他们的头盔与草木是一个颜色。他们整齐地在山坡上跑动、列队，动若猎豹，静若孤峰。他们好像从天而降的天兵，光芒四射地闯入了少年陈三喜的世界。

在那个下午，少年陈三喜趴在山坡上，看着忙碌的他们，好像看到了另外一种国度。他第一次知道了这个世界上有一种职业叫作“士兵”。

那时候，小学老师经常问他们长大以后当什么。不谙世事的陈三喜每次都说要当科学家。如果老师再问的话，就只有一种答案了：成为未来的他们。

二、老木匠与小木匠

广德县是安徽省东南部的一个县。皖南多丘陵，这里的庄稼是一年两熟：春看油菜，秋收水稻。

村如其名，团山村是广德县为数不多的山村之一。1985 年才建成的方山冲水库在半山腰，悬在团山村的“头顶”。紧挨着水库的第一户人家，是木匠陈国富的家。

1979 年，陈家发生了三件喜事：陈国富的妹妹出嫁、父亲六十大寿、儿子出生。陈国富有感于三喜临门，遂给这个儿子取名为“陈三喜”。

浩浩上苍赐给了老木匠一个大胖小子，老木匠没有理由不把儿子打造成一个小木匠，毕竟他缺一个木工助理已经好多年了。在陈三喜关于童年的记忆里，除了夜以继日地干农活儿，就是父亲言传身教的制作各式各样的木器的技巧。

这些天，木匠陈国富发现向来干起农活儿来如牛犊一般的儿子总是魂不守舍，这让他暗暗留意。

在 1985 年的那个春日的上午，随着孩子清脆的哭声，在油菜花田里忙碌的村里人都看到了年轻的木匠陈国富提着儿子陈三喜的耳朵，从村后的团山包上下来了。回到家里，他把儿子关了起来。

陈国富发现，儿子虽然出不了门，但却常常站在房顶或者围墙上遥望远方。每当听到从远方的山坡上传来的打炮声或者枪声的时候，儿子就会站在院子里，伸着脖子往头顶的山坡上望。他那眼神里的兴奋，是面对再好的刨子、钢锯都无法比拟的。

三、“包工头”的梦

于是，木匠陈国富调整了培养计划，下一个目标就是把儿子打造成一个成功的“包工头”。

母亲步正兰迄今还记得，一次在稻田里面干活儿的时候，还未初中毕业的儿子对她说了一句话：

“妈妈，我以后不读高中了。”

步正兰正在捆稻谷，顺口问儿子："为啥？"

儿子回答："不敢读。"

步正兰更诧异了："又是为啥？"

儿子说："读了高中，就要考大学。我读了大学，家里肯定就会欠很大一笔账。到时候，我考上大学，却上不起，村里人会笑话的。"

母亲听了儿子说的话，晚上蒙着被子哭了好一阵子。

陈三喜初中毕业后，在父亲的一手包办下，在广德县上了一所叫作"横山职业中学"的中专，学习"工民建筑"专业。这是一个与"包工头"对口的专业。

毕业后做一个木工活儿最好的"包工头"，似乎不再是遥远的梦了。

四、不说话的爱情

陈三喜在广德县城读书的那几年里，所学的专业让他觉得枯燥无味。唯一给他带来满足的，是他发现自己的内心已经滋生了爱情的萌芽——他喜欢上了同村的一个叫"小琴"的姑娘。

村里人向来都对爱情讳莫如深，再加上陈三喜性格内向，所以他对小琴的爱就像守财奴揣着自己的钱袋，不敢示众。

1998 年，陈三喜毕业了，分配到广德县的一个工地上当施工员。所谓"施工员"，就是在工地上转悠，监管施工。十九岁的陈三喜不得不戴上安全帽，在乱糟糟的工地上，从天明转悠到天黑。

从 1998 年夏天到 1999 年夏天，他频繁地穿梭在从广德县城到团山村的路上。从他们家到小琴家，需要走过方山冲水库的堤坝，再翻过一座山。陈三喜徒步越野的水平，就是这个时候练出来的。从来不主动出击的他，竟然壮着胆子一再把小琴约到村外的油菜田里。

他们发明了一个新的恋爱方式：站着不说话。

爱情成了陈三喜在那段灰色的日子里唯一的彩色回忆。

五、秋天的转折

皖南的秋天，总是来得比较晚。1999 年 9 月的一天黄昏，陈三喜骑着自行车从广德县城的工地回团山村。路上，他看到乡政府门前挂着一条横幅，上面写着“一人当兵，全家光荣”，旁边的墙上还挂着征兵的告示。

陈三喜眼前一亮，扔掉自行车，快速地跑到墙边，一字一句地把征兵告示读完了。

那是一个美丽的黄昏，在团山村外面的稻田里，像往常一样，小琴看到了陈三喜正骑着自行车穿行在稻田中间的路上。他一个急刹车，对稻田里的姑娘说：

“我要去当兵了！”

然后，他看了看不远处的团山包，说：

“这下开心了！”

因为担心村里人看到，陈三喜把自行车扔到了一旁的稻田里，猫腰钻进了稻田。两个人弯着腰，在田埂上蹲了一会儿。

“你要是去当兵，是不是就见不到你了？”小琴把脸扭向一边，弱弱地问。

“那是！军营又不是公共厕所，怎么能想进就进、想出就出呢？”

“唉！”小琴叹了一口气，“我不想让你去当兵。”

陈三喜单刀直入：“小琴，我想和你定亲。”

小琴跺了跺脚，说：“你要是当兵去了，以后就见不着面了，谁敢嫁给你呀！”

陈三喜不知道如何回答了，他好像知道新兵是不能带着女朋友一起训练的。

小琴白了他一眼，说：“闷头葫芦！不理你了！”

陈三喜站在稻田里，望着小琴远去的身影。

六、抉择

没过几天，县里的招兵办就打来电话，说有三个地方可以供陈三喜选择：南京的舟桥旅、黄山的二炮、安徽的消防。一天晚上，陈三喜主动和父母商量了一下这件事。父亲坐在一旁，抽着烟袋，一声不吭。母亲纳着鞋底，对陈三喜发表了意见：“喜子，南京那个太远。二炮那个打炮，声音太大。就安徽那个吧，离家近。”

于是，陈三喜选择了安徽消防。

七、无言的告别

离县里通知的入伍时间越来越近了。

为了减轻家里的负担，他扛着一把铁锨，带着干粮，进了自家的油菜地，一直干到了夕阳西下。就在他将要收工回家的时候，他看到地头上红影一闪。他以为看花了眼，便扛着铁锨奔到了地头上，只看见暮色里一个女孩急匆匆行走的背影。

忽然，陈三喜觉得脚下一绊，发现了一个红色塑料袋。他打开一看，里面有十来个茶叶蛋，还有一小兜点心。旁边有一个小纸条，上面写着：保重。

八、临行前的晚上

临行前的晚上，一家人在灯下吃饭。妹妹看着即将远行的哥哥，很是兴奋，不停地问这问那。母亲则给儿子打点着行囊，什么都想让儿子带走。当她拿出一个纯棉被子的时候，父亲在一旁和她吵了起来：

“部队里连内衣都发，被子也肯定发。部队里都是军绿色的被子，你拿这大红的被子，一点儿用都没有。”

母亲只好默默地把被子收了起来。陈三喜知道，那是母亲给自己结婚用的被子。

快睡觉的时候，母亲把陈三喜叫到了一边，压低声音对他说：

“喜子，这条路是你自己选的。你到了那儿以后，不管遇到什么困难，一定要做一个好兵，做一个勇敢的兵！”

他记住了母亲的话。

九、通往军营的路，他走了一天

1999年12月16日，大巴车终于到了安徽省公安消防总队教导大队新训大队。

陈三喜到了宿舍后，才发现所谓的“床铺”，只不过是一块床板，直接铺在水泥地上。

一个班有新兵十二个人。新兵们住一个房间，班长独自住在另一个房间。一块床板睡六个人，一个房间里有两个床板。

寒冷，是他们要面对的头号敌人。晚上，他们时常会被冻醒。白天，他们在泥水中训练，被泥水打湿的裤腿一直上着冻。早在训练前，就发了一双解放鞋和一双袜子。那一双袜子被陈三喜足足穿了三个月，臭到可以做生化武器了。

班长叫李赞，是一个很正直的人，从来没有体罚过新兵。只是，他最讨厌的就是新兵刚跑几步，就累得瘫在了地上。他经常这样说：

“你们这帮家伙既然来当兵了，就要有当兵的劲头儿。怕吃苦，干脆回家给媳妇暖被窝去！”

他和新兵过着同样的生活。他的手冻裂了，就用纱布包裹一下，继续带着新兵训练。寒风吹来，他连眼睛都不眨。从他身上，陈三喜学到了“敬业”。

“坚持下去，做一个勇敢的兵！”他暗暗对自己说。

十、飞车

2000 年 2 月 29 日，陈三喜结束了新兵连的生活，被分配到了合肥市消防支队特勤二中队。

从到队里的第一天开始，一直到 10 月 24 日，八个月的时间里，陈三喜从来没有睡过一个午觉。他意识到自己无论在外形上还是在身体素质上，都不出众，所以必须抓紧每一分、每一秒进行训练。面对他的这种近乎疯狂的举动，甚至有些老兵都在一旁看热闹，有的干脆叫他“傻子”。

真正让队友不再叫他“傻子”，是在 6 月份的一次提前演习中。当时，所有人都抱着看笑话的心态，但是这个貌不惊人的新兵蛋子，在挂钩梯比赛中，如脱笼的猛兽，扛着四米一长的挂钩梯迅猛向前，迅疾地接近楼房，然后沿着梯子猱身而上。上了三楼之后，他反身上举，把挂钩梯挂在了四楼，然后转身上楼，飘然落入窗内，动作兔起鹘落，漂亮至极。

秒表显示：十一秒！

陈三喜刚参加训练四个月，就打破了训练十个月的新兵纪录。

那次比赛之后，陈三喜明显感到了战友们对他态度的微妙变化。有一天午饭后，陈三喜正在训练，刚把梯子抛上去，旁边就伸过来一只手，拽住了保险绳。原来，这是一位一直在树荫下打盹儿的战友，先前还对着陈三喜吹过口哨。

他对陈三喜微微一笑，问他：

“我们能一起吗？”

从那以后，操场上便不再是陈三喜一个人了，三三两两地会聚了越来越多的战友。

凭着这种拼命三郎的精神，陈三喜日拱一卒，变成了一个可以纵横棋盘的“车”。

十一、第一次实战

一天晚上，忽然响起了警报声。位于合肥市张洼路的一家生产塑料泡沫的作坊发生了火灾。

这一天终于到来了。寂静的夜里，消防车的警报声显得十分刺耳。陈三喜听到了焦急的喘息声和杂乱的脚步声，既兴奋又紧张。在拥挤的车库里，战友们动作娴熟，很快就穿上了作战服。陈三喜抱着作战服就上了消防车——他计划在路上穿上它。

孰料，等他上了车，很小的车厢里，塞进去了六个人，根本没有任何空间来供他穿衣服。他挤在角落里，就这么一路抱着作战服到了火灾现场。

战友们如猛虎一般冲下消防车，只有陈三喜抱着作战服下了消防车。班长正在焦急地指挥，看到有个家伙还在一旁探头探脑，竟然还没有穿消防服，便冲着陈三喜大叫起来：

“那个兵！你还要不要命了？！”

慌乱中，陈三喜手忙脚乱地穿上了作战服。此时，其他战友已经冲入了火场。火场有三间屋子那么大，将四周照耀得十分亮堂。陈三喜站在火的外围，用手中的水带来对付熊熊的大火。此时，陈三喜已经忘却了刚才的错误，只觉得自己此时做的事情十分有意义。

十二、第一次面对死亡

母亲告诉他：要做一个勇敢的兵。

他对自己说：要做一把尖刀！

2000 年 10 月 28 日，合肥市四里河小区发生了燃气泄漏大爆炸。那是一个下着雨的漆黑夜晚，空气里漂浮着怪异的味道。

陈三喜随队到达现场的时候，好像看到了世界末日的景象。只见地上乱七八糟的都是物品，救护车呼啸而来又呼啸而去，担架上是一个个血肉模糊的人。这一栋楼房随时都有可能垮塌，而且随时都有可能发生二次爆炸。

陈三喜走入楼道，头顶的探照灯发出惨白的光。忽然，探照灯照到了一根带有血迹的钢筋。陈三喜拿起那根钢筋，用力往怀里一拉，竟然拉起来一个人！

陈三喜连忙躲闪，那个人在他身边倒了下来。这是一位母亲的尸体，胸口被钢筋刺穿了。她的怀里抱着一个孩子。由于长时间窒息，那个孩子也遗憾地失去了生命。

那一刻，陈三喜忘却了恐惧。他用尽力气，却怎么也不能把孩子的尸体与母亲的尸体分离。

他禁不住热泪盈眶，站在原地，给这位伟大的母亲敬了一个军礼。

此后，再面对恐怖的死亡场景时，他变得镇定、从容了许多。

十三、煤气罐爆炸，他们冲了上去

一天，蜀山区的一处民房失火了。民房的后面是一个煤气中转站，里面堆放着八十多个煤气罐。随着大火的蔓延，这些煤气罐就像是定时炸弹，随时都有可能被引爆。有几个离火源很近的煤气罐已经提前爆炸了，强烈的冲击波在几秒钟之内就把屋顶掀翻了。若不及时处置，接下来，七十多个煤气罐可能会在几秒钟几分钟之内爆炸，方圆一公里之内的居民区将受到摧毁性的打击。

带队的总指挥经过分析，决定由两名战士组成敢死队，先行上前压制住火势，顺便近距离地观察火势，这样能够最大限度地减少伤亡。

陈三喜和一个名叫邱振敏的战友主动请缨，一人抱着一个水枪小跑着冲进了火海。青色的火苗朝着天空咆哮着，陈三喜和邱振敏朝着火源地拼死前进。

在距离着火点还有两百米的时候，陈三喜和邱振敏卧倒在地，匍匐前进。

最后，他们终于爬到了那间屋子的门前。

陈三喜听到了自己的心脏在怦怦地狂跳。下一秒钟，他的身体就有可能会风化在巨大的冲击波之中。但是，他只想在当前这一秒钟之内把火灭掉。

就在要冲进去的那一刻，他回头看了一眼邱振敏，没想到邱振敏也在看他，他们对望了一下，点了点头，手轻轻地碰了碰。然后，他们飞身上前，义无反顾地踹开门，冲入了火海……

那次救援之后，他更加懂得了，救援本身就是一场团体活动，各方面的协作尤为重要。对消防队员们来说，每一次集体出警之后，归来都是生死之交。

十四、火场英雄

2012 年 12 月 28 日，蚌埠市八一化工厂爆炸起火，合肥消防官兵迅速赶赴了现场。陈三喜随队赶到的时候，已经是凌晨两点多了。北风呼啸，天空中飘着雨夹雪。寒夜里，只见高达十几米的火焰冲天而起，将四周照射得如同白昼。最大的危险还未到来，在起火点附近，还有十三个一字排开的氯苯和氢气储罐，随时都有可能发生连环爆炸。

蚌埠市八一化工厂是亚洲最大的氯化苯生产企业，如果扑救不及时，化工厂储存的 260 吨氯苯、1000 立方米氢气起火爆炸的话，半个城市和几十万群众都将会面临灭顶之灾。

最要紧的是阻止火势蔓延。陈三喜抱起水枪，猎豹般地快步突进，直插到二号蒸馏塔底部。这里火势最大，温度也最高，距离水枪阵地只有两米多远。温度过高，陈三喜只得请求战友朝自己身上射水降温。几道有力的水柱朝陈三喜的身上射来，腾起了阵阵水雾。他只觉得面罩上一片模糊，连下一秒的呼吸都变得艰难无比了。

突然，前方管道炸裂，一阵猛烈的气浪把他掀翻在地。此时，冲过来一个战友（那是陈三喜带出来的一个兵），把他扶起来，替他继续战斗。

陈三喜蹲在地上，狠狠地吸了几口气，便又冲了上去。热浪和高温一次次地把他们推出来，他们又一次次地迎着冲了上去。

灭火战斗的耐火极限是在260摄氏度的高温下坚持五分钟，可陈三喜硬是在这种高温下持续作战了三个小时。他和他的战友们在灭火现场坚持了一天一夜，成功地压制住了火势。

最后，从火场上撤下来的时候，陈三喜只觉得浑身像散了架一样，胸口如同被大石撞击。胶靴脱下来之后，倒出了厚厚的一层泡沫。他看了看自己的脚底，一片血红，痒疼交加。工厂的技术人员告诉他：这是氯化苯中毒，要是不及时处置的话，会损害中枢神经，导致肾脏衰竭。

陈三喜苦笑着说："本来肾结石就疼，这下让它直接衰竭了，也就不疼了。"

十五、车祸救援

2013年11月22日凌晨，合六高速公路上发生了特大交通事故，七十八辆车连环相撞，十一辆车起火燃烧，一百多人受伤被困。事故路段前后十公里的范围内完全堵塞，救援车根本无法进去。

英雄克服的，都是那些无法克服的困难。陈三喜再次主动请战，扛起三十公斤重的救援器材，徒步走到了救援现场。

现场比想象中的还要惨烈。有一个乘客被死死地夹在车上，左腿血流不止。陈三喜他们立刻展开了救援，不料扩张剪打开了，却无法伸进去；液压顶杆伸进去了，却找不到着力点；铁铤拿来了，却撬不动车厢。

这时，前方不远处，一辆装了十吨液化气的油罐车突然发生泄漏，随时可能起火爆炸。

战友们已经突围了，正在全力灭火。冰冷的水浇在滚烫的车厢上，不断地传来噼里啪啦的响声。油罐车的泄漏还在继续，气体漏出的声音越来越响。

这个时候，陈三喜只有两种选择：要么撤离，要么留下来救援。

被困的那个人努力仰头看了陈三喜一眼，那眼神里充满了企求。陈三喜心里一酸，毫不犹豫地选择了接着施救。

打不开、顶不起、撬不动，似乎无计可施。时间在一分一秒地流逝，远处灭火的队友向陈三喜投来焦急的目光。现在只有一个办法：钻进去！陈三喜紧咬牙关，拿起万向剪，贴着地面扭动着身体，钻到了车底。他一点儿一点儿地把车底剪开了一个口子，托出了被困人，小心翼翼地把他移到了车外。

在救援的过程中，他的手被锋利的铁板划出了一道道血口，鲜血染红了救援服。

十六、兵王

入警十八年以来，陈三喜累计执行灭火救援任务共计两千多次，抢救和疏散八百多人，保护财产和物资价值数百万元。

他先后荣立二等功两次、三等功五次，三次受到公安部消防局的表彰。2011年，他被评为全国消防部队“优秀士官”。2015 年，他被公安部评为“公安现役部队士官优秀人才”一等奖。2017 年，他被评为“全国特级优秀人民警察”。

他作出的更大贡献是培养出了更多的“陈三喜”，带出来的兵不计其数，个个如猛虎雄鹰。

2017 年 5 月，陈三喜作为全国公安消防战线的英模代表，参加了全国公安系统英模表彰大会，受到了中央领导人的接见，并作为英模代表在全国进行了巡回演讲。

十七、是时候聊聊《士兵突击》了

2007 年，一部叫《士兵突击》的电视剧引起了轰动，成了无数人心中的经典。许三多的故事激励了很多人，让我们懂得了一个道理：我们都应该好好地活下去，做有意义的事情。

“不要混日子了，小心日子把你们给混了。”草原五班班长老马对许三多说。

“‘想要’和‘得到’之间还有两个字：做到！”团长对许三多说。

“好好活，就是做好多好多有意义的事儿！”许三多说。

陈三喜很喜欢《士兵突击》这部电视剧，他和许三多的名字里都有一个“三”字，他们都有着“不问前程，脚踏实地”的奋斗精神。

他们都不善言辞，看上去似乎还有那么一点儿笨拙。他们都没有任何成功的诀窍，有的只是坚持的精神。他们不停地重复，在你看不到的地方。你以为他们怀里抱着的只是一株小苗，可是有一天，你回头看时，他们抱着的已经是参天大树了。

缉毒“成瘾”

——记福建省莆田市公安局禁毒支队一大队副大队长陈立伟

谢文仁 叶振飞

北京，人民大会堂金色大厅。

2015 年 6 月 25 日，荣获“全国禁毒工作先进个人”的陈立伟第一次激动地站在这里接受表彰，他和参会代表一起，受到了习近平总书记的亲切接见。2017 年 5 月 19 日，陈立伟作为全国公安系统英雄模范立功集体表彰大会的代表之一，又一次站在这里接受表彰。这次，他荣获“全国特级优秀人民警察”荣誉称号。当陈立伟与代表们一起，聆听习近平总书记饱含深情的重要讲话时，他胸前的奖章，已然又添了不少的分量。

近年来，莆田市公安局禁毒部门在福建省公安厅禁毒总队、莆田市公安局党委的坚强领导下，不断加大对毒品违法犯罪的重拳打击、整治和查处力度，努力开创禁毒工作新局面。近 5 年来，莆田市公安局禁毒战线在侦破重特大案件数、捣毁工厂数、缴获毒品数上屡创历史新高，也涌现出一大批先进典型和缉毒先锋，市局禁毒支队一大队副大队长陈立伟，就是其中的一位杰出代表……

值班室里的17岁男孩儿

留着短发、目光炯炯，陈立伟给人的第一印象是干练、沉稳。1997年10月，陈立伟开始参加公安工作，2007年11月20日，他被调到莆田市公安局城厢分局禁毒大队。

2007年11月27日深夜，分局值班室打来的一个电话，让陈立伟一骨碌就跳下了床，此时的陈立伟还没办过毒品案件，他兴奋不已：总算来案子了！

陈立伟立刻叫上大队同事赶到了分局。在值班室里，他看到一位父亲佝偻着腰，老泪纵横地指着边上一个瘦得像麻秆似的孩子说：“警官，我要报案，我儿子被人骗去买毒吸毒了。”

沉默不语的小伙子叫林立新，城厢区华亭人，才 17 岁的他，眼神空洞，肤色蜡黄，瘦嶙嶙的身子，看得让人心疼。

林立新的父亲是个地道的农民，长年忙于务农养家，不曾想，儿子受人蛊惑，竟学会了偷盗和吸毒。憨厚的父亲为了儿子的前途付出了所有可及的努力，毒品却像个张牙舞爪的魔鬼，半路上劫走了这位父亲的全部希望。

“老伯，谢谢你相信我们，没关系，现在还不晚。”陈立伟安抚完老人家的情绪，又耐心细致地做了林立新的思想工作，很快拿到了卖毒者陈扬的联系电话。

凌晨 1 点多，陈立伟和同事在市医院附近将嫌疑人陈扬当场抓获。经过连夜审讯，当晚，陈扬交代了自己的上线——重庆梁平人曾勇。

第二天，陈立伟和同事们又在一处出租房内，当场抓获曾勇和另外 3 名吸毒人员，并缴获海洛因 20 多克。到了第三天时，陈立伟和同事共抓获了 11 名吸贩毒人员。

这是陈立伟第一次抓捕吸毒人员，这个成绩他没有理由不兴奋。同时陈立伟并不希望这次收获只是“侥幸”，他开始潜心研究怎样才能抓获更多的吸毒人员。

瘾君子们把自己的灵魂畸形释放，挑的都是这座城市最阴暗不堪、最能藏污纳垢的角落，他们见不得阳光，意志薄弱。陈立伟很快总结出自己的小经验，很多被抓获的吸毒人员，只要做好思想工作，往往愿意约来同伴或上线从而立功减刑。

那段时间，莆田城区的宾馆和酒店，经常都会出现奇怪的现象，总有一些年轻男女不停地往同一个房间钻去。“咚咚”几声敲门声之后，迎接吸毒人员的是陈立伟钢钳般的双手和冰冷的手铐。有时常常还要再开一个房间，才有足够的空间，让更多的人前来“赴宴”。

天亮时，往往硕果累累，满满当当的吸毒人员要几辆警车才能陆续带走。陈立伟带领同事们一次次创下纪录，最多时他们一晚上抓获了 46 人！那段时间，陈立伟觉得自己开始摸索出点门道来了，能亲手遏制毒品的蔓延，他意气风发，踌躇满志。

一张特殊的化验单

然而，几个月后，在莆田市区南门的一次普通抓捕中，陈立伟却遭遇了当头一棒。

2008 年 6 月的一天，据举报线索称，有人在南门一民房内吸毒。

陈立伟和同事马上赶到南门，顺利抓获了湖南人龙美秀。抓捕时，龙美秀激烈反抗，双手乱舞乱抓，陈立伟没太当回事。收队时，他发现自己的右肩被龙美秀抓出了几道血痕，他还是没有在意，像往常一样把龙美秀送进了戒毒所。

大约过了十天，陈立伟突然接到戒毒所电话，电话内容言简意赅："龙美秀有艾滋病，你们要来变更强制措施。"

艾滋病？！常常出现在书上与荧屏中的三个字，倏地窜进了脑子里，它真实可感，不再只是抽象的字眼！那一刻起，抓捕时龙美秀的反抗、右肩上的血痕，各种画面开始鬼魅般地在陈立伟眼前闪现，怎么也挥之不去。

脑袋嗡嗡作响，心中一团乱麻。陈立伟确实感到害怕了，他一时间手足无措。情急之下，他马上上网搜索艾滋病的资料，同时也到医院抽血检查，而检查结果需要一周之后才能出来。

陈立伟清晰地记得当晚回家的情形，为了让时间过得慢一些，他拐过了电梯口，开始走楼梯，他数着楼梯慢慢上了 16 楼，终于到了家门口，当他掏出钥匙的时候，突然感到胸口堵得慌，他怕妻子看出来，怕儿子像往常一样扑过来紧紧地抱住他。他在门口整整犹豫了十分钟，终于还是双手颤抖地打开了自己的家门……

陈立伟走进家门，强装镇定，默默地吃完了饭。平常只要他没出差，每天晚上都会给乖巧的儿子辅导功课。这天晚上，陈立伟吃完晚饭，就躲进了书房，说是要赶写一篇大材料。接下来的几天，他又用各种理由少回家、晚回家。他总是在设想最坏的结果，但又不敢乱想，如果真的被感染了，家人们该怎么办？

与恐惧的博弈让时间过得奇慢无比，时空似乎都被无限拉长了。一周后，陈立伟在莆田市防疫站拿到一切正常的报告单后，只是苦笑地摇了摇头，而后很平静地把它塞进了路边的垃圾桶。

直到今天，陈立伟的家人还都不知道有这么一回事。

这一页似乎轻易地翻过去了，但它对陈立伟的震动非常大。他清醒地认识到，干缉毒无疑是危险的，每次行动更要坚持“智取”，不能逞匹夫之勇。每一位民警都是普通人，身后都是一整个家庭！

“安全抓捕”成为陈立伟的一个重要标签，从此大大小小的抓捕现场，他都会认真仔细地制订最安全最合理的方案，确保战友们的安全。他也开始指导身边的同事，成功抓捕后，要如何用胶布等工具控制嫌疑人的安全，既不让嫌疑人自残，也不能让其伤害民警。从这以后，直至今天，抓捕任务中虽总有险情，但再也没有人因抓捕而受伤。

何时上“瘾”

在城厢分局禁毒大队，陈立伟干了 6 年时间，他和弟兄们创造了连续 6 年禁毒考评全市第一的纪录，这是个后来人难以追赶的成就。

2013 年，陈立伟已是身经百战，战果累累了。这时，如果一段时间没有战果，他就浑身难受。他说，就是从那年起，自己就开始感觉有缉毒的“瘾”了！

这个阶段，全市每年抓获的吸毒人员已超过 1000 人，这个数字是 2007 年的两倍多。陈立伟常常觉得困惑，为什么自己抓了那么多的吸毒人员，但在册的吸毒人员仍然越来越多，新型毒品越来越泛滥，禁毒形势越来越严峻？

此时的陈立伟已经看到太多的人因毒品而家破人亡。莆田市区某加油站老板郭某的独生子小郭，不慎染上毒瘾后，短时间就花去上百万元毒资。小郭的父母、叔叔、姑姑等亲戚轮流看守，还是未能阻止小郭复吸。

看着小郭布满针孔且羸弱无力的手，陈立伟明白，毒品夺人心魄，吸毒人员往往只剩躯壳。如果贩毒者没有被绳之以法，就会有更多的人被拖入深渊。

陈立伟开始把更多注意力放在贩毒者身上，他知道贩毒 50 克就可判死刑，他更知道，贩毒者一旦踏上这条邪恶之路，往往都会铤而走险，拼死一搏。

有人说，干缉毒是在刀尖上舞蹈，其实，他们常常还要直面枪口！

2013 年 7 月 25 日，陈立伟被调到市局禁毒支队一大队工作。一周后，他就参与破获一起涉毒涉枪大案。

原来，陈立伟此前就根据耳目提供的线索，用了数月时间一路深挖，锁定了贩毒嫌疑人朱长胜的落脚点——莆田市工人文化宫附近的一处民房。

8 月 1 日晚上，陈立伟和涵江公安分局禁毒大队、刑侦大队和江口派出所的战友们围住了这处民房门口。

当陈立伟带领抓捕小组破门冲进出租屋时，屋里的 7 名嫌疑人作鸟兽散奔逃，而朱长胜的弟弟还闪到椅子下试图掏枪！最终，这些嫌疑人被全部安全控制，并从这个团伙住处缴获 4 把枪支和 700 多克毒品，一举破获了这起特大武装贩毒案。

2014 年夏天，贩毒嫌疑人廖诚国在广东省惠州、东莞、汕尾流窜了一个多月，陈立伟也在这三地跟踪侦查了一个多月。

这天，陈立伟和战友们在惠州市圆洲镇上的一处民房外蹲守。他们查明，毒贩廖诚国手上有枪，眼下正要逃离惠州。抓捕时机转瞬即逝，陈立伟当机立断，下令抓捕。

然而，参与抓捕的民警一共有 8 人，现场却只有 5 件防弹衣。陈立伟立即让弟兄们穿上防弹衣，而没有穿防弹衣的他，冲到了最前面。当他握着枪冲到三楼时，突然发现嫌疑人廖诚国就在三楼的走廊上！

“站住！”陈立伟一声大喝，嫌疑人一怔，转身就往四楼逃去。陈立伟疾步追赶，短短的几米距离，双方都能听到对方剧烈的呼吸声。

也许是被陈立伟的气势吓住了，廖诚国慌不择路，翻进了两幢楼之间的墙内动弹不得。后来，弟兄们在廖诚国房间内搜出了一只仿 64 式手枪和一公斤毒品，所幸廖诚国未来得及带枪，否则后果不堪设想！

狡兔三窟

饶是如此，陈立伟在经历了无数次的惊险场面后，还是无奈地发现，仍然还有毒品源源不断地从外地流入本市。“毒品犯罪形势依然严峻”这几个字依旧经常出现在各类汇报与报道里，陈立伟更领悟到，缉毒必须要穷追不舍地深挖，要把手里攥着的这把尖刀，剜到贩毒者的心脏里！直到把毒品的来源——制毒工厂连根拔起！

于是，陈立伟距离自己捣毁的第一个制毒工厂越来越近……

2015 年元旦期间，一名身材姣好的女子手里提着一个袋子，见四下无人，便把袋子放在莆田市区北磨路口一个不起眼的花圃中，再用一块石块轻轻地压着。

女子离开的同时，在手机上拨弄了一会儿。几分钟后，一名年轻男子来到花圃，他很快就找到了袋子，同样警觉地看了看四周后，迅速把袋子揣进怀里，很快消失在人群中。

年轻女子叫张昌琴，仙游人。2015 年 1 月，陈立伟在工作中得知，张昌琴多次采用上述方式在莆田贩毒。让陈立伟觉得不安的是，张昌琴短时间内连续多次从仙游带货到莆田贩毒，可见她有十分充足的货源！

陈立伟马上开始了认真细致的调查。他发现，张昌琴只与其上线单线联系，而上线是谁无从得知。

于是，陈立伟着手调查张昌琴与他人的资金往来，却一直没有发现什么破绽。他不死心，再逐一排查人员往来时，他发现其中一名女子，正是“许红舟”的妻子。

陈立伟眼睛一亮，许红舟是有贩毒前科的在逃人员，极可能是为逃避公安机关侦查，用妻子的账户进行交易！挖出这一线索，许红舟与张昌琴的关系很快进一步明朗：张昌琴既是许红舟的马仔，也是他的情妇。

一个月的潜心经营后，这个以许红舟为首的，分工严密、人数众多，携有枪支的贩毒团伙轮廓慢慢地清晰起来。团伙其他主犯均为网上在逃人员，反侦查意识极强。

陈立伟仅从手上的线索便可以确定，这次是个“大家伙”，许红舟与上线的一次毒品交易就可达数公斤！陈立伟马上将线索报告大队和支队领导，“许红舟等人贩毒案”很快就被公安部确立为部督毒品目标案件（部目标 2015–561）。莆田市副市长、公安局长李伙金指示禁毒支队要周密经营，协同作战。2015 年 2 月 3 日，北岸公安分局立案侦查，市局副局长唐辉煌和时任禁毒支队支队长何闽松多次组织相关部门研究案情，指导专案推进。

在是否及时抓捕的案情分析会上，陈立伟以对许红舟团伙一个多月的调查了解，十分肯定地说：“既然毒源这么充足，我们应该放长线钓大鱼，待条件充分，再一网打尽！”

应该说，此时的陈立伟的压力不小，他知道狡兔都有三窟，而性格暴躁多疑又有贩毒前科的许红舟在仙游县有多处住所，他的马仔兼情妇多达七八个，分布在仙游县的各个地方。

许红舟的住处一般都会选择在视线范围好、不易被跟踪的小区。那年春天，陈立伟和三名战友与许红舟玩了一场大型的捉迷藏，他们要争取尽快查明许红舟的各个落脚点。

在仙游城区八二五大街旁的一个住宅区里，为了查明许红舟住在哪一栋哪一间，陈立伟穿上送水工的服装，提着一桶水，化装成送水工，来到小区内查看。当时，陈立伟是冒着极大的风险的，他知道，许红舟以前在广东当过三年协警，有较高的反侦查意识，而且还是在逃人员，只要察觉到一丝一毫的不对，很可能所有的工作就前功尽弃了。

陈立伟看到许红舟悠闲地拐入小区，他只能远远地跟上去。在一条路的尽头，他在拐弯时瞥见许红舟突然转身向后查看，电光火石间，他就以一名送水工正常的反应与许红舟擦肩而过。

许红舟的狡猾可见一斑，他竟然养成了经常回头察看的习惯！

陈立伟与战友们经过三个多月的深入排查与循迹追踪，在准确掌握犯罪团伙成员的活动情况、真实身份、交易地点和犯罪规律后，抓捕的时机渐渐成熟了。

4 月 15 日，据技侦部门的通报，许红舟将与广东上线“老赖”进行 10 公斤的毒品交易，专案组决定，准备收网！

抓捕恶徒许红舟！

在抓捕犯罪嫌疑人的讨论会上，有人提议要在仙游县的枫亭高速路口实施抓捕。陈立伟马上提出反对意见，他认为许红舟狡猾多端，反侦查能力强，况且高速路上较为空旷，视线清晰，如果在此收网，很可能会引发一场枪战！

“我建议在许红舟的住处实施抓捕，这次抓捕，我带队！”陈立伟的建议马上得到了专案组的采纳。

4 月 19 日下午 2 点多，陈立伟带领战友们来到了仙游县赖店镇温泉村的一处安置房，马上根据现场地形详细地制订了一套抓捕计划。为了不暴露身份，他仍然与两位战友坚持不穿防弹衣，埋伏在许红舟家的二楼楼梯口。

一个小时后，许红舟手里提着两袋东西，终于出现在陈立伟的视线里。陈立伟用自己最快的速度跨下四五个台阶猛扑过去，一把锁住许红舟的喉咙并将其摁倒在地，再用膝盖死死地顶住许红舟的双手。这时，一把手枪从许红舟的裤袋里掉了出来！许红舟知道束手就擒就是死罪，便不顾一切地挣扎反抗，浑身青筋暴起地与陈立伟进行激烈的肉搏。此时的许红舟尽管狗急跳墙，但在陈立伟和战友的奋力拼搏下，终于被生擒。接着，陈立伟和战友们在许红舟的住处当场搜出

14.9 公斤冰毒和 14 余万元毒资。此时，许红舟眼中的暴戾之气丝毫未消，他咬牙切齿地对陈立伟说："我反正要判死刑的，随便你怎么办，我什么都不知道，我无所谓。"

当晚，专案组决定乘胜追击，扩大战果，在大家的齐心协力下，成功地抓获涉毒嫌疑人 28 名，摧毁了该团伙在莆田的犯罪网络，一举破获"部目标 2015-561"特大贩毒案。

第二天上午，审查工作开始后，许红舟"遗憾"地对陈立伟说："是我自己太大意了，被你抓了很没面子，如果你们在高速路上抓我，或者你们抓捕动作再慢一点点，我肯定马上开枪，打死一个算我赚一个！"

审讯室内，许红舟因吸毒而发紫的嘴唇不屑地向上翘着，疯狂而阴郁的目光嚣张地与陈立伟对视。这时，为了刹住许红舟的嚣张气焰，陈立伟突然拿出一沓证据甩在许红舟面前，怒目圆睁，拍案而起："许红舟！我不和你多废话，这是我们掌握的证据，你看了再说，看完再想想你的两个孩子和家人！"

面对陈立伟用了几个月时间收集的详尽证据，许红舟就像泄了气的皮球瘪了下来，他对陈立伟求饶地说要戴罪立功，争取宽大处理，便供出了其上线"老赖"赖建中的详细信息。为此许红舟因立大功，保住了一条命。

2017 年 5 月 30 日，在看守所提审室再次见到陈立伟的许红舟，宛如见到了救命恩人，脸上再没有了往常的毒辣，而是满脸堆笑地说："陈警官，是你挽救了我，我真的不知道怎么谢你才好啊！"

深山里，病床前

许红舟大案的侦破报告很快就摆在莆田市副市长、公安局长李伙金的案前，李局长高兴地作了批示："打得好，要深挖！"

深挖的重要一环便是赖建中。陈立伟和战友们经过前期的侦查，摸到了赖建中是许红舟的唯一上线，赖建中和制毒工厂就藏于广东省肇庆市怀集县的一个山沟里。

这里是无名深山的最深处，除了静默的森林，无人洞悉这里的秘密。

一条简陋的单行小道通向深处的工厂，陈立伟和战友们通过侦查发现，这个工厂每天都会派人开车在厂外巡逻。虽然陈立伟和战友们只能远远地在外围观察，但望远镜里，看到的 3 个巨大的空调外机已经说明了一切！

由于案件重大，案件很快也被确立为部目标案件（“部目标2015-653”——“老赖”等人涉嫌制贩毒案）。公安部要求福建、广东两地公安机关联合开展案件的侦破工作。接着，陈立伟和战友们多次前往肇庆配合当地公安机关开展实地侦查。最终，两地公安机关通过一个多月的缜密侦查，掌握到赖建中在肇庆市开设制毒工厂的犯罪线索和犯罪团伙的网络结构。

5 月初，专案组发现，这个制毒工厂有要搬离的迹象。陈立伟和战友们加紧了调查和抓捕方案的讨论。

一天下午，讨论会刚刚结束，陈立伟发现手机里显示出十来个家中打来的未接电话。

当他回了电话之后，不仅知道了前一阵母亲的腿疾复发，住进莆田学院附属医院接受手术，自己却不能到病床前尽孝心，而且又得知老父亲竟然也住进同一家医院，且需要马上施行手术！

原来，5 月 9 日，陈立伟的父亲在家里换灯泡时不慎摔倒，感到肋部一阵剧痛的父亲就上街买了跌打膏医贴。两天之后，受不了剧烈疼痛折磨的父亲，在家人的陪同下到医院检查，结果显示，他的肋骨居然断了 9 根，而且骨头已刺伤肺部导致肺部感染！

此时此刻，陈立伟为老父亲的一声不吭感到心疼！但自己又远在广东执行任务，他感到非常矛盾，这种往往只有在电影中出现的巧合，竟发生在自己身上。他经过了一番激烈的思想斗争后，最终还是决定等一切工作结束后，再回家！

此时正好又是案子到了最为关键的时候，据掌握的确凿消息，赖建中已经决定，为安全起见，等这批货做完，工厂要马上搬去广西，而这里的山头，距离广西境内只有几十公里！

收网刻不容缓。5 月 15 日，专案组收到了收网的指令！

当天，肇庆市下起倾盆大雨，深山里的大雨下得更放肆。浓重的夜色中，密密匝匝的雨滴，就像无数条发亮的蛛丝，将制毒工厂团团围住。

当晚 10 点左右，当公安民警们冲入制毒工厂时，工厂内的大型机器还在疯狂运转。两三百平米的工厂内，刺鼻的气味弥漫整个厂房，随处都是成桶成桶的毒品成品！

这次行动，福建与广东两地公安机关共成功抓获 12 名制毒人员，捣毁 1 个

陈立伟在捣毁的制毒工厂

制造冰毒工厂，缴获制毒设备 1 批、冰毒成品 339 多公斤、半成品冰毒 175 多公斤、固液混合冰毒 1038 公斤！

这起案件是莆田市有史以来侦破的缴获毒品数最多、团伙成员结构最完整的一起制贩毒品案件，也是捣毁的第一个制毒工厂。案件的成功侦破受到公安部郭声琨部长的圈阅，陈智敏副部长、刘跃进部长助理、王惠敏厅长、薛祺安副厅长分别作了批示，给予充分的肯定。

然而直至今天，同行的战友们没人知道陈立伟家中打来的这十几个焦急的电话。老父亲在重症监护室观察了 15 天，更没有人知道凯旋的陈立伟站在病床前内心的愧疚。但陈立伟感到欣慰的是，广东肇庆这个制毒工厂一周制毒量就能达到一吨多！如果这一吨多毒品流向市场，不知会毒害多少家庭。

在医院的走廊里，陈立伟偷偷地抹掉了眼泪，他觉得自己的缉毒这点儿“瘾”，毫无疑问还是值得的！

横跨七省的扫毒之旅

2015 年 7 月的一天，陈立伟得到了“听说上喻山出狱了，他以前买卖过制毒化学品”的消息。陈立伟马上记住了“上喻山”这个名字，他很快进一步了解到，这个“上喻山”性格豪爽，为人仗义，一呼百应，“口碑”不错。

尽管陈立伟猜想到这位“上喻山”的背后，极有可能隐藏着大的制毒工厂，但已知的线索少得可怜，若要全面厘清确实困难重重。于是，侦查案件从来不会放过蛛丝马迹的陈立伟，马上对“上喻山”进行认真细致的调查，并很快就见识到这位“上喻山”的狡猾。“上喻山”身上有五六十张电话卡，专门用于和上下线的联系；他经常约人到高速服务区面谈，2016 年年初，为了和上下线联系，他竟专程驾车远赴广西，而后立即开回莆田，为的只是见面谈几句话；谨慎的“上喻山”还要求手下不能有任何犯罪和吸毒前科……

尽管“上喻山”诡计多端，但陈立伟不信邪，就要钻牛角尖。他通过调取通话记录进行认真研判，通过对上百个电话号码认真细致地分析与碰撞，终于摸到了这个贩毒团伙成员在莆田辖区的活动轨迹，喻国山、刘庆强的身份信息，也逐渐浮出了水面。

陈立伟通过调查发现，喻国山等人买卖交易毒品原料一般一桶为 25 公斤，而且交易量动辄数桶、数十桶！不难想象，其背后可能还不止一个工厂！

莆田市公安局禁毒支队支队长林鸿武十分重视陈立伟汇报的案件情况。2015 年 9 月 21 日，市局禁毒支队根据掌握的侦查情况，逐级上报公安部禁毒局，该案被列为部目标案件（部目标 2015−1139）。

陈立伟还没有意识到，与喻国山长达一年多的斗智斗勇才刚刚开始。

原来，早在 2015 年 8 月底，喻国山就纠集刘庆强、陈俊岭等人共同出资，从江苏盐城购买制毒原料，卖给四川的熊可可。2015 年 10 月 26 日，熊可可将该批原料全部销出。于是，陈立伟和战友们立即前往江苏盐城及四川成都，请求当地公安机关给予支持与配合。

2015年11月29日，喻国山等人从江苏盐城购买5桶制毒原料，共125公斤，陈立伟和战友们立即又前往江苏盐城及四川成都进行线索摸排与跟踪。

2016年2月18日，广西柳州籍熊金虚驾车来莆田与喻国山面谈购买制毒原料事宜，拟在广西柳州制造冰毒，陈立伟和战友们又立即采取跟踪守候、视频监控等手段，及时掌握熊金虚的动态……

就这样，陈立伟与战友们不辞劳苦地辗转各地，开始了一场马拉松式的调查。喻国山到哪里，陈立伟与战友们就跟到哪里。陈立伟在一年中更是出差将近5个月的时间！

这时，各省市公安机关也从“2015−1139”目标案件的线索中，积极地开展侦查，很快，由喻国山案又延伸出“2016−646”、“2016−483”、“2016−912”等另外几起部目标制毒大案，而且每一起案件的背后，至少牵涉出一个制毒工厂。

这段时间里，陈立伟随时都得跟着喻国山的行程，他既要时刻盯着喻国山，同时也怕不知情的外省同行打草惊蛇，那样所有的努力就功亏一篑。这一年多，陈立伟从来没睡过一个安稳觉。

那次在江苏盐城，许多个夜里，陈立伟和战友们与喻国山住进同一个宾馆，他们虽然知道嫌疑人睡觉了，自己却还要轮流睁大双眼监视，确保每一分钟都尽在掌握；

那次在广西柳州，陈立伟和战友们人生地不熟，他们化装成配电工，孤军走进柳江县成团镇，在险恶环境中展开通宵调查；

那次在四川成都，跟踪中的陈立伟数次和喻国山擦肩而过后，都会担心狡猾的喻国山到底会不会起疑心……

2016年9月19日，在全面掌握该团伙制造、贩卖、运输制毒物品犯罪活动事实后，由莆田市公安局发起，公安部禁毒局、省厅禁毒总队主导，在全国范围内对公安部督办的四起特大制毒案展开收网行动。

莆田市公安局抽调禁毒支队、技侦支队、荔城分局、涵江分局等精干警力，分成几组奔赴江西景德镇、广西柳州等地协助当地公安机关实施联合收网，分别在福建莆田、四川成都、湖北孝感、安徽淮南、江苏盐城、江西景德镇、广西柳州等地抓获主犯喻国山等40人，捣毁制毒原料工厂4个、制毒窝点3处，共缴获K粉（氯胺酮）约300公斤、羟亚胺约2825公斤、车辆5部、毒资196万元以及大量制毒设备和原料，彻底地打掉了以喻国山为首的特大制造、贩卖、运输制毒物品的犯罪集团，成功地破获公安部督办的部目标“2015−1139”、“2016−646”、“2016−483”、“2016−912”四起特大制毒案。

如今，缉毒的“瘾”陈立伟已经很难戒掉了，从北京回来后，他又马不停蹄地赶往广东，进行另一起制毒大案的侦查。

陈立伟明白，不连根拔除制毒工厂，毒品的筋脉就会见缝而钻，就会伸展得越来越深，越来越广，直至渗透迷失者内心的土壤。

“毒品必须得扫，不扫不行啊！”陈立伟在出发去广东前，发出了一句感叹。

敢于亮剑、勇于担当的“拼命三郎”

——记江西省德兴市公安局银城派出所副所长李建军

周斌　龚晓军

山城的深秋总是姗姗而来，都已经 11 月了，地处赣东北山区的德兴市，还没有品尝到寒冷的滋味。远处的山林依旧保持着矜持的翠绿，街道两旁的梧桐树也没有多少落叶，夕阳还暖暖的，让行人和路边叫卖的小贩都懒懒地提不起精神，超市大促销的广播也显得有气无力，正有一搭没一搭地反复唠叨着萝卜芹菜。唯有临近小学的路口，许多白发苍苍的大爷大娘和骑在电动车上的年轻父母们聚集在这里，正翘首企望着还没有开启的校门。再过一会儿，他们的宝贝孩子们就将扑向各自家长的怀抱，踏上回家的路。

这又是一个宁静而平常的下午，一个普通得不能让大家有记忆的日子，在这个以“中国铜都”闻名的矿业城市里，大家一如既往地过着平静的生活。如果不是接下来发生的一件事，这一天将肯定会被大家忘记。但是，这一天，因为一个人，因为有了惊心动魄的三分钟，让这个小小的山城记住了这一天，记住了一个响亮的名字和一段惊心动魄的传奇。

飞身一跃，英雄的形象定格在群众的眼里

2014 年 11 月 10 日 17 时，放学的铃声已经响起，此时街道上开始了最有生机的一刻，放学的、下班的、准备抓住时间做最后一拨生意的人，整个街道上顿时人来人往，瞬间就热闹了起来。就在此时，在江西省德兴市第一小学和某大型超市门口，随着路人发出的惊呼尖叫声，以及车辆相撞、刹车等所发出的巨大响声，一辆无牌轿车正横冲直撞地在大街上狂奔，更让人吃惊的是副驾驶座窗口上还挂着一个满手鲜血的公安民警。这位民警几次想抢夺方向盘，均因轿车的飞速行驶无法用劲而没有成功。眼看着轿车在满大街的人群当中疯狂地蛇行。说时迟，那时快，只见这位年轻的民警随着车垫了几步，一个飞跃，整个人强行钻进了已经被砸掉玻璃的车窗。在狭窄的驾驶室里与驾车人激烈地搏斗……终于，已经被牢牢控制住方向盘的车子最后挣扎着冲刺了几十米后，猛地在人行道上停了下来。

这不是演习，更不是拍电影，而是发生在德兴市的一起公安民警追捕涉毒、诈骗犯罪嫌疑人的真实场景。那位勇砸车窗飞身一跃、制止群伤事故、成功抓获逃犯的英雄，就是德兴市公安局银城派出所民警李建军同志。

"就像电影里的一样，太吓人了，这样的警察顶呱呱！"

"当时驾车的人明显已经疯狂了，如果不是这位民警的飞身制止，肯定将面临重大的群死群伤事故。"

"这位民警的飞身一跃，跃出了公安民警的精气神。"

虽然已经过去很长时间，但德兴市银城中路附近开店做生意的市民对民警奋勇抓捕嫌犯的惊险过程仍记忆犹新。

但是群众只看到了如惊险动作大片似的三分钟，却没有看清民警砸车窗而受伤的双手和被玻璃划破的英俊的脸。

让我们把时间拨回到事发前的 15 分钟。

2014 年 11 月 10 日 16 时 48 分左右，正在值班的德兴市公安局银城派出所民警李建军接到特情电话：因诈骗罪被刑警大队上网追逃人员舒某在后马路水务局一汽车修理厂附近出现。此时距李建军交班只有不到一刻钟时间，他没有丝毫犹豫，与副所长徐剑洪、巡防队员余孝金一道驾驶警车立即赶去。

派出所离特情举报的修理厂并不远，警车只用了几分钟就到了这个修理厂前。

当到达现场后大家远远就发现嫌疑人舒某正开着一辆没有牌照的轿车准备离开，于是立即将警车猛地加速一别，挡住嫌疑人车辆前进方向，副驾驶座的副所长徐剑洪拿起喊话器，要求停车接受检查。但做贼心虚的嫌疑人不但没有下车接受检查，而是加速将拦截的警车强行撞开，急速往市政府和小学方向逃去。李建军等人立即跳上警车，向嫌疑人逃跑的方向追去。

李建军飞身一跃抓捕毒驾嫌疑人的车上还留有血迹

当时正逢放学下班时间，在银城镇卫生院和小学路口附近嫌疑人舒某被车流人流堵住，穷途末路的嫌疑人强行原地掉头四处乱撞，连续撞到了好几辆电动车和多名路人，情况万分危急。紧随其后赶到的民警李建军还未等警车停稳就冲出车外，朝着嫌疑人车辆跑去，一面警告着嫌疑人赶紧停车，一面趁嫌疑人倒车掉头速度减慢之机，试图拉开嫌疑人的车门。由于嫌疑人车门及车窗紧锁，他来不及思索，便握住手铐用血肉拳头砸向车窗，一下，两下……车窗终于被砸开，此时细碎的玻璃扎满双手，顿时鲜血直流，但他全然不顾剧烈的疼痛，严令嫌疑人停车，并迅速探进身子试图拉起车辆手刹，但是刚刚吸食过毒品的嫌疑人非但没有将车停下，还丧心病狂地加大油门往前冲去。此时，李建军一半身子在车里一半身子在车外，被车子拖了十多米远。他完全不顾个人安危，仍死死地按住刹车，凭着个人良好的身体素质，小跑几步，全然不顾狭小的车窗上四周满是锋利的碎玻璃，用尽全力纵身一跃，整个人完全钻进车里，用膝盖顶住手刹，迅速将挡柄挂入空挡，双手紧紧抓住方向盘和嫌疑人的右手……

最终嫌疑人被这个比他更玩命的警察给镇住了，车辆也被完全控制住，终于安全停了下来，避免了路面上更多的人员伤亡。据随后赶到的民警现场搜查，当场在嫌疑人的车上搜出冰毒19克，及一把长达一尺的砍刀，在场的人无不为李建军捏了一把汗。他的英勇一跃定格在周围几百市民的眼中；公安民警力挽狂澜勇斗歹徒的事迹经这些市民的手机和口口相传，立即传遍了小小的山城。

责任与担当并重，“拼命三郎”赢得市民尊敬

嫌疑人被完全控制后，见到浑身是血的李建军，闻讯赶来的局领导立即将他送到医院去检查，并要求他痊愈后才能出院。

在医院里，同事们调侃说：“一个愣子逃犯碰到了一个憨子警察。”而医生告诉他，仅手上就有27道伤口。李建军一听，赶紧对医生说，等自己妻子过来时，千万不要实事求是，一定要轻描淡写地说自己的伤情，不能让自己的家人再为自己担心。

“打电话没人接，又不回来，最后还是别人接的电话，说你又受伤了，真是急死人了。”果然李建军的妻子赶到医院后，见面就是一顿数落。这种数落包含着无尽的关爱与担心，同时还有已经逐渐习惯了的无奈。

“放心，我没事儿，我福大命大着呢。”每次受伤，李建军总是用这句话来搪塞妻子。

“警察也不用这样拼命呀，你想想看，这种情况已经多少次了，你就不能替我和孩子多想想？”

“在当时那种情况下，还真没有想这么多。”李建军又一次嬉皮笑脸地与妻子打马虎眼。他知道，自己在妻子面前亏欠很多。妻子娘家远在湖南，作为一名普通上班族，她也只有在节假日里才有时间回娘家，可每次为回娘家都与李建军怄气，就在前不久的国庆节里，两人还为这事不愉快了好几天。

2014年国庆节期间，李建军岳父的腿不幸受伤，妻子要求他在国庆节陪她

回湖南长沙老家看看。但想着手头积压的案件，李建军还是委婉地拒绝了妻子的要求，只是给岳父打去了道歉的电话，让妻子和女儿单独回家看望。回到派出所李建军打趣地说："我现在是快乐的单身汉，各位同人有事要请假的，我可以顶上。"这个国庆期间，李建军一连值了六天的班，几乎住在了所里。

"公安民警就是要有敢于亮剑的勇气。"这是李建军的座右铭。"德兴有个敢玩命的警察"则成了李建军的符号，也为他换来了一个"拼命三郎"的昵称。当然这一句"敢玩命"当中，包含着邪恶之人的畏惧之心，但更多的是善良群众的尊崇与认可。

"我当兵出身，身体强壮，危险时刻我不先上谁上？"

面对群众的赞誉和媒体的采访，李建军总是谦虚地回答大家的好奇。

李建军敢说这话，自然有他的底气。李建军自幼身体素质就非常好，1998年大学毕业后分配在当地乡政府工作，不甘平庸的他第二年就响应国家号召报名参军，在驻港部队的军营里练就一副好身手。退伍后先是回到地方乡政府工作，后来在2005年考入江西省婺源县司法局，2011年考入德兴市公安局，成为一名光荣的公安民警。在婺源县司法局工作期间，一身正气的他就有过只身一人在公交车上抓获流窜惯偷，以及调处医患纠纷时空手处置持刀当事人的英勇事迹。

虽然李建军从警时间并不长，但他丰富的人生经历为自己在群众工作方面积累了丰富经验，因此在社区治安联防等方面游刃有余。同时因为军人出身身体素质出众，赢得了大家的信任，兼任德兴市公安局警务实战技能教官。

李建军从警后就一直在德兴市公安局银城派出所工作。这是一个曾经荣获省级文明单位和上饶市优秀基层派出所称号的先进派出所。就在这样一个具有光荣历史、能够催人奋进的单位里，李建军将自己的优势与长项充分发挥出来，在工作中勇于担当、勤于奉献。2012年至2013年连续两年被评为德兴市公安局先进工作者；2014年荣获江西省公安机关"爱民模范"称号；2015年被评为德兴市十佳"百姓身边的好干部"，入选江西省公安机关"学习柯善梅，做个好警察"先进事迹报告团成员，荣获江西省公安厅二等功一次，被评为全省特级优秀人民警察；2016年被评为上饶市优秀共产党员、上饶市优秀人民警察、上饶市公安局首届"警察之星"，荣获上饶市公安局三等功一次；2017年被评为全国特级优秀人民警察。

谁知入院后才第二天，李建军就打电话回所里，请求能否提前出院。原来这一天来，病房快被一拨接一拨的市民给挤满了，这些群众纷纷带着自发购置的慰问品来看望他，就想亲眼看一下“英雄”。一位目睹全过程的个体户说：“之前社会上对公安民警还有一些不同的看法，但是自从这件事后，我终于明白，在关键的时候，在最危险的时候，群众能够依靠的只有公安民警。”

回到派出所后，李建军很快恢复了往日的忙碌状态，但是各大媒体却没有放过他，纷纷前来采访这位被市民尊为“英雄”的好民警。一位曾经与之相识的记者专程来采访李建军，恰巧这一天警情较多，记者在银城派出所守候了半天，总算将行踪不定的李建军给“堵”住了。当时，李建军正将两名打架的当事人带回所里调解，还没与记者说上两句话，又接到另一起当街寻衅滋事报警。李建军将两位打架的当事人交给同事处理，没等记者反应过来，自己一个人就跳上警车，风驰电掣般地赶往案发地，把记者一个人撂在一旁，这位记者苦笑着说：“没办法，李建军就是这样的人。”

当他赶到案发地时，才发现警情较为棘手。一名声称自己患了艾滋病的小青年，正扯着另一人的衣衫，强行索要钱物，周围的人全都唯恐避之不及。见此情景，小青年更是有恃无恐，见到民警也丝毫不紧张，反而把自己的衣服全敞开，迎着大家走来。见此情景，李建军丝毫没有退让，飞身扑上去，一个漂亮的擒拿动作就将小青年按倒在地，顺利带上警车，押回派出所。这个小青年也被李建军给吓蒙了，半天转不过神来。据他后来交代，自己凭着“艾滋病人”这一招，走遍多个地方敲诈索要，均没有人敢阻拦，没想到今天在这儿栽了。

回到派出所后，李建军立即接着调解之前还没处理好的打架案件。当李建军好不容易把这起由邻里纠纷引发的打架事件协调好后，同事小王走过来，悄悄地对他说：“真悬呀！经过与当地派出所协查证实，那个小青年真的是个已被确诊的艾滋病人。”

“我是李建军，有事来找我”这句话在银城三村是家喻户晓。银城三村是李建军的挂点村，这里的村民个个都对李建军非常熟悉，这种熟悉来源于他在大走访中与村民结下的友谊，来源于调处纠纷时的公正与果敢。也正是在这里，李建军这个“拼命三郎”的外号第一次被大家记住。

银城三村靠近市区，各种治安隐患相对较多。自挂点三村以来，李建军走遍了村子里每户居民，熟知了所有家庭情况和治安隐患点。

就在2011年底的一个冬夜，正准备休息的李建军突然接到出警电话：村里有两兄弟因为赡养老母亲一事而发生斗殴，继而拔刀相见，当时现场十分危急。接到电话的李建军没有丝毫犹豫，骑着摩托车直接赶到现场，因为他对这两兄弟的脾气十分了解，若不及时制止，肯定会出大事。

果然现场气氛十分紧张，正扭打在一起的两兄弟都互相举起了柴刀，面对前来劝阻的邻居，声称谁若管闲事就砍谁，周围包括亲属都没有一个人敢上前。旁边的老母亲边哭边喊："你们不要打了，我讨饭去，不要你们养了。"李建军扔掉摩托车，迅速插进两人中间，抓住一把正在举起的柴刀，大喊一声："住手！我是李建军，有种你们先砍我。"

正拼红双眼的兄弟俩一瞬间被这个平时走访时和颜悦色的民警给镇住了，稍一愣神，两人的柴刀就被李建军收缴。这时，周围的亲属与村干部趁机上前，拉开了兄弟俩，一场眼看就要发生的流血冲突被他的一声断喝而及时制止，而李建军也由此赢得了一个"拼命三郎"的绰号。

待事情平息后，李建军和两兄弟之间开始了马拉松式的谈心，动之以情，晓之以理，不但使母亲的赡养问题得到了妥善解决，而且还让在村民眼中已经是水火不容的兄弟俩重归于好，消除了村里的一个治安隐患。后来每到逢年过节，两兄弟都会给李建军发来祝福短信。同时在他及村居干部的共同努力下，2012 年银城三村荣获"省级民主法治示范村"称号。

"拼命三郎"这个名号一次又一次在李建军身上得到验证。2014 年上半年，为了送一名吸毒人员去强制戒毒，李建军与这位已经"二进宫"的吸毒人员针锋相对。面对民警的到来，吸毒人员疯狂地声称："我已经受够了戒毒，没有毒品我活不下去。今天谁若送我去戒毒所，我出来第一天就砍死谁……"

面对这样穷凶极恶的吸毒人员，李建军毫不畏惧，义正词严道："你记住，我的名字叫李建军，今天就是我送你去的戒毒所，你想报复就来找我。"

说完就与同事强行将这名吸毒人员送至戒毒所。

"其实，说一点儿不害怕也是假的，因为我也是一个丈夫、一个父亲，我能保护好自己，但我无法保证能够时时保护住自己的家人。谁都不敢确定这些亡命徒哪天会做出什么疯狂的事情来。"李建军说这些话时，明显有着担忧。这让我感受到了作为一名公安民警的痛处和无奈。

因为这样的事太多，所以李建军经常受到家人的埋怨。他的妻子多次提醒他："谁都知道吸毒人员往往容易偏激，特别是在吸毒之后容易产生幻觉，这样的人谁都不知道他会做出什么事情来！”

“如果警察都怕了，那老百姓怎么办？”在这种分歧上，李建军有着自己果断的选择。

“作为人民警察就必须敢于担当，在危险面前，群众可以跑，但我们不能退，因为公安民警是这个社会秩序底线的捍卫者，我们一退让，整个社会底线就失守了。”

“所以我们硬着头皮也要上，毕竟我们身后还有正义与法律在支撑。”

刚柔并济，细致严谨作风铸就警察人生

“李建军不但在关键时刻敢于亮剑，而且工作还特别细致严谨。”这是与他同事多年的民警口中说出来的。

“他有打破砂锅问到底的耐心与责任心。”

与他在同一警务小组的同事徐玉龙回忆：“2013 年 7 月 1 日中午 12 点左右，接到群众电话报警称：几名割松脂的工人在德兴市新营街道南方竹业公司背后山坳里闻到一股很臭的味道，怀疑有尸体。”

时值正午，暴烈的阳光让人眼睛都睁不开，更别说上山去漫无目的地寻找一具莫须有的尸体。但接到报警的李建军却没有怠慢，与徐玉龙等人沿着弯曲陡峭的山路开始进山搜寻。

在南方的高温闷热天气下，稍微一运动就满身大汗，更何况是顶着烈日翻越一座山。当李建军来到报案人所说的山坳时，才发现寻找臭源的难度比想象中的还要大。

这是一个面积非常大的山坳，连接着无数个大小不一的小山谷，每个小山谷里还有更多的分支山坳。此时众人已经是筋疲力尽，带来的矿泉水都已经喝完了，却怎么也找不到尸臭究竟来源于哪里。当时其他人都认为这个可能是个假警情，恶臭很有可能是野生动物尸体腐烂导致，都建议返回或者等到傍晚天气转凉后再来。就在此时，带路的报案人也忍受不了臭气，死活都不肯往前走了，一起出警的同事也实在受不了这种恶臭，蹲着边呕吐边说：“找这么久都没有找到，我们还是先回去吧。”

“不行，既然出警了，我们就要把事情调查清楚。”在李建军的坚持下，大

家最终把臭味源锁定在一处不起眼的小路旁一个倒塌的茅棚里。当走近茅棚时，剩下的人再也忍不住恶臭，全部呕吐起来，李建军自己吐得更是翻江倒海。可他吐完之后，立即动手把倒塌的茅棚一点一点地搬开，果真在里面发现了一具高度腐烂的尸体。此时，在高温与呕吐面前，所有在场的人都出现了脱水现象。

后来经法医鉴定死者系意外死亡，这是一个已经废弃很久的护林人歇脚的茅棚，而死者单独一人住在离事故现场1000多米的一个小农庄，几天前这里正好下了一场大雨，可能死者当时正在茅棚下躲雨，不料茅棚倒塌将其压死。

闻讯赶来的死者子女向民警深深感谢，他们都说如果没有民警认真负责、不放弃任何线索的工作态度，他们可能还不知道什么时候才能确定父亲死亡的信息。

就在此事告一段落后，一向细致的李建军敏锐地感觉到此事还没有结束。在接下来的几天里，他多次到死者家中走访，果然死者的亲属把怒气朝着这个茅棚的使用单位（当地一个木业公司）头上出，正打算纠集亲属到木业公司去堵门讨说法。李建军立即与家属沟通，说明法律的严肃性，并提供法律咨询，要求他们保持理性，在做任何事情之前一定要向专业律师咨询是否合法。他想尽一切办法让死者家属的心态逐渐平静下来，最终使这件事有了一个圆满的解决。

说到李建军的细致与责任心，德兴市人民医院的保安有着更深刻的感受。

2013年夏季，德兴市老人民医院由于硬件条件差，加上医院面临搬迁，监控系统基本没有，经常有盗窃案件发生，盗贼总是趁着天黑溜进各个病房盗窃昏睡中的病人及家属财物。医院方面只好多增加保安，靠加大巡逻力度来加强防范。

一天早晨天还没亮，一位年过七旬的农村老大爷就到派出所报案：好不容易借了4000元钱，准备给老伴儿交住院费，结果晚上在病房内被偷走了。看到报案老人心酸的眼神，李建军的心里比刀割还难受。从这一天起，李建军每天下班后就身穿便服到医院各个科室和病房溜达，特别是针对凌晨1点至3点容易发案时段，李建军只要抽得出时间都会到住院部各个病房去走一遍，提醒病患家属注意防盗。他的频繁造访很快引起了一些新来保安的“注意”，差点儿被保安当成前来踩点的“嫌疑人”给抓起来。当后来弄清楚了这个“嫌疑人”竟然就是管辖区民警时，一名保安瞠目结舌半天冒出一句让人哭笑不得的话：“你，你怎么能抢我们保安的饭碗？”

“但通过这种方式加强防范，还真把医院失窃现象给控制住了，现在看来，这点儿付出还是值得的。”说起这件事，李建军露出了欣慰的微笑。

在他的带动下，医院的保安工作责任心有了明显增强，不但杜绝了盗窃行为，而且还抓住了一名冒充医生诈骗病人家属的嫌疑人，医院秩序从而得到了加强，形象也得到了提升。

在罪恶面前是剑，在群众面前他又是棉。大家都说李建军敢于碰“硬”的一面，其实李建军日常生活中还是一个比较安静的人，而且生活比较朴素，平时多见他骑一辆旧摩托车穿越在大街小巷，尤其是在遇到民事纠纷调处时，他显得非常有耐心。笔者就亲眼目睹一次群体事件中李建军展现出来的“软”的一面。

在一次由意外伤害引起的群体性事件中，一位女当事人因屡次非法堵门等行为，面临治安拘留的处罚。当民警进行拘捕执法时，女当事人就纠集众多的家属进行阻挠。

基层派出所民警或多或少都遇到过类似的警情，这种情况是最难处理的，现场根本没有人会听你讲法说理，而且中国人受“法不责众”的传统思维影响，总认为即使闹得再过分都不会有事。果然，面对到来的民警，他们把未发泄完的怒气转而全部朝着派出所民警身上撒。当李建军对她采取强制措施时，向来泼辣的女当事人竟然恶狠狠地咬向李建军，当场将李建军的手指咬得鲜血直流。

周围的人都说这位妇女肯定要受到更严厉的惩治，没想到李建军以德报怨丝毫没有追究这个当事人的责任，更没向对方要一分医药费，甚至没让同事知道这件事，同去处置案件的民警事后才知道他受伤。

事后，这名女当事人自己也觉得愧对李建军，从拘留所出来后再也没有继续闹事。笔者问李建军：“怎么不对这些违法者严惩？他们已经涉嫌犯罪了。”

此时的李建军似乎很柔软，他只是随口说道：“从司法成本角度考虑，解决矛盾比激化矛盾更有价值。”

2014 年 10 月 29 日上午，正在值班的李建军接到报警称：在惟德广场一名小孩儿走失。接完电话后他立即赶到现场，向当事人了解情况。得知走失的小孩儿特征后，他一边安慰孩子的母亲继续在广场附近寻找，一边迅速将情况通报给在街上巡逻的巡特警，同时和出警员开着车在街上寻找。经过近两个小时的寻找，终于在离走失地几公里远的一座桥上将孩子找到。当李建军将孩子交到她母亲的手上时，他的衣服已经全部湿透。

2014 年 5 月 13 日在帮助一位迷路老人找家的过程中，李建军把老人接到所里，不厌其烦地打开电脑找出与其儿子同名同姓 20 余人的照片让其一一辨认，终于从中找出并联系上他的儿子。当他将老人送到家时，由于其儿子还未到家，李建军还亲自将老人背到六楼的家中……这样的小故事，在李建军身上数不胜数。

“我们多辛苦一点儿，群众损失就多减少一些；我们多付出一点儿，社会治安就多一分稳定。”

李建军（右）在街面巡逻

这，就是真实的李建军；这，就是有柔有刚的李建军；这，就是平凡而受人尊敬的李建军。

警察之所以受人尊敬，不是因为他们手中掌握的特权，而是这群人当中牺牲率和负伤率是全国所有行业当中最高的；警察之所以勇敢，不是因为他们手中握有武器，而是在危险面前，他们敢于用自己的血肉之躯为群众挡出一条生路。

为什么我们要赞美警察？不是因为他们漂亮的制服和威严的大盖帽，而是他们为我们守着这个社会的底线。

正因为有着无数个像李建军这样关键时刻敢于“亮剑”的人民警察，才换来我们今天安宁祥和的发展之路；正因为有无数个像李建军这样把人民放在心上、把责任担在肩上的人民警察，我们的中国梦才能圆得如此踏实与清晰。

为敢于亮剑的“拼命三郎”李建军叫好！

一个交警好专家的传奇

——记山东省济南市公安局交通警察支队肇事处理处民警马宗刚

王方晨

一

约在二十二年前，国家领导人为济南交警做了“严格执法，热情服务”的题词，济南交警的美名一夜之间传遍祖国的大江南北。

在过去的二十二年，济南交警收获了无数荣誉，无不凝聚着广大干警的心血和汗水。从展览室的文字图画上，传达出了太多的信息……

马宗刚在这一年毕业，是他的人生之幸，因为他的职业生涯从一开始就恰巧跟济南交警的辉煌同步。

他是一名实实在在的交警，但你在大路口的交通岗台上见不到他挥洒自如的迷人英姿，因为他或是出现在荒僻的公路旁的山野、水涯，或是出现在被隔离的交通事故现场，或其他常人走不到的场所，总之，那不是令人轻松的人们乐意抛头露面的地方，那里常常与哭声、血泊、伤痕、生离死别相伴。

二

马宗刚上班了。没有周末，天天上班，毕业头十年就回家过了一次春节。

“那时候单位少有外地人，刚刚工作就觉得要好好表现，不好意思请假。”他说，“年三十、初一领导都要到路口站岗。我上班的第一个年三十还出任务了，回来的时候已是晚上九点半了。”

马宗刚是他们村里第一个考上本科的大学生，那年他十九岁。马宗刚记得，父亲送自己去沈阳上学，火车上挤得铁桶一般，父子二人携带着行李，从济南上车，硬是站了一路，一站就是十六个小时。

在马宗刚眼里，父亲帅气、正直、严厉，生活中多累多苦都能承受，是一种很男人的性格，是一个真正的男人，是自己一生的榜样和骄傲。

背负着父辈的殷切期望，马宗刚万分珍视自己的工作。上班第一天，他真正地见识到了与自己的人生常常相伴的车祸场景：

保护现场、丈量现场、记录、勘查、寻找痕迹物证……

据他说，当时对交警支队的要求就是只要是死亡一人以上，都要到现场。刚工作的时候，也新鲜，当时单位没宿舍，就住在值班室里，谁出警他都跟着去。但是好多年都是一个人上现场，因为人手不够。一个人就得干一大堆活儿。

马宗刚所学的法医物证是中国刑警学院 1991 年开的专业。作为一名交通事故处理专家，解剖、痕迹检验、文件检验、刑事化验、文件检验、影像资料检验是马宗刚的日常工作。

“刚开始解剖的时候会不会很害怕？”我问，“会不会做噩梦？”

“不害怕。”马宗刚回答得很干脆，“实习的时候去了就赶紧穿衣服、戴手套、收拾工具，老师说从哪里开始干就开始干，主要的精力在分析死因上，心思不在其他的方面，所以也没做噩梦。”

他接着告诉我，他最多的一天，验过八具尸体，而且八具尸体分布在五六个地方。一具尸体验上两三个小时，是快的，而一般人解剖两三具就已累得不得了。

历经二十二年，马宗刚共参与重特大交通事故现场勘查 2000 余起，检验尸体 5000 余具、活体 450 余人，酒精检验 15000 余件，出具检验鉴定书、报告书 20000 余份……

有一年，马宗刚去一个县里处理交通事故，碰上一个参加工作两年多的年轻

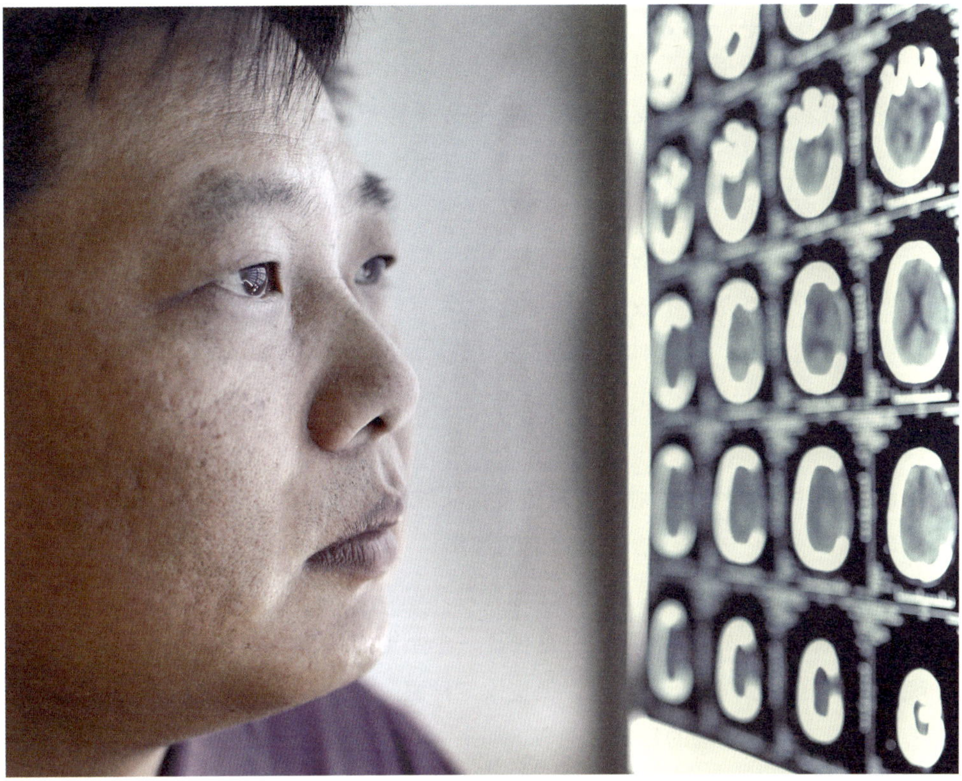

法医。这名年轻法医还从没解剖过尸体，别人解剖的时候就总往后躲，只是准备做记录。马宗刚就忍不住跟他说，自己像他一样年纪的时候，都是有活儿就抢着干，让老师在旁边指导，哪有让老师干活儿年轻人旁观的道理？

“不亲自动手干就永远干不好。”他说。

就这样，马宗刚在自己的工作岗位上一干就是二十二年。

不久前，全国公安系统英雄模范立功集体表彰大会在北京举行，习近平总书记亲切会见全国公安系统英雄模范立功集体表彰大会代表并发表重要讲话。

全国特级优秀人民警察的表彰名单上，法医马宗刚的名字赫然在目！

三

马宗刚不是细皮嫩肉的男人，一副老实巴交的样子。

在济南交警支队会议室，政委曹凤阳没有掩饰对麾下干将的爱意。他说，别看马宗刚人长得粗糙，干的却是“细发”活儿。

接着，他向我描述了马宗刚工作的情景，比处理处的同事所言还要具体。目前，济南市基层大队委托支队进行检验的每一具尸体，检验鉴定书都要由马宗刚签字。很多年来，马宗刚每天起早贪黑，有现场就去，而且不仅是在停尸房的验尸工作，更要到第一线，亲临事故现场去查看，因为对鉴定提供坚实准确依据的第一手的材料，只有在现场才能得到。

“每具尸体都是一个故事。”曹政委说。

凭着执着求知，马宗刚在现场练就了自己的“火眼金睛”。他参加工作那年，济南交警支队的技术鉴定工作刚刚起步，仪器设备几乎为空白，据说只有一把放大镜。

没有硬件支撑，马宗刚就下笨功夫，从现场寻找真相。不到现场不办案，是他从参加工作第一天起就给自己定下的规矩。

从参加工作的第一天起，基本上只要是死亡事故，不管该谁出现场马宗刚都会跟着去，该自己出现场更不必说。这样，一个星期出去两三晚上很正常，有的时候一晚上出去好几趟。二十二年来，他也像“神眼”马玉林一样善用双眼去发现，用心去感受，不放过现场的每一个细节。那每一条划痕，每一节纤维，每一根毛发，每一处血迹，在他眼里都至关重要。他用专业知识和办案经验去分析现场、重建现场……正是因为长年以来这种对事故现场的重视与钻研，练就了他的“神眼”，让他总能发现一些别人发现不了的细小线索，而这线索往往成为揭开真相的关键要素。

“信息主要是来源于现场，我现在也是重视现场，现场是最原始的，现场勘查不细，将来破案就有难度。”马宗刚说，“比如，轮胎痕迹你看不到，或者当时没有拍照。”

2012 年 1 月，马宗刚帮槐荫区破了一个案子。

案发当日，正是农历小年。深夜，在济南市槐荫区经十路段店立交桥下，一辆水泥罐式货车将一行人当场碾压致死后逃逸。

事发时天降大雨，痕迹物证遭到严重破坏。因为情况特殊，就只能找血迹。马宗刚赶去，钻进车下查看，整个车身底部沾满泥浆，泥巴汤子往下滴答，血迹已经全部都让泥覆盖了，鉴定条件非常差。

借助各种光源，仍无法发现任何线索。

马宗刚没有放弃，凭着对试剂显现原理的研究，连续两天多次匍匐在车下，喷显了整个车底和十二个轮胎，终于找到了两处小小的血迹。

经过 DNA 结果验证，确实为死者所留。

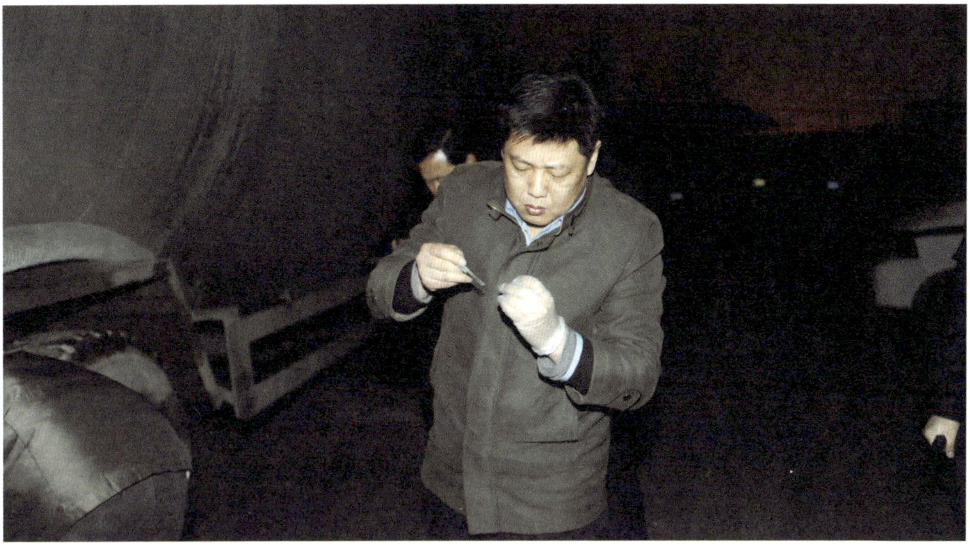

那年，山东省公安厅交警总队成立了事故处理专家指导组，分了各个系列的小组，聘请马宗刚当了法医组的组长。

那年省公安厅刑侦局在全省范围内聘请公安法医专家，只聘一个交警，又把马宗刚聘了过去。

现在有很多案子，人死在马路上，没有嫌疑车，地上也没有散落物，死因比较蹊跷，有些看着也不一定是交通事故。有些是利用交通工具杀人案，实际上，这跟交通事故的差距很小，不好判断。这种案子比较多，特别是省里有很多上访的案子，有的时候有家庭矛盾，再涉及在路上被车撞了以后车跑了，但是现场没有任何痕迹，没有刹车痕，也没有散落物，这种情况家属就会怀疑是他杀。马宗刚认为像这类的案子省厅觉得刑警对这方面接触得少，才让自己跟着一块去破案，后来就把自己聘到了他们的专家组里。

这些年，马宗刚跟他们一起破了很多案子。

自然，这数以千计的事故后面，无不是令人悲伤的灾难，但是，马宗刚这个还原事实真相的人，却从中汲取了造福于人的经验和智慧。他的眼睛，本是普通人的眼睛，但见得多了，就有超乎常人的明亮。

“我对马宗刚的工作非常理解。”济南市公安局交警支队的曹凤阳政委由衷地说，“他一门心思干工作，对工作精益求精，一丝不苟。为了把证据做扎实，有时对一具尸体就得反复地解剖，一干就是几个小时。我亲眼看到他处理那桩在济钢附近发生的事故，也没铺张席子，也没铺块布，人就钻到车底下。”

那天，我见到已从济南市交警支队交通肇事处理处退休的老处长邵守宝。

“怨我。”邵处长在讲述了与马宗刚共事的经历后，这样说道，“我当处长时，给他立了个十分苛刻的‘规定’，只要是在节假日，济南市内你去哪里都不要紧，但你就不能离开济南市，得让我随时找到你，要保证随叫随到！”

作为交警，到了现场之后，就要保护现场、丈量现场、记录、勘查、寻找痕迹物证、控制嫌疑人。现在要求都是两个人勘查现场，但好多年时间都是一个人。一个人要做完这些事情。

马宗刚对我吐露心声：

“至今日，我始终认为我最幸运的事情之一就是出生在一个优秀的家庭，父母身上凝结着太多的我们长辈的优点。”

“父亲好面子。”他认为，自己继承父亲的追求荣誉之心，但就性格本身，他说，“其实我更像我的母亲。”

母亲善良、宽厚、真诚，做事认真，追求极致。正是这些内在的品格，深深地影响了他对工作的态度，让他对每一个案件都不敢有丝毫的懈怠和糊弄。

马宗刚的心，很细。

四

在处理事故中，人的感情砝码会不会倾向生者？我心里似乎隐隐地起了种疑问。

“你到现场后，明白了事故的原因，会不会受到感情的左右？”

“从来没有这种想法！”马宗刚坚定地回答，“工作就是一种责任，不能夹杂着感情。”

但是，在办案时抓人，不是没跟同事讨论过，正在干的这个事是好事还是坏事。每桩逃逸案都是有深层原因的。

“我有个原则，”马宗刚告诉我，“从工作以来一直坚持不对人动手，不使用暴力。审讯的时候我就会跟司机交流谈心，你的家庭条件确实很困难，我也很同情你，但是你犯了错就得承担责任，你触犯了法律就该得到应有的惩罚。我也会让他换位思考，想想死者的家庭。我们也理解这样的肇事者，但是这是我们的工作，我们得把案子破了还死者一个公道。”

“像这种逃逸案多不多？”我问。

“多。”马宗刚说，“以前还多。我曾经最多的时候一个星期破了五个重大逃逸案。”

接着，他给我讲述了发生在2000年左右的一件事。

一个老家是沂南的小女孩儿在济南卖西瓜，骑了一辆无牌摩托车，把人撞出去了，这时正好过来一个小鸭集团的货车，又把那个人轧过去了。这是个二次事故，但是小女孩儿负主要责任，她把人撞飞了，货车司机来不及反应，轧了过去，那人重伤住了院。

小女孩儿家里特别穷，连扇门都没有，门洞挂着个草苫子。

在把小女孩儿带回济南的路上，小鸭集团同行的车队长动了恻隐之心，就跟马宗刚他们商量，说把小女孩儿放了吧，家里那么穷，逮着能怎么着，大不了我们单位拿钱。

二十二年来，马宗刚日复一日地都在从事这样的工作：从尊重事实出发，力图还原事实真相。

马宗刚不断地探寻着还原着死亡背后隐藏的事实真相。

事实真相，给法律的公正提供着依据。

“真实，冷酷的真实。”这是写在法国作家司汤达《红与黑》扉页上的题记。

马宗刚面对的常常是失去了温度的人体，甚至是冰冷的人体，他面对的事实真相，也是冷的，同时又是热的。他以自己诚恳、认真的态度，寻找着那常被掩盖的事实真相，其实也是以自己的方式，维护着法律的公正与尊严。

在他看来，对法律忠诚，也就是对人民的感恩。

五

系统学习法医物证专业并应用于交通事故处理的实际工作之中，马宗刚是山东交警有史以来第一人。

在过去的二十二年间，社会发生了天翻地覆的变化。

现在有了监控，破案子比以前轻松多了。基于从国家到地方对交通事故隐患排查工作的重视，不光高清卡口多、探头多，护栏和隔离带也多了，隐患路段排查治理也多了，即便连摩托车电动车逃逸，基本上也都能找到，而且这几年包括查酒驾、查超速这些措施也做得比较到位。

马宗刚发现，在自己工作的这二十多年中，交通事故经历了从多发到顶峰，而后渐渐在走下坡路的轨迹。

这真是令人欣喜的事情！

马宗刚所学专业名为法医物证，学习内容既涉及所有法医专业，也涉及痕迹检验、现场勘查、刑事侦查等，所以，他对痕迹检验等并不陌生，上手也快。有关这方面的知识，因为并非本专业，马宗刚知道自己虽学得较少些，但也算基本掌握。马宗刚主动承担了刑事方面的痕迹检验，把自己所学的应用在工作中，在他看来却只是“我搭把手”。

但是，就是这个“搭把手”，让他抓住了跟随市局刑警支队办案的时机，通过自身的学习钻研，将刑事方面与交通方面的技术有机融合，而终于成为交通事故技术专业领域的优秀专家。

“DNA 的检验技术，也是通过他的建议，请刑警支队的技术大队来帮忙，逐步引进过来的。”邵处长说，“连买设备，都派他去联系。可以说，没有马宗刚就没有那个实验室。”

济南市公安局交通物证鉴定所目前是山东省交警系统唯一的交通事故鉴定机构，由马宗刚创建，从痕迹到酒精检测，后来成立综合实验室，山东独此一家。全省的交通事故鉴定，在全省，除了济南，谁也做不了。其他地市交警部门将疑难案件委托鉴定，有许多技术侦查手段，是他们听都没听过的，更不要说用了。

“这是令我为刚子自豪的地方，这些年，济南市死亡三人以上的特大交通肇事逃逸案，有着百分之百的破案率。”邵处长说。

在现代复杂的社会背景下，如果缺乏那些必要的技术手段，要想达到期望的目标，将是难之又难。

邵处长退休后，老有所为，现在还担任着山东省道路交通事故处理专家组副组长。

“在不被人瞩目的工作岗位，能持之以恒地干好，而且发挥自己的特长，不仅干了自己的活儿，还能延伸，为单位组建了技术力量。”他平实地说，“能把平凡的工作干出彩，就是不平凡。”

他回忆起当年在一次支队党委会上，自己当着众人的面，郑重强调：

“事故处可以没有我，但不能没有马宗刚。”

毫无疑问，在济南交警支队形成的这股技术方面的专家力量，为交通事故处理工作提供了有力的科技支撑，但是，我又悄悄问自己，这样的工作，是平凡的吗？

六

在马宗刚看来，干法医物证这行，都是把第一现场当作最宝贵的东西。

作为一名交通事故鉴定法医，不仅要面对血腥惨烈的事故现场，还要担负着巨大的工作量，往往是夏天烈日炎炎、蚊蝇相伴，冬日寒风刺骨、霜雪相随，甚至还会遇到生命危险。尽管如此，马宗刚却不敢有丝毫懈怠，因为他深深明白所担负的还原真相、维护公正的神圣职责。任何一次小的失误都可能让真相不明，公正蒙尘。

“他会感到孤单。”曹政委说。

我没问马宗刚有没有这种感受，以及会不会有想不开的地方，但我相信，在过去的日子，他一定吃了不少苦，受了很多累。

不光如此，工作中，还会受到一些受害者家属的不理解。“也会打，也会骂。”曹政委说，“因为尸体检验必须征得家属的同意，在家属的现场监督之下进行。口子拉得大，拉得小，缝合得怎样，家属都会有意见。”

马宗刚的妻子是东北人，有着良好的家庭教养。当年，为了爱情，她追随马宗刚千里迢迢从东北来到济南。

“我老婆光知道以前实习的时候在刑警队，毕业后去了交警队。”马宗刚向我介绍，“我回家之后一般不说工作的事。”

马宗刚自有自己的细心。

结婚后不久的一天夜里，马宗刚在看书学习，他老婆走过去，一眼看到了书中那些惨不忍睹的图片，心里一惊，老公天天干这个！吓得好几晚上睡不着觉。

“现在好了。”马宗刚神情悠悠地说，“现在，有了电锯。”

另外，还有对身体健康的潜在危险，因为，所接触的常常是来历不明的尸体，谁敢保证死者生前是健康的？万一传染上什么病……

随着对马宗刚工作的理解，他的妻子想法就变了。因为知道丈夫的工作重要，也就更加对丈夫敬重。但是，也因为知道得越多，就会整天担心他，有时候还会夜不成寐。

已经很多年了，他们不像别的家庭，一到节假日就能相聚在一起。亲人聚在一起的时刻，对他们来说，总是奢侈的，总是那么难以实现。在这位“警嫂”的印象里，就像巧了一样，一到结婚纪念日，总得有案子。不管刚开始说得多好，临时有变几乎是必然的。

渐渐地，这位在银行工作的“警嫂”就学会了宽慰自己，但更重要的是，学会了坚强。

“家里有事也不指望他。”警嫂眼睛红红的，却以爽朗的口气说，“我觉得自己是东北人，还算比较泼辣，能顶就咬咬牙顶起来。”

即便孩子生病，她也不给他打电话。

她知道，打了也没用。

两口子都忙，孩子是马宗刚的母亲看大的。母亲在济南他家住了十五年。有一次，老太太有病，马宗刚不在家，坚强的警嫂就自己送婆婆去医院。那一次，警嫂知道自己的软弱了。婆婆身体沉重，她作为一个女人，搀扶不动！她不是没用力，她用了全身的力，可是，一老一少两个女人在医院的房门之间，在医院的台阶上，仍旧移动得那样缓慢，那样艰难。

但是，马宗刚却再也没有机会在自己尊敬的父亲跟前尽孝，因为这个一生视荣誉为生命的老人，于一年前查出肝癌，医治无效，永远地抛下了自己爱的亲人。

……

在很多人眼里，马宗刚所从事的工作跟诗情画意无关，但是，他以自己的真诚正直和二十二年的热血与汗水，书写出了另一种诗情画意。它是凝重的、静穆的、节制的，有时也不免笼罩着一丝一缕如灰似雾的哀伤，但绝不是怪异的、病态的。

马宗刚通过勤谨的工作，获得了殊荣，并以自己的殊荣帮助了人们，那充溢着他心灵的“勇气、荣耀、希望、自豪、怜悯、同情和牺牲精神”，也在一次次无声地振作着人们的心，并将唤醒他们与之相同的品质。我似乎可以回答我自己在前面提出的疑问了。我不认为马宗刚的工作是平凡的。事实已经验证了，这是一个独特的工作，它涉及的很多场景，在很多人眼里，是阴森可怖的，也不免“瘆人”。它从来就不平凡，而只是不被人瞩目而已。

我把琴心化剑胆

——记河南省郑州市公安局商城路派出所案件侦办大队教导员刘成晓

张立波

郑州公安，是一个女英雄辈出的队伍

2017年5月19日，当刘成晓作为唯一的女民警代表出现在北京人民大会堂全国公安系统英雄模范立功集体表彰大会发言席上的时候，人们惊讶地发现，郑州公安，是一支女英雄辈出的队伍，任长霞、王玉荣这些闪烁着警徽荣耀的名字，像绚丽的玫瑰绽放在中原大地。

1987年，有一部国产电影叫《战争让女人走开》，说的是男人面对战争的豪迈和对女人的保护，而并非性别歧视。相对于和平年代的战争——打击犯罪，保卫人民群众的生命财产安全——也似乎同理。但是，共性不能代表个体，刘成晓作为刑侦大队的负责人，再一次证明，刑警没有性别之分。十六年的刑警生涯中，她和战友屡破大案。面对随时可能发生的危险，她总是冲锋在前，先后参与和组织侦破了各类刑事案件两千余起，抓获犯罪嫌疑人两千六百余名。她担任大队负责人的这几年，成功破获命案积案三起，现行命案实现了“发一破一”；成

功侦破了系列入室盗窃、抢劫、强奸等大案要案三百一十九起；破获了“12·5”跨省拐卖、贩卖儿童案，并与四川警方联手抓获了犯罪嫌疑人七十三名，解救了十六名儿童；打掉了电信诈骗团伙八个，抓获了犯罪嫌疑人一百余人；打掉了贩毒团伙九个，抓获了犯罪嫌疑人二十八人，缴获了毒品两千余克。刘成晓曾经作为全国五个刑侦大队负责人的典型代表，被中央电视台《今日说法》、《法治在线》、《撒贝宁时间》等热点栏目进行过系列专题报道。她多次荣立个人一、二等功，先后被评为“全国特级优秀人民警察”、“全国三八红旗手”。2017年5月9日，她当选了“我心中的警察英雄”。她用自己的实际行动，为郑州公安增添了光彩。

两起大案突发，五天全破

打击刑事犯罪，是和平年代的战争。刘成晓担任刑侦大队负责人之后，经受的最大考验就是在2015年突发的“5·12”和“5·13”两起大案。

第一起命案其实早就已经发生了，但是狡猾的凶手邵丽斌为了掩盖罪行，想方设法使案发时间推迟了三个月，试图借此机会逍遥法外。

邵丽斌是河南省南阳市淅川县人，靠招摇撞骗混迹江湖。几年前，他来到郑州，在金城国贸大厦认识了从开封市的尉氏县来郑州做教辅且小有成就的老板宋建。他们合伙做了几单生意之后，不欢而散。2015年2月21日，大年初三，邵丽斌再次来到宋建的公司谈合作，宋建不答应，谈话陷入了僵局。

那时候，宋建坐在“老板台”后面的转椅里，一边等他离开，一边悠悠地旋转着。刚开始，宋建只转半圈就转回来了，见他还不走，就干脆转起了圆圈，背对着他。这时，邵丽斌突然恶从胆边生，捡起地上健身用的跳绳，冲了过去，勒住了宋建的脖子。

把宋建勒死后，邵丽斌从卧室里拿来被子，把尸体一裹，扔在了“老板台”下面。然后，他顺手牵羊，卷走了现金二十六万元，并带走了宋建的手机和随身之物。

打那以后，一有电话打进来，他就以跟班的身份替宋建接，制造了宋建还活在人世的假象。可是，用这种方法只能应付一时，尸体发生的化学变化却让他难以对付。尸体发出的难闻气味引起了周围邻居的不满，保安给宋建打电话询问，冒名顶替的邵丽斌说："我在国外。可能是老鼠夹子夹住了老鼠，我派人处理。"接着，邵丽斌就打电话叫了几个曾经给他打过工的学生，用胶带把里里外外的门缝贴了个严实。结果，又过了几天，气味更大了，保安再次通知宋建来处理。

这一次，保安不让他们走了——要么把办公室的门打开看个究竟，要么报警。邵丽斌见状，马上说："大家都辛苦了，我去给弟兄们买条烟。"然后，自然是肉包子打狗——有去无回。

接到报案时，刘成晓就已经意识到了，这可能是一起命案。可是，等她带领民警赶到现场时，就连那几个贴胶带的学生都跑得无影无踪了。当然，保安是无权扣留他们的。他们找来开锁的师傅，打开了办公室的防盗门。立刻，一股令人窒息的恶臭扑面而来。现场惨不忍睹，尸体已经高度腐败，面目不清。正如邵丽斌所料，到处都是尘土，掩盖了所有的痕迹。这样的现场，很难找到有价值的痕迹，就连尼龙绳上残存的细胞组织都早已化为乌有了。

刘成晓又让保安打宋建的手机，已经关机了。再打房东的电话，对方说自己在美国，还抱怨说，几次打电话催宋建交房租，他一直没交……

此刻，邵丽斌正站在金城国贸大厦对面的天桥上，一边观察动静，一边借路人的手机给另一名女学生打电话借钱。在宋建的办公室拿到的二十六万元已经花光了，他现在身无分文。女学生也没有钱，邵丽斌只好说："我只不过是临时手头上紧。要不，我把新买的苹果手机便宜卖给你？"女学生贪便宜，凑钱把手机买下了。

按照专案组确定的思路，刘成晓带领民警兵分六路开展工作。到了晚上，有价值的情况便汇集了起来。通过监控发现，宋建的手机已关机，或者已经被遗弃了。邵丽斌本人使用的手机号码已经查到了，但是案发后不久，他把手机卖给了自己的女学生，不但停止了原号码的使用，还以新号码把警察引入了歧途。

刘成晓连夜带人前往北三环一带询问参与贴胶带的学生，可他们都说是邵丽斌让他们去贴胶带的，还给了他们每人一百块钱，其他的就什么都不知道了。

不过，有一个男生在打工时和邵丽斌关系很好，邵丽斌曾经带着自己的女朋友和他一起去水上大世界冲浪。这个男生用手机给他们拍了视频。看了视频之后，连刘成晓都觉得邵丽斌的女朋友长得非常漂亮。这个男生说，邵丽斌的女朋友叫白雪，邵丽斌非常爱自己的女朋友。刘成晓据此判断，邵丽斌不会不和自己的女朋友联系。

刘成晓和战友们在分析案情

于是，警方便通过市公安局监控中心监控了白雪的手机。就在刘成晓询问几个学生的同时，即案发当天的午夜，白雪的手机接到了一条从南阳发来的短信。

回到队里，刘成晓让队员们抓紧休息，第二天一大早出师南阳。可是，第二天一大早，又发生了一起大案：位于东大街的某珠宝店的黄金首饰被盗！珠宝店的老板报警前先向媒体爆了料，被盗首饰价值上千万元的消息在网上传开了。

作案现场十分诡异。首先，珠宝店唯一的进出口的防盗栅栏门完好无损。那么，盗贼是怎么进来的呢？经仔细勘查发现，珠宝店里有一扇通往配电房的门。那么，盗贼是如何进入配电房的呢？珠宝店内的监控视频显示，作案人为三名男子，时间是凌晨二时二十二分左右。犯罪嫌疑人全部戴着头套、口罩、头灯和手套，而且已经确定，他们不是内部人员。是不是有人提供了栅栏门的钥匙？不能啊，拿钥匙的可是自己人！

办案人员调取了珠宝店外面街道上的监控录像，发现这里真是“里外两重天”。外面是郑州老城的繁华地段，在作案的时段有一辆“辽 A”牌照的白色轿车停在附近的书院街上，然后很快就消失了。经查，这辆车的牌照为假牌照。于是，民警们通过监控录像继续追踪这辆车。

然而，盗贼是如何进入珠宝店的，仍然是个谜。不识庐山真面目，只缘身在此山中！刘成晓改变了思路，来到了店外。她发现，有一道院墙围住了珠宝店所在的小区。从大门进去之后，她看到院内一座楼房的墙边有一个大沙堆。不经意间，她看到了离墙半米远的沙堆的低凹处有几块瓷片从墙上掉落在地上。走近一看，她发现那里有一个直径一尺多的墙洞，而这个洞绝对不是临时挖出来的。她转回店内一问，才知道从这个洞进去之后，是一个与珠宝店并不相连的夹道，通往旁边的一个超市。慢着，夹道上面有吊顶，从吊顶上面是不是可以进入配电房？

老板想起来了，上面可能是通的。这可是只有少数人知道的秘密通道。一年前，珠宝店装修时，他就发现了这个洞。于是，他让装修工把它填上，外面再贴上瓷片。可是，到底填没填、用什么填的，他没问。刘成晓马上让他打电话问装修公司，问问当时负责装修的都是些什么人。据装修公司的经理回忆，当时他手下的工人有洛阳的，有山东菏泽的。他答应一旦联系上当时的工人，就让他们给警方回电话。

经过进一步核查，发现被盗黄金首饰三千多克，价值两百多万元，与媒体上报道的相去甚远。老板说，媒体是在炒作。

两起大案的侦破工作在同步进行着。刘成晓和市公安局犯罪侦查局的副局长、分局主管刑侦的副局长一起带队奔赴南阳，留下来的民警继续侦破黄金盗窃案，重点是查清装修工的情况以及那辆套牌车的来龙去脉。

5 月 15 日，命案专案组的民警们到了南阳。在南阳警方的大力配合下，刘成晓找到了那个发短信的手机机主——某医学院的学生小冯。原来，他也是给邵丽斌打过工的学生。5 月 12 日下午，邵丽斌借路人的手机给小冯打电话说，他要来南阳，让小冯提前给他订一个房间。小冯说：“我陪他吃过晚饭回到房间，他说他的手机欠费，用我的手机给他的女朋友发了条短信。发完之后，就删除了。然后，他又住了两天，今天上午就退房了。”短信的内容已被警方查获，就一句话：“你从现在开始关机，以后每天晚上十二点开机十分钟，等我联系。”显而易见，邵丽斌正在预谋长期潜逃。

5 月 16 日一大早，从郑州市公安局传来消息，白雪出现在了郑州长途汽车站。淅川不通火车，她的目的地很可能是淅川。而淅川，位于豫陕鄂三省的交界处。她和邵丽斌一旦会合，就会双双彻底消失。

如果长途汽车走高速路，就可能已经快到了。于是，刘成晓马上带人驱车一百多公里，奔赴淅川长途汽车站。到了那里一问，从郑州来的长途汽车还没到。马上布控！首要的目标当然不是白雪，而是接站的人。突然，一个戴口罩的年轻

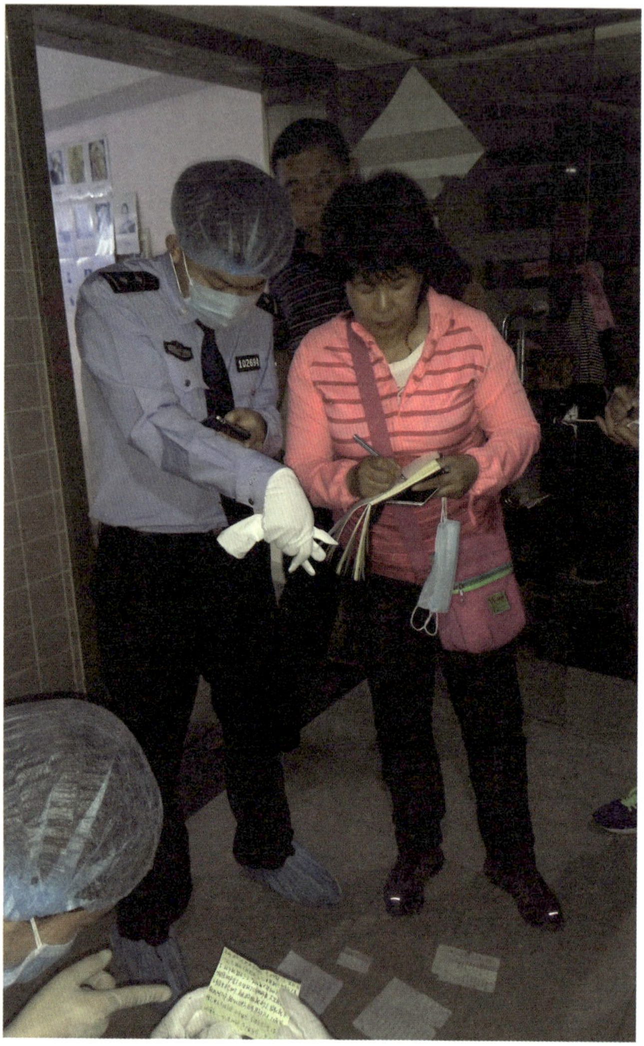

人从刘成晓的身边匆匆经过。她马上把在监控视频里见到过的影像在脑海里检索了一遍——微驼的背影，阴郁的样子。没错，就是他！她顾不上呼唤增援的战友，立即冲上前去，扭住了嫌疑人的胳膊，按住了嫌疑人的脖子。紧接着，战友们跑了过来，从后面紧紧地抱住了嫌疑人，迅速将其控制住了，当场从他身上搜出了一把锋利的匕首。

把犯罪嫌疑人押上车之后，一切归于了平静。

刘成晓问邵丽斌："知道为什么抓你吗？"邵丽斌说："知道，不就是因为我杀了个人嘛！不过，我没想到，抓住我的竟然是个女警察。”专案组对他进行了突审，结果他对自己的犯罪事实供认不讳，并表示一定配合警方办案。但是，他请求警方放过他的女朋友，因为她是无辜的，她什么也不知道。说着，他眼中的泪水静静地流了下来。刘成晓问他：“你爱你的女朋友吗？”他说：“是的，非常……”

下午六点，在将命案嫌疑人押解回郑州的途中，刘成晓接到了一个电话，得知黄金首饰被盗案有了重大突破。洛阳的装修工人回了电话，但山东菏泽的装修工人却杳无音信。同时，那辆冒牌车 12 日 23 时在高速公路的兰考入口处出现了，又于 13 日凌晨三时进入了郑州圃田高速路的入口处，随后经兰考向东驶去——正是山东菏泽的方向。而且，经珠宝店的一名员工指认，视频中的一名犯罪嫌疑人与一名参与装修的来自山东菏泽的工人十分相像。

民警们回到了郑州，匆匆吃了几口饭便加入了挥师山东菏泽的抓捕团队。

5 月 17 日上午十时，他们在菏泽的一家旅馆内抓获了两名犯罪嫌疑人。审讯进行到下午五点时，警方得知嫌疑人贝贝当晚要在牡丹公园门口吃烧烤。

于是，刘成晓带领民警押着两个犯罪嫌疑人，火速赶到了牡丹公园门口。一家烧烤店的门前异常热闹，十几张桌子的旁边坐满了人，大多是些流里流气的年轻人。刘成晓化装成食客，一边在十几张桌子中间找座位，一边装成打电话的样子，悄悄录下视频，发给了外围的战友们，好让嫌疑人辨认。狡猾的嫌疑人说，贝贝不在现场。

刘成晓意识到此地不可久留，必须速战速决。她继续在现场搜索，终于发现了一名男子极像贝贝，于是就让老板在他旁边加了一张桌子。当老板问“贝贝，你还吃点儿啥”时，她马上给外围的战友发出信号，并迅速起身，一手按住贝贝的肩膀，一手扭住他的胳膊，和跑过来的战友们一起将他控制住了。顿时，现场的五十多个流里流气的年轻人站了起来，有的摩拳擦掌地向前靠拢，有的拿着手机录像拍照，还有的高喊：“打人了！”刘成晓当机立断，拿出了警官证，大声喊道：“我们是公安民警，在执行公务！都站在原地不要动！”战友们迅速形成了人墙，最后顺利地将嫌疑人贝贝带离。

民警们乘胜追击，抓获了最后一名嫌疑人。至此，邓行乐、刘世康、沈贝、梁振江这四名“黄金大盗”全部归案。

五天的时间内，两起大案先后告破，犯罪嫌疑人全部落网。然而，这五天五夜，刘成晓和战友们每天睡眠不足两小时，长途奔袭数千公里，真的是很累。刘成晓因劳累过度，出现了明显的心绞痛症状，是靠速效救心丸坚持下来的。其实，她早在几年前就得过一次脑梗塞，晕倒在了岗位上。她几次住院，都是病情稍有好转，住院手续还挂在那儿，人就不见了。七个月后，她带人去内蒙古抓捕潜逃的杀人犯，回来时又出现了“电解质紊乱”……

案情就是命令，线索稍纵即逝。这对刑警的身体、意志和智力，都是一种挑战。面对穷凶极恶的犯罪嫌疑人，刀光剑影，吉凶难料，更不要说千里追捕、长途押解……作为女人，有许多舒适的职业可以选择，但刘成晓却选择了刑警。她把生命投入了风暴，毫不吝惜地把自己变成了一个风风火火、敢打敢拼的女侠。当然，也有人叫她“女汉子”、“刘大哥”。她的刑警气质，特别是在危难时刻挺身而出的勇敢，都与一个女人的优雅、娴静无缘，但却与人类社会共同追求的公平、正义有关。我把琴心化剑胆——砥砺前行之中，成就了一种品质的伟岸与高贵。

最难忘，是患难与共的战友情

许多年过去了，有很多大案要案的侦破已被写进了公安史。但是，总有一些细节，甚至是一些不可能载入史册的小案件中的小细节，令人终生难忘。

2011 年，郑州老城区的改造突飞猛进。与此同时，警方不断地接到入室盗窃的报案。民警们一次次地出现场，结果发现被撬的都是老式的明锁，盗走的财物少则几十元，多则几百元。尽管案件不大，但作案次数太多，有时候一个下午就撬盗好几家，如同扫荡。案件一直破不了，群众怨声载道，甚至有人说这是政府拆迁办的阴谋。

尽管此说荒诞不经，但却不胫而走，已经成了影响到政府形象和市政建设的大问题。可是，派民警去蹲守也没有结果。

终于有一天，有个拆迁户报案，说家中被盗了一部手机。手机不贵，也就值几百元钱。刘成晓判断，这个蟊贼太贪心，连这种廉价的手机都偷，一定是想偷来自己用。警方严密地监控了两个多月后，总算等到了被盗手机开始换号使用。一查，使用者是焦作市某镇村民陆怀远。经进一步调查，发现此人在案发时段曾在郑州打工，而且人高马大，身高一米八九。于是，刘成晓带领王立盘、张辉等四名民警前去抓人。

刘成晓和王立盘先来到了镇中学，找到了学校的校长，然后叫来了在该校任教的陆怀远的岳父刘先知。

一听是公安民警，刘先知激动起来："你们想咋办就咋办吧，反正我也管不了他。"可见，他对这个不务正业的女婿非常不满。经过进一步做工作，刘先知答应配合。可是，不巧，当天是他奶奶的生日，亲戚朋友都要去给他奶奶祝寿，直接去抓人肯定行不通。刘成晓想了想，只能这样了：到了晚上，先由校长和王立盘登门询问，力争把嫌疑人引出来。刘成晓等人在村头的107国道边上守候，伺机抓捕嫌疑人。

晚上九点左右，他们先开车把校长和王立盘送到了刘家附近，然后折回。校长和王立盘一进门，刘家人便感觉到了异样。校长问刘先知的女儿刘芳："你爸今天怎么没到学校，手机关机？"他这么一问，刘芳慌了："我爸中午都没回家，到底出什么事了？"

国道边上，刘成晓让刘先知打电话给女儿："芳芳，我在村头，你赶快过来一下。"不一会儿，刘芳便慌慌张张地跑过来了。接着，陆怀远也出来了。眼看他就要走到刘成晓他们的车前面了！机不可失，刘成晓和一名民警开门下车，一把按住了他的脖子，把他往车里塞。他反抗着，且力大无比，怎么也塞不进去。直到听见他岳父在车里说"你不要折腾了，上来吧"，他才勉强上了车。

刘成晓命令张辉："开车！"

那时候，张辉刚入警，还不知道情况有多么紧急，问："那立盘呢？"

刘芳当然不知道父亲在车上，只看见丈夫被一男一女抓走了，便疯了似的跑过来，一边大叫着，一边拍打着后车盖。刘成晓再次命令开车！张辉这才明白过来，猛踩油门，汽车呼啸着驶上了107国道。

车子一溜烟儿地来到镇上，民警们才发现，嫌疑人出门时没带手机。这可是重要证据！刘成晓当机立断，对车上的民警说："人已经在车上了，你们先去派出所等着我。如果他不配合，你们随时可以使用武器。"张辉心想，哪里有枪啊！他们根本就没带枪。刘成晓在下面踢了他一脚："记住我的话！"然后，她下了车，叫了一辆出租车返了回去。路上，她一边给当地派出所打电话，请求支援，一边想着如何应对接下来可能发生的事。

当地派出所的值班所长一听，马上说："原来是这样啊！对方也报了警，说是被绑架了。我们的人也正在往报警地点赶。"刘成晓本来是想等抓了人再到派出所办手续的，没想到出了岔子。不过，在这种情况下，当地派出所的同志们也理解——任务特殊，没有事先通报，是怕走漏了风声。刘成晓没有多解释，马上要来了处警民警的电话。刘成晓打完电话，看见王立盘和校长顺着107国道蹒跚地走了过来。一见面，王立盘便开玩笑说："刘队，你想让村民们把我们乱棍打死吗？"

刘成晓掩饰着深深的歉意，说："村民会打学校的校长和老师吗？不过，我们现在还得回去拿手机。"王立盘和校长都认为不可能——这时候再回去，找死啊！刘成晓说："对方也报了警，我已经向处警民警说明了情况。"

他们来到村头，远远地看见刘芳已经叫来了亲戚朋友和村民，一大群人正守在那里，等着处警民警的到来。这时，一辆出租车在路边停了下来，并没有引起他们的注意。可是，当派出所的警车闪着警灯驶过来时，刘芳马上带人迎了上去。

刘成晓不知道自己在电话里究竟和处警民警说清楚了没有，在心里捏了一把汗，叫出租车司机赶快打开"双闪"。谢天谢地，处警民警看见了出租车，在旁边下了车，与郑州民警握手会合了。他们很快就一起商量好了处置方案。

两名警察迎着人群走了过去。他们把刘芳单独叫了过来，告诉了她实情。这时，刘成晓走过来说："听说今天是奶奶的生日，如果你不想牵连更多的人，就请务必配合我们收缴那部手机。你好好想想吧，想好了再作决定。"

不远处，人群开始骚动。当地的民警赶紧过来安抚："没事，大家散了吧！"

刘芳终于想通了，同意带民警到家里取手机。到了家里，无论家人怎么追问，她都强忍着泪水，没有说出来。

手机取回来了。在派出所会合后，张辉他们当着值班所长的面履行了法律程序。陆怀远终于低下了桀骜不驯的头……

许多年过去了，刘成晓总是忘不了王立盘和那位校长在107国道上蹒跚而行的身影。107国道很长，一如她和战友们一路走来的风雨历程。

（文中部分人员的名字为化名）

“铁人”是怎样炼成的

——记湖北省武汉市公安局武昌区交通大队机动中队副中队长刘五桥

鲁艺兵　黄赤橙

汉水，她的波涛亘古不变地从秦岭南麓流向长江，在河口附近冲刷出千里沃土。一个叫蔡甸的城镇就坐落于此，这个曾被称为汉阳县的古郡已经存续了数千年，是钟子期的故乡，被誉为知音故里。每次回到老家，刘五桥都会感慨不已，原以为自己要在这座江边小镇待一辈子，却因为机遇走进了大城市，成为一名光荣的人民警察。每次站在汉水边，他那黝黑的脸上总会泛起微笑，往昔的回忆就像溅起的浪花一样，点点滴滴飘至心头。

正如其名，刘五桥排行老五，上面有三个哥哥一个姐姐。他的出生并没有给家人带来太多的喜悦，在那个每天为粮食发愁的年代，多了一张嘴，就意味着给这个家庭多带来一分困难。没等坐好月子，刘五桥的母亲就下地干活儿了。女子本弱，为母则刚，为了能让丈夫安心工作，为了五个嗷嗷待哺的孩子，她用柔弱的身躯扛起了家庭的重担，家虽清贫，但五个孩子却被她教育得善良懂事。

在刘五桥的童年记忆里，忍饥挨饿一直是家常便饭，家里只有三亩薄田，养活一大家子人谈何容易。上世纪 70 年代初，他的父亲在军山乡粮管所当所长，在那个特殊年代，这是个多么令人羡慕的岗位，很多亲戚朋友找到他父亲，希望多分一点儿粮票，但都被他拒绝了，有人背后戳他脊梁骨，他也不为所动。

“爸爸，我饿！”看着儿女们渴望的眼神，还有那一张张饥黄的小脸，这个坚强的汉子的心里就像被刀绞一样疼。

“孩子们，爸爸也饿，现在全国人民都饿，现在我们只有熬，熬过去就好了！”他一边说一边撸起袖子，去厨房煮了一锅沸水，再撒上几把炒米，这成了敷衍孩子肚皮的“美食”——炒米汤。

“又吃炒米汤，又咸又硬，不好吃！”刘五桥仗着自己是老幺，敢和爸爸顶撞，“邻居虎子说你管着面和肉，我要吃肉丝下面！”

父亲蹲下身，抚摸着刘五桥的小脸说：“五啊，不是爸爸心狠，爸爸管的都是国家的东西，如果拿回来给你们吃了，爸爸就是对不起国家，对不起老百姓啊！”

40 多年过去了，父亲当时的话还萦绕在刘五桥耳边。他还清晰地记得，1980 年父亲退休时，用自己的存款买了 15 根楠竹，准备拿回家做篾片搭大棚，这就是父亲工作几十年的全部积蓄。

天不假年，父亲退休一年后就永远离开了他们，当时刘五桥还只有 11 岁。那天晚上父亲瞪大眼睛望着糊满报纸的天花板，双手紧紧抓着被子，心肌梗死残忍地夺走了他的生命，刘五桥一直记得当时的情景。虽然父亲陪伴他的时间很少，但他的教育却影响了刘五桥一辈子。

“不能对不起国家、对不起老百姓！”父亲的信念被刘五桥继承了下来，成为他从警生涯中不变的坚守。23 年来，他始终奋战在交通管理一线，尤其是担任武昌火车站警务区警长后，面对辖区人流量大、车流量大、管理难度大的复杂局面，团结带领区队民警依法严管，动真碰硬，取得了良好成绩，为维护武昌火车站地区交通秩序、提升武汉城市形象作出了贡献。他曾荣立个人一等功 1 次、二等功 1 次、三等功 2 次，获评“全国优秀人民警察”、“湖北最美警察”、“荆楚楷模”、全省“百名好干警”等荣誉称号，并在 2017 年 5 月被评为“全国特级优秀人民警察”。

一天工作18个小时的“铁人”

刘五桥当过兵，对自己的警容有着苛刻的要求，每天皮鞋都擦得锃亮，打开他办公室的鞋柜，里面清一色都是军用黑皮鞋。“普通皮鞋不经穿，”刘五桥说，“工作这么多年来，我穿破的皮鞋可以装满一个编织袋。”

在武昌火车站工作的八年间，刘五桥赢得了“铁人”的称号。武昌站列车班次发（到）站有四个高峰期，最早5点，最晚19时30分，都恰好与交通高峰重叠，加剧了拥堵。这就注定刘五桥每天早晨要5点前到岗，一日三餐都要在马路上完成。

“上午5点到岗，就要在出站口查黑车，”刘五桥向笔者讲述他一天的工作内容，“8点左右到航海客运站指挥大客车排队进站，有的客车司机不守秩序插队，把紫阳东路堵死了，我就要跑过去疏导。有时一天要来回走十来趟，这要是土路，早就被我走成了槽！”

每年春运，是刘五桥最忙的时候，仅火车站站前路口人流量就在40万人次以上。面对黑压压的旅客，交警疏导过节人流全靠步行，经常以每天13个小时的饱和度来工作，最长一天达到18个小时。他们每天要为成百上千的旅客指路，有的工作人员一天下来喉咙疼痛难当，就在手持电台上贴一张写着“喉咙痛”的纸条，向问路的旅客展示。但刘五桥不允许自己这样，哪怕他说不出话来，他也会用手势和地图向旅客指路。“在鱼龙混杂的火车站，群众能相信的往往只有警察，我们穿着这身警服，就不能辜负他们的信任！”刘五桥说。

他的话有没有夸张成分，这点湖北电视台的一名肖姓记者最有发言权。有一年国庆节，台里派他跟拍刘五桥，见惯了交警执法的他起初不以为然，但跟了刘五桥一天后，他瘫倒在椅子上直喘粗气：“刘队长，你这‘铁人’真是名不虚传，走了一天的路，难道你不累吗？”

“累啊，”刘五桥笑着说，“人都是肉长的，哪有什么铁人，只不过我的责任太重了，只能咬着牙硬扛，长年下来就习惯了。”一句话说得记者肃然起敬。

2016年7月5日，因夏季汛期，紫阳东路积水难退。正在路口执勤的刘五桥远远看到一辆银色面包车涉着水向他驶来。刘五桥高呼：“不要过来，水深，退回去！”可司机依旧勇往直前，没走到一半就熄火了，水位已经完全淹没轮胎。

打不开车门的女司机蹲在座椅上非常惶恐，不停地打电话求救。刘五桥大声向车内喊话："您先别急，要踩刹车，挂空挡！"他赶紧跳到一米多深的水里，和四位好心群众合力推车 600 米，救出了被困司机。

大雨还在下，又有一辆面包车被困了，刘五桥涉着齐膝深的水，和司机一起推车……6 个小时过去了，他协助推移出 16 辆抛锚车，解救被困旅客近 200 人，捡拾机动车车牌 38 块。不少围观群众拿出手机，拍摄他工作的场景，发上微博，赢得了网友的一致点赞。

死亡曾与他擦肩而过

刘五桥不怕死，这是武昌分局车站派出所所长对他的评价。面对交通违法行为，刘五桥敢于动真碰硬，遇到暴力抗法的当事人，他哪怕冒着生命危险也要将其绳之以法。

2015 年 3 月 20 日 8 点 10 分左右，刘五桥发现中山路张之洞路口 50 米处，一辆白色现代越野车车牌被黑布遮挡。刘五桥示意车辆停车，司机突然加油用车头顶向刘五桥，同时往右急打方向盘，车辆猛烈地从他身体左侧擦过。

嗖的一声，越野车的左翼子板和反光镜猛烈地摩擦刘五桥的左手臂和小腿，他瞬间感到一阵火辣辣的痛，低头一看，裤腿都被磨破了，殷红的鲜血从伤口渗出。

“这个司机肯定有问题，不能放过他！”刘五桥心里闪过电光火石的念头，人已经冲向停在路边的警车，他忍着疼痛发动车子，向越野车逃逸的方向追去。

看见有警车追上来，越野车慌不择路，左右乱窜，在拥堵的道路上，最高时速超过了 60 公里。刘五桥驾车紧随其后，咬住他不放，一路跟到了梅家山立交桥下，在拥堵的车流中，越野车连撞两车，最终被警车逼停。

事后，肇事司机接受了处罚，并诚恳地向刘五桥道歉。他心悸不已地说：“刘队，你的气势把我吓到了，当时我只有逃跑一个念头，大脑一片空白。”

当天晚上，刘五桥带着伤回到家中，躺在沙发上就不愿动弹，他的妻子一边帮他上药，一边抹着眼泪：“你还以为你在当兵啊，这么拼命，你要是有个三长两短我们可怎么办……”

“放心，我命硬，阎王爷还舍不得收我。”刘五桥打着哈哈，向夫人赔笑脸。

谈起自己的军旅生涯，刘五桥就充满自豪感：“我当时是侦察兵，经常要深入敌后，干的可是脑袋别在裤腰带上的活儿。”他的言语间充满了将生死置之度外的豪情，但让他没想到的是，一次与死亡擦肩而过的瞬间，让他真真切切地感到了惊险，以至于每次梦见那 24 个车轮，还会从梦中惊醒。

事情要从 2016 年秋天的一个傍晚说起，那天刘五桥正在站前路执勤，突然接到电台呼叫，有一辆平板大货车冲过交警拦检，从大东门方向驶来。刘五桥想都没想，就走到马路中间准备拦车。几分钟后，那辆冲岗的货车就来到刘五桥面前，他面向货车伸出立掌，用标准的手势示意司机靠边停车。

当时在附近疏导行人的志愿者王大姐清晰地记得那一幕，货车司机一边在驾驶室里点头，一边慢慢减速，车辆缓缓地慢下来，但在车头距离刘五桥仅有几米时，车辆又开始加速了。

“刘队长小心！”王大姐吓坏了，扔下手里的小红旗大叫起来。

只见刘五桥一边飞快地向后退去，想与车头拉开距离，一边向车头右侧躲避。那一瞬间，货车的保险杠从刘五桥身边擦过，他被带了一下，整个人转了 360 度。

半人高的车轮一个接一个从他面前滚过。

“那一瞬间，我第一次觉得死亡离自己如此之近。”事后他回忆起来仍心有余悸。最终大货车被民警截停，司机被抓获，刘五桥查看嫌疑车辆时，仔细数了车轮的数量。

24个车轮，他心里暗自庆幸，如果当时躲闪不及时，估计自己已经成了一堆肉泥。

“交警也是个危险的工作，”经历了这件事，刘五桥对自己的职业有了新的认识，“站上路面就如同上了战场，不拿出点儿不怕死的精神，还真镇不住邪！”

吃软不吃硬的“刘黑子”

刘五桥中等身材，皮肤黝黑，说话风趣幽默，他老是自嘲自己的肤色：“年轻时还是挺白的，那时候小伙子叫一个精神。自从做了交警，是‘老鸹（乌鸦）钻烟囱——越来越黑’！”

在武昌站工作久了，不少人喜欢叫他“刘黑子”，这是盘踞火车站多年的黑车司机给他取的诨名，一是嘲笑他皮肤黑，二是说他像黑脸包公一样，一点儿人情都不讲。自从2009年当上武昌站警务区警长后，他重拳治理火车站周边的黑车、摩的、强行揽客等乱象，不少黑车司机贿赂他，也有人威胁他，刘五桥都不为所动。

一次，一位黑车司机看到刘五桥要查扣他的车，气急之下一口咬住刘五桥的左手，两人僵持几分钟后才分开，但刘五桥的手早已鲜血淋漓，血肉模糊，至今受伤的手指仍无法伸直，落下了病根。

就是凭着这股子狠劲，原本乱象丛生的武昌火车站变得井然有序，黑车泛滥的情况得到了有效遏制，黑车司机私下里都说：“刘黑子天不怕地不怕，最好别去惹他！”

交警武昌大队大队长冯崇湖与刘五桥共事多年，对他的秉性最清楚：“刘五桥是个犟脾气，但跟他相处久了就知道，他其实心肠很软，要是谁真的有困难，他总是义不容辞地出手相助。”

2016年2月14日晚，时逢情人节，刘五桥正和同事在火车站周边查酒驾。这时一辆外地牌照的面包车歪歪扭扭地驶来，隔着车窗都能看到司机一脸红光。

“您好，请放下车窗，配合我们进行酒精检测。”刘五桥拦下面包车，向司机敬了一个礼。

司机一脸为难，不断向后排乘客说着什么，这时，从后排下来一个大汉。他浑身酒气，走到刘五桥面前俯视着他，嘴里的唾沫几乎喷到他脸上：“我是喝酒了，我又没开车，你警察欺负我们老百姓，算什么本事！”他一边说着，一边用他粗壮的身躯挤着刘五桥。

“你不要无理取闹，我要检查的是司机，跟你没关系，请你让开！”刘五桥义正词严的话语吸引了过路群众，现场很快被围得水泄不通，有的人目睹了事件经过，纷纷责备司机不懂事。

司机有点儿慌了，向坐在副驾驶位的老母亲耳语了几句，老人突然双眼翻白，双手扭曲，从车座滑落到地上不停抽搐。

“我母亲犯病啦！”司机大喊道，“我母亲有癫痫，必须马上送医院，不然有危险！”

刘五桥顶着群众的指指点点，俯身查看老人的病情，当他看到老人眯着眼睛偷偷观察周围情况时，他心里已经有数了。

“打电话给120，叫一辆救护车来，”刘五桥对协警说，他又转向司机，“但是你现在必须做酒精检测，没有商量的余地！”

面对强硬的刘五桥，司机只好乖乖对着酒精测试仪吹了气，刘五桥一看，110mg/ml，已经涉嫌醉酒驾驶机动车。看到儿子要被带走，躺在地上的老人突然爬了起来，她拉着刘五桥的手说：“我刚才是心疼儿子才演了这场戏，但我是真的有癫痫，这次儿子带我来武汉就是来治病的啊！”

看着老人递来的病历，刘五桥顿时心软了：“老人家，醉酒驾车害人害己，我不能纵容这种行为，过会儿您坐救护车，先去医院做个检查，看病的钱我可以帮您垫上。”一番话说得老人惭愧不已。

后来，刘五桥还提着水果，专程到医院看望了这位老人，得知老人一家来自河南农村且家庭条件困难时，他还在老人枕下塞了五百元钱。

作为一名执法者，必须要忠于法律，但面对法与情的纠葛时，刘五桥总是在不违背原则的情况下，尽量帮助群众，维护他们的尊严。他用自己的实际行动，践行了人民公安为人民的庄严承诺！

一心爱民的“暖男”交警

为了照顾家庭，刘五桥的妻子没有去工作，他的工资就成了家里唯一的经济来源，儿子正在上小学，学费、培训费……这些支出常常让他囊中羞涩，一家人过得并不宽裕。尽管如此，刘五桥经常在工作中仗义疏财，这也让他赢得了“暖男”交警的称号。

腊月的一天，晚上8点，室外下着大雪，刘五桥结束一天的工作，换完便装准备回家。经过候车厅时，一对年轻的夫妇抱着三岁的儿子向他求助：“可以买包方便面给孩子吗？”

看到这对夫妻和孩子饥寒交迫的模样，刘五桥心有不忍，带着他们来到站内的小超市里，自己掏腰包买了200多元吃的用的给他们。

刘五桥常说，在火车站工作时间久了，见惯了世间百态，不少困难群众拖着大包小包，离乡背井只为混一口饭吃，穷苦出身的他常常感同身受，帮助群众渐渐成了刘五桥的习惯。在武昌火车站工作的八年间，他收到锦旗90余面、感谢信60余封，他以爱民为民的实际行动为武汉交警树立起了良好形象。

2015 年春节前夕，刘五桥正在站内巡查，远远看见一个小女孩儿，只身一人，提着一个装了几件衣服的塑料袋，无助地四处张望。

“小姑娘，你在这里转了半天了，是和家里人走散了吗？”刘五桥主动上前询问道。

“没有，我一个人出来的，我和家里人吵架了，我要去广东找我的网友，警察叔叔你能把电话借我打一下吗？”小女孩儿怯生生地嗫嚅道。

刘五桥仔细询问得知，这个女孩儿 13 岁，是嘉鱼县人，这天是她的生日，本来父母答应给她钱，让她请同学吃饭，但由于她家十分拮据，一时拿不出钱，女孩儿觉得在同学面前丢了面子，一气之下离家出走。刘五桥向女孩儿的网友打了电话，对方一听是警察，马上挂断了电话。

看着女孩儿稚气未脱的脸，想起和她年纪相仿的儿子，刘五桥内心充满了心疼和担忧：“我年龄可以做你父亲了，你听叔叔一句话，你那网友很有可能是骗子，你父母现在肯定焦急地在找你，他们肯定有自己的苦衷，做父母的哪个想让自己的儿女失望呢？”刘五桥动情地说着，不禁想起了自己的儿子，自己何尝不是为了工作，疏于对孩子的陪伴和关怀，内心涌起一阵自责，他的眼眶湿润了。

刘五桥联系上了女孩儿的父母，又带她吃了一顿丰盛的早餐，还买了一个洋娃娃送给她当生日礼物。一个多小时后，女孩儿的父母赶到了武昌站，千恩万谢地感激着刘五桥。

像这样的救助不计其数，刘五桥自己也记不清了。每当他执勤巡查时，有不少小商贩、驾驶员、行人为他送水送伞，热情地朝他打招呼。他也特别喜欢与群众在一起，有时下了班换了便装，还会与火车站广场上的清洁工、志愿者坐在一起谈天说地，他用自己标志性的蔡甸口音，一个接一个地抖着包袱，常常惹得大伙儿哈哈大笑，忘记了工作一天的劳累。

一次，一位女同志找到正在广场执勤的刘五桥，焦急地向他求助：“我的丈夫肾结石发作了，我们拦不到的士，你能送我们去医院吗？”刘五桥马上通过电台呼叫同事，将站前路口的交通灯调成红灯，自己开着警车载上夫妻二人直奔医院。

在路上，患病男子疼得大声呻吟，豆大的汗珠挂在脸上，表情十分痛苦。他的妻子一边哭一边安慰他，显得束手无策。刘五桥一边开车，一边想尽办法转移病人的注意力，情急之下，他想起上午从同事那儿听来的一个笑话。在刘五桥眉飞色舞的演绎下，那名男子居然被逗得笑了起来，痛苦的表情逐渐舒缓了。不一会儿，车子开到了医院，病人终于得到了有效救治。

“我觉得这些都是我应该做的。”从警 23 年来，刘五桥始终保持着爱民的情怀，不忘初心，真情付出。他说，只有在工作中全心全意为民服务，内心才会感到真正的幸福。

家庭是他温暖的港湾

俗话说，皇帝爱长子，百姓疼幺儿。刘五桥作为老幺，从小就颇受父母偏爱，懂事的他也十分孝顺，父亲去世后，母亲和哥哥姐姐就成了他最重要的精神支柱。

刘五桥从部队退伍后，为圆自己的警察梦，毅然参加了招警考试。大哥对此十分支持，不仅为他找来复习资料，还让嫂子给他做好吃的。成绩公布那天，姐姐非要陪他去看成绩，刘五桥骑着自行车，载着姐姐就出发了。临行前，他的母亲端了把小板凳坐在门口，望着姐弟俩渐行渐远，眼里充满了期盼与不安。

在路上，姐姐的裙子绞进了车轮里，从车上摔了下来，小腿擦伤了一大片，刘五桥心疼坏了，赶紧让姐姐回家休息。

“我一定要去，”姐姐执拗地说，“不看到你当上警察，我心里不踏实。”

刘五桥拗不过姐姐，和她一起坐公交车前往汉阳王家湾车管所，没待走近，就看到公布成绩的红榜贴满了一整面墙，旁边围满了人，刘五桥感觉自己心跳得越来越快。姐姐快步挤进人群，从第一名逐一往下寻找弟弟的名字。刘五桥则去看淘汰名单，一边看一边祈求老天爷，不要让自己的名字出现在里面。

“没有！”刘五桥兴奋了，又仔细看了一遍，淘汰名单里还是没有自己的名字，就在这时，他的姐姐大叫起来：“老五你快来看，你的名字在这儿，你考上了！”

那一刻，刘五桥感到一阵幸福的眩晕，自己成了一名光荣的人民警察！在 1000 个招录名额里，他考进了前 100 名，姐弟俩手拉着手庆祝着，此时他只想快点儿回到家中，把这个好消息与母亲分享！

等到全部手续办完，坐车回到蔡甸老家，已经是晚上 7 点。远远地，刘五桥看到母亲还保持着那个姿势，坐在小板凳上翘首以盼。那一刻，他的眼泪夺眶而出，哭得像个孩子。他太了解母亲了，她一定是在这里坐了一整天，望眼欲穿地等着自己回来。

“妈，我考上了，”他拉着妈妈的手，“你吃饭了吗？”

“没等到你的消息，妈吃不下啊！”

母子俩的双手紧紧握在一起，尽情地分享着喜悦。多年以后，回忆起当时的情景，刘五桥还是会流泪。母亲，永远是他内心里最柔软的地方。

长兄如父，自从父亲去世后，刘五桥的哥哥们就成了他的榜样。在刘五桥当兵前，他的二哥在老家的汉阳一中当班主任，学校分了两间 12 平米的集体宿舍给他，可是二哥和二嫂却把厨房搭在走廊上，两人挤在一间房里，另一间房则免费给家庭困难的学生住。

“这些穷学生都来自偏远农村，马上又要高考了，让他们住在这里安心复习，是我作为班主任的责任。”二哥的话令刘五桥感到敬佩不已。榜样的力量是无穷的，刘五桥从警后，一直在学习二哥无私奉献的精神，逐渐形成自己做人的准则。

“时光时光慢些吧，不要再让你变老了，我愿用我一切换你岁月长留……”每当听到这些关于亲情的歌曲，刘五桥总是会格外感伤，时间总是那么无情，让母亲渐生华发。2016 年，在武昌分局举办的“身边人讲身边事”活动中，刘五桥的同事深情地讲起刘五桥的种种事迹，当大屏幕上出现老母亲的画面，坐在台下的刘五桥忍不住流泪了，坐在他身边的同事也被他真挚的情感打动，纷纷安慰他。

“我说不来参加的，看了这些我受不了。”刘五桥抹着眼泪说。

一个铁骨铮铮的汉子，却对家庭有着深深的愧疚。一年到头，刘五桥陪家人的时间太少了，哪怕是大年除夕夜，他也要钉在岗位上，守护着归心似箭的人们踏上返乡的旅途。其实刘五桥也想回家，想陪家里人吃一顿像样的团圆饭，想陪儿子一起放烟花，想为老娘梳梳头捶捶背，可是这八年来，始终难以如愿。

刘五桥的默默付出，一直被组织看在眼里，他也赢得了自己应得的荣誉。5 月 19 日，全国公安系统英雄模范立功集体表彰大会在北京召开，刘五桥荣获“全国特级优秀人民警察”荣誉称号，并在人民大会堂金色大厅接受了习近平总书记的亲切接见！那天晚上，刘五桥的家人都守在电视机旁，希望能在《新闻联播》里看到刘五桥的身影。当看到他与习近平总书记握手的一瞬间，全家都沸腾了，母亲和姐姐相拥而泣：“老五有这一天，真是太不容易了！”

5 月 23 日，又是一个明媚的早晨。天还没有亮，刘五桥就如平常一样，和同事们一起来到武昌火车站执勤岗上，哨子、指挥旗、电台……经过简单的装具整理后，他们又开始了一天的工作。

这就是刘五桥，一个荣誉等身的英雄模范，一个不忘初心的普通交警。从警23年来，他以忘我的精神默默付出着，在平凡的岗位上奏响人民公安无私奉献的进行曲，他的故事仍在继续。

加油，刘五桥！

“女汉子”的担当

——记湖南省娄底市公安局巡特警支队副支队长兼巡逻处警大队大队长李贝

欧阳伟

一

盛夏的娄底，室外气温高达40摄氏度，热浪袭人。街道两旁的景观树被晒得卷了叶儿，灼热的阳光刺得人们有点儿睁不开眼睛。

忽然，有人抬头发现，楼顶有人。

“不对，有人要跳楼！”

话刚出口，身边已经围上来好些人。大家一起抬头往上看，只见一座高楼顶上，一个人影在晃动，还不时地乱喊乱叫。

这里是娄底市中心的春园商业步行街。街口呈“八”字型，右边矗立着这幢十三层的高楼。围观的人越来越多，有人报警，有人起哄，也有人在找上楼的地方。

警车呼啸而来。警察来了，消防战士来了，记者来了……

民警拉起了警戒线。

消防战士在地面上铺好了一米多高的防护气垫。

几个民警和消防战士已经上到了楼顶，一些市民也跟着上去了。

街面上出现了拥堵现象，空气顿时紧张起来。

人们慢慢地才看清楚，那是一名女子，坐在楼顶的边上，随时都有可能坠下楼来。

是失恋，还是婚姻破裂？是农民工讨薪，还是逼债？

两个多小时过去了，这名女子仍然像稻草人似的在楼顶上晃来晃去，谁也无法靠近她。

现场的总指挥是娄底市巡特警支队的政委曹季和，他想到了李贝："李贝，李贝，你马上赶到金街，马上赶到金街！"

娄底人都知道，春园商业步行街又叫"金街"。

李贝当时是娄底市公安局巡特警支队一大队的教导员。接到指令，她和同事朱琳一起驾着车风驰电掣般地赶到了出事现场。

一看到楼顶上的人影，李贝不禁倒吸了一口凉气。

政委简单地交代了几句,李贝心领神会。她一转身,便和朱琳一起冲上了楼顶。

楼顶的情形很复杂，平台的右角上竖起了一个天台，有一人多高，旁边有个一米多高的横梁架构。

李贝试图通过横梁爬上去，不料那女子指着她尖叫起来。

李贝见那名女子烦躁不安，楼顶上又有那么多人，事态难以掌控，便果敢地决定，让所有男同志都撤到楼道里去，造成"人都走了"的假象。

楼顶上只留下了李贝和朱琳。

李贝在寻找有利时机。

她试了很多种方法都不管用。

那女人就是不让李贝和朱琳靠近。

李贝抓着一瓶矿泉水，对着那名女子大声喊："大姐，你口渴了吧。喝点儿水好不好？"

女子说："不喝，不喝你的水！"

李贝说："大姐，你有什么事就跟我讲。我是警察，我会帮你的。"

女子说："我不跟你讲，你们都是魔鬼。"

李贝心里一惊，莫非她是……

"大姐，我不是魔鬼。我跟你一样，也恨魔鬼。"李贝又往前走了两步，"我是你的妹妹呀，你不记得我了吗？"

女子站住了，盯着李贝说："妹妹？你真是妹妹？"

李贝把矿泉水递了过去。就在女子接矿泉水的一瞬间，李贝一纵身，跃上了横梁。

女子倒退了两步："你别过来！你是魔鬼，你是魔鬼！"

李贝又惊又喜。惊的是她果真是个精神病人，这麻烦可就大了。喜的是她开始接纳李贝了，愿意与李贝说话。

"大姐，我坐在这里不动，可以吧。"李贝果然坐了下来。

女子歪了歪脑袋，喃喃地说："你是妹妹，你不是魔鬼。"

李贝打量着眼前这个可怜的女人。她有三十来岁，头发凌乱，穿一件白底印花上衣和一条蓝色的裤子，裤管挽起到了膝盖。她身上脏兮兮的，神情有些恍惚。

李贝心里忽然有种莫名的酸楚。到底是怎样的伤害让她精神失常了？到底是什么样的打击令她痛不欲生？

直觉告诉李贝，楼上楼下几百双眼睛在盯着看，几百颗心在一齐揪着。

李贝对自己说："我是警察，危难关头，我不上谁上？！老百姓会说，要你们警察干什么？"

不管怎样，都要把她救下来！

楼道里的男人们不时地把头伸出去瞧瞧，屏住呼吸，生怕惊扰了她们。

大家都为李贝捏着一把汗。楼顶离地面至少有五十米，而且没有任何防护措施，李贝与那个轻生女仅隔着不到一米的距离，稍有不慎就有可能坠楼身亡。

时间在一分一秒地过去，险情一触即发。

轻生女仍站在李贝面前，不时地摇晃一下。看来，她的体力有些不支了，毕竟她已经在这上面待了四五个小时。楼顶上的气温恐怕在40摄氏度以上，她不吃不喝，再这样下去……

轻生女望着她，嘴里在说着什么。

李贝灵机一动："大姐，你想妈妈了吧！"

轻生女使劲儿点了点头说："妈妈，妈妈，我要妈妈！"

李贝说："我带你去找妈妈，好不好？"

轻生女拍了拍手说："好啊，好啊，找妈妈！"

李贝站起来，绕到了轻生女身边。

李贝突然转过身来，抱住轻生女，使劲儿一摔，两个人轰然倒下。

“完了，完了，李贝和轻生女一起坠楼了！”楼顶上的人一片惊呼。

楼顶上的几名消防战士反应神速，冲了上去。

天哪，上面还有一个一米多宽的天台！

李贝和轻生女正扭打在一起。

消防战士一齐扑了上去，抓胳膊的抓胳膊，抬脚的抬脚，硬是把轻生女给抬了下来。

轻生女一个劲儿地乱抓乱踢，不停地尖叫。

好险啊！

轻生女被成功地解救了下来。

李贝在跳下天台的那一刻，腿都软了。

那是个刻骨铭心的日子——2010 年 8 月 10 日。

二

在娄底市公安局办公大楼的三楼，我见到了李贝。李贝是刚刚升任治安支队政委的。

李贝在 1998 年进入娄底市公安局时，就给人留下了要强、不认输的印象。

当身高一米六、体重不足一百斤的李贝走进这个群体时，无数的“钉子”迎面而来。去侦查，大家怕她不安全；去抓捕，大家说她没力气；去审讯，大家说她年龄太小。

难道女民警就没有用武之地了吗？

李贝的倔劲儿上来了。男同志去办案，她就扮成女朋友帮着掩饰身份；男同志去抓捕，她就跟在后面选同性的抓；男同志去审讯，她就在旁边学着做笔录……李贝的进步很快就得到了大家的认可，干什么都愿意带上她了。市公安局也开始选派她参加各种比赛了。她先后四次参加了全省公安系统的技战比武。面对专业选手，她丝毫不怯场，最终为娄底捧回了全省女子查缉战术个人第六名、PPC 射击团体第五名、队列团体第六名等多个奖杯。

李贝多次表示，她受父亲的影响最深。

2000 年 7 月 26 日，李贝的父亲出了车祸。当她赶到医院时，父亲躺在担架上，已经奄奄一息了。几分钟后，身边的护士宣布，他的呼吸、心跳都停止了。

李贝回忆说："就在父亲做手术的十几个小时里，领导们来了，同事们来了，朋友们来了，被他亲手抓过的人及其家属也来了。狭窄的手术室门口，密密麻麻地站满了人。大家不停地安慰着妈妈和我，都说好人有好报，李所长一定会没事的。有些人哽咽着说不出话来，还有人哭着喊：'李爸爸，李爸爸！'我这才意识到，他们有多么舍不得我父亲离开。我第一次感受到，人生的价值不是你活着的时候能得到什么，而是你离开的时候能留下什么。爸爸虽然没有很好地照顾我和妈妈，也没有为我们创造很好的经济条件，但他却照顾了许许多多比我更需要照顾的人，也教会了我用多少金钱也买不到的人生道理。"

这世上真的有奇迹！

十几个小时后，李贝的爸爸奇迹般地活了过来。李贝一直认为是大家的呼唤给了他与死神抗争的力量。

从那时起，李贝便决心要像爸爸一样做一个好警察。

二十世纪九十年代末，刑侦与禁毒没有分开，李贝是刑侦支队禁毒大队里唯一的女同志。

一天晚上，李贝和队长他们一起去抓人。那人三十多岁，是一个以贩养吸的惯犯。

他们来到了一个小区。队长他们进了楼道，把李贝留在下面望风。

李贝也没闲着，瞪大了眼睛，不放过任何线索。

突然，从不远处走来了一个男的，穿着一双拖鞋，手里拎着一包貌似夜宵的东西，径直往楼道口走去。

李贝在他身后喊了一声："刁子！"

那名男子猛地一回头。李贝冲上去，飞起一脚，刁子踉跄了几步，丢掉手里的东西，拔腿就跑。

李贝大声喊着队长的名字，一个扫堂腿，刁子猝不及防，摔了个"狗吃屎"。

李贝使出了"擒拿手"，三两下就把刁子给铐上了。

等到队长他们下得楼来，刁子早就耷拉着脑袋一动不动了。

队友在李贝的肩上擂了一拳："哟，看不出来嘛！"

李贝龇牙一笑："嘿嘿，哥们儿也是参加过武装泅渡的好不好，对付这么个玩意儿还不是小菜一碟！"

队长说："李贝胆子大，好像没怕过什么。"

那些年，李贝参与了支队负责的所有案件的侦破，始终在抓捕第一线。

那年 7 月，娄底的一名女性贩毒头目被成功抓获。

那女的叫"羊蝎子"。

羊蝎子的头发很长，乱糟糟的，不知道多久没有洗过了，散发出一股难闻的气味。

羊蝎子怯生生地问李贝："干部，我能洗个澡吗？"

李贝愣了一下——那可是支队的办公场所，没有澡堂。

羊蝎子低下头说："算了，不洗了。"

李贝果断地说："我带你去洗。"

李贝帮她买来了毛巾和洗漱用品，把她带到了办公区的女厕所。

天气炎热，厕所里很臭，羊蝎子有些不好意思。

李贝淡淡地说："没关系，你难得洗个澡，慢慢洗吧。"

洗完澡，羊蝎子要把衣服洗干净，可是没有地方放，她只好用牙齿咬着内衣、内裤，腾出手来洗其他衣服。

李贝把她的内衣、内裤拿了过来，站在她旁边，直到她洗完为止。

就因为李贝的这么一个举动，羊蝎子服了李贝，成了她的人。

李贝带着羊蝎子去抓人，第一站——广州。接头地点在白云区的一家宾馆内。

李贝和同事们在宾馆的大堂内焦急地等待着。她的任务是抓捕前来接头的贩毒夫妻中的妻子。

嫌疑人终于出现了，而李贝和同事们却蒙了。他们根本就不像前来接头的毒贩，而像是一对带着孩子出来度蜜月的小两口。那女人怀里抱着一个小小的婴儿，在男人的呵护下小心翼翼地走了过来。

情况有变，来不及再制订周密的抓捕计划，只能见机行事了。其他人负责抓大人，李贝则负责抢下婴儿。

李贝把那个宝宝抱在了怀中。那是一个非常漂亮的小女孩，而她那软绵绵的身上却绑满了硬邦邦的块状毒品。

婴儿正是这对夫妻的亲生女儿，还没有满月。

人抓了，孩子怎么办？

队长丢给李贝一句话："这孩子归你啦！"

天哪！李贝才二十出头，还没结婚呢，哪里知道怎么带孩子！

没办法，她只得硬着头皮上了。赶紧去买奶粉和尿片！

这么小的一个嫩宝宝，一会儿要吃奶，一会儿要喝水，李贝从没受过这种折腾。一天下来，她累得快要趴下了。

晚上，这对夫妻的家属赶了过来，把孩子接走了。

李贝如释重负，和羊蝎子一起住在宾馆的房间里。

她还有一个任务，就是看管好这个女人。

当晚，李贝在完成任务时出现了这一辈子最难忘也最危险的一次失误。

专案组的民警仍在对那对夫妻进行紧张的突审。

李贝迷迷糊糊地睡着了。

等她一觉醒来，天已经亮了。

她睁眼一看，羊蝎子就坐在她身旁。她这才发现身上的毯子是羊蝎子盖的。

李贝吓出了一身冷汗。羊蝎子要是跑了，可就要出大事了，更何况李贝身上还带着将近十万元的现金！

李贝问羊蝎子："你怎么不跑？"

羊蝎子轻轻地说："我不能害你啊！"

"为什么？"

“你是一个好警察。”

“还有吗？”

“我不想再也见不到我的孩子。”

李贝听羊蝎子说过，她有个儿子，八岁了，正在上小学二年级。

羊蝎子又说：“从来没有人把我当人看，只有你——一个公家的干部不嫌我脏，帮我洗澡，帮我拿短裤，陪我一两个小时。我遇到你，活得值了。”

戈阿妹一再说自己是为了女儿才贩毒的。

开始，李贝有点儿鄙夷她。那么多路好走，偏偏要贩毒吗？

戈阿妹是李贝从云南抓回来的死刑犯。在看守所，李贝又成了戈阿妹的管教干部。

死刑犯是不允许见家属的。戈阿妹不死心，老缠着李贝：“让我最后见孩子一面吧。”话未落音，扑通一声，戈阿妹跪在了地上。

戈阿妹被关了一年多，早已是死人一个了。只有说到女儿，她才有了一丝生气。就像冰冻的海面，阳光来了，冰面就活了起来。

李贝是个敢想敢干的人，她得去找头头脑脑，得说服他们才行。

成了，上面的头头批准了。

戈阿妹的老家在云南曲靖山区，她的父母和女儿从没出过远门。

那天晚上，李贝开着自己的车到火车站，把祖孙三人接到了看守所。

戈阿妹的男人吸毒、贩毒，再也没有回来——是死是活，谁也不知道。她女儿才五岁，叫格格。

格格爱笑，看到一切都觉得新鲜，总是笑。

戈阿妹洗了头，换了件干净衣服，显得精神了许多。

一家人见面了，抱在一起，哭作一团。

戈阿妹被决定执行死刑。临刑前，她交给李贝一个纸包，咬着牙说：“李干部，你是我在这个城市最恨的人，但也是唯一值得我信赖的人。我将所有的身后事交给你，我放心。”说完，头也不回地走了。

李贝万万没有想到，第一次给她交代遗言的，不是她的父母，也不是她的亲人，竟是一个被她看管的犯人。

李贝打开一看，是三百多元钱和一封遗书。

信是这样写的：

格格，我的宝贝。当你看到这封信的时候，妈妈早已不在了。这里有三百多元钱，是妈妈劳动得来的，也是妈妈唯一能留给你的东西。妈妈走错了路，回不了头。妈妈没有读书，没文化，才走上了犯罪的路，希望你长大后千万不要走这条路。你一定要好好读书，好好做人。

看着这封遗书，李贝的眼睛湿润了。

后来，李贝设法将钱和遗书交给了戈阿妹的父母，钱就凑成了五百元整数。

三

女警干刑侦的不多，李贝干过。

女警干禁毒的不多，李贝干过。

女警干巡特警的不多，李贝干过。

不但干过，而且都干得蛮好。

俗话说得好，心有多大，舞台就有多大。

从 2007 年起，李贝通过竞争上岗，到巡特警支队担任一大队教导员。她在巡特警支队一干就是十年，先后担任督察大队、巡逻大队负责人，2014 年被正式任命为巡逻处警大队大队长。

据说，李贝是湖南省唯一的女性处警大队长，就是在全国也不多见。

她大大咧咧、风风火火，支队上下都叫她“女汉子”。

毕竟处警大队是全天候地街面处警，非常辛苦也非常危险。处警大队很少有女的，一百多号人基本上都是纯爷们儿。

这些纯爷们儿大多是转业军人，多是营职干部，论年龄、论资历都比李贝强啊！

“凭什么派一个女的来管我们？她管得了吗？”还是有人不服气，甚至有人等着看她的笑话。

新官刚上任，就赶上快过年了。

除夕夜，李贝带领优秀党员值班。

这一夜，到处报警，还有好多次火警。

凌晨一点，李贝带人火速赶到了大可辖区的马路边上，结果是有人在垃圾筒里放火烧垃圾，打了119。

凌晨三点，又接到某宾馆保安报警，说是有人放火。李贝带人赶去一看，又是那个人。

李贝把他扭送到了派出所。所里人哭笑不得："李队，你是真不知道啊！你队里的弟兄们没告诉你吗？这是个神经病，叫万人嫌。他三天两头报假警，我们也拿他没办法。"

早晨七点，报警说有人持刀行凶。

李贝又急匆匆地赶到了某小区，只见一个人挥舞着一把菜刀，乱喊乱叫。

派出所的值班民警说着同样的话："这些人都是精神病人，我们抓了，关留置室不行，只好送救助站。救助站又会把他们送到康复医院，康复医院也不收，就放了。"

李贝再与队里的兄弟们商量，大伙儿说："这是个老大难问题，一直解决不了，我们也只能疲于奔命。"

李贝还听说，一个十九岁的精神病人经常被人教唆："你把前面那个姐姐抱一下，我给你一包烟。"于是，他就脱得赤身裸体，冲到女的面前拉拉扯扯要流氓，弄得那一带的女人都不敢出门。

李贝作了调查，康复医院关了几十个这样的病人，好多都在两年以上，早已不堪重负。全市有好几百人，谁也不管，谁也管不了。

这些精神病人特别需要社会的关爱。他们流落在外，伤害最多的是妇女和儿童。

摸清了门道，李贝就一家一家地跑，先跑卫生局，再跑民政局、财政局，又跑救助站和康复医院。一个月没有消息，她就上门催，催了一次又一次……

"没有人牵头，我牵头。"李贝舍得一身剐，不怕丢脸，不怕别人推诿，"你说要找谁，我就去找谁，反正是不抛弃、不放弃。"

或许是被她的那股子倔强劲儿感动了，几个部门都同意开个联席会议。

召集人和主持人就是李贝。

队里有些老同志劝她说："你胆子真大，那都是县局级单位。"言下之意，你不过是一个小小的大队长，科级。

李贝咧嘴一笑，管他县局级还是什么级，只要他们愿意来开会，我就好办。

还真别说，会议开得蛮成功，形成了会议纪要，争取到了省财政每年划拨一百二十九万元给康复医院，作为专项资金，专门用于收治精神病人。

短短三个月，李贝啃下了这块硬骨头。

这下，全队的人都服了：“李大，你真牛！”

就是这个“真牛”的“李大”，带领着一百多号纯爷们儿，肩负着娄底城区五个街道办事处、四十多万人口的“网格化”巡逻防控、震慑街面犯罪、处置突发事件、先期化解社会矛盾纠纷的工作任务。

在她的身上，真真体现出了“吃得苦、耐得烦、霸得蛮”的湖湘精神。

我在娄底采访的日子里，听得最多的一句话就是：李贝舍得死。

还是在看守所工作的时候，李贝被艾滋病携带者抓伤了。

天哪，这可怎么得了！

父母担心，爱人担心，亲友们担心，同事们担心。

潜在的危险令所有人都为她担心。

要知道，这是个谈“艾”色变的年代。

她去医院做了检查，打了针，然后像个没事人一样，照常上班，照常处警。

李贝说了一句让人震撼的话：“只要我没被感染，只要我的孩子不被感染，以后我这辈子就什么要求都没有了。”

是啊，那时的她还怀着孩子呢！

其实，李贝的内心深处还是有些担心的，只是她不愿意让别人看到。

在她任期的两年里，巡逻处警大队先后被评为“全省接处警先进单位”、“全省学雷锋先进单位”。

“没有谁能随随便便成功。”这是李贝常说的一句话。

一路走来，李贝真的不容易，她硬是一步步扛过来的。是啊，摔过多少跤，流过多少泪，才可以承受多少幸福。

四

父女都是民警，这在公安系统还是有不少的。

父女都是“国优民警”，这恐怕就少之又少喽。

父女都是“省党代表”，这就更难找喽。

李贝和她的父亲李正明就是这样一对父女。

2011 年 9 月，李贝当选为湖南省第十次党代会代表，也是她第一次当选省党代表，是娄底团最年轻的。她兴奋地把这件事告诉了爸爸。

李正明“哦”了一声，淡淡地说：“这有什么，我也是啊！”

的确，早在 2001 年 11 月，李正明就当选为湖南省第八次党代会代表了。

2012 年 5 月，李贝被评为“全国优秀人民警察”。要知道，这可是警界最高的荣誉了。她兴高采烈地把这件事告诉了爸爸。

李正明“哦”了一声，点点头说：“这有什么，我也是啊！”

没错，早在 1998 年，李正明就获评“全国优秀人民警察”了。

在娄底市公安局，我见到了李正明。

听说他已经退休八年了，这八年又经历了三任公安局长，一直还在返聘他。这在全省乃至全国都是十分罕见的。他精神矍铄，全然看不出是一个脾脏全部切除、肾切了一只、断了六根肋骨的六级伤残的人。

李正明在预审科待了十四年，当过副科长，又当过一年审计科长，再到戒毒所当所长，一干就是十年。最后，他在市局后勤装备处副主任的位置上退了休。

李正明道出了自己的心思：“女儿还年轻，以后的路还长咧！”

榜样的力量是无穷的。李贝的同事们见证了她的成长，同时，李贝用她的人格魅力和奉献精神影响着处警大队甚至是娄底公安的同事们。同事们在她的精神感召下，砥砺前行。一个英雄的群体在成长，在闪光。

娄底全市三千多公安民警向标杆看齐、向先进靠拢，以他们的血肉之躯筑起了“平安祥和”的铜墙铁壁，竖起了“忠诚担当”的永久丰碑。

2012 年 5 月，李贝作为全国英模代表接受了党和国家领导人的亲切接见。

作为一个基层民警，这是何等的荣耀啊！

李贝爱笑。那是纯真的笑，那是发自内心的笑，好似地里的庄稼、山野的树木散发出清新的气息，让人感到自然而亲切。

记得 2016 年 6 月 29 日，在人民大会堂举行庆祝中国共产党成立 95 周年音乐会《信念永恒》时，习近平总书记等党和国家领导人与荣获“全国优秀共产党员”称号的先进代表一同观看了演出。李贝的座位与习近平总书记很近，再加上音乐的调动，李贝心潮澎湃。当唱到“我爱你，中国”时，她看到身边的老党员

1921-2016

拿出手帕擦眼泪，眼泪一下子就夺眶而出了。爱，是个多么普通的字眼啊！但是，在千千万万党员心中，它又是多么神圣啊！

就在前不久，李贝又有了一个新身份：党的十九大代表。

2017年5月3日下午，湖南省公安厅举行颁奖仪式，为近日被公安部评为“全国公安系统二级英雄模范”的民警李贝、胡光志颁奖。

5月19日，全国公安系统英雄模范立功集体表彰大会在北京召开，对党的十八大以来公安系统涌现的先进集体和个人进行隆重表彰。李贝作为英雄模范代表之一再次进京，被授予“全国特级优秀人民警察”荣誉称号，第四次接受了习近平总书记等党和国家领导人的亲切接见。

李贝坦言：“既然时代选择了我，我就没有退路。我得扛住，要有担当。我要对得住党和人民的信任，无愧于这个时代。”

飓风一号

——记广东省公安厅刑事侦查局大案处侦查六科科长朱嘉伟

丁一鹤

点击一下手机短信中的网址链接就会被骗得倾家荡产，刚刚网购完就收到精准诈骗短信，五六百元就能买到同事隐私信息把同事送进监狱……

互联网时代，越来越多的公民个人信息在网上“裸奔”。藏匿在中国境内外的电信网络诈骗团伙，借助手机、固定电话、网络等通讯手段和网银汇款方式实施诈骗，这种非接触式电信诈骗越来越呈现高发态势。我们的数据安全谁来保障？我们的个人隐私谁来保卫？中国警方决不会允许这些朝自己骨肉同胞下手的犯罪分子逍遥法外。从2016年开始，一场以公安部指挥、广东省公安机关带头发起的“飓风行动”，在全球范围内荡涤尘埃。

佛山无影贼

佛山市公安局刑警支队，天盾反诈骗平台，墙上钟表指针指向了早上7点。

佛山市公安局反诈骗中心民警梁慕嘉急匆匆抓起手机，打给了广东省公安厅刑侦局大案科长朱嘉伟：“嘉伟，我在天盾反诈骗平台上发现，一个叫田青的女士遭遇网络诈骗，我们只查到她的QQ号，联系不到她！你赶紧通知广州市局，不然就晚了！”

梁慕嘉是广东省公安系统有名的反诈骗专家，一个凡人不理的“老炮儿”。还没到上班时间，就突然打电话过来，一定遇到了棘手的问题。朱嘉伟连忙问：“是新型诈骗吗？”

梁慕嘉半秃的额顶冒出了细细的汗珠，急吼吼地说：“还不确定，但我从天盾平台监控到，一伙冒充公检法的诈骗团伙，正在围猎田青。这回，骗子是通过加微信好友，潜伏了两个月才放长线钓鱼。你赶紧通知广州市局，查到这个田青，阻止她！”

“马上安排！”朱嘉伟放下电话，立即通知了广州警方。

一小时后，朱嘉伟告诉梁慕嘉：“老梁，虚惊一场啊。广州反诈骗中心反馈说，他们上门劝阻，田青说根本没有上当受骗啊，聊天的都是她的朋友啊。”

“不可能！电话是境外打进来的网络电话，一会儿显示在泰国，一会儿显示在柬埔寨。你把田青的电话给我！”梁慕嘉更相信自己的判断。

田青的电话一个关机，另一个打通了却一直无人接听，这下轮到梁慕嘉傻了。

越是在最危急的时候，朱嘉伟却总能保持住最克制的状态，他告诉梁慕嘉：“你别急，你查一下田青的资金信息！”

梁慕嘉通过大数据系统分析后发现，昨天，田青将自住的一套房子，通过高利贷机构办理了抵押贷款，800 万元刚打到田青的银行账户。

梁慕嘉匆忙跑到楼下钻进一辆警车，一脚油门轰的一声弹射出去。

梁慕嘉边驾车边打电话给朱嘉伟：“田青的个人账户刚进来 800 万元，你马上出门，我们一起找田青！”

在赶往田青住所的路上，梁慕嘉打电话给田青账户所在的银行：“我是警察，请你们立即停止田青一切银行转账业务，否则后果自负。”

梁慕嘉口气强硬，不容置疑。

正当田青与银行工作人员争吵得不可开交的时候，朱嘉伟和梁慕嘉赶到银行，亮出了警官证。田青被带到附近派出所，在梁慕嘉百般劝说下，她终于开口：“求你们让我把这笔钱转了吧，不然我会犯罪的！”

“你犯什么罪？”梁慕嘉问。

朱嘉伟不紧不慢地说：“你别有什么顾虑，如实说出来，我们帮你一起想办法！”

“我给公司丢了 3500 万！”田青的回答把朱嘉伟和梁慕嘉吓了一跳。

梁慕嘉急匆匆地问：“到底怎么回事，你从头说。”

田青说：“我是白云区一家国际贸易公司的出纳，两个月前，我们公司的财务总监把我拉进了一个微信群里。这个群里除了我，都是公司的高层，包括董事长、总经理、副总经理、法务总监、办公室主任和财务总监，共七人。前几天，财务总监和董事长、总经理去了香港。走之前，公司跟香港签订两个合同，准备向对方支付履约保证金。财务总监在微信群里让我给对方付款，这可是 3500 万元的款项啊。没有总经理和财务总监签字，我不敢擅自做主。财务总监就在微信里说，让我先打款，手续后补。在微信里问法务总监和副总经理都同意，董事长也发话说，你快办吧，就这样，我按照财务总监提供的账户付了款。”

朱嘉伟问:“你是说,你没问过其他公司高层,这几个微信号是不是本人的？”

“是啊，我哪里敢问领导啊。”田青说。

梁慕嘉说：“这 3500 万元支付出去，你才知道被骗了，对吗？”

田青说：“我也是接到警察电话才知道的，昨天，一位北京国际刑警给我打电话，说我涉嫌一宗非法洗钱案，往香港转移了 3500 万元。我一听就傻了，去问财务总监，她说总经理还没在合同上签字，让我等手续完备后再打款。这下，我全傻了。”

“国际刑警又找你来了？”梁慕嘉问。

田青说：“是啊，我正准备报警呢，北京的国际刑警组织打电话告诉我，说他们已经冻结了那 3500 万元非法洗钱的资金，目前资金是安全的，让我放心。但我唯一证明清白的方式，就是将我名下的所有资产，全部存入国际刑警组织的安全账户，等他们鉴别后会返还给我。我想悄悄把 3500 万元公款拿回来，就按照国际刑警告诉我的办法，用自己的房产找高利贷公司做了抵押。”

朱嘉伟说：“田女士，你遭遇黑客攻击和连环电信诈骗了！是黑客用你们企业的公开照片，模拟了你们领导的头像，建立了一个微信群。那个所谓的国际刑警，也是骗子冒充的。”

梁慕嘉问她说：“你有没有泄露过个人信息，比如你的身份、工作性质、账号？”

田青懵懂地说：“没有啊！对啦，要说有，很可能是我在网上赌博的时候，用过自己的账号。”

"网络赌博？是澳门新葡京赌场那个档口，还是帝国赌场的档口？你是不是一个月前后到过佛山？网络赌博的档口是不是真人美女发牌？"梁慕嘉问田青。

田青好奇地问："是啊，你怎么知道？"

梁慕嘉拿出手机，打开短信链接的两个赌博网站，演示给田青看，只见这两个赌博网站页面精致、体验流畅，不仅提供"百家乐"、"21 点"等多种常见赌博形式，甚至还有身着暴露的"真人美女荷官"在线视频发牌。

梁慕嘉问："你以为这就是澳门赌场的官网，对吧？"

田青说："是啊，最初，我还赢钱了呢。最后充进去六七十万，全输了。"

梁慕嘉说："现在你要做的，一是被骗 3500 万元要告诉单位，二是不要相信任何打电话自称警察和检察官的人让你转账，三是赶紧把这钱还给放高利贷的。"

"老梁，你怎么知道田青是被新葡京赌场的骗局给骗了？"

梁慕嘉神秘地一笑说："最近佛山这边接到几十起报案，都是被新葡京赌博设套诈骗的，而且集中发案。"

朱嘉伟说："这倒是一个新类型的骗局，你查新葡京赌场的档口了吗？任何电信诈骗都离不开资金的流动。打蛇要打七寸，如果电信诈骗犯是狡猾的蛇，那资金流动就是它的七寸。"

梁慕嘉说："已经到澳门那边查过，澳门的几家赌场根本没有搞过网络赌博，这肯定是网络诈骗的新手段，从集中收到短信的时间节点来看，一定是诈骗团伙在佛山通过伪基站发布了诈骗信息。"

朱嘉伟是公安部反电信诈骗专家，对于新型电信诈骗，有着天然的直觉和兴趣，他对梁慕嘉说："马上锁定田青这笔 3500 万元的收款账户，我估计，这笔资金已经分散到三四级甚至五六级的账户上，立即拦截所有涉案账户的资金，封冻涉案账户。凭我的直觉，这些诈骗手段里面有广西宾阳帮、福建安溪帮的影子。"

梁慕嘉诡秘一笑说："我已经盯住那帮铁观音了！"

朱嘉伟打电话向广东省公安厅刑侦局梁瑞国副局长作了简要汇报。

梁慕嘉冻结了田青的那 3500 万元资金，循线追踪到诈骗团伙的伪基站设备，查明诈骗团伙以每天 500 到 700 元人民币的薪资，招聘了大约 70 名伪基站"广告业务员"，分布在全国 18 个省市。

在追踪全国各地的伪基站"广告业务员"的过程中，朱嘉伟和梁慕嘉发现了三个至关重要的线索：一是广州市芳村大道南方茶叶市场安溪铁观音茶店的老板许三林，曾用多部手机与各地伪基站的“广告业务员”有过联系；二是许三林持有的银行卡中有异常资金流动；三是许三林与福建安溪老家的联系人中，有多人持旅游签证前往柬埔寨，与大多数随团游客落地签证不同的是，这些人都是在网上办理的电子签证，而且都是18岁到25岁之间的青年男女。

2016年春节之前，朱嘉伟和梁慕嘉锁定了从柬埔寨飞回来过春节的几个犯罪嫌疑人，梁慕嘉带领第一小组，大年初二跟踪三个嫌疑人登上了飞往暹粒的飞机。

广东省副省长兼公安厅长李春生将这次打击电信诈骗的行动定为“飓风行动”！

这起案子，被广东省公安厅定为“飓风一号”！

一路狂奔

农历大年初七下午5点55分，一架南方航空的空客321客机平稳地降落到柬埔寨暹粒－吴哥国际机场。

朱嘉伟身着绿色椰树的热带服装，戴着一副深色墨镜，跟着人流走下舷梯，眼睛紧紧盯着前面三个中国男子的身影。

三个男子走出暹粒机场，上了一辆路虎揽胜越野车。

朱嘉伟、梁慕嘉各驾驶着一辆摩托车。梁慕嘉车后坐着位30岁左右的窈窕女子，她是佛山市公安局刑警支队民警黄丹桂。他们扮作一对老夫少妻的游客，先期到达了暹粒。

两辆摩托车死死咬住前面的路虎揽胜越野车，

追着追着，朱嘉伟的摩托车突然发动机声音变得越来越响，同时有种加不上油的感觉。接着，他再次猛地加油，发动机突然抱死，摩托车冒出点点蓝烟，突然起火，火舌像蛇芯子一样舔着双腿。朱嘉伟松开油门，从摩托车上跳了下来。无人驾驶的摩托车冲出去几十米之后歪倒，随即燃起一团大火。

老梁和黄丹桂赶到，但一辆摩托车没法儿载三人。

朱嘉伟用手机定位，他们已在暹粒西北的格罗兰附近。格罗兰前方一个岔路口，一条路往北到奥多棉吉的三隆，一条路往西到波贝，两个地方都靠近泰国边境。

第二天一早，一辆开往暹粒的长途客车经过，朱嘉伟和梁慕嘉拽着车门挤上去，一路颠簸赶到了暹粒。黄丹桂驾着摩托车，跟随车后。

跟踪追击

在赶赴柬埔寨之前，朱嘉伟就了解到，当地警察的侦查手段与我国大相径庭。中国警方可以通过国内的上网IP地址和手机通话，查到犯罪嫌疑人的上网地址和所在位置，但柬埔寨警方却无法提供协助。

犯罪嫌疑人的人员结构和数量不清楚，想在柬埔寨追踪抓捕罪犯，侦查手段跟不上，只有改变策略，采取跟踪追击的办法，摸清他们躲藏的地点。

朱嘉伟向梁瑞国汇报情况："一是追踪车辆需要联系当地华侨提供帮助；二是协调当地交警部门，以免路遇交警查车耽误时间；三是红色高棉时期留下很多私枪，要防备对手有枪。"

梁瑞国指示说，已经通过有关方面联系了潮州华侨林叔请他帮忙，同时要做好自我防护，跟踪找到嫌疑人藏匿地点后，要通过国际警务合作展开活动，千万不可打草惊蛇！

朱嘉伟随即给林叔打电话。林叔问清楚他们住的酒店后说："下午5点我来送车，接你们与当地交管局长见面。"

梁瑞国马上决定带队跟踪第三拨目标赶到暹粒。下午5点前，朱嘉伟和梁慕嘉早早等在酒店门口。不到5点，两辆摩托车开道，四辆越野车开到了酒店楼前。林叔从第一辆越野车上下来，说："这些车全归你们使用，司机全部给你们留下，他们熟悉这边的路。"

林叔太给力，送来了一辆雷克萨斯SUV，一辆丰田越野，一辆三菱轿卡，两辆摩托车也都是大马力的，而且全部加满了油。

林叔说："上车吧，约了本地负责交管的头儿吃饭。"

酒过三巡，当地交管局长表示，全力配合中国警方的行动。

当晚，朱嘉伟在机场、吴哥窟和格罗兰三个地方安排追踪车辆。

一切就绪后，朱嘉伟联系已在香港的梁瑞国。梁瑞国告知朱嘉伟，他们明早从香港出发，于当天下午1点15分到达吴哥机场。

朱嘉伟安排黄丹桂负责第一组跟踪到吴哥窟，梁慕嘉带队第二组到吴哥窟待命，自己到格罗兰等待。

下午4时20分，朱嘉伟突然接到梁慕嘉打来的电话，对手已经驾车从吴哥窟出发开往格罗兰方向，只不过这次是两辆路虎揽胜越野车。半个小时后，两辆越野车一前一后出现在朱嘉伟的视野里。

这是一场惊心动魄的异国追踪，前面就是柬泰边境小城波贝，进入郁郁葱葱的丛林山岳后，目标更难以追踪。他立即打电话给梁瑞国："前面是边境小城波贝，如果对方从波贝口岸进入泰国，怎么办？追还是不追？"

梁瑞国只说了一个字："追！"

朱嘉伟一脚油门追了上去，波贝到了。

让朱嘉伟心里落下一块石头的是，两辆越野车在波贝的一栋别墅门口停了下来，几个中国人下车的时候都带着大包小包的行李。直到看着他们走进别墅，朱嘉伟才掉转车头，返回暹粒。

抵近侦查

洗去满身泥水，朱嘉伟向梁瑞国介绍了追踪情况。

梁瑞国说："我们兵分两路，一路由你带队扮作游客，到波贝抵近侦查。一路由我带队到金边去，公安部楼先迪处长已经到达金边，我跟楼处长会合后，通过公安部国际合作局与柬埔寨警察总署联系，请他们提供协助。我们已经跟华侨林叔协调好，这三辆越野车，由你们先用着。"

梁慕嘉（右二）、梁瑞国（右三）、朱嘉伟（右四）在柬埔寨研判案情

第二天，朱嘉伟带队从暹粒移师到波贝小城，18名警察在波贝汇聚到了一起。

到了波贝之后，朱嘉伟他们才发现，赌场就在两个边境中间，只要进了口岸，在跟泰国边境交界的赌场赌博是合法的，在口岸外，则是非法的。

在侦查摸排中，朱嘉伟他们侦查到，这些犯罪嫌疑人分别住在四栋别墅里，人员接近200人。但他们的工作地点，却暗藏在两国边境的赌场里，而帝国赌场和神州赌场，都是需要刷指纹才能进入的。

在赌场外面转悠了几天，抓捕组发现了这些人的行动规律。他们总是两班倒着进入赌场，一部分人在别墅休息，另一部分人在赌场里。朱嘉伟和梁慕嘉断定，诈骗窝点一定在别墅和赌场两个地方，那么，怎么判断窝点的具体位置呢？

梁慕嘉给出了解决的办法：用手机搜索IP地址。

很快，朱嘉伟他们戴着耳机，在几个赌场附近闲逛，看似听音乐的样子。实际上，他们是在用WiFi雷达，侦测几个赌场附近的信号。最终，他们在帝国酒店测到了信号。

必须进入酒店才能确定对手在哪个楼层。朱嘉伟在查看对方人员进出规律时发现，这些工作人员，总是四个小时换一组人集中出门吃饭，进出时间点相对固定。一起进出的人，只要第一个按了指纹，后面的可以随后跟进，不受指纹的限制。这正是浑水摸鱼混进去的好机会。

朱嘉伟和梁慕嘉跟随他们走进了酒店。两人分头上了二层和三层。朱嘉伟最终在三楼的301房间，找到信号最强的那个点。

正在这时候，一个巡视的安保人员过来问："干什么的？怎么进来的？"

朱嘉伟冷静回答："我们想在这里住酒店。"

对方不由分说，冷冷地将朱嘉伟推到门外说："这里不让住。"

实际上，就在朱嘉伟进入酒店的同时，远在广州的广东省公安厅数据平台上，早已通过朱嘉伟手机的IP地址，找到了与朱嘉伟手机IP地址最靠近的几部手机和电脑，通过远程抓包、解码之后，破解对方密码进入对方线路，很快查出了对方的开工规律、银行账号的转账时间等数据。

对手的人数已经确定，那么，这里面到底谁是头头谁是马仔呢？朱嘉伟跟梁慕嘉商议说："元宵节快要到了，按照中国人的习惯，他们会不会集中聚餐？"

梁慕嘉说："这种可能性很大，但波贝这边没有像样的饭店，他们很可能在大排档聚餐，我们在几个主要的大排档附近分头安排好，等他们来聚餐，就可以判断谁是头头了。”

果然不出两人所料，2016 年 2 月 22 日，元宵节晚上，朱嘉伟锁定了藏身波贝的主犯之一郑豪，正是这个 27 岁的郑豪，操控着近 70 名国内的“广告业务员”，在全国发布诈骗短信。

法律交锋诗梳风

为了确保一网打尽，公安部刑侦局电信网络犯罪侦查处楼先迪处长赶到现场，从晚上 7 点到凌晨 4 点，连夜对四栋别墅和帝国酒店三层的工作场所再次进行秘密侦查重新摸排。诈骗团伙的五个点位锁定之后，楼先迪打电话给梁瑞国说：“暗线已经完成，可以走明线了。”

梁瑞国到达金边后，与柬埔寨警方的接洽比较顺利。柬埔寨国家警察总署副总监柴桑纳列表示，既然中国警方开展飓风行动，柬埔寨警方定会全力配合中国警方扫荡电信诈骗团伙。鉴于波贝是个边境小镇，警力不足，他答应由警察总署甘局长带领 30 名特警，配合中国警方的行动。

柴桑纳列还特别嘱咐梁瑞国说：“我们的法律跟中国的法律有所不同，你们还要到波贝镇的上级管辖机构，也就是班迭棉吉省的首府诗梳风，申请拘捕令，还要找他们的检察官和法官，对你们提交的犯罪行为进行认定后，才可以由我们的警察抓人。另外还要特别提醒你们，晚上 6 点之后无论如何是不能入室抓人的，这是我们这边特有的法律。”

甘局长领命之后，梁瑞国和甘局长带领 30 名特警，一路奔波 400 多公里到达诗梳风。

当梁瑞国找到当地检察机关，一位负责此案的留美回来的检察官一听梁瑞国说要拘捕将近 200 人，就不阴不阳地说：“我们的司法是独立的，你们必须按照我们的法律程序来，在波贝这里，赌博和网络赌博是合法的啊。”

梁瑞国本来已经把各种法律手续都准备充足了，但他没有拿出来，而是寒暄了几句就离开了。出门之后，梁瑞国给林叔打电话说：“明早能不能约检察官吃个早餐？”

很快，林叔打来电话说：“检察官同意了。”

梁瑞国说：“只要同意吃早餐就行，我就有办法搞定他。”

第二天早上 7 点半，应邀吃早餐的检察官一进约好的酒店，梁瑞国等人笑盈盈地迎候在那里。

流利的英语，完备的材料，对于司法独立的共识，以及犯罪团伙是如何披着网络赌博的外衣进行电信诈骗的，这种诈骗对中国法律的侵害和对柬埔寨形象的伤害……梁瑞国和朱嘉伟轮番劝说，一顿早餐下来，这位检察官最终爽快地答应办理拘捕手续。

搞定检察官和法官后，甘局长突然说："诗梳风离波贝不远，咱们是不是到波贝那边玩一下啊？我也好带你们欣赏一下边境风情。"

甘局长只知道他带着特警配合中国警察执行任务，并不知道执行任务的具体地点。如果甘局长是好意那还好办，但假设是另外一种可能呢……

决不能让甘局长去波贝，一旦他出现在赌场走漏风声，后果不堪设想。

而且，广东省副省长、公安厅长李春生已经宣布："3 月 1 号，飓风一号行动在境内外一起收网！"

明天就是 3 月 1 号！

朱嘉伟问梁瑞国："怎么办？怎么答复甘局长？"

"你说我请他喝酒，今晚在诗梳风找家好酒店，好酒好肉招待他和那 30 名特警，不能让他们知道我们去什么地方办案。"

波贝大抓捕

2016 年 3 月 1 日，广东省副省长、公安厅长李春生与省厅主要领导坐镇广东省公安厅指挥中心。

与此同时，广东省公安厅刑侦局长林伟雄与佛山市公安局主要领导，在佛山市公安局指挥中心严阵以待。林伟雄宣布："飓风一号专案抓捕行动即将开始，请各小组向广东省副省长、公安厅长、行动总指挥李春生通知报告工作情况。"

在波贝的酒店里，朱嘉伟戴着耳机，面对电脑汇报说："我抓捕组在柬埔寨的五个涉案窝点已在我控制范围内，收网工作已准备就绪，报告完毕！"

与此同时，陕西、福建、河北、贵州等各抓捕小组严阵以待，1000 多名参战民警，分成 97 个抓捕小组，已经分赴全国 18 个省市，已全部到位，并进入临战状态。

李春生面色冷峻地说："我们要把此次专案一定办成'2016 飓风行动'打击电信诈骗犯罪的一个标志性案件，现在我宣布，飓风一号专案收网行动开始！"

梁瑞国和楼先迪带队，分成五个抓捕小组展开抓捕。朱嘉伟带领抓捕小组和柬埔寨特警，冲进帝国酒店。

当看到破门而入的中国警察和柬埔寨警察时，坐在工位上的青年男女们惊愕得不知所措，朱嘉伟将食指竖在嘴唇上，嘘了一声，示意大家不要惊慌！

朱嘉伟大声喊："大家不要动，都蹲下，蹲下！"

所有人都按照朱嘉伟的示意，搂着脖子蹲在了当地。杂乱无章的房间内，遍地都是电脑、手机、矿泉水。

这个窝点的墙上写道："即日起，玩手机、QQ、微信，罚款 30 元；打游戏罚款 80 元；发现三次以上加倍罚款！"看来，这个犯罪团伙的管理还非常严格。

朱嘉伟示意抓捕小组，将事先锁定的 38 个主犯的护照都收了起来，并紧急将主犯带到厕所里进行突击审讯，掌握了第一手数据。

与此同时，梁慕嘉等人将电脑里的各种数据，全部拷贝下来，同时远程传输。

犯罪嫌疑人一个个搭着前面人的肩膀，从酒店里鱼贯而出，被送上事先备好的大客车。

现场正有条不紊地进行着。出乎意料的是，检察官突然发难问："你们中国人怎么冲上去了？你们在我们这里抓人，是越权执法！你们有红色通缉令吗？有拘捕证据吗？"

柬埔寨电信诈骗窝点现场的犯罪工具及物品

检察官知道，中国警察突然之间拿不出来那么多刑拘证！按照柬埔寨的法律，没有红色通缉令和拘捕证，是不能抓人的。

怎么办？眼看太阳逼近树梢，朱嘉伟立即通知梁慕嘉，将酒店里自带的便携式打印机搬到现场，现场打印刑拘证！

打印一份刑拘证出来，喊一声犯罪嫌疑人的名字，检察官才允许朱嘉伟他们将犯罪嫌疑人押上客车。38 名犯罪嫌疑人的刑拘证刚刚打印完毕，意想不到的事情又出现了！

上百名柬埔寨宪兵将酒店和大客车围了个水泄不通！

朱嘉伟顿时傻在了那里。柬埔寨的宪兵不但围住了中国警察，同时还围住了柬埔寨警察，他们把甘局长紧紧围在了中间。

梁瑞国对朱嘉伟说："你们不要惊慌，赶紧把证据收集好，我去交涉。"

梁瑞国出门后，迎面走过来的是当地的市长，经过市长的解释，梁瑞国终于听明白了：按照当地法律，下午 6 点之后不能进房间抓人，有人举报柬埔寨警察违法，所以市长才带着宪兵过来执法。

梁瑞国早已清楚，这个赌场酒店的老板是柬埔寨的富豪，他一定是得到消息后才找关系找到宪兵。不然，不可能市长和宪兵都同步赶来。

梁瑞国一把将检察官拽过来说："你告诉他们，这 38 名已经上车的犯罪嫌疑人，是经过合法手续抓捕的，而且我们已经取得合法证据！请你记住，中国是个负责任讲法律的大国！我们的联合执法，是受两国法律保护的！"

梁瑞国说完，回头喊："朱嘉伟，你出来一下，把手机上的突击审讯视频给他们看。"

朱嘉伟打开刚才突击审讯的视频，果然，主犯郑豪等人都承认犯罪事实。这下，市长和宪兵哑口无言了。他们最终答应让梁瑞国带走这 38 名主犯。

"走，赶紧上车！"朱嘉伟朝着梁慕嘉他们喊了一声。

上车之后，梁瑞国问："关键证据传输回国了吗？"

朱嘉伟笑着晃了晃手中的硬盘说："放心吧，双备份呢！"

两辆大巴车一路狂奔，连夜向柬埔寨首都金边驶去，直到第二天天亮，才将 38 名犯罪嫌疑人送进警察总署的看守所。

赶到金边之后，朱嘉伟他们才知道，国内同步展开的抓捕行动中，全部控制了 200 多名犯罪嫌疑人，包括隐匿在茶叶市场的安溪老板许三林。

两天之后，载着 38 名犯罪嫌疑人的包机降落在广州白云机场。

仗剑边关行

——记广西壮族自治区凭祥市公安局副局长杨勇

周仲贵

约杨勇在南宁见面前，我想：从警29年一天也没有离开刑侦队，从内勤、重案中队长、副大队长、教导员、大队长到分管刑侦的副局长，荣立个人二等功3次、个人三等功7次，两次被评为全区（广西）优秀人民警察，2017年5月被评为全国特级优秀人民警察的杨勇，该是怎样一种高大剽悍的形象呢？待见了面，我不禁有点儿失望。站在我面前的杨勇，身高也就1.72米左右，面色白净，有点儿腼腆，双目细长而又略带倦意，未曾开口先带笑，一副诲人不倦的教书匠模样。一问，果然入警前在凭祥市一中当过一年多代课老师。随着采访的深入，我发现杨勇态度不卑不亢，言辞恳切而不乏自信，分析案情有条有理而且重点突出，语速不徐不疾，音量控制恰到好处，充满了机敏、睿智和坚定，不由得对他刮目相看。笔者问他当了29年刑警就没想过挪个窝儿，他笑得很憨厚，老老实实地说："没想过，看来这辈子得跟刑侦白头偕老了……"

枪案！枪案！！枪案！！！

涉枪犯罪一直是刑事犯罪案件的重中之重。干过刑侦的人都有同感，无论是

杀人案还是抢劫案，只要与枪支特别是军用枪支有关，就会受到特别关注，刑侦人员的压力也特别大。但是，由于历史的原因，地处中越边境的凭祥市一度涉枪犯罪十分猖獗。武装抢劫、武装贩枪贩毒案件时有发生。在杨勇入警的第二年，就发生一起驻军军火库一次被盗 16 支军用手枪、数百发子弹，破案过程中警匪交火，一名刑警中弹牺牲的惊天大案。事隔 27 年，杨勇却记忆犹新。那位战友当时就倒在他身边，滚烫的鲜血染红了战友身上的八五式橄榄色警服。令人唏嘘的是，战友是立过战功的转业军官，曾参加过攻克谅山和收复法卡山的战斗。然而他没有倒在保家卫国的战场上，却倒在打击犯罪的战斗中。

从此，从普通刑警到副局长，每逢涉枪案件，杨勇的表情就格外凝重。

2011 年 2 月 3 日，大年初一。凌晨 1 时，凭祥市公安局 110 指挥中心接到友谊镇油隘村叫册屯村民陆某某报案：一个小时以前，两名分别持冲锋枪和手枪的蒙面歹徒闯入陆家，当场开枪对陆某某及其家人进行威胁，抢走现金 2 万多元及价值近 3 万元的金银首饰和高档手机 5 部，损失惨重。正在局值班室值班的刑侦大队大队长杨勇带领值班民警第一时间赶到现场，展开现场勘查和询问。根据歹徒蒙面作案的特点，初步推断为熟人或附近村屯的人作案的可能性最大，但也不排除越南人过境作案的可能。现场提取了两枚弹壳，后送崇左市公安局刑侦支队物证鉴定所检验，认定为一支美制 M1911 式军用手枪发射。

仅隔 23 天，枪案再次发生。2 月 26 日中午，友谊镇竹山村坤旧屯村民闭某某到凭祥市公安局刑侦大队报案，称当天凌晨 3 时，两名持枪蒙面歹徒闯入闭家，抢走现金 2000 多元及两部手机。临走时，歹徒还朝闭家大门开了一枪，威胁闭某某不准报案。杨勇又一次带队出现场。从作案手段及时间、地点选择来看，此案与 23 天前发生的“2 · 03”案有很多相似之处，提取的弹壳及弹痕经检验也认定为同一支美制 M1911 式军用手枪发射，两案并案侦查似无疑义。但心细如发的杨勇注意到，两名被害者及其家人所描绘的先后出现的 4 名蒙面歹徒在生理特征及说话语调上有细微差别。他推断，两案为同一团伙所为，成员 3—5 人（包括踩点望风者），分别或交叉作案，并案侦查条件基本成熟。两案目标选择及下手时机掌握之准，令人咋舌。杨勇估计，熟人蒙面作案吃“窝边草”的可能性不大，但不能完全排除“内鬼”的存在。这个“内鬼”应是被害者周边的人，熟悉被害者的家庭情况。因为在大多数情况下，入室抢劫案犯的主要目标是现金和贵重的金银首饰，而百姓人家一般不会在家里存放大宗现金。“2 · 03”案被害者陆某某情况有点儿特殊，他打算大年初二与过境的越南边民兑换越币，考虑大年初一银行不开门营业，所以提前取款放在家中。不想被“内鬼”发现，酿成大祸。杨勇决定重访被害者，看是否能发现可疑迹象。

“2 · 03”案被害人陆某某认真回忆后，提供了颇有价值的线索：案发的前一天，即 2 月 2 日除夕，陆某某从镇上邮电储蓄银行取款 25000 元现金，回来在村口遇见同村的潘某武。当时潘某武主动跟他打招呼，问他从哪里回来，年货买得怎么样了。陆、潘两家相隔不到 100 米，平时两人虽无深交，但也互相来往，彼此比较熟悉，所以陆某某对其并无戒心，顺口回答刚从银行取款回来，准备后天跟过境的越南人兑换外币。除了潘某武，陆某某没有把取款的消息向外人透露过，甚至除了妻子，其他家人都不知道这件事。更为可疑的是，案发当晚两名劫匪走后不到半个钟头，潘某武突然登门，问：“刚才我好像听到你家一声枪响，是怎么回事？”陆某某记得很清楚，当时他正在大门口燃放烟花爆竹，突然两名蒙面劫匪从天而降，用枪抵着他的胸口往屋里推，洗劫得手后劫匪开枪威胁不准报案。当时是村里各家各户扎堆燃放爆竹的时候，爆竹爆炸声响连成一片，对面说话都听不到，相隔百米的潘某武又怎么能听到枪声？潘某武弄清原委后，还说："陆兄这事你要想清楚报案好还是不报好，这些人心狠手辣，杀人不眨眼，他们要来报复你是分分钟的事情，依我看破财消灾算了，大过年的别再出什么事才好。"潘某武身上确有疑点，当然陆某某当时并没有意识到这一点，现在受到民警启发才想起来。

杨勇围绕潘某武做了秘密调查，又发现了不少问题。经长达10天的秘密跟踪，突击组趁潘某武一个人到南宁访友时将其秘密拘捕。杨勇亲自审讯，潘某武开始先是顾左右而言他，交代一些鸡毛蒜皮的事。杨勇不想跟他扯皮熬时间，直接点出大年初一他干了些什么见不得人的事。潘某武还想继续抵赖，但左支右绌难以自圆其说，终于低头认罪，供出勾结前进村的刘某华和礼茶村的黄某雍大年初一夜闯陆家抢劫财物、自己分赃5000元的严重罪行。3天后，逃往钦州市上思县躲避的首犯刘某华被抓获，从其身上搜获已顶弹上膛的美制M1911式军用手枪一支、子弹27发。又3天后，其余3名案犯相继落网，根据案犯的供述和现场指认，从另一团伙骨干黄某雍家中查获"五六"式冲锋枪1支、子弹68发及"五四"式手枪1支、子弹9发。追查作案枪支来源，刘某华和黄某雍分别供出，3支枪及子弹是他们非法出境到越南谅山省文朗县从当地一个叫"阿庆"的枪贩手中买来的。杨勇请示获准后，通过国际警务合作热线向越南文朗县公安局通报了案情。10天后邻国公安机关通报，根据中国凭祥警方提供的情报，越南谅山警方在该国文朗县摧毁了一个特大跨国贩卖枪支犯罪团伙，抓获团伙成员7人，缴获包括AK-47突击步枪和"五六"式冲锋枪在内的大批枪支弹药。历时一个多月，转战两国三市四县，费尽周折，但兵不血刃，民警无一伤亡，连破两起自治区公安厅挂牌的涉枪大案，协助邻国警方破获一个特大贩枪团伙，杨勇多少松了一口气。

"枪案优先"已经成了杨勇侦查生涯特别是命案侦查一条不成文的原则。多少次与荷枪实弹的犯罪分子打交道，多少次与死神擦肩而过，杨勇已经记不清了。

毒枭的"天敌"

2016年4月，凭祥市公安局禁毒大队情报中队通过秘密工作获得一份重要情报：一个跨国贩毒团伙最近从"金三角"运出大宗毒品海洛因，从老挝的琅勃拉邦省进入越南北方的高平和谅山两省，计划借道中越边境运往广东和港澳地区，其中凭祥是其毒品过境通道的首选。

那些日子，杨勇食不甘味、夜不入眠，反反复复想得最多的是：毒贩什么时间、以什么方式运毒过境？这是临战前必须弄清楚的。根据以往的经验，大宗毒品过境一般都是夹带在水果或家具木材中，或者直接焊封在汽车大梁、油箱、座位底下等隐蔽部位。凭祥作为对外开放较早的边境城市，有浦寨、弄尧、平而多个通商口岸，民间互市点更是不计其数。这在方便两国边民交往、促进边境贸易发展的同时，也给走私和贩毒等违法犯罪活动以可乘之机。凭祥有中国最大的红木家具市场和热带水果进出口市场，产自东南亚的名贵红木家具（工艺品）和榴莲、菠萝蜜等珍稀热带水果每天源源不断地从越南进入凭祥，然后分散运往全国各地。特别是中国－东盟自由贸易区建立以后，国家对边境贸易实行多项优惠政策，简化了货物的报关、检疫检验手续，还特别为容易变质的水果、蔬菜和鲜活水产品设立“绿色通道”。这无形中也为查毒缉毒工作加了一道“紧箍咒”——你没有百分之百的把握，还真不敢拦车验货。否则，小的是妨碍流通，大的则引起外交争端，警察就得吃不了兜着走。

经过长达数月的秘密摸排，专案组基本掌握了这个境内外勾结的跨国贩毒团伙的活动规律和成员结构。这是一个极其罕见的以中年女性为骨干队伍的犯罪团伙，其老巢就在距友谊关不到10公里的越南谅山省高禄县同登镇，对外公开挂“越北进出口贸易公司”的牌子，公司经理是一个叫“泰姐”的中年妇女。该团伙长期以来乘边境贸易之机，在越南输入中国的红木家具、果蔬中夹带毒品入境，贩运到广东及港澳地区。在边城凭祥和广州，都有该团伙的“代理人”。在长达数月的监控过程中，对手曾有几次挑逗性的动作，试探边城警察的虚实，但都被专案组识破。杨勇确实沉得住气，一直按兵不动。他知道在几次试探性佯攻之后，对手的“大动作”就要出现了。

2016 年 8 月 29 日，专案组接到内线秘密传递的情报：“货”已入境。

专案组当天从海关和出入境检疫部门查出，“越北进出口贸易公司”名下当天从对面的新清口岸进入我国凭祥浦寨商贸城的货物是一批价值 200 多万元的红木家具和工艺品。这批货物不是按惯例由越南车辆送到浦寨货场卸货后改由凭祥长途货运公司提供的车辆运往收货地点，而是直接雇车到越南的同登装货。受雇车是一辆挂“桂 F-86XX”车牌的东风平头重型卡车，车主李某是在凭祥汽车运输公司名下的运输专业户。该车 8 月 28 日 18 时 30 分从友谊关出境，29 日 9 时 10 分从浦寨口岸返回，车上除司机李某外，还有副司机和押运员各一人。该车通过入境检验后并未在浦寨久留，仅在货场加油站加油后即开上南友高速，10 时整通过南友高速凭祥出入口，目的地是广东汕头。

接着发现，“越北进出口贸易公司”当天还分别从友谊关和弄怀边贸城入境两批货物。14 时 40 分从友谊关运进的是塑料筐装的水产品黄鳝鱼，共 27 筐，由越南车辆送到凭祥南山货场后卸下，改由货场提供的车牌号为“桂 A-30XX”货运卡车重新装货运往广州。13 时 10 分从弄怀运进的是 10 吨菠萝蜜和榴莲混装的热带水果，也是在弄怀换车，车牌号为“桂 F-XX39”，发往南宁市五里亭果蔬批发中心，除司机外有一人押运。

三箭齐发，毒品到底藏在哪辆车上呢？杨勇有点儿犹豫。情况紧急，装载红木家具和水果的嫌疑车辆已经上路，尤其是运往南宁五里亭的水果车，最多 3 个钟头就进入南宁，战机稍纵即逝，已经不允许从容盘算。杨勇面色平静如水，内心却如滚水沸腾，一时难以决断。

按以往经验，装载红木家具和装载水果的两辆车嫌疑较大。特别是发往广东汕头的家具车，提前一晚到同登装车，在家具夹层中藏毒或者在车身上藏毒，都有足够的时间。水果车疑点也不少。榴莲和菠萝蜜属大型热带水果，单体小则10公斤，大则超过20公斤，把部分果体掏空填入毒品，外表恢复后肉眼难以辨认。而且这两种水果果表都有浓烈的异味，嗅觉灵敏的缉毒犬都无能为力。10吨水果分装200多个纸箱，逐箱打开检查根本不可能。另外可疑的是，两辆车都有专门的押运人员，这是否表明毒贩对这两辆车“特别关照”？这时，监控网络向专案组报告：装载水产品运往广州的嫌疑车已于16时10分启程，与前面出发的家具车和水果车同向行驶，无人跟车押运。

胜败在此一举！杨勇作出了也许是他一生中最艰难的决断：迅速查明运载水产品司机的身份背景及手机号码，他要亲自押车前往广州。

专案指挥部同意了杨勇的请求，还告诉他，自治区公安厅禁毒总队将对即将到达南宁市五里亭果蔬批发中心的水果车进行全面监控，崇左市公安局禁毒支队也将派出一个小组，一路“护送”家具车到广东汕头，“你只需跟定鱼车即可”。

杨勇在两难的情况下作出这样的选择，是有他的考虑的。他有一个直觉：前头走的家具车和水果车“动作”似乎有点儿大，又是提前一夜到越南装货，又分别派人跟车押运，是否有意投石问路，探一下警方的虚实，转移警方的注意力？如果这一假设成立，毒品十有八九就藏在常人看来最不可能的水产品车上。里面至少有一点解释不通：黄鳝鱼并非珍稀野生鱼种，即使在消费水平较高的广州，27筐净重不足1000公斤的黄鳝鱼卖价与高昂的运费相比明显得不偿失，除了夹带私货，没有人愿意做这种赔本买卖。所以即使没有百分之百的把握，杨勇也要试走这步险招。好在上级已作出相应的安排，解除了他的后顾之忧，他完全可以心无旁骛地走出决定全局走向的一步棋。

17时30分，杨勇带一个由5名专案队员组成的突击队乘坐一辆挂地方牌的12座商用面包车，尾随“黄鳝鱼”而去，他估计在由南宁至梧州高速转入广州至昆明高速以前就可以追上这条黏滑刁钻难以下手的“黄鳝鱼”。

18时10分，在接近南友高速崇左出入口时，杨勇接到监控小组的报告：装载水产品的“桂A-30XX”货车司机叫戴某，男，37岁，凭祥市夏石镇人，无犯罪记录。该车为戴某私人所有，去年从南宁市西乡塘区坛洛镇买的二手车。根据卫星定位系统的测定，该车此时正在南宁至桂林高速六景路段行驶。

杨勇一颗悬着的心放了下来。看来这位戴某与“越北进出口贸易公司”仅是租赁关系，并未参与贩毒，不需要采取强制措施便可动员其配合警方工作。

19时8分，自治区公安厅禁毒总队通报：他们在南宁市五里亭果蔬批发中心对装载榴莲和菠萝蜜的“桂F-XX39”车进行了全程监控，在其卸车及分发货物的过程中未发现可疑现象，可排除该车嫌疑。“黄鳝鱼”的嫌疑迅速增大。

19时50分，面包车在广昆高速广西玉林市境内兴业服务区追上“黄鳝鱼”，天遂人愿，戴某在加油站加油后把车停放在广场后进小吃店吃饭。机会不容错过，杨勇把面包车停靠在“黄鳝鱼”旁边，派两名队员控制住货车后，带领另外两人进入小吃店，径直走到正狼吞虎咽的戴某面前。戴某认出了杨勇，正要站起打招呼，杨勇笑着说：“你先吃饭，吃饱了咱们借个地方说话。”

把戴某带回面包车上，说明了来意，戴某惊得半晌说不出话。杨勇还是笑：“难道你没觉察出里面有什么蹊跷？”戴某有点儿沮丧：“开头想不通，都是做生意的，谁肯做这种赔本买卖？后来说往回还要拉货，也就相信了，没想到还是挨坑了！”戴某交代，这趟活儿是公司统一安排的，要拉到广州市黄沙水产交易市场，那边有人接货，是个女的，还给了他接货人的电话。货主嘱咐他中途不要停留，不要换水，第二天早上7时以前一定要到达目的地。一路上接货人都打了五六次电话了，老问现在到哪里了，有什么问题吗？戴某再三辩白自己只管拉货，并不知道货里夹带毒品。杨勇开诚布公地说：“我相信你，但你要配合我们，就当将功赎罪吧。”杨勇此时已经有九成把握，毒品就在黄鳝车上。他提议由他和另外一名专案队员扮作副司机和押运员，随车去广州，戴某立即答应。

杨勇报告专案指挥部：发现目标，建议跟踪家具车去汕头的小组撤回，在广州与突击队会合。

8月30日早上7时，黄鳝车准时到达广州市黄沙水产交易市场，立即有一名30多岁、凭祥口音的女子来跟戴某接头，引导戴某把车开到一个档口停下卸货。杨勇发现，档口门前已有3名壮汉和两名40岁以上的中年妇女等着卸货。虽然那两名中年妇女的长相和装束跟桂西南边境的壮族妇女并无多大差别，但杨勇还是一眼看出是两个越南人。

面包车上的3名突击队员悄悄靠近，等待杨勇发出动手信号。

坐在驾驶室里装作瞌睡的杨勇睁着“第三只眼”，他看出那3名壮汉是被临时雇用的装卸工，“主角”是两名越南女人。

果然，在装卸工登车卸货前，一名越南女人首先爬上车厢，在27筐黄鳝鱼中，找到了有特别记号的两个筐，她用越语向另外一个越南女人说了一句话，杨勇听懂了，是“找到了，没问题”。他发现越南女人特别挑出的两个鱼筐表面看与其他25筐没有什么不同，但提把上各自拴了一根不显眼的绿色毛线，跟彩条塑料鱼筐的颜色混杂，如果不特别注意根本分辨不清。

装卸工把25筐黄鳝鱼卸下并抬进鱼档里，车上就剩下两个有特别记号的鱼筐。跟杨勇坐在货车驾驶室里的专案队员用眼色请示：现在动手？杨勇摇了摇头，用手势示意：再等等。他想，接货的“下家”就要出现了。

果然，那名30多岁的凭祥妹对货车司机戴某说：“还有两筐麻烦你们送到另外一家鱼档，顺便在那里装货返回凭祥。”3个女人雇了一辆出租车在前面引路，黄鳝车跟在后面在大街小巷中钻来钻去走了半个小时，在一家带骑楼的老式民宅前停下。一个穿白丝绸唐装衬衣的中年男子从民宅里出来，拱手作揖：“几位辛苦了，请把鱼筐抬进屋吧。”是时候了！杨勇做了个手势，4名专案队员闪电出击，一对一地把4名犯罪嫌疑人牢牢控制住。杨勇迅速登上车，在司机戴某的协助下把两筐衬上厚厚防水布的内层拿出来，果然发现两个鱼筐底层都有用塑料薄膜紧裹的板块。解开塑料薄膜，里面都是盒装的白色粉末，一筐装20盒，另一筐装18盒，总共38盒。凭经验，杨勇看出都是纯度很高的正宗“金三角”产4号海洛因，净重13公斤以上。

突击队当天在广州与撤回的汕头小组会合，力量倍增。他们立即与广州警方禁毒部门取得联系，并在羊城同行的配合下对4名先期落网的犯罪嫌疑人就地进行审讯。在大量证据面前，4人不得不低头认罪。初步查明：两名越南女子，一名叫丁某香，46岁，京族，越南谅山省同登市罗连街居民；另一名叫陶某霞，42岁，京族，越南谅山省高禄县同登镇南关街居民。凭祥女叫苏某凤，33岁，凭祥市友谊镇匠龙村人。广东籍男子叫梁某俊，38岁，广州市民。丁某香供认：2015年以来她与陶某霞就多次参与从越南往中国境内贩卖毒品的犯罪活动。8月27日，“越北进出口贸易公司”经理“泰姐”找来丁、陶二人，说“货物”将于后天（8月29日）下午运进中国凭祥，连夜从凭祥发往广州，让她们当天过境提前一天到广州接货。丁、陶二人长期在边境上混，算是半个“中国通”，也去过广州，但为了更方便，便联系上早已认识的“凭祥妹”苏某凤，许以高额酬劳，让苏某凤以翻译身份跟他们去广州接“货”。苏某凤当天通过网购买了3张8月28日13时43分从南宁东站开往广州南站的动车票，17时到广州后入住黄沙水产交易市场附近的一家个体旅店。当晚，苏某凤在丁某香的授意下每隔半小时就给驾驶鱼车在路上的戴某打一次电话，询问途中情况。广东籍犯罪嫌疑人梁某俊供认，他仅是跑腿儿的“马仔”，真正的“老板”并没有露面。为了深挖“下家”，突击队决定把梁某俊移交广州警方继续审查，押上3名女性犯罪嫌疑人当天返回广西。

2016年9月2日，越南谅山警方根据中国广西警方通报的情况，在同登市抓获长期以边境贸易为名从事跨国贩卖毒品犯罪活动的女毒枭范某泰及其手下共5人，并从其窝点中搜获毒品海洛因14盒，净重4.9公斤。中越两国三省缉毒警察齐心协力，共同摧毁了一条毒品“产业链”。

永远站在起点线上
书写小镇警察故事

——记海南省琼海市公安局城北派出所所长（潭门派出所原所长）陈雁云

邢东伟　翟小功

在海南岛最东部，有一个滨海小镇——潭门镇，这是我国去南海最近的港口码头，与毗邻的另一个小镇博鳌并称琼北两大“明星小镇”。

行走在这个南海风情的千年渔港，感受渔民的生活，街道上的古朴建筑与港口停泊的渔船构成了一道亮丽的风景线，老船长在老爸茶店一边喝茶一边讲述着南海捕鱼奇遇记……

这里便是陈雁云生活和工作了四年的地方。说起陈雁云，在潭门镇乃至琼海市，都是无人不知无人不晓。他就是海南省琼海市公安局潭门派出所原所长。在领导和同事眼中他是“拼命三郎”，在渔民心里他是“保护神”，是辖区百姓的“贴心人”，他是违法犯罪分子的“眼中钉”……他的骨子里充满潭门渔民犁波耕海的气概与豪情。

政治过硬，他拥有一颗忠诚于人民警察的心

1977年1月出生的陈雁云，汉族，海南琼海人，中共党员，1999年7月参

加公安工作，三级警督。在陈雁云小的时候，立志从警便在他幼小的心中萌生。高考时，他放弃读大学的机会，毅然选择了就读人民警察学校。从警校毕业后，为了实现梦想，他放弃了许多待遇较高的就业岗位，毅然选择了在琼海市公安局温泉派出所当辅警。

经过三年的辅警磨炼，通过考核，陈雁云成为了一名正式的人民警察。在其从警生涯中，他从一名社区民警，逐步成长，先后担任过治安大队副大队长、刑侦大队副大队长、特警大队大队长、派出所所长等职务。

俗话说，金杯银杯不如老百姓的口碑，金奖银奖不如老百姓的夸奖。在老百姓眼里，陈雁云为人清廉、热情、低调，有着很强的亲和力。每当工作赢得社会各界和人民群众的广泛赞誉、同行的称赞时，他经常说的是："这些成绩都是群众支持、同志们支持取得的，我只是做了自己应该做的工作，不能自我满足，要'永远站在起点线上'。"

政治过硬，他拥有一颗忠诚于人民警察的心；面对使命，他拥有一颗担当的必胜心；面对挑战，他怀有一颗强烈的事业心；面对荣誉，他怀有一颗谦逊的进取心；面对群众，他怀有一颗感恩的赤子心。正是怀有这"五心"，他十八年如一日，兢兢业业地战斗在公安工作第一线，忠诚履职，任劳任怨，在平凡的岗位上，以强烈的事业心和责任感，诠释了新时代人民警察无私奉献的精神，为维护一方平安、保卫人民群众生命财产安全、社会平安和谐作出了突出的贡献。

陈雁云忠于职责，展示了共产党员和人民警察的崭新形象，用实际行动赢得了人民群众的真心信赖和支持，也得到了中央和省、市各级相关部门的肯定。从警以来，陈雁云先后多次荣获多种奖项和殊荣：2004 年至 2006 年连续三年被公安局评为先进工作者；2005 年度、2006 年度工作突出，被琼海市公安局给予嘉奖；2007 年在博鳌亚洲论坛年会安全警卫工作中成绩突出，被琼海市公安局给予嘉奖；2007 年在践行《公民道德建设实施纲要》中，被评为琼海市“道德模范”；2008 年荣立个人三等功一次；2008 年度被评为优秀公务员；2009 年荣获全省卷烟打假工作先进个人荣誉称号；2010 年度在博鳌亚洲论坛年会安全警卫工作中，被评为先进个人，同年由于表现突出，被琼海市公安局评为先进个人；2011 年度由于工作突出，被琼海市公安局给予嘉奖，被海南省公安厅授予个人三等功一次；2012 年度在纪念建党 91 周年先进表彰中，被琼海市公安局评为优秀党员，同年被评为全省优秀人民警察；2014 年度被海南省公安厅授予个人三等功一次；2016 年度被中共琼海市委授予“琼海市优秀共产党员”称号；2017 年度被海南省总工会授予海南省五一劳动奖章。

自 2012 年 12 月调任琼海市公安局潭门派出所所长，陈雁云很快开创了工作新局面：在任的四年中，第一年（2013 年）派出所被评为全省优秀公安基层单位；2014 年派出所被公安部授予“全国公安机关爱民模范集体”荣誉称号；2015 年被推荐代表海南省公安系统参评“全国政法系统先进集体”；2016 年被海南省委授予“优秀基层党组织”称号，还被推荐参评“全国公安机关优秀基层单位”。

四年中，年年被评先，年年都有新起点。在每次获得荣誉面前，他从不骄傲自满，而是谦虚谨慎，继续站在新的起点上拼搏前进。

面对使命，他拥有一颗担当的必胜心

近年来，特别是习近平总书记视察潭门镇后，潭门地区的旅游业迅速发展，外来人口和旅游产品加工业、销售业迅猛增加，使这个边陲海港小镇一时间热闹非凡。在带动小镇经济发展的同时，也给渔村小镇带来了许多治安新情况、新问题。

面对这些情况，陈雁云知难而上，始终以“发案少，秩序好，社会稳定，群众满意”为己任，不断研究新情况，立志谱新篇。上任四年来，他着力在强化素质强警、创新管理、改进警务防控体系、创建警卫安全品牌上下功夫，为潭门地区的一方平安作出了贡献。

熟悉潭门派出所的人都知道，几年来，这里没有发生一起民警（协警）侵犯群众利益、违法违纪行为，陈雁云所带队伍成为一支政治合格、业务精通、作风过硬的队伍。

这主要得益于陈雁云把素质强警放在尤为重要的位置。他坚持打造学习型公安基层单位。为积极适应治安工作需要，陈雁云结合派出所实际业务，立足基层、立足实战，带头组织学习业务知识和法律基础知识，强化了民警的执法理念，提升了民警的执法质量和水平，提高了民警的综合实战能力和自我保护意识，推进了民警队伍的自身能力建设和执法规范化建设，实现了工作的“零”失误。

另一方面，陈雁云还坚持抓政治建警，努力铸牢队伍的忠诚。陈雁云认真学习贯彻党的十八大和十八届三中、四中、五中、六中全会精神和习近平总书记系列重要讲话精神，认真落实中央和省委、省政府、公安部、省公安厅等会议精神，并以深入开展践行党的群众路线、“三严三实”和“两学一做”学习教育为契机，经常性组织全体民警开展宗旨教育、革命传统教育，特别是经常性地通过结合潭门渔民世代“耕耘”南海、维护和宣示国家领海主权的生动故事，身先士卒，以身作则，以深入浅出的方式引导，人人学模范个个争先进，先后涌现出了一批又一批作风良好、政治素质过硬的先进个人，全所民警几乎人人都受到奖励。

随着近年来潭门经济的快速发展，涌入辖区的外来人口逐年增多，人口流动量大，情况复杂，给社会各项管理带来了压力。陈雁云知难而进，创新管理，在强化固定人口管理的基础上，高度重视外来流动人口、暂住人口的服务管理工作。

迎接烈日与风雨，他亲自带队深入调研，明确任务，优化方法，对该区域内的外来人口进行全面摸底，并对聚集区内杂乱无序的外来人员住房进行分区编号登记，核对其住址、个人信息等资料，建立档案入库进行管理；通过“大走访”活动，及时发现并帮助解决暂住人员面临的实际困难，并及时排查化解纠纷，对苗头性、倾向性问题做到早调处、早化解。

凡事预则立，不预则废。陈雁云还开展治安防范宣传教育，提高暂住人口的自我保护意识和能力，保护其合法权益。同时为他们与本地渔民搭建交流平台，有效地促进了外来人员与本地渔民的相融相处，几年来，确保了辖区内无重大的矛盾纠纷事件发生，确保了一方平安，促进了潭门地区经济社会的和谐发展。

随着潭门地区社会经济发展，社会人员结构日趋复杂，治安管理任务加大，陈雁云针对警力不足的现状，努力通过健全机制、完善管理，不断改进警务防控等方式。

几年来，在地方党委、政府的支持下，陈雁云先后组织建立健全了各区、村12支成建制的联防队伍，建立起了“民警带协警，打防巡控一体化”的防控体系，有效地解决了警力不足和防控空当问题。他还积极组织各村委会干部、联防队、治安积极分子采取实施“错时巡逻”的常态机制，有力地提高了辖区的治安管理能力。在任的几年中，潭门地区实现了辖区刑事案件逐年下降，未发生一起街面“两抢”案件，群众安全感和满意度不断提升。

潭门镇，对于南中国海来说有着特殊的意义，自党和国家领导人2013年视察潭门镇以后，陈雁云根据辖区重大警卫工作将日趋繁重的情况，积极探索，努力创建警卫安全品牌。潭门派出所是管辖潭门80%的面积、90%的人口的行政派出所，一个从来没有执行过警卫任务的基层派出所，面临着整个警卫区域点多、线长、面广，交通路况复杂，地区人口结构复杂，列管重点监控人员多、地区不稳定因素多、没有警卫工作基础等诸多因素，这些对于刚到任不到半年的潭门派出所所长陈雁云来说是巨大的考验，他深知肩上所承担的任务艰巨。陈雁云殚精竭虑，不辱使命，圆满地完成了2013年博鳌亚洲论坛年会潭门段繁重的警卫任务。

陈雁云结合自身参加多年警卫工作的经历，加强对辖区基础信息收集，对安保人员培训、治安整治、安保实战等工作进行认真总结研究，逐步形成和完善了各类警卫、保卫工作预案，有力地推进了工作的常态化、操程规范化、人员培训系统化、情报收集信息化、动员调动社会力量的精简化，构建了小镇派出所承担重大警卫、保卫工作任务的强大基础。

潭门镇地域广、场所多、分布地域偏远，进行全面的排查登记难度大。陈雁云亲自带队对辖区内的加油站、卫生院、金融机构、房地产工地、外来人员聚集区等场所开展全面的治安、消防检查工作，对涉及易燃易爆危险单位场所进行全面的排查登记，并逐步分类进行下架清空、集中存放，还签订治安责任书，不定时跟踪检查，以确保排除隐患。潭门人民世代以渔业捕捞为生，有部分渔民私藏炸药出海炸鱼的现象。陈雁云组织警力联合潭门边防派出所深入渔民家中进行宣传教育并登船进行突击检查，以消除亚洲论坛2013年年会期间出现因渔民私藏炸药造成不稳定的社会治安隐患，为确保年会安全顺利地举行，创造了良好的社会治安环境。

近年来，随着潭门社会经济的发展，社会不稳定因素出现了矛盾多、涉及群体复杂、时间跨度长等特点，陈雁云深知年会期间的维稳工作将面临巨大压力。为了确保中央领导人慰问期间的社会稳定，陈雁云组织辖区民警召开维稳会议，对辖区内的不稳定因素进行全面排查及评估，并作出相应部署，提前介入调查了解产生不稳定因素及矛盾的根本原因，及时向有关部门反映情况。同时，陈雁云积极深入群众中，与群众拉家常，促膝谈心，认真听取群众的意见与要求，对重点人员逐个了解其诉求及生活情况，尽量解决其合理诉求及生活困难，化解矛盾，并发动、利用各种社会组织力量对其进行安慰和劝解。

在年会前期，陈雁云得知凤头村重点上访人员邱永玉夫妇准备穿着印制有“访”字样衣物进行上访后，多次上门与邱永玉夫妇进行思想交流，讲法律、讲政策，并积极与镇政府沟通，将邱永玉夫妇家已生锈严重腐蚀的铁皮棚进行维修，解决他们生活上的困难。陈雁云的行动感动了他们夫妇，他们主动地交出了“上访衣”，并表示保证服从大局，不再冲动。

陈雁云还根据实际维稳任务及形势亲自起草制订对顽固的涉访人员临时处置方案，落实专人管控，同时利用社会各种积极力量对重点人员活动轨迹进行每日管控，及时化解出现的串联情况。

近年来，在不扰民的情况下，派出所先后顺利圆满地完成了习近平总书记视察潭门、“两岸妈祖佑南疆祈福活动”、国防部部长常万全视察潭门海上民兵暨动员活动、“南海‘981’平台护航人员返航”、“‘博鳌金湾杯’IKA风筝冲浪（竞速）世界锦标赛”等重大活动的安全保卫任务200余批次，其中一级警卫任务30余次、二级警卫任务50余次，均确保万无一失，受到了上级的充分肯定和好评。

面对挑战，他怀有一颗强烈的事业心

“只要能保一方平安，我就拼命干。”陈雁云时常这样说。他的献身精神便表现在他忘我的工作中。

他是这样说，也是这样做的。陈雁云身体消瘦，虽有严重的腰椎病和慢性肠胃炎，平时见他总是有睡不够的疲倦样子，但工作起来却生龙活虎，他正是以这种对公安事业强烈的事业心而顽强地日夜战斗在自己的工作岗位上。

2010年，琼海市公安局党委根据当地各类突发事件大量增加，处突、防暴任务日益繁重的情况，决定组建琼海市公安局特警队，并决定选调他担任第一任队长。从相对工作常态化的部门到工作无正常规律的特警部门工作，这对陈雁云来说，无论是身体，还是工作经验，都是一次考验。

上任之初，嘉积镇地区“两抢一盗”犯罪活动比较严重，看到一个个受害人焦急的目光，想到这些受害群众积攒下来的血汗钱蒙受损失的情景，陈雁云心急如焚。为改变这一局面，他带领全队民警，不论是巡逻、伏击，还是侦查、抓捕，哪里有危险就向哪里冲，哪里有困难哪里就有他和队员的身影。

为提高见警率，震慑犯罪，增加群众的安全感，陈雁云采取“全天候车轮式”的巡控方式，并身先士卒，把所有的时间和精力都贯注在其中，始终以最高标准来全力维护社会治安稳定，以最有力的措施来打击各类刑事犯罪，以最行之有效的办法来全力服务琼海经济社会的发展，保护群众的利益，同时，以最好的形象来展示公安特警队伍之威和公安队伍为民的精神风采。仅用了半年时间，他带领队伍有效地遏制了嘉积地区“两抢一盗”案件多发的势头，甚至取得了连续两个月不发生一宗“两抢”案件的成绩。

2012年6月3日傍晚时分，陈雁云带领特警队员在开展打击现行犯罪的行动中，抓获一名盗窃摩托车的犯罪嫌疑人，他不顾连日来连续行动的疲劳，马上开展审讯。在审讯突破后，他又带领队员几天几夜辗转定安县龙门、黄竹镇等地开展抓捕余犯和追赃工作，一举追回涉案摩托车78辆，成功地打掉了这个盘踞在琼海和定安两市县交界处猖狂盗窃摩托车犯罪的黑手，该案成为了至今琼海市公安局成功侦破的追回摩托车数量最多的一个案例。

陈雁云以这种拼命干的精神，在他担任特警队长期间，带领队员共打击处理各类违法犯罪人员2500多名，扭转了嘉积地区治安问题突出的被动局面，取得了辉煌的成绩，受到了市局党委和琼海人民的高度赞扬。

面对荣誉，他怀有一颗谦逊的进取心

2014年10月，陈雁云出席全国公安机关爱民模范集体表彰大会从北京回来后，正赶上潭门地区再度发生耕牛被盗案件，村民们一时人心惶惶。

眼看群众耕牛被盗后的痛苦情景，陈雁云对偷盗活动无比愤恨。为保护群众财产安全，他白天一边向民警们汇报北京表彰大会盛况，一边深入案发地开展调查走访取证、研究侦查工作，夜间和民警们一起在易于发案部位蹲坑守候，整整十多天废寝忘食，超负荷的工作和过度的熬夜使其腰椎疼痛，使他走路都艰难，但他仍然坚持夜间带队蹲守。

一天吃晚饭时，陈雁云爱人见他吃饭时竟打起了盹儿，既“恨”又疼他，劝他晚上就不要去蹲守了，让其他同志去干，他对爱人说：“案件不破，我一天都不得安宁，向群众交代不了，我责任重大。”他告诉爱人，他休息两小时后叫醒他，时间到了，爱人见他睡得沉，就想让他多休息一会儿，不想叫醒他，便带小孩儿出门串门，不料关门声惊醒了他。他急忙起身，二话不说，直奔所里按时布置参加蹲守工作。

在陈雁云的带领下，终于很快在蹲守排查中侦破了一个跨地区的盗窃耕牛犯罪团伙，抓获犯罪嫌疑人十余人。他经常告诫自己，荣誉是一种信任，党和人民给予派出所那么多的荣誉，“荣誉越高，责任更大”。正是有这种责任担当，他任派出所所长四年来，亲自带队破获了盗窃耕牛、汽车、摩托车系列案件60多起，收戒吸毒人员200余人，收缴各类枪支80多支。

潭门，是砗磲、玳瑁等加工、销售的集散地。打击非法加工、出售、运输海洋珍贵濒危野生动物（玳瑁）制品，是潭门地区特有的治安工作目标。四年来，在陈雁云的带领下，共侦破案件5宗，抓获犯罪嫌疑人12人，缴获珍贵玳瑁标本制品300余只（案值200余万元）。

2013年10月，根据群众举报，有人在辖区内非法加工玳瑁标本，加工点及销售渠道诡秘。为及时打掉非法加工点，他连续多日不分昼夜地带领民警工作在取证的第一线。

有一天，他收到一封带有威胁的匿名信，要他不要多管闲事，否则他和家人将会受到报复。面对威胁，他没有退缩，而是更坚定了他打击违法犯罪的决心。眼看他越来越消瘦，同志们劝他休息，心疼地对他说："所长啊，在荣誉面前，你没有骄傲，但也不能总这样不要命地干啊。"他由衷地感谢同志们的关怀，但他却仍旧继续埋头带着干。

"党和人民给的荣誉越高，自己就越感到责任更大，不拼命地干，交不出合格的答卷，心里不踏实。"这是陈雁云当时的想法。凭借这种信念，经过半个月的日夜努力，终于打掉了非法制品窝点，一举查获加工点内玳瑁标本227只。该案成为海南省有史以来最大的非法加工、出售、运输珍贵濒危玳瑁制品案。

随着琼海市打造海南省东部沿海中心城市建设，国家南海博物馆等重点项目进驻潭门南海风情小镇。陈雁云组织队伍，主动充分发挥职能作用，以"及时化解矛盾、坚决打击，全力护航重点项目建设"为工作出发点，主动沟通、协调，全力以赴服务重点项目建设。

2009年，连通潭门与博鳌之间的潭门大桥，因受当地群众阻挠而停工。2012年12月底计划复工。为了尽量解决矛盾，将矛盾纠纷化解在萌芽状态，陈雁云亲自下村走巷，通过宣传法律、法规、政策等，积极引导群众通过法律途径表达诉求、解决问题，同时将了解到的群众合理诉求和生活情况及时向地方党委、政府反映，得到逐一解决。

2014年3月19日，潭门人民以自己的方式来庆祝这个建设周期长达十年的潭门大桥全面通车。2015年4月，国家南海博物馆开工奠基，陈雁云深知该工程项目工程量大、工期赶，为了确保该项目建设在良好的社会治安环境中高速运转，他亲自带队对项目周边开展治安巡逻防控工作，严厉打击影响涉及项目建设的各类违法犯罪行为，为项目建设营造了良好的社会环境。

在项目开工建设不久，发生为了抢占工程对工程车辆打砸的情况。他高度重视，亲自带队开展侦查工作，在案发八小时后将嫌疑人杨某诚、苏某畅等人成功抓获，对违法犯罪起到了强有力的震慑作用。他根据国家南海博物馆工程项目工期短、场地小、工人多的特点，积极与施工单位联系，派驻警力及时化解工人内部矛盾，他多次身先士卒将一触即发导致打群架的矛盾化解于无形之中。

是啊！多少年了，从协警开始，他极少有节假日，也很少过星期天，顶住各种威胁和诱惑，始终恪尽职守，正是这种责任担当，使他与民警们一起侦破了一起又一起案件，交出了一份又一份合格答卷。

面对群众，他怀有一颗感恩的赤子心

“我们要怀有一颗敬畏之心、感恩之心、赤子之心，时时处处关心群众，全心全意为人民服务……”

这是陈雁云最大的心愿。他始终把自己看成是人民的勤务员和警卫员。他把辖区当成自己的家，把群众的事当作自己的事。凡涉及群众合法利益的事从不掉以轻心，群众也把他当成贴心人，从而使各项公安工作都有一个比较坚实的群众基础，为完成各项工作任务提供了有力的保障。

潭门渔民长期“耕耘”南海，远赴南沙作业时常受到台风及来自外国军警的威胁，仅2010年以来，潭门渔民因海难、枪击等事故，已有100余人殒命南海。潭门派出所作为潭门渔民的“陆基”所在地派出所，心系群众，积极配合当地政府做好相关救援工作，深入当事渔民家中，安抚家属，传递沟通信息，为宣示和维护国家领海主权作出了贡献。

陈雁云深知，关心渔村群众的疾苦，为他们排忧解难，是维护国家利益的需要，更是让渔村群众全力维护南海主权的需要。他始终把关心、帮助辖区群众当成自己的责任和担当。在平常工作中，他始终关注留守渔民家庭的情况，经常深入渔民家中，了解和掌握渔船渔民远赴南沙作业的情况，并通过渔民了解掌握渔民远赴南沙作业所遇外国军警人员威胁的情况，及时将这些信息传递给地方政府和边防、国安有关部门，配合做好相关工作，努力维护渔民的合法权益，与潭门渔民一道共同守卫着南海这片“祖宗海”。

2013年9月29日，受强台风“蝴蝶”袭击，造成在西沙琛航港避风的33艘渔船不同程度地被海浪击沉或搁浅，遇险渔民大多是潭门辖区的群众。获悉情况后，陈雁云主动会同渔政、渔监、渔民协会等部门及时开展相关救援工作，他始终坚持冒着风雨到工作第一线，下村入户逐一不漏地深入遇险渔民家中做好家属的安抚工作，向他们及时传达政府开展救援抢险的情况，使渔民家庭感受到了党和政府的温暖，积极配合政府做好相关善后工作，没有出现一起无理取闹事件。

2014 年 5 月 6 日，在南沙半月礁附近作业的“琼琼海 09063 号”渔船被菲律宾无理强行控制后失联，船上共有 11 名潭门籍船员。事件发生时，陈雁云正生病发高烧，刚好到医院打点滴，知道情况后，他二话不说，立即紧急组织召开村委会干部会议，核实被扣失联渔民的相关信息，积极配合有关部门做好信息上报工作，还带病深入被扣渔民家中传递政府的有关营救工作情况，让他们感受到来自政府的支持与温暖，为他们解决了后顾之忧，鼓起生活的信心。

2014 年 7 月 18 日，超强台风“威马逊”登陆海南，根据上级防风工作要求，陈雁云立即召开紧急工作会议，严格落实责任，全警动员，全部奔赴一线参加抢险救灾。民警共走村入户摸排险情、排除隐患 30 余处，提前转移居住在危房中、临海边、低洼处的群众 600 多人，提前转移 5 个重点项目施工单位财产，确保辖区内人民群众生命财产安全。

2016 年第 21 号台风“莎莉嘉”于 10 月 18 日登陆，对潭门造成严重影响。此时陈雁云的妻子正坐月子，七旬老母亲也在家因病卧床，均需要他回家照顾。为了工作，陈雁云把妻子和母亲托付给亲人照顾，义无反顾地带队赶往抗灾第一线，对辖区内地势低洼的贫困户、孤寡老人、危房住户等群众进行排查安置，安排加强治安防范工作，确保了台风期间内部未发生人员伤亡和失盗案件。

潭门镇是渔业重镇，镇上 95% 的家庭以捕鱼为生，然而，该镇长期在外出海作业的都是青壮年的男性劳力，老人、妇女一般都无业在家，捕鱼收入成为了渔民家庭的唯一经济来源。为了让更多在家的渔民家属找到工作，使渔民家庭能够过上更好的日子，陈雁云经常带领潭门派出所民警主动充当“致富月老”。经多方努力得知九吉坡工业区内多家以贝壳制作手链、项链、工艺品的加工厂需要劳动力的情况后，民警立刻对贝壳加工厂负责人进行走访联系，得到了企业的一致支持，一口气为 100 多名渔民家属解决了就业问题，赢得了渔民群众的拥护和信任。如今，从事这种手工劳作的渔民家庭的月收入整整增加了 2000 多元，大大改善了生活条件。

“群众还需要我们做些什么？我们还能为群众做些什么？”这是在日常工作中陈雁云想得最多的事情。辖区内旧县、日新、草塘村 80% 以上的青壮年男子从事远海捕捞，一年有近七个月的时间在海上。留在家中的妇女和老人由于处事能力较差，遇到一些难事、急事常常不知如何处理，这成了长年在外作业渔民的一块心病。陈雁云在走访过程中，了解到群众的疾苦忧愁，主动走访镇政府、船艇维修店及医院等单位部门和服务行业，逐个收集其联系电话，制作成精美的互助联系卡，发放到每户村民手中，同时在人流聚集场所、路边张贴派出所联系卡，以便更好更快捷地服务群众。

2017 年 2 月 28 日，陈雁云调任琼海市公安局城北派出所所长。他一上任就积极深入调研，以敢于担当的精神，尽心尽责地抓好辖区的治安工作。他按照省公安厅的工作精神、市委市政府及市公安局的工作部署，全力做好博鳌亚洲论坛期间的安保工作，大力打击黄赌毒，持续抓好禁毒工作，全力配合市委、市政府开展“三市一区”创建工作，确保辖区的治安稳定。

新官上任三把火！上任一个多月，陈雁云就带领民警破获刑事案件 6 宗，抓获吸毒人员 46 人。目前，琼海市公安局城北派出所有 20 名民警、46 名协警，主要负责辖区 78 平方公里的社会治安管理工作，是目前全市工作量最大、警情案件最复杂、治安管理任务最艰巨的派出所。辖区内有固定户籍人口 4 万人、流动人口约 10 万人。在警力不足的情况下，他积极创新管理方式，发动民间力量参与到辖区内社会治安管理工作，成立了 5 个社区居委会治安队、50 多个企事业小区治安队，并对他们进行培训，使之充分发挥效能，有效地防止和减少了辖区内治安案件的发生，维护了社会稳定。陈雁云不忘初心，继续前行，严厉打击各种违法犯罪行为，全力为辖区内重点项目建设顺利推进保驾护航。2017 年 3 月底，市交通部门在泮水辖区内推进新能源汽车项目建设，但项目在施工过程中，受到“烂仔”全某某等多人阻挠和敲诈勒索，陈雁云带领民警主动深入工地走访了解情况，以事实为根据对全某某等人敲诈勒索案进行立案侦查并依法刑事拘留了全某某等人，保障了项目建设顺利推进。

陈雁云就是这样，无论在哪个岗位，他都始终把维护和保障人民群众的利益作为公安工作的根本宗旨，用“永远站在起点线上”保安护民的要求激励自己，凭着对党忠诚、对人民负责、对事业无限热爱的精神，始终一如既往地将自己崇高的追求和信念付诸自己热爱的公安事业之中，生动诠释了新时代人民警察无私奉献为人民的良好形象。

忠诚的誓言

——记重庆市公安局渝北区分局刑事侦查支队副支队长李作明

李尚朝　张望

序幕

2017年3月18日上午10点多钟，天色阴沉，白雾茫茫。

重庆市繁华路段两路口地区，车辆川流不息，人流熙来攘往。而附近重庆医科大学儿童医院的一间手术室里，却显得异常宁静。一个年仅15岁的少年，静静地躺在洁白的病床车上，由两名护士从手术室里推了出来。这个少年的颈部因疑似患恶性淋巴瘤，刚刚做了切除手术。主刀医生做完手术后下来，感慨地说，这是一个较大的手术。虽然在整个手术过程中，陪伴他的只有母亲，可这个孩子面对病痛，连哼都没有哼一声啊！

孩子只是在手术前，期盼地叫了一声：

“爸爸，你在哪里？”

是啊，他的爸爸，在哪里？在哪里？在哪里？

此时，他的爸爸没有在医院里，没有陪伴在儿子的身边。此时，他的爸爸正带领几名刑警，乘坐在从广东省茂名市押解犯罪嫌疑人回重庆的一辆高速列车上。

他的爸爸是谁呢？

他名叫李作明，是重庆市公安局渝北区分局刑侦支队副支队长。

轰隆轰隆……轰隆轰隆……车轮滚滚，列车不停地向西飞奔，飞奔。窗外的风景，一闪而过。

李作明倚着列车的车窗，两眼望着窗外，似乎望见了遥远的家乡，似乎望见了躺在病床上的儿子。

“儿子啊，爸爸不是不想来陪伴你，爸爸肩头上担负着党的使命、人民的重托啊。谁叫爸爸当初立下了忠诚的誓言呢？”李作明在心里默默地这样说。

他的双眼，逐渐地模糊起来，思绪回到了两年前……

一、党的信任是他的生命源泉

渝北区，是重庆北部的一颗璀璨明珠。

这里有我国著名的航空港——江北国际机场。每天，上千架客机像鸿雁似的飞往祖国和世界各地。一直以来，这里复杂而又严峻的治安形势，远近闻名。

渝北区公安分局党委一班人，不间断地组织开展了各项“严打”专项整治，这一地区的治安形势有了根本性的好转，人民群众的满意度不断提升。

随着社会经济的持续发展，各类新型犯罪案件呈现出来。尤其是近几年来，全国电信网络诈骗案件呈持续高发态势，而作为重庆大开发大开放前沿阵地的渝北区，也因此受到了一些波及。

2015 年 10 月，渝北区公安分局刑侦支队党总支决定，把打击电信网络诈骗犯罪的重担，交给刑侦支队副支队长李作明分管。

那时的李作明，心里只是觉得：肩头上的压力，说有多大，就有多大。

电信网络诈骗是一种新型的智能型犯罪行为。犯罪分子通过电话、网络设置骗局，对受害人实施远程、非接触式诈骗，诱使受害人打款或转账。近年来，这类案件的犯罪分子更加狡猾，诈骗手段不断翻新，造成公安机关的打击难度不断增大。

有些人可能会困惑地问：那些骗子都留了电话，留了银行账号，把他们直接抓起来不就得了吗？

事情远非那么简单。

电信网络诈骗案件不像普通的盗窃、抢劫案件，它没有留下犯罪的现场，没有留下作案的痕迹物证。犯罪分子不需要同受害人直接打照面，只需运用现代的电信网络技术，在很短的时间内就可以完成作案。

有时候，犯罪分子诈骗了巨款，一两分钟内就可以在手机或电脑上，将全部款项分散转移到全国各地，并很快就被守候在 ATM 机前的同伙取走。

不错，留给公安机关的确实有诈骗电话和涉案银行账户，但那些诈骗电话和涉案银行账户全是假的……

可以预见，要侦破一起电信网络诈骗案件，该有多难！

试想，李作明怎能不觉得：面前的困难，该有多大！肩头的担子，该有多沉！

分局党委书记、局长罗红紧握着他的手，鼓励他说：“作明，党委信任你！人民信任你！”

这句话，给予了李作明多大的鼓励啊！作为一个具有 18 年党龄的党员，他一直把党的信任当作自己的生命源泉。回望自己的工作历程，面对任何重特大疑难案件，自己又何曾退缩过呢？

也许不法分子故意与李作明叫板。就在他履新不久，渝北区又接连发生了几起电信网络诈骗案。这分明是给分管此类案件的李作明来一个下马威！

2015 年 11 月 14 日中午 12 点多钟，一位 70 多岁的老大爷，唉声叹气地来到刑侦支队。

老大爷姓黄，人称黄大爷，是重庆华蓥山煤矿的一名退休职工。这天上午，黄大爷遭遇了一起电信网络诈骗，他辛苦积攒的 20 万元存款，转瞬之间不翼而飞了。

李作明给老人倒了一杯茶，详细地了解案件的经过。

黄大爷退休以后，每天必到渝北区两路镇一碗水茶馆喝早茶。这天早上 8 点多钟，黄大爷刚到一碗水茶馆坐下，别在腰上的手机丁零丁零地响了。

黄大爷打开手机盖，就听对方问了一句："你好，猜猜我是谁？"

"你，请问你是谁？我是黄大爷！"黄大爷一时回答不上来，他真还猜不出对方是谁。

"哎呀，黄大爷，你老人家真是贵人多忘事，连我的声音都听不出来了吗？我是你的侄孙黄二狗啊。也难怪，这些年我一直在广东打工，声音有点儿变了。"对方在电话里解释了一通，之后转过话题说，"黄大爷，我有一事求你。近几年，我在广东这边卖白粉，赚了不少钱，但昨天晚上倒了霉，栽到公安手里了，听说要判十几年刑。公安说，如果交了罚款呢，就可以不判我的刑。我这里凑了十几万元，还差一部分罚款。你老一定要帮帮我啊！"

"我这里最多拿得出 20 万。"黄大爷听说是自己的侄孙，就毫不犹豫地说。

"谢谢你，黄大爷，我马上把银行账号发到你的手机上。你呢，马上赶到附近的一家银行去，按这个账号把款打过来。等我从公安局出来以后呢，不但会把 20 万元钱全部还给你，而且我还要好好谢你一笔呢。"

就这样，黄大爷赶到附近的一家银行，把 20 万元转到了对方的账号上……

二、他从小的誓言是当一名人民的好警察

了解完案情，李作明暗自下定决心：一定要尽快破获此案，将丧尽天良的犯罪嫌疑人绳之以法，把老人辛苦积攒的血汗钱追回来。

李作明将此案向分局党委作了汇报。分局党委决定抽调精干警力成立专案组，李作明担任专案组组长。

第二天，在刑侦支队的会议室里，李作明组织专案组的全体刑警召开了第一次案情分析会。

20 多名专案组刑警，把刑侦支队那间小小的会议室挤得满满当当。当李作明通报完案情，请大家为侦破工作献计献策时，这些平时生龙活虎的刑警们一个个你望着我，我望着你，全都哑口无言了。

也难怪，电信网络诈骗案是近几年才出现的新型犯罪，犯罪嫌疑人又都是高智商。

也难怪，这些刑警，以前可从来没有接触过此类案件。

大家的眼睛，全盯着副支队长。只见他那一双明亮的眼睛比任何时候都要明亮，他那额头上的两道浓眉已经拧成了粗粗的两股绳。他似乎在思索着复杂的案情。

不错，此时的李作明正在思索案情。他没有想到，他要打的这第一仗，竟碰上了一块难啃的“骨头”。

退缩吗？请求临阵换将吗？李作明的脑海里闪现出这样一个念头。

“不！面对困难，自己应该迎难而上。”

蓦地，他的脑海里，闪现出他从警时的誓言。

那是 23 年前的一天上午，一个风华正茂的少年，在渝北区双凤桥宽阔的林荫道上蹦蹦跳跳地走着。瞧他，走得多带劲，多高兴啊。因为他这年高中毕业，成绩上了全国重点大学的录取分数线，这是去区教育局填报入学志愿的。他怎么能不带劲、不高兴呢？

路旁的小树，在对他招手致意；树上的小鸟，在对他欢歌鸣叫；树下的小花，在对他点头微笑……

这个少年，就是当年才 18 岁的李作明。

那天，他身穿一套整洁的学生服，肩头上背着一只小小的书包，步履匆匆。他的耳畔，回荡着父亲的嘱咐、母亲的叮咛。

作明是一个品学兼优的孩子，父母亲是多么喜欢他呀。

父亲李木全，生活在渝北区龙兴镇龙脑村，祖辈都是农民。他虽然大字不识，却向往知识，心羡文化。就在作明出生的那天晚上，他对着一盏半明半暗的煤油灯，给儿子取名字。对于一个没有文化的人来说，要给儿子取一个好名，该有多难哪。恰在此时，餐桌上那盏半明半暗的煤油灯倏地明亮起来，灯芯上结出了一朵小小灯花。父亲心里蓦地一亮，嘴里不停地念叨道："作明、作明！"

好！就给孩子取名叫李作明吧。父亲相信，这孩子一定会前途光明。

父亲的愿望实现了，作明成为了全村第一个大学生。在他的家门前，天天都挤满了前来祝贺的乡亲。他们称赞说，瞧作明这孩子，中状元了呢。

想到这里，作明的步子，迈得更快了。

"抢人啦！有人抢人啦！"突然，前方传来一个老人歇斯底里的呼喊声。

作明循声望去，只见一个穿着花哨的青年正一把夺过老人手中的钱包，向远处遁逃。

作明四下里一望，眼前除了自己，再也没有其他人能见义勇为了。他二话不说，把书包往地上一甩，奋力向那家伙追去。

那家伙跑进一条小巷，转瞬不见了。

作明只得转身，快步走回到老人的身边。

老人是当地农民。他的老伴儿生了重病，生命垂危，急需一笔住院费。这天早晨，老人把家里的一头大肥猪赶去卖了，正准备拿钱到医院去给老伴儿交费。

"这是救命钱哪！可咋办，可咋办……"老人哭着说。

这件事，在少年作明的心里留下了深刻的印象，也让少年作明从此改变了人生的走向。他来到区教育局，毅然放弃了填报重点大学的想法，而在入学志愿栏上，填报了重庆市人民警察学校。

从那时起，他就暗自立下了一个誓言：此生此世，他要当一名人民的好警察！

三、要有坚忍不拔的毅力攻坚克难

会议室里，刑警们仍默不作声。

李作明的内心却按捺不住怦怦地跳动了。他那一双锐利的眼睛扫视了会场一周之后，斩钉截铁地开口了。

"同志们，我们回想一下，从警以来，我们不知侦破过多少重特大疑难案件。今天我想问大家一句，当破案工作遇到困难时，我们应该怎么办？我的回答是，应该具有坚忍不拔的毅力，攻坚克难！"

李作明这么一说，会议室里的气氛顿时活跃起来。

是啊，只要回头看看咱副支队长侦破过的大小案件，又有哪一次不是通过坚忍不拔的毅力，而成功破获的呢？

从重庆市人民警察学校毕业以后，李作明被分配到渝北区公安分局工作。他先后从事过多个警种，干过派出所民警、治安民警，最后干上了刑侦民警。2013年4月，他以骄人的刑侦工作实绩，走上了渝北区公安分局刑侦支队副支队长岗位。

如果说李作明入警时的初衷，仅仅是想当一名人民的好警察的话，那么此时的他，早已实现了自己的人生理想，是一名从警20多年的人民的好警察了。在重庆市人民警察学校的大礼堂里，他还曾高举起右臂，面对庄严的警徽宣誓。

他在心里，还升华了自己当初的誓言：不仅要当一名人民的好警察，而且要以坚忍不拔的毅力攻坚克难，见证人民警察的忠诚。

“接了案件就是立下了军令状，不办结不办好，决不收兵！”这是他接下每个案子的时候说的第一句话。

刑警们还曾记得发生在渝北区张家口的特大聚众斗殴案——

2013年12月的一天，20多个社会青年因争风吃醋，手持砍刀、钢叉和棍棒相互斗殴，还鸣放了猎枪，造成三辆小轿车严重损毁、无辜群众受伤。此案发生在光天化日之下，影响十分恶劣。李作明负责侦办此案。犯罪嫌疑人的社会关系十分复杂，他们侦办的难度多大啊。李作明克服了各种干扰和阻力，与专案刑警奋战在第一线，抓获了包括主要犯罪嫌疑人在内的26人，收缴猎枪一支。案件的成功破获，得到了重庆市和渝北区领导的高度赞扬。

刑警们还曾记得发生在渝北区冉家坝的系列车窗被砸案——

2014年春节期间，冉家坝一带的居民常常报警称，停在路边的私家车一夜之间车窗被砸。车内被盗物品价值虽不大，总共才折合人民币8000余元，但是系列案件的发生，却影响了群众节日的安全感。李作明主动放弃了春节长假，带领专案刑警开展侦破工作，锁定了三名犯罪嫌疑人，破获车窗被砸案件30余起。有一位赵先生是从新加坡回国定居的华侨，他的车窗被砸后，因为车内只有500元现金被盗，所以没有报案。当李作明将他失而复得的500元现金送到他家中时，赵先生感动地说：“这点儿小钱对我来说算不得什么，但看到中国刑警破案神速，我感到回国定居有了安全感。”

刑警们还曾记得发生在渝北区龙平街KTV的故意伤害案——

2014年10月，八名社会青年因口角原因，手持棍棒将四名在KTV内消费的无辜客人殴打致伤，其中有三人受伤严重，有一人成了植物人。李作明再一次带领专案刑警开展破案工作，力争在最短时间内抓获嫌疑人，给受害者一个交代。他没日没夜地分析、研究案情，最终确定了八名犯罪嫌疑人的身份，并陆续将其全部抓获，维护了法律的尊严。

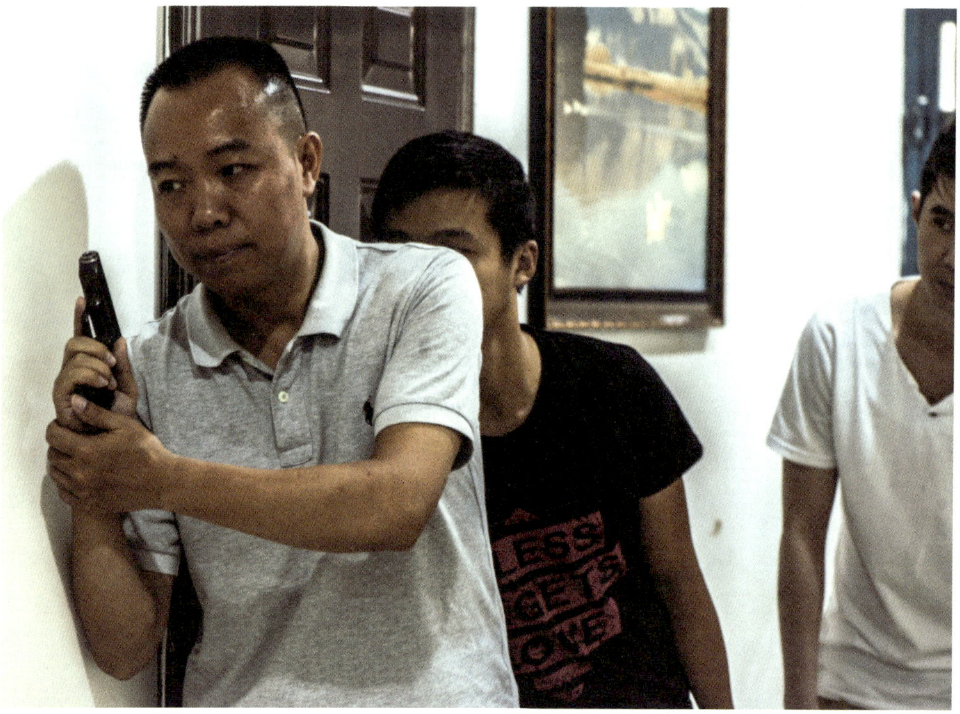

李作明办过的案子，多得记不清……

不过，刑警们还记得清，分局刑侦支队支队长冉义智和政委陈德林上周在支队全体刑警工作会上公布过的一组数据：李作明共侦办各类刑事案件3680余件，其中重特大案件20余件，办理的所有案件没有出现过一例执法过错，审结率和满意率创下了百分之百的佳绩。

不过，刑警们还记得清，李作明经常对他们说的一席话："每一名刑警要把群众的利益放在心中最高位置，就要通过自己的打击防范工作让群众少受损失或不受损失，必须打防并重，打是主动进攻，防也是主动防御，重点要在防字上下功夫，做好群众思想上的防火墙，提高老百姓的防范意识才能有效降低发案，最大限度地减少群众的财产损失。”

不过，刑警们还记得清，在取得这些破案、打击和防范工作实绩的背后，李作明作出了多么巨大的努力啊！而他和他的家庭，又曾作出了多么巨大的贡献和牺牲啊！

李作明的父母亲都已七十高龄，至今仍在田野间辛苦劳作，住的是60年代修建的简易瓦房，室内没有一件像样的家具。李作明的妻子洪梅，十年前从一家乡镇企业下了岗，一直没有找到合适的工作，全家只有李作明一人的工资收入。尤其让李作明感到纠心的是，他那可爱的儿子李欣阳，在11岁那年颈部周围逐渐肿大起来，经医生诊断为疑似恶性淋巴瘤，生命周期有可能超不过五年。李作明与妻子商量后，决定采取手术治疗。医生又说，采取手术治疗，或能延缓淋巴瘤的生长，但效果如何难以保证。李作明夫妻二人到处求医问药，跑遍了不少大医院，不仅花光了全家的所有积蓄，还欠下不少外债，儿子的病情仍不见好转。懂事的儿子安慰他们说：“爸爸，妈妈，你们赶紧给我生一个小弟弟吧。我要是出现什么意外的话，以后要是你们老了，哪个来照顾你们呢？”

“男儿有泪不轻弹，只因未到伤心处”，李作明这个钢铁硬汉，听了儿子的这一席话，也忍不住失声痛哭……

四、狡猾的狐狸难敌猎手的机智

瞧！这就是我们的李作明，刑侦支队120多名刑警眼中的李作明，渝北区公安分局1700多名民警眼中的李作明。他没有照顾好自己的小家，因为他的心里始终装着大家；他没有照顾好自己的儿子，因为他的心里始终装着案子。

夜已深，花已眠。美丽的山城，早已沉沉地进入了梦乡。

刑侦支队的会议室，仍然灯火通明。案情分析会，开了个通宵达旦。刑警们的发言，非常热烈。

李作明综合了大家的分析，对案情进行了深入研判。他汇总各方面的情况，分析出诈骗黄大爷钱财的犯罪团伙窝点在广东省电白县这一重要的破案线索。

当天，他将案情分析会的情况，向分局党委作了专题汇报。

“专案组刑警即日移师广东，务必破获此案，给党和人民群众一个满意的交代！”分局党委作了这样的决定。

电白县，古代这一地区因多雷电而得名。广东是改革开放的前沿，地处广东省西南沿海的电白县，近年来经济迅猛发展。然而大江东流，沉渣泛起，这里的各类违法犯罪活动日渐猖獗，尤以电信网络诈骗十分突出。在当地少数人中，甚至形成了“不以为耻，反以为荣”的不良社会风气。

作为一种新型犯罪，电信网络诈骗案件以高智商为突出特点。犯罪分子利用群众的善良心理，给素不相识的群众打电话，或冒充公安民警，或冒充亲戚朋友，编造各种谎言，诈骗群众钱财。觉悟高的群众接到这些“隐身人”的电话后，立即拨打110报警，避免了上当；觉悟低的群众，则乖乖地把钱转到对方的银行账号上，少则被骗几千上万元，多则被骗十几万元、几十万元，甚至数百万元。这类案件的社会危害性，几乎超过了其他所有的侵财类案件。

李作明侦办的黄大爷被诈骗案，只是其中之一。

电信网络诈骗案件已经成为团伙作案，并形成了严密的“链条”。每天，有专门负责给群众打上千个电话的，称为“话务员”；有专门驾车跑各家银行取款的，称为“车手”；而负责组织策划的为首者，则称为“操盘手”。其严密的分工合作，很难让侦查人员找到突破口。

茫茫大海，捞取针丝。李作明应从哪根“链条”开始突破呢？

“狡猾的狐狸，难敌猎手的机智。”李作明信心十足地说。

李作明办案有一个特点：爱分析，爱推理。他经过仔细分析推理之后，认为侦破该案必须从“车手”开始突破。

后来的事实证明：李作明的分析，是多么准确；他的推理，又是多么符合逻辑。

这是猎手的机智，是李作明的机智。

在电白县，李作明把专案刑警分成三个组。白天，他和专案刑警像一只只猎鹰似的飞出去，严密地蹲守在各家银行的ATM机前，等待“猎物”的出现；晚上，他和专案刑警又像猎鹰似的飞回来，分别住在不同的小旅馆里。

20多名专案刑警身着便衣，在电白县城所有银行的ATM机前蹲守了三天。然而，三天过去了，狐狸始终没有出现。个别刑警耐不住了，产生了撤回重庆的想法。

李作明信心百倍地说：“别急，再等一等！是狐狸就总想吃到葡萄，当葡萄摆在他们面前的时候，狐狸是一定会出现的。”

李作明和专案刑警，连续蹲守了五天。

第五天上午，狐狸终于露出了尾巴。当一高一矮两个青年开着豪车到农业银行的 ATM 机前取款时，守候多时的刑警迅即将两人擒获。经突审，高个子是“话务员”赵晓钟，矮个子是“车手”罗小林。他们都是电白县人，专干电信网络诈骗这一勾当。

两个家伙还交代出“操盘手”谢云富……

五、干刑警不怕在刀尖上行走

作为刑侦支队副支队长，李作明常常对年轻刑警说起这样的话：“我们选择了干刑警，就不要怕在刀尖上行走。”

是的，刑警长年累月出生入死，与犯罪分子打交道甚至短兵相接，危险随时都有可能降临。

回想当刑警的二十个春秋，李作明已经记不清他经历过多少次在刀尖上行走。

有一次，李作明抓捕一名部缉逃犯，那家伙装得相当老实，却趁李作明不备时突然掏出匕首，朝着李作明的心脏猛刺一刀。李作明一侧身，刀锋擦着他的胸部而过，刺中了他的左臂，顿时鲜血如注。李作明强忍住剧烈的疼痛，凭着自己的勇敢和无畏，制服了这个家伙……

年轻刑警田小华和李旭曾多次见证过李作明遭遇生命危险。每一次，李作明都化险为夷，战胜了强敌。

这次在电白县，李作明的对手谢云富，也非同一般。

谢云富上过自费大学，考公务员仅差两分。后来，他在社会上东混西混，还混了两年黑道。他会自制一种爆炸力强的手雷，用以吓唬别人。最近两年，他见电信网络诈骗很来钱，就组织起这么一个诈骗团伙。他买了十几部手机交给“话务员”赵晓钟，又办了上百张银行卡交给“车手”罗小林。他自己则负责全盘的组织策划。他的头脑相当灵光，电脑玩得溜熟。比如，当“话务员”诈骗得手，受骗人将大笔钱款转到他们的指定账号上以后，他能在很短的时间内将全部钱款分散到自己掌握的上百张银行卡上，方便“车手”取款。显然，这是一个既狡猾又凶狠的危险分子。

谢云富住的电白县麻岗镇，离电白县城有 30 多公里。赵晓钟和罗小林被重庆警察抓捕的消息，早已像长了翅膀似的在电白县传开了。谢云富当然晓得自己罪孽深重，难逃法网，所以，他像毒蛇一样蛰伏起来，还随时怀揣着一颗自制手雷。他以为这样就很安全了，外地警察没胆来抓捕他。

李作明却想出了更高的招儿。

11 月 27 日，太阳刚冒出海平线，麻岗镇来了五个闭路电视检修工。他们在这家查看一下，在那家检修一下，最后来到一幢新建的洋房前。

“请开一下门，我们是检修闭路电视的。”一个四十出头的中年检修工按着门铃。

“来了。”房门打开了半扇，一个油头粉面的青年人，探出半个脑袋。

“是谢云富的家吗？”中年检修工问。

那青年刚想说“是”，转而又想说“不是”。站在不远处的四个年轻检修工早已猛扑上前，将他摁倒在地上。那青年突然从怀里掏出了一个黑乎乎的东西，正要引爆。中年检修工手疾眼快，飞起一脚将那东西踢出两丈多远。而后，他们赶过去拾起那东西，是一枚自制手雷，好险！

中年检修工是李作明。四个年轻检修工，有两人是刑警田小华和李旭装扮的，另外两人则是前来协助抓捕的当地警察。

至此，三名犯罪嫌疑人全部到案，李作明和专案刑警将他们押解回渝。

那天，退休老工人黄大爷，领到了刑警追回的全部款项 20 万元。

那天，整个渝北区沸腾起来了，几个大胆的群众还在刑侦支队的大门前放起了庆贺的鞭炮……

其实，对李作明而言，这只是胜利的开始。在此后的两年多时间里，他先后组织破获电信网络诈骗案件 1270 余件，打掉电信网络诈骗犯罪团伙 10 余个，为国家、集体和个人挽回经济损失 1640 余万元。

他还坚持一手狠抓破案，一手狠抓防范，先后组织各类宣传防范电信诈骗活动 1650 余次，组织发放宣传资料 1400 万份，将防范电信网络诈骗宣传做到了家喻户晓。由于防范措施有力，仅 2016 年，银行就协同渝北警方成功阻止市民汇款 50 余次，阻止潜在损失 200 余万元。

他还不断总结创新侦查工作新模式，撰写了《电信诈骗犯罪法律适用问题调研报告》、《当前电信诈骗存在的新问题及建议》、《浅谈电信诈骗的侦控模式》等 10 多篇调研报告，总结了一套针对防范电信网络诈骗的举措。

为此，他曾先后荣获个人二等功 2 次、个人三等功 3 次、个人嘉奖 13 次，还荣获了“十佳民警”荣誉称号。

我们再拿渝北市民田茂林被电信诈骗10余万元的案件来说吧。从2016年10月至2017年3月，李作明和他的专案组历时近半年，最终抓获了五名犯罪嫌疑人。这不，当李欣阳在重庆医科大学儿童医院进行手术治疗时，李作明正与专案刑警，乘坐在返渝的高速列车上……

尾声

重庆医科大学儿童医院的病房里，静谧，安详。

李欣阳躺在病床上，正在输液。做了这么一次大手术，他好像去生死的边缘上走了一遭，觉得自己好累呀。这些天，身旁陪伴他的，只有妈妈。而此时的李欣阳，又是多么想念爸爸呀。

爸爸最疼他。他还记得，爸爸曾陪他在树林里捉迷藏，在沙滩上放风筝。那风筝在天空中飘着，像一朵云……

“爸爸，你办完案子，抓完坏人，快些回来吧！”李欣阳在心里轻声呼唤着。

呜……呜……高速列车向前飞奔，山城的轮廓隐约可见。李作明收回驰骋的思绪，回到了现实中来。

“儿子，爸爸回来了！”李作明似乎感应到了儿子的呼唤，那是只有亲人之间才有的心灵感应啊。

早晨6点多钟，旭日东升，霞光万丈，美丽的山城迎来了新的一天。

当高速列车驶进重庆北站，李作明和专案刑警押着五名犯罪嫌疑人走出车厢时，等候在站台上的渝北分局战友就纷纷迎上前来。李作明办完移交手续，随即打了一辆出租车，向儿童医院急驶而去。

这一天是2017年3月19日，已是李欣阳做过手术后的第二天了。李作明在又一次圆满地完成了侦查破案任务以后，风尘仆仆地赶到了医院，赶到了儿子的病床前。

作为一名父亲，他是不称职的；作为刑警和刑侦支队的副支队长，他是称职的。他是优秀的刑警，是刑侦支队的优秀领导。他再一次以自己的誓言，诠释了人民警察的忠诚。

千言万语，皆难表达；有何感情，胜过亲情？一家三口人，紧紧地、紧紧地拥抱在了一起。

恰在此时，前来慰问的渝北公安分局政委陈德林一行，看见了这感人的一幕。他们站在病房外，手捧着鲜花，不愿去打扰这幸福而又多难的一家！

“点杀队长”林正良

——记四川省成都市公安局经济犯罪侦查支队副支队长林正良

税清静　何竞　喻森

“点杀”，在四川方言中，原指餐馆客人就餐时，现场指点活禽宰杀做菜。现在多用于指名点姓确定某人某事。四川省成都市公安局经侦战线有个大名鼎鼎的警察叫林正良，人送外号“点杀队长”，他有什么过人之处，为何总被“点杀”呢？

那是一个酷热的夏天，一大早蝉儿就在枝叶间烦躁地嘶喊，柳条被晒得发白，曲卷着枝叶。烈日下，一群人紧紧簇拥在某公安分局门口，接待他们的是个年轻警察，只见那警察皱了皱眉头，嘀咕道：“昨天不是刚来过吗？怎么今天又来堵门了？”

别看人群中的孙大爷已经70多岁了，耳朵好使得很，他最先听到警察的抱怨，血气一下冲向了头顶，愤怒地拨开前面的两人扑向警察，一根犹如虬枝的手指差点儿就戳上了警察鼻子，大声嚷道：“你这小子说什么屁话？今天你们若不把人抓了，我们就不走！”老人脖子上的青筋都快爆炸了，飞溅的口水喷了那警察一脸。

“就是！”“就是！”人群中挤出几个50岁上下的妇女跟着附和着，她们平时没少跳广场舞，那身手甚是敏捷，有人一把就抓住了警察的衣襟，有人唾沫横飞，有人眼泪四溅，有人顺势把鼻涕抹到了警察的衣袖上：“我们倒霉啊，我们背时啊，遇到骗子公司，警察还爱理不理的，该抓的人不去抓，你们警察还是人民警察吗？你们帮不了我们，就把林正良叫出来，我们要找他！”

四川十大法治人物

“林队长在市局，不在我们分局，你们去市局……”年轻警察刚解释一句，就被激动的群众打断了。

“我们不管，我们就要找林队长！”

“找林队长！”

“我们要见林队长！”

几个大妈顿时哄闹起来……

年轻警察被这群人整得满脸通红、窘迫不已，正不知如何脱身时，最外围的群众欢喜地喊起来：“林队长来了！”

大伙儿一窝蜂地拥了上去，他们要省点儿口水和林队长“喊冤”，要知道，这群非法集资受害群众，死心眼儿地只认准了林正良，他们如此“点杀”传说中的林队长，那是认定只有林正良才能为他们破案，才能为他们挽回经济损失。

这位群众最爱“点杀”的林队长，没有辜负大家的期望，他满面真诚微笑着对群众说：“上午我正在开会，听说大家过来反映问题了，我就急忙赶过来，大家等急了吧？没关系，我们到接待室慢慢说。”

不到半小时，林队长将这批刚刚还如斗鸡的群众送到门外，并和他们握手道别，再次问道：“就按刚刚我们商量的那么处理，你们说好不好？”群众大声说：“好，就听林队长的！”话音未落，掌声已起。

同事们都说，能三下五除二搞定这些大爷大妈们，也只有他林队长才行！当然，没有那个金刚钻，也不敢揽那瓷器活儿。1970 年出生的林正良，战斗在经侦一线已经 20 多年。这 20 多年间，一系列的大案、疑案、难案，都被他“啃”了下来，这也使得他被上级公安机关和群众百姓频频“点杀”，“点杀队长”的名号由此传开。

代号“0901”

时间回溯到 2009 年，根据中央指示，公安部在全国部署开展打击假币犯罪专项行动，代号“09 行动”。而这一时期，在广东、河北和四川一带出现了大量假币，在追踪假币来源时，公安机关只追到一条线索：物流货运单上的发货人“张先生”、“何先生”和数十个不断变化的手机号码。虽然犯罪分子狡猾至极，但这些号码的归属地都是成都，这就引起了公安部门的怀疑：莫非成都才是“假币来源地”？

于是成都成为“09 行动”中的首要目标，这起代号“0901”的案件落地成都，成都市公安局领导现场“点杀”了已在圈内小有名气的林正良。

时任经侦支队三大队大队长的林正良临阵受命，这个成都经侦战线的“元老级”人物，从上世纪 90 年代初刚参加工作，他就骑着摩托车不知疲倦地走街串巷去查处假冒伪劣产品。在此过程中，他接触到了假币犯罪，并且通过多年的实践和琢磨，总结出了一套打击假币犯罪的技战法。所以，此案由他牵头，再合适不过了。

林正良立即部署展开侦查行动，带领专案组民警跟物流、查号码、跑市场，迅速锁定了八名有重大嫌疑的人员，并对这些可疑人员实施不间断跟踪监控，同时，对其家庭背景、社会关系、工作情况、资金往来、活动轨迹进行梳篦式摸排。一个多月后，某公司法人代表孟某浮出了水面，其公司生产地址经常变化，并不断向广东等地发送证券纸（大白纸）和红蓝纤维纸。林正良清楚，目前证据能证明孟某销售、运输特种纸张的行为，却无法证明其参与制造假币。没有铁证，即使百般怀疑，也不能打草惊蛇。

当时，全国各地公安机关“09 行动”如火如荼、捷报频传，头号大案“0901”却停滞不前、毫无进展。面对任务的压力，林正良咬紧牙关、负重前行，坚决而又冷静地选择了继续监控、等待时机。谁知道这一等就是漫长的两年！

“苦心人，天不负”，已经不知道是第多少次的跟踪监控，终于传来了令人兴奋的好消息。2011年3月，孟某，终于露出了狐狸尾巴，他在高额利润的诱惑下，开始往广东等地发送烫印有“人民币防伪安全线”的纸张。两年的等待、两年的监控，案情终于有了实质性进展。林正良一阵狂喜，但他却又是第一个冷静下来的人：虽然掌握了孟某发送“完成第一道工序的人民币”的信息，但“打蛇打七寸”，现在他要解决的问题是：孟某在哪里加工的烫金纸？烫印所需的金属条、胶片等又源自何处？

为了解开心中的谜团，林正良按捺住心中的激动，决定等待战机，于是随后的两个多月里，专案组民警们继续跟踪贴靠。孟某和手下何某住在温江，离市区20多公里，林正良和同事们每天轮流全方位监视。林正良必须赶在孟某、何某出门前到达温江，早上“迎接”他们出门，白天“陪伴”他们会见客户，晚上还得“护送”他们“归巢”。蹲守监视，既要密切注意犯罪嫌疑人每天每刻的生活规律和接触的重点人员，又不能暴露自己。出租车司机、摩的师傅、送水工人、快递小哥等角色，林正良带领专案组民警都一一体验。

两个多月的艰辛跟踪没有白费，狡猾的狐狸终究难逃猎人的眼睛。加工假币烫金纸的窝点虽然几易其址，还是被警方找到。同时，林正良带领民警，对40多名孟某“客户”的身份背景及社会关系网进行了全面筛查，于是，广东的林某进入了林正良的侦控视线，他很可能就是提供烫印假币所需的金属条、胶片的上家！

若没有十足把握，绝不轻举妄动。在林正良的破案字典里，“一失”就等于“万无”，前期所做的艰辛努力将悉数付之东流，眼看已经“锁定”目标人物，他还迟迟没有实施抓捕计划，有的同事坐不住了，跃跃欲试地主动请缨，想以雷霆之力，迅速将这个印制假币的窝点连根拔起。毕竟，大家已经为此憋屈了两年，个个心里都窝了一把火。

林正良何尝不是呢？他心头火烧得更旺，嘴唇都燎起了一个大泡。他设计了多套方案，又一一推翻，因为面对的敌人不但狡猾，而且身在暗处，若稍有风吹草动，都会让煮熟的鸭子飞走了。最终林正良选择了卧底方案，他派出一名社会阅历丰富、经验老到的民警，在接受印刷技术培训后，应聘打入该印制窝点内部。这是在敌人口袋里放上一个锥子，锋利有力，但同时也容易暴露。卧底民警经过一个多月潜伏，基本摸清了该团伙作案规律，林正良当机立断，抓准时机，决定“收网”。

2011 年 8 月中旬，在上级公安机关统一部署下，成都警方对“0901”专案成功收网，林正良带队抓获 13 名重大假币犯罪嫌疑人，查获了能印制超过 10 亿元假币的防伪烫金纸及原材料，一举打掉了这个生产假币的全国源头工厂。根据该案深挖扩线发掘出的其余线索，福建、广东等地警方捣毁了多个假币窝点，收缴假币数亿余元。

捣毁“0901”假币窝点

该案侦破后，时任国务委员、公安部部长孟建柱批示：“打得好！”时任公安部副部长刘金国批示：“四川成都公安机关立了大功。避免了逾十亿元假币流入市场，真正做到了斩草除根，这在打击假币历史上还是第一次。”公安部经侦局刘冬副局长特别指出：“该案是反假币工作的‘里程碑性’案件，将对全国假币犯罪形势的发展产生重大影响。”国务院反假币联席会议办公室、公安部、省公安厅都发出贺电表示祝贺，省、市领导给予了充分肯定。2013 年 9 月，“0901”专案组被荣记集体二等功。

“点杀队长”的“钓鱼执法”

2012 年 7 月，时任大队长的林正良正带队核查群众对一家名为“今盛创投”公司的举报，越往下查，林正良越怀疑：这是一家骗子公司，通过虚假项目，吸引群众投资。林正良通知该公司法人代表了解情况，还没套几句话，经验丰富的林队长敏锐地察觉这所谓的法人代表，极可能是个傀儡，背后老板必定另有其人，从其经营的手段和资金的流向来看，这个幕后老板手段还相当高明。林正良不甘心费了老大力气，最后只逮着一只“替罪羔羊”，但如何才能“钓”出背后的“大鱼”，他还没找到好的点子。

谁知道，这个傀儡法人代表一看查案查得那么凶，立马略备“薄礼”找林正良疏通关系。看着嫌疑人送来的三万元“红包”，林正良却是计上心头。他半推半就地收下红包，随即一改开始的严肃态度，和对方谈笑风生、握手言欢，顺带指出该公司经营管理上一些不规范的地方，还透露出可以到公司讲讲课挣点儿“讲课费”的意思。

见到林队长收下红包，心中大定的嫌疑人放松警惕，自然满口答应“讲课”要求，高高兴兴地离开公安机关。傀儡法人代表前脚刚走，林正良就迅速部署民警加强跟踪监控，全力追查幕后老板和资金流向。

随后，林正良以商量“讲课”事宜为由，邀约傀儡法人代表喝茶，并要求见一见公司董事长。感觉“吃了定心丸”的幕后老板和傀儡法人代表一边暗骂林正良“贪得无厌”，一边对继续布局诈骗充满了信心，甚至商量起开设分公司的事项。到了见面时间，两人一起来拜见林队长，同时还揣着第二份见面礼——一个两万元红包。他们哪知道之前送去的三万元，林正良连橡皮筋都懒得拆，直接上交了单位。当老板自以为林队长已然是“自己人”时，哪晓得两万元红包刚递过去，林队长就回送他们一双锃亮的手铐。

傀儡法人代表傻眼了，幕后老板快哭了，连连念叨“不带这么玩儿的吧”，林队长还“贴心”地回答：“你们两次送来的五万元，我们会将这笔钱赔付给上当受骗的老百姓，也算用得其所了。”

习近平总书记指出，社会有正气，民族才会生生不息，国家才会兴旺发达。可现在偏偏有很多人一心追逐名利，将“正气”二字抛之脑后。人民警察却以一身浩然正气、一颗坚定红心，击破了这些人的黄粱美梦。

攻心联·攻心计

成都武侯祠，是林正良闲暇之余常来放松的地方。林正良爱这里的三国文化，更对那副著名的“攻心联”情有独钟。他总爱联系工作，时时揣摩“能攻心则反侧自消，从古知兵非好战；不审势即宽严皆误，后来治蜀要深思”这千古名联。

长期的案侦工作和琢磨思考，使他积累了丰富的实战经验。他既能“钓鱼执法”，引蛇出洞，又能在别人都难以打开缺口时，以他独有的细腻温情，感化罪犯，进行巧妙的攻心。

当年，随着成都的孟某、广东的林某相继落网，“0901”专案只是暂告一段落，并未最终画上句号。林某交代，提供烫印假币所需的金属条、胶片的上家是一个绰号叫“肥婆”的中年女人郑某某，但除了这个绰号、姓名和变换了上百次的座机、手机号码外，并无其他任何线索，案件似乎陷入僵局。林正良是个不服输的人，他再次带队远赴广东，重新梳理线索，经过两个多月的海量筛选，终于锁定目标，并将“肥婆”郑某某成功抓获。但此时的“肥婆”郑某某已将自己的身份漂白为“郑映丽”，并且坚决不向警方承认自己的真实身份，还强烈抗议公安机关的抓捕，面对审讯更是一言不发。

面对“死鸭子嘴硬”的“肥婆”，林正良虽然颇感头疼，但也猜到“肥婆”此番抵死不认，不过是来自破罐子破摔的心理，她出于恐慌，干脆否认一切，而这时作为办案警察，千万不能自乱阵脚，更不能浮躁气馁，只能想方设法突破其心理防线。

“肥婆”死扛到底，一起办案的民警难免沮丧。12月的广东汕尾，又恰逢雨夜，天气冷得人上牙直撞下牙，“肥婆”被关押进看守所时已是深夜，看守所的棉被要次日才能发放。别的民警窝了一肚子火，铁青脸孔咬着腮帮子恨恨道：“那女人，冷死也活该！”“嫌疑人也有人权！”林正良却考虑到女性身体不如男性强壮，没那么耐寒，于是，冒雨购买了棉被，亲自送进看守所给“肥婆”御寒。“肥婆”接过新棉被时，眼里闪了一道复杂的光，但她脸皮仍旧绷得紧紧的，并未向林正良多吐露半个字。

第二天，林正良准备押解“肥婆”回成都了，民警上前给她戴手铐，“肥婆”身子拧得像麻花，一再躲闪，眼里也泪光点点，低声哀求，能否在家乡人面前给她留点儿颜面，不戴手铐？民警铁面无私地拒绝了，这时，“肥婆”乞求的眼神望向了林正良。林正良考量了一下现实情况，加上自己，一共有五个大男人押送“肥婆”，安全上是没问题的。于是，林正良“法外施恩”，示意民警收起手铐，他看到“肥婆”眼里的戒备和绝望仿佛薄了一层，她也在驱动麻木的神经思考：在林警官面前竟然能享有“温情对待的福利”？

押解“肥婆”回成都的过程颇为麻烦，需要从汕尾转车至深圳乘机。也许是林正良对她的善意和尊重感化了她，在乘车去深圳的途中，“肥婆”突然改变之前闭口不言的态度，和林正良聊起了家长里短。看着“肥婆”逐渐对警方卸下了心理防备，林正良便将一些政策法律知识耐心讲给她听，不时地给“肥婆”做思想工作，讲明利害关系，让“肥婆”知道亲朋帮她做伪证要承担法律责任，她的假身份证、假户口，也要被追查根源。如果她再执迷不悟，只会让调查不断深入，殃及其他帮助过她的人。这次苦口婆心的“政策攻势”将“肥婆”的心理防线打开了缺口。

在搭乘地铁去机场的过程中，拥挤不堪的地铁里，几个警察好不容易才等到一个座位。大家明明都已疲惫不堪了，林正良却让“肥婆”坐下，自己和民警给她当起了“保镖”。“肥婆”低头，双手老老实实放在膝盖上。林正良看不清她的眼神，但他从“肥婆”的坐姿，看出她最初剑拔弩张的情绪已经渐渐被软化。于是，林正良主动和“肥婆”说起自己祖上也是潮州的客家人，“湖广填四川”嘛。“肥婆”依旧抱膝坐着，但她的身影告诉林正良：她都听进去了。

果然，到了机场等候办理登机手续时，林正良给“肥婆”递过一瓶水。“肥婆”面色凝重，缓缓拧开瓶盖，喝了一口，沉默了一小会儿，长叹了一口气，叫住林正良，主动交代了她和林某等人的犯罪事实……大家都觉得林正良很“神”，谁都撬不开的“铁嘴”，竟然被他给撬动了，他却觉得这并不复杂啊——有时，警方人性化的对待，往往是促成犯罪嫌疑人主动坦白的契机。

唯心诚也

北宋欧阳修在《卖油翁》里借倒油熟练得出神入化的卖油翁之口，精辟道出一个真理：吾亦无他，唯手熟尔。林正良便是这样一个“唯心诚也”的“卖油翁”。

打击非法集资犯罪时，众人一词，都说林正良预警能力强、办案水平高，群众百姓都买账，纷纷要求“点杀”林队长。林正良被大伙儿夸得有点儿晕乎乎的，但很快，他就变得和卖油翁一样清醒而理智了：我哪是什么水平高能力强？哪里又“技高一筹”了？只不过心中真正装着人民群众，唯心诚也。

优秀猎人，必有敏锐嗅觉。早在2013年初，成都市大街小巷如同雨后春笋般涌出了大量投资理财类中介公司，林正良总感到哪里仿佛不对头了，也许是因为这类公司在装修上异常豪华，也许是他们的宣传手段太过夸张，也许是他们目标聚焦于中老年群体，而这个群体，一直是经济犯罪的“重灾人群”。

投资理财类中介公司到底如何向目标客户施展自己的宣传手段呢？

他们在天麻麻亮，警察同志都还没上班时，就来辆大车，将“潜在目标客户”一车装了，拉到城外农家乐去，中午免费吃喝，下午送回来，还会一人发瓶食用油发袋大米当作纪念品，而其他时间，便是介绍公司的投资项目、理财产品，对这群退休之后有一定积蓄又有闲暇的中老年人进行洗脑。以为这样就足够了吗？这类投资理财中介公司人家走的可是“贴心服务”，一般来说，在“农家乐大活动”后，彼此建立了一定“感情”，会有一个年轻人，一对一地与潜在客户联系。与老头儿接触的，自称“女大学生”的居多；和老太太打成一片的，多是年轻小伙子。这些嘴甜赛蜜糖的年轻人，三下五除二，就让他们服务的老年人暂时忘记什么叫孤独，他们也迅速认了一大片“干爹”、“干妈”。既然都“爹妈”了，那时小辈抹着泪花一哭诉，说自己若完不成工作业绩，分分钟要被公司开除，“爹妈”能不管？更何况，小辈又说了：“您放心，我们公司很大很正规，投资理财回报率高，这是千载难逢的赚钱好机会。再说，就算您信不过公司，还信不过我？”就这样，无数既想着发财又想着为“干儿干闺女”做好事的中老年人，兴冲冲取出家里的存款，两眼放光地赶紧送过去。有些“中蛊”太深的老人家，甚至抵押了家里房产，贷款借钱去投资“回报率高达百分之三十的项目”！

林正良敏锐地发现，这种经营方式可能涉嫌非法集资。为了取得更详尽的资料，他带着岁数大的民警，伪装成“目标客户”，深入调研，了解了13家投资理财类公司的经营情况。越是走访，他心底越是发寒：这类遍地开花的投资理财公司一旦资金链断裂，必将给成都民间金融和群众利益造成难以挽回的损失！可当时各类媒体上鼓吹报道民间融资解决企业融资难的专家解读、成功案例、投资广告铺天盖地如火如荼。

“自己跳出来唱反调，是不是不符合大流形势？”

“万一我的判断有误，导致政府误判，影响了民间经济怎么办？”

心思向来缜密的林正良陷入了矛盾纠结的思考之中。然而，经过反复的思想斗争，林正良在个人声誉与老百姓财产安全面前，毅然决然地选择了后者。

“我觉得不行，必须有人站出来给民间融资‘降温’！”

2013年底至2014年初，林正良先后向党委、政府及上级公安机关起草上报了五份关于成都市民间融资风险的专题预警报告。对此，各级领导高度重视，迅速安排人员进行专题调研，及时筹划应对工作。省、市工商部门先后停止了对投资理财公司的注册审批。同时为避免影响，政府部署相关职能部门悄悄展开投资理财行业的清理清查工作，尽力做好爆发金融风险的应对准备，减小爆发的规模和危害。

2014 年 7 月，名为“民间投资”实为“非法集资”的投资理财行业积重难返，特别是西南地区最大的民间某担保公司资金链断裂，高管出逃，直接引爆全省民间金融风险。这一次，面对案情特别复杂、涉案金额特别巨大、涉及群众特别众多、融资项目涉及全国的多起特大案件，公安经侦部门面临着空前的挑战。

报案的群众挤破了公安局大门，他们人声鼎沸，每人都在滔滔不绝地诉说自己上当受骗的冤情，负责接待的警察听得一脑袋糨糊，傻了双眼，头皮发了麻。此时此刻，时任大队长的林正良只能一次又一次地被“点杀”。

说来也怪，什么药治什么病，大家还就愿意和林队长交流。而每次接待群众后，林正良都要针对群众反映的问题去查证，去推动，去抓捕，去追赃。三年多时间里，“白加黑”、“五加二”已成为他的工作常态，自己更是先后接待群众近 2 万人次。特别是他带队侦办的几起特大非法集资案件，专案组为了追赃追逃，辗转全国 27 个省 132 座城市，行程 48 万余公里，先后深入调查 424 个涉案项目，询问 1900 余名涉案人员，调查资料组卷 871 卷 17 万余页，为群众挽回直接经济损失约 13 亿元。

林正良的敢于担当和善于攻坚，令他不但成为老百姓执意“点杀”的“尖刀队长”，而且多次受到上级嘉许，战友同事更是钦佩不已。林正良却始终清醒地认识到：我压根儿不是什么大神，更没有超能力。群众百姓被骗了血汗钱、养老钱、看病钱，他们只能找公安。如果我们还不担当，还不作为，那他们怎么办？“人民公安为人民”不就成了口号了吗？我只不过尽心尽力为群众多做了些小事而已。

习近平总书记在前不久会见全国公安系统英雄模范立功集体表彰大会代表时在讲话中指出：“广大公安英雄模范身上体现的忠诚信念、担当精神、英雄气概，是中华民族伟大精神的真实写照。”林正良同志兢兢业业、踏踏实实，虽然没有血与火、生与死的惊心动魄，但日复一日的坚持坚守，年复一年的拼搏奉献，铸造了他坚韧的精神品质。正因为他对一件件普通的小案锲而不舍咬定不放，才会有屡破大案的赫赫战功；也正因为他在平凡岗位上爱岗敬业、心系群众，知民情、解民忧、护民生，才会受到广大群众的爱戴和拥护，他用实际行动诠释了“人民公安为人民”的铮铮誓言，更为广大公安民警树立了“不忘初心，砥砺前行”的榜样。

家风的力量

——记贵州省遵义市播州区公安局乌江派出所教导员刘怀旭

王宗伦

立身行道，扬名于后世，以显父母，孝之终也。

——摘自《孝经》

引子

一进客厅，刘怀旭就看到了父亲高兴的目光。

这天是 2017 年 5 月 19 日，中共中央总书记、国家主席、中央军委主席习近平在人民大会堂亲切会见全国公安系统英雄模范立功集体表彰大会代表并发表重要讲话。会上，全国公安系统 615 个先进单位和 1320 名先进个人受到表彰。

这次大会上，刘怀旭被授予“全国特级优秀人民警察”称号。

刘怀旭是贵州省遵义市播州区公安局乌江派出所教导员，今年 49 岁。在此之前，他就先后荣立一等功 1 次、三等功 3 次，荣获“贵州省先进工作者”等各级表彰 20 多次。他带领的乌江派出所义务消防队，荣立集体一等功 1 次，并荣获“全国第二届 119 消防先进集体”称号，且系贵州省当届唯一获奖单位。

每一次立功受奖，刘怀旭都要在第一时间向父亲禀报。

父亲刘裔富，今年 82 岁，是一名退休教师，更是一名坚强、认真、廉洁的老共产党员，一生孜孜不倦，桃李满天下。刘怀旭的一言一行，都浸透着父亲的影子：热爱工作，廉洁正直，珍惜荣誉，无私奉献。

这天，组织上没安排刘怀旭去北京参加颁奖大会，所以，他便抽空儿回家陪父亲收看《新闻联播》。

两个响头

一家人都沉浸在幸福的海洋里……

记得三十年前的那个秋天，刘怀旭高中毕业，很想报名去参军。可是，身为教师的父亲却坚决不同意。

为什么？

对生长在农村的年轻人来说，除了读书，参军就是跳出农门的最好途径。父亲为什么态度那么坚决，非把他留在身边不可？

刘怀旭向母亲求援。母亲说："只要你父亲松口就行。"

可是，刘怀旭无法说服父亲。

父亲是条硬汉子，在离家二十多公里的水源中学教书时，每周一担百把斤的挑桶，从学校附近的煤厂挑煤回家，解决一家人的生活燃煤难题。修房子那几年，每周买一根木料，从学校扛回家，几百根柱头檩子，全是他的肩膀扛回来的。每天晚上，点着煤油灯备课改作业，有时工作到半夜，第二天照样黎明即起。即使后来当了区教办主任，成为上千教职员工的领导，仍然穿草鞋上班，从县城到家，七八里路，从来不坐车。

工作勤奋到忘我，生活俭朴到固执。像这样一个倔强的父亲，要说服他放弃初衷，谈何容易。正巧，刘怀旭也是一个倔强的儿子，认准的目标，会毫不动摇地追求。但他想，不做通父母的思想工作，即使到了部队，也会让他们担心，怎么办？

嘴巴上说不服父亲，那就用膝盖。

一天，刘怀旭趁父亲高兴，"突"的一声跪在父亲面前……

父亲没想到儿子的意志如此坚定，含着热泪扶起儿子。

刘怀旭穿上了绿军装。

所有亲朋好友都心花怒放，只有父亲仍然忧心忡忡。

知子莫如父。父亲知道，儿子从小调皮捣蛋，哪里经得起军营大熔炉的历练和洗礼？万一混两年回来，错过了读书时间，这辈子岂不毁了？父亲想把他控制在身边，管束着让他考个学校，谋个职业。

儿子知道父亲的担忧是什么，也知道父亲的期待是什么。所以，一到部队，他就铆足了劲，入伍三个月就担任副班长，1988 年担任班长，1989 年入党，1990 年进入昆明陆军学院深造，1991 年毕业，担任见习排长、排长。

“四月中，小满者，物至于此小得盈满。”好一个麦子灌浆含穗的时节。1991 年“小满”前后，刘怀旭第一次获准回家探亲。

一脚踏进黔北大山，漫山遍野都是翠绿的植被，每一座山峰都非常丰腴、温厚，漫山遍野的庄稼，呼啦啦地摇晃着身子，欢迎他的归来。他有一种“醉氧”的恍惚，满世界都是久别重逢的惊喜。但是，任何美景都挽留不住他的那一颗归心，他像箭一样向家奔去。

家中空无一人，铁将军冷冰冰地把门锁得死死的。

既没打电话，写的信也不晓得收到没有，朝思暮想的父母啊，你们在哪里？

刘怀旭放下背包，边喊边找，找到庄稼地，找到了正在麦地里栽苞谷的母亲。齐刷刷的麦子，掩盖了母亲瘦小的身子。母亲把麦子分成行，打窝栽苞谷，面朝黄土背朝天。

“妈！”刘怀旭大喊一声，两行热泪像珠子断了线般滚落下来。

突然见到儿子，母亲却惊呆了，分不清哪是麦子哪是儿子。

儿子“扑通”一声，跪在母亲面前，跪在泥土里。

儿子抱住母亲的大腿，母亲抱着儿子的肩膀，哭成一团。

“男儿膝下有黄金！”比黄金还贵的，是孝心！

如果说辞别父亲的那一跪，是誓言，那么，拜见母亲的这一跪，则是回报。这两个响头，滋养着“立身行道”的男儿本色！

这一道本色，在雪域高原比雪山还透亮，在基层警营比蓝盾还深幽，让一个农村孩子，从此顶天立地，从少年走到了中年……

一晃就到了 2017 年 5 月 19 日，再过两天，又是一年农历“小满”，在这“小满”到来的时节，儿子再获殊荣，可以向母亲报喜了。可是，刘怀旭久久地盯着客厅墙上的母亲遗像，眼里噙满了泪水。母亲离世那天，他还在派出所值班……

如今，父亲瘫痪多年。然而，每次陪伴父亲，父亲却叫他尽管放心工作，叮嘱他处事要讲究公正，处警要注意安全。

在父亲眼里，为人民服务才是最大的孝心！

两摞情书

告别父亲，刘怀旭和妻子开车回自己的小家。

今夜是下弦月，月亮要日出黎明前才出现。一路上，只有路灯和星星，没有月亮，也没有那种“月亮走我也走”的感觉，但两个人，你看看我，我看看你，比当年的夜晚还浪漫。夜风吹来了麦子怀孕的香气，一种成熟的香气，把两人的思绪，带回到三十年前的那些花枝招展的记忆中。

他和妻子李晓梅两家只隔一埂田坎，从小青梅竹马，一起放牛割草，一起读书上学。他大两岁，理所当然成了她的“旭哥”，成了她的保护神。1987 年，她去小学代课，他去参军入伍。两扇朦胧的心扉，本来似开似启，一时“十里相送难分手”，反而让两颗心紧紧依偎。从今一别，鸿雁传书，山高水远，锦鲤腾飞。一个，把雪域的蓝天，揣在少女的梦里；一个，把故乡的温暖，抱在战士的胸膛……

他挑战失利，她在回信中安慰：“不要怕这次落选。要知道，榜上无名，脚下有路。我们不管在什么环境和困难下，都要勇敢，珍惜荣誉！”

他训练归来，趴在书桌上向她倾诉：“这次可惨了，经过上级多次复查，现在才得到通知，要学习三个多月，时间比较紧张，课程又比较多，除训练外，主要是看书学习，毕业时还要考试，不合格的要退回。所以我要想不被退回，就得在这几个月中努力学习，加强训练，三个月后就是军队指挥官，必须要有自身的素质和过硬的本领，这样以后才能有好的管理和组织能力。

“梅：我现在劳累都不怕，就是好想你……”

思念是一把刀，懦弱的人可能因此陷入爱恨的深渊，有志青年则用它披荆斩棘，攀登梦想的高峰。

刘怀旭属于后者，李晓梅更是，他们把思念的痛苦转化为勤学上进的动力，相互鼓励，比翼齐飞。一别四年，李晓梅从一名代课教师，转正为正式教师；刘怀旭从一名普通战士，提干担任排长。

1992 年 3 月 8 日，两人走进了婚姻的殿堂。

他在部队十二年，她去探亲四次。有一次，带着一岁多的女儿，整整辗转了

29天，目睹了汽车掉进怒江的场面，亲历了泥石流袭击车队的凶险。从此，丈夫的安全，成了妻子心中的挂念。有一次，刘怀旭在信中说，他在西藏林芝地区的察隅县一个叫吉公的路段，看到一辆北京吉普滚到河里面去了。那是寒冬十月，河水冰冷刺骨，流速极快。车上两人，生死未卜。连长焦急地问："谁敢下去？"刘怀旭说："拿酒来！"他脖子一仰，咕咚咕咚喝了几大口，给身体增加热量，然后把绳子套在腰上，跳进冰冷的河水， 到车子边上，用绳子把吉普车套牢，配合岸上的战友把车子拖到岸边，救出了幸存的驾驶员。像这样惊心动魄的事件，他却习以为常。更考验意志力的，是荒无人烟的寂寞。海拔3500多米的边防线上，徒步巡逻两三个月，吃的是干粮，住的是帐篷，喝的是雪水。然而，这样艰苦的地方，每年三个月的探亲假，他却经常提前十天半月就匆匆返回了。

巾帼不让须眉，李晓梅独守后方，教书育人，抚养女儿，孝顺公婆，箱子里面的荣誉证书，甚至比刘怀旭还多。

两情若是久长时，又岂在朝朝暮暮！

终于等到刘怀旭转业，他们把各自的书信，按年度装订起来，一尺多高的两大摞，是他们的爱情证物和精神宝库。

然而，转业后的丈夫，并没有像想象中的那样陪着她形影不离，而是一心扑在工作中，加班熬夜，聚少离多。她开始有了埋怨，埋怨都不管用的夜晚，她只好悄悄翻看以前的书信，咀嚼着曾经的甜蜜，面对着残酷的现实。

有一天半夜，她正在埋头写信，突然手机铃声大振，她吓得心头"咚咚"乱跳，一觉惊醒，原来是一场梦。

她拿起手机，接通电话。

天哪！丈夫出事了……

两次大险

那天是2009年9月14日，凌晨5点，她一边接电话，一边跌跌撞撞地赶到医院，眼前的状况差点儿让她吓昏过去，丈夫全身裹满了纱布，身上挂满了液体……

直到现在，一提到这件事，她心头仍然"咚咚"的。

1999年，刘怀旭转业安置在遵义县（现播州区）公安局，分配在三合派出所当民警。“三合”，顾名思义，三县镇交界的地方，民风彪悍，社会治安复杂，他在那里一干就是十年，由于成绩突出，被提拔到乌江派出所担任副所长。

乌江，长江上游南岸最大支流，贵州第一大河，以流急、滩多、谷狭而闻名于世，号称“天险”，历来是兵家必争之地。当年红军强渡乌江，就排在长征十大战役之首。乌江渡口上，毛主席题写的“乌江渡”三个摩崖石刻，青崖赤字，像一团团精神火焰在熊熊燃烧。

作为一名曾经有长达十二年军旅生涯的人民警察，革命英雄主义就是他胸中的那一团火焰。他伫立渡口，看着滔滔江水，咬了咬牙关，捏了捏拳头。他想起调动之前局领导找他谈的话，乌江镇治安局面异常复杂，需要他担任副所长，把犯罪分子的嚣张气焰打击下去。

“有信心没有？”

“有！”

一声铿锵的回答,就是一个战斗号令！一个庄重的警礼,就是一个神圣的誓言！

刘怀旭来到乌江派出所，立即投入调研摸排治安状况的实际工作中。他发现，由于特殊的地理位置，乌江历来是天下客商云集之地。210 国道、川黔铁路纵贯全境，上世纪八九十年代，“车匪路霸”曾经猖獗一时。2007 年年底，兰海高速公路通车，乌江服务区成为重庆、贵阳两大城市之间最大的服务区之一。由于云贵高原夜间雾大，行车不安全，而乌江处于“V”形谷底，来自全国各地的过往大货车，夜间都要选择在乌江服务区停靠过夜，或者在乌江加油站加满油后休息一晚上，养蓄精神，次日上路。

大货车的油箱，是一个安装在车厢下面的大油桶，离地半人高，装满一箱柴油，价值三四千元，双油箱的大货车，装满则是七八千元。

于是，一些流窜作案的不法分子盯上了乌江服务区，专门盗窃大货车柴油。这些家伙，跟耗子一样狡猾，昼伏夜出，警察叫他们为“油耗子”。他们有专用的作案车辆、专门的作案工具、专业的作案手段，只要贴近大货车，专用工具“咔嚓”一声就把油箱盖打开，抽水泵插进去，一两分钟就把一箱柴油全部吸光。

他们干一晚上，少则几千元，多则上万元。

暴利催生出许多“油耗子”团伙，常常流窜于高速公路沿线服务区作案，全国各地均有不同程度的类似案件发生，而乌江服务区由于特殊的地理位置，成为“油耗子”作案的重灾区，给群众造成了极大的损失。于是，派出所组织警力蹲点守候，逮现场。可是，“油耗子”的作案车辆性能远远比警察用的便车好，加上超强的反侦查能力、亡命的逃身伎俩，只要怀疑有便衣在巡逻，他们则潜伏在暗处，或者流窜到其他地方作案。“夜猫子”弄得疲惫不堪，“油耗子”却暗中得意。

从 2009 年 7 月调到乌江派出所的那天起，刘怀旭就没有回过一次家，决心铲除这一毒瘤！

刘怀旭介绍“油耗子”撬盗大货车油箱的情况

他向所长汇报，专门抽出警力组建专职巡逻队伍，白天休息，夜间巡逻，养蓄精力，专门收拾“油耗子”。通过一段时间的连续作战，发案情况有所控制。套用一句时髦语言：“用警察的辛苦指数换来了过往司机的安全指数。”

刘怀旭决定乘胜追击，“瓮中捉鳖”。有一天晚上，“油耗子”们正在作案时，警察神兵天降，“油耗子”惊慌逃窜，被埋伏堵截的便衣砸碎车窗实施抓捕，遗憾的是亡命的“油耗子”虎口脱险。有一次，刘怀旭指挥埋伏的便衣使用破胎器拦截逃窜的作案车辆，结果疯狂的歹徒在四个轮胎破裂的情况下，仍然在高速公路上狂奔三四公里后弃车脱逃。

刘怀旭和战友反复研究“油耗子”的作案手法，苦苦寻找克敌制胜的策略。刘怀旭的队伍“下手太狠”，“油耗子”们痛恨警察断了他们的“财路”，一场蓄谋已久的报复，魔鬼一样悄悄向警察袭来。

2009 年 9 月 14 日凌晨两三点钟的那场抓捕中，刘怀旭和协警徐刚遭到“油耗子”团伙的预谋性报复，在寡不敌众的情况下，刘怀旭仍然殊死搏斗，结果被歹徒砸断了他的双腿，打断了他的肋骨，打破了他的头颅……

抢救，治疗，住院三个月，落下四级伤残。

刘怀旭出院后，很多人都劝他调到轻闲一点儿的机关单位，他不干，有人担心再遭报复，劝他调走，他不怕。部队上磨砺的那股不怕死的军人作风，让他义无反顾地回到乌江派出所，申请加入县公安局牵头组织的打击“油耗子”的专项行动中。经过连续几个月的艰辛侦查，端掉了几窝“油耗子”，打击一批涉案人员，最多的判刑十多年……

有人劝他“见好就收”，但他没有。通过案情分析他发现，“油耗子”作案现象遍及全国，其根源是高速公路管理不完善。贵州渐渐进入西部大开发的战略机遇期，各类大型机械纷纷涌进全省各地的建筑工地，一台挖掘机一天要用几千块钱的柴油，如果从地下渠道购买到“油耗子”销赃的柴油，一天可以节约上千元，黑利驱使，形成了一条黑色的利益链。如果只打击“油耗子”，这一批打击了，下一批又雨后春笋般地钻出来，所以只有堵塞销赃渠道，才可以从根本上扼制“油耗子”的猖獗势头。刘怀旭的建议得到上级公安机关的采纳，遵义市公安局出台“把盗抢案当命案办”的机制，贵州省成立公安机关体系化打击模式，强化“环黔省际警务协作”模式，多警联动，多策并举，“油耗子”现象得到了根本性整治。

为了防止反弹，刘怀旭经过反复调研，协同高速公路管理公司组建了一支专职保安队伍，配齐警棍、喷雾器、警用强光手电、对讲机等警用装备，制定管理措施，安装视频监控。保安队伍经过严格训练后持证上岗，白天维持交通秩序，夜晚开展巡逻值守。“我们乌江服务区，已经连续好几年没有发生过偷油案了。”一直在乌江服务区当保安的彭孟祥说。

“油耗子”的恶性势头止住了，刘怀旭又发现乌江辖区的火灾事故特别多。他经过统计分析发现，210 国道和高速公路上车辆自燃现象占比最大。

为什么？

一直爱看书、爱思考、爱请教的刘怀旭，又围绕乌江地段的道路车辆自燃事故为什么比其他地方多得多的现象反复琢磨起来。

原来，乌江是一个“V”形河谷地段。贵阳到重庆方向的车辆，一过息烽便是一二十公里的长下坡；重庆到贵阳方向的车辆，一过遵义便是一二十公里长下坡。在高速的下坡路段上，司机会通过频繁的刹车来控制安全的行车速度。大货车的刹车一般都是鼓刹制动，频繁的刹车导致刹车鼓温度迅速升高，形成热衰减反应，不仅影响制动性能，而且大量的热极易引燃轮胎，引燃车上运载的货物。

一般情况下，橡胶的燃点约为130度左右，所以轮胎极易出现失火的现象。每一次货车自燃，都意味着车主将承受巨额的经济损失。而县消防大队离乌江镇40多公里，派出所最先赶到现场，却爱莫能助，往往因等待救援而错过了灭火的黄金时间。

我们派出所能做什么？我们赶到现场却只能眼睁睁地看着大火燃烧，人民群众如何看待人民警察？我们有什么办法尽量减少老百姓的财产损失？

处置一起火警，他就冥思苦想一回。

如果派出所组建一支小型消防队，第一时间开展灭火救援，小的火灾，自己搞定；大的火灾，至少可以控制火势，等待消防大队赶到救援，损失也能降到最小。他把这一建议形成完整的意见向上级正式汇报，立即引起有关部门的重视和采纳。

2011年，遵义县公安局决定以乌江派出所等6个单位为试点，组建义务消防队。（目前全县28个乡镇全部组建了义务消防队）

乌江镇党委、政府高度重视，出台相关制度和措施，向社会公开招聘了12名年轻小伙子，全县第一支义务消防队——乌江镇义务消防队正式成立了！

由于刘怀旭在部队上就是带兵的军官，有过硬的组织协调和管理能力，组织上任命他担任义务消防队队长，负责日常训练和调遣使用。

乌江镇义务消防队成立不久，就接到一辆运载蚕丝的大货车在高速路上起火的报警，他们第一时间赶到起火现场，只见司机手忙脚乱地用棉被往起火的轮胎上扑打，棉被都燃了起来，情况非常危急。他们赶到后，几分钟就将火扑灭了。如果像以往那样等待县消防大队救援，蚕丝一旦着火，事故就酿大了。司机看着价值200多万元的蚕丝得到保护，感动得说不出话来。消防队员们尝到以自己的能力帮助他人减少损失的工作乐趣，训练更加刻苦，工作更加有劲。据统计，从2011年组建义务消防队以来，像这样的灭火救援，已经有46起，其中32起涉及车辆自燃事故，而令人终生难忘的则是2013年3月5日那天的灭火救援。

当天清晨6时许，刘怀旭在派出所值班时接到报警指令：兰海高速贵遵路段乌江特大桥靠近双龙寺大桥一侧，一辆运载有20吨液化天然气的槽罐车起火。

警情就是命令！

已经训练有素的消防队员们迅速集合，刘怀旭开着警车在前面开道，五名消防队员乘坐消防车紧随其后。天刚蒙蒙亮，只见浓烟滚滚，焦臭刺鼻，火光冲天。交警已经封路，滞留车辆堵成了长龙。槽罐车司机弃车撤离时，呼喊其他滞留车辆的驾驶员紧急避险。所有人都在逆向逃跑，而刘怀旭和消防队员却闪着警灯向火灾现场快速冲去。

“去不得！要爆炸！！要爆炸！！！”

“我们是救火的！非去不可！”

他带领消防队员，扑向火海。

现场异常安静，只有熊熊大火发出嗞嗞嗞嗞的燃烧声，让黎明变得恐怖而黑暗。

槽罐车车头烈焰熊熊，靠近车头的罐体已隐隐发红。

虽然平时刻苦训练，也曾参加过多次惊心动魄的灭火救援，但都没有这次的火势凶猛。

一秒钟都不能耽搁！

刘怀旭心中只有一个意念：“灭火！灭火！”

如何灭火？

他们的消防车是小型消防车，装满也只有两吨水，按常规操作，肯定不行！

只有直接对准驾驶室注水，才有可能控制火势。

可是，车门已经被大火烧变形，连成一体，要朝驾驶室注水灭火，非砸开车门不可。

然而，火势太猛，危险太大。

再危险也不能退缩！

他一边指挥，一边动手，消防队员们紧密配合，瞄准时机，挥动消防斧，奋力砸开车门，抱起消防水带，朝燃烧的车头奔去……

经过20多分钟的紧张战斗，火势得到控制。此时，消防大队赶到，他们又协助消防官兵彻底扑灭了大火。

“20吨液化天然气一旦引爆，相当于80吨TNT炸药的威力，不仅大桥炸毁，方圆一公里范围内生命不复存在，五公里范围内都将被波及和影响。”危化专家坐在会议室，有理有据地分析的时候，与会人员情不自禁地朝刘怀旭等灭火英雄投去敬佩的目光。

事后，有好朋友问他：“如果你事先知道有这么危险的话，你去不去？”

“我开着警车，带着消防车，那么多眼睛盯着我，不去也不行。”

妻子埋怨说：“你就没有想过我和孩子？你就没有想过其他的后事？”

“在那种情况下，就是死也要去！”

两份大爱

大难不死，必有后福。

经历过生死考验的刘怀旭，没有坐享其福，而是把大爱转移到了两个地方：一是他的单位集体，一是他的辖区人民。

先说第一份大爱。

他在三合派出所的时候，虽然只是一名普通民警，但他上岗三个月，就熟练掌握派出所业务，负责内勤工作，主动为领导分忧，工作安排得井井有条，大家齐心协力，把三合派出所打造成一级公安派出所。

他常说，团队荣誉就是自己的荣誉，团队进步也就是自己的进步。果不其然，三合派出所的各项公安工作走在全局前列的时候，他也被组织上提拔为乌江派出所副所长。在乌江派出所期间，经历过打击“油耗子”那一场恶仗，又经历过扑灭乌江特大桥槽灌车起火事件，该获得的荣誉已经获得了，但他没有停步，他觉得训练一支过硬的团队，才能更好地服务人民。他带领义务消防队员，除了开展灭火救援训练，还参与治安巡逻、化解民间矛盾纠纷等日常警务工作。其中，游泳，一直是他们坚持的训练项目之一。

为什么？

乌江地处河谷，气候炎热，一到夏天，游泳避暑的人特别多。他们自己苦练游泳技能，既为自己避暑，也在关键时刻对溺水人员进行施救。几年来，他们就先后在乌江河里救起过八名溺水者。

“这支队伍，一直都是我在带，没有一个人说过要走。除了灭火技能，还有体能、跑步、游泳等训练。虽然我的体能和精力跟不上了，但还是在坚持！”

其实，“四级伤残”的后遗症一直折磨着他，天气变化，骨折的双腿、肋骨等地方就会隐隐发痛，但他没有表露出来。全所上下的兄弟们心里面都有一本账，他带队训练的时候，丝毫看不出“四级伤残”的样子，那是他心里面憋着一股劲，骨子里面憋着一股劲，就像当年红军抢渡乌江一样，明明知道危险重重，但就凭那一股狠劲，就凭那一丝信仰，战胜了强大的敌人，夺取了胜利。

作为一名军人出身的警察，他就是弘扬革命传统、传承红色文化的一座桥梁和纽带，在把握人与人、团队与团队的精神尺度上，他拿捏得更准。

2016 年年初，和他一起参加乌江特大桥上槽灌车灭火救援的五名义务消防队员，受到上级表彰奖励，同时破格转为工勤人员，纳入正规编制，而其他五名队员，心里面难免犯嘀咕。如果任其不良情绪蔓延，势必影响团结，久而久之，还会滋生许多次生矛盾。作为教导员，他和五名没有转正的队员推心置腹地谈心。他说，在那种情况下，生死二字谁都说不清楚，现在转正了，大家可能想不通，但是，如果真的爆炸了，他们早已化为乌有，你们至少还活着，像这样一想就想通了。

消除了没有转正的五名队员的情绪，他又把那五名转正的队员叫来叮嘱他们，务必要以更高的标准要求自己，要更加珍惜工作，作出表率，搞好团结。只有单位团结起来，有战斗力了，有荣誉感了，个人才能更有幸福感和成就感。他所在的单位，班子搭配协调，队伍团结合作，各项公安工作走在全局前列，成为区公安局的一个基层标杆。

他的人格魅力，起到很多调和作用。

另一份爱，则是对待辖区群众的大爱。

“刘警官是我们家的大恩人！”乌江镇核桃村中街组村民周光辉逢人便说。

今年66岁的周光辉，从小家贫，直到35岁才与丧偶的赖启凤结婚成家。赖启凤也是一个苦命妇女，怀孕才七个月，丈夫就因病死亡，她独自抚养儿子，谁知，儿子才一岁半的时候，她的股骨头坏死，生活无法自理，只好改嫁给周光辉，又生育了两个女儿。好不容易把孩子抚养成人，病魔再次缠上这个苦难家庭，周光辉在50多岁的时候，因脑溢血导致半身瘫痪、胃出血。两个女儿结婚成家后，外出打工挣钱，供两个老人的医药费都不够。他们的房子，是两间年久失修的老木房。“修也无法维修，天上下多大的雨，屋里就有多大的雨，床上地上，到处都用盆盆钵钵接水，睡的地方都没有……”赖启凤讲起苦难的日子就抹眼泪。

当地实行茅危房改造，他家符合改造条件，但光靠国家的补助款建不下来，一家人只好将就蜷缩在破屋子里度日如年地苟且生活。

刘怀旭在走访中得知周光辉家的情况后，主动伸出援助之手，把他们列为自己“一对一”的帮扶对象。其实，他已经帮扶了好几家，但这家的窘境让他心酸，再增加一家吧。于是，他找来当地的包工头儿，讲明自己的想法，包工头儿连连摇头：“光靠政府的补助款，差得远呢。”刘怀旭给包工头儿鼓劲：“你尽管干，其他的我来想办法。”他向辖区的石厂化缘，让石厂支援一些砂石、石粉，又找水泥厂支援一些水泥，找建筑公司支援一些琉璃瓦。房屋终于修起来了，但是屋前屋后的院坝没有硬化，进出还是不方便。刘怀旭问包工头儿需要多少钱，包工头儿说就连成本都要七百元。刘怀旭二话没说，立即从工资中支出七百元。包工头儿被他的诚心感动，说：“你都这样无私，我就是亏本，也要把这件事做好。”

周光辉一家，他一直帮扶至今，帮助解决很多困难。2017 年 5 月 26 日，刘怀旭又来到周光辉家，周光辉的妻子赖启凤跟他说，房脊上的琉璃瓦被猫蹬松了，雨漏下来。刘怀旭查看后，找来梯子，爬上去帮她把琉璃瓦重新盖好。

听说自己的帮扶对象的房屋漏雨，刘怀旭立即上房进行维修

后记

西藏的战友送他一个绰号——“牦牛”！

回到地方工作，他牦牛一样的忍耐、坚强、善良的本色仍然没有改变，固执地热爱他的工作，热爱他的集体。

本来，有好几次晋升或者转岗的机会，但他想了想，还是婉言谢绝了。穿起军装，要对得起军装；穿起警服，要对得起警服。就俩字：服从！

除了服从，他身上还有一个字——“正”！这个“正”字，主要来源于他的父亲。父亲是一名退休教师，一生正直，一身正气。他继承了父亲的“正”字，又传递给自己的妻子，妻子创办的“雷锋小分队”，在学校非常出色，她经常给学生讲述丈夫的英雄故事，学生们说：“刘叔叔是活着的雷锋。”他身上的“正”字，传递给女儿，女儿大学毕业后，当一名协警也感觉非常快乐，正在迎接招警考试。女儿甚至说，找男朋友，就要找爸爸那样的人，生活起来才踏实。

如果说他是一个工作狂，那么他也不会赢得那么多尊重。其实他是一个非常热爱生活的人，只要一回家，就争着做菜洗碗，陪妻子聊天，一起去陪伴老人。不管是至今健在的父亲还是岳母，都特别喜欢他。他从来不把工作的情绪带回家，也不把家庭的情绪带到工作中，两者分得很清，又把工作、家庭、生活、人际关系处理得那么和谐有序。

有人认为他傻，太老实，尽吃亏，有人却认为他身上有一种永远学不完的秘诀。究竟有没有秘诀？有什么秘诀？听听下面的一些对话片段，也许就会找到答案：

问：工作这么平顺，有什么秘诀？

答：心态平衡。

问：心态从哪儿来？

答：我的妻子。我妻子的心态比我还好。恶的她不怕，善的她不欺，危难的她要帮助。她是个好心肠的人。

问：最怨恨的生活现象是什么？

答：欺负人的，无孝道的，我最怨恨。

问：最高兴的事情是什么？

答：纠纷也好，案件也好，处理好了，就最高兴。

问：最羡慕的是什么？

答：还是最羡慕那些真正的英雄。

问：哪些才是真正的英雄？

答：有正义感、助人为乐、别人有危难的时候敢于挺身而出，甚至连自己生命都不顾的人。

问：最寒心的是什么？

答：当了公安，最寒心的还是那些伤天害理的人。干了这份工作，就要打击他们。

问：最有成就感的是什么？

答：那些被我打击处理过的人，最后却成了好朋友，反过来支持公安工作的时候，最有成就感。（原以为他要说获奖的时候，呵呵。）

问：最感谢的人是谁？

答：要感谢的太多，组织啊，领导啊，同事啊，家庭啊，社会啊，太多太多，但是，我这一生中，首先要感谢的，是我的父亲。小时候，我认为父亲太老实，宁愿自己吃亏。长大了，才知道父亲的人格魅力，一辈子都学不完。他生活也很俭朴，比我还顺其自然。父亲给我的，是家风的力量！

死亡线上的较量

——记云南省玉溪市公安局禁毒支队副支队长李浏华

胡正第

一、焊牢“门闩”

多年来，世界主要毒品产地“金三角”的毒品不断向我国渗透，吸毒人员快速增多。吸毒者吸食、注射海洛因、冰毒等毒品后，会产生运动失调、幻觉、妄想等症状，对身心健康乃至社会治安造成巨大的危害。

随着“一带一路”重大战略的深入实施，我国警方不断加大对毒品犯罪的打击力度，有效遏制了毒品快速蔓延的势头。

2008年3月31日，贯穿中、老、泰，全长一千八百公里的我国第一条国际高速公路——昆（明）曼（谷）国际大通道全线贯通，那些贩毒分子也趁机洞开发财之门。按照公安部的要求，同年5月，云南省公安厅与大通道的重点城市玉溪市公安局决定，在昆曼国际大通道上的元江县青龙厂村设立毒品查缉站。

距昆明一百八十六公里，地处国道213线、国道323线、昆磨高速G8511线和国际大通道四条公路交会处的青龙厂村，虽然是一个不显眼的彝家山寨，但地处交通枢纽，人流量大，日均过往车辆上万辆，是国际大通道主要城市昆明的“北大门”，也是亚洲其他国家通往我国的“西大门”。查缉站设在青龙厂村，就是在"大门"上焊了一根"门闩"。

经过组织考察，玉溪市公安局禁毒支队长期从事禁毒工作的三十八岁民警李浏华被纳入了站长人选。于是，面色黝黑、身材高挑、双手粗大的李浏华毅然扛旗担纲。

查缉站成立之初，李浏华带领二十二名刚迈出学校大门的查缉队员，挤住在青龙厂大山下的几间不足十平方米的危房里。那里没有电视，没有网络，眼前是山，远处还是山。

开始那段时间，他带领队员们穿着十多斤重的防弹衣，冒着严寒酷暑，每天至少重点检查两千多辆车。他们白天夜晚不停地检查，但是由于缺乏实战经验，收获甚微。

一天，一名队员在检查四川周老板的一货车茶叶时，捅坏了部分"七子饼茶"，周老板要求他们赔偿经济损失二百多万元。反思中，他发现自己的队伍管理不善、业务不精，没有掌握方法就急于查毒品，损害了周老板的经济利益，也让团队的形象受到了影响。为了不再犯类似的错误，他抓紧学习业务知识，多次向同行请教，不断地思索队伍建设的良方上策。

在一个雷雨交加的夜晚，他在办公室里手捧茶杯，仔细回味着在布朗山、迷帝等名山、茶园里静心跟茶农学习种茶、采茶、制茶的整个过程。忽然间，他发现制茶与管理队伍有着异曲同工之道。要有一丝不苟的工匠精神，才能培养出一支优秀的查缉队伍。于是，他把带队伍、抓业务、树警魂融为一体，创造性地开展了"一本书、一首歌、一盆植物、一次爱心"等"十个一"工程。小小查缉站歌声响亮、绿意盎然，每盆花上都挂着一位队员的名字。队员们天天浇水，和花树一起成长，热爱团队，积极钻研业务。

经过磨炼，队员们从实习生迅速成长为骁勇善战的斗士，在他的带领下，日夜不停地与“死亡线”上穷凶极恶的毒贩展开了一场又一场惊心动魄的殊死搏斗，在国际大通道上筑起了一道阻断毒品流通的铜墙铁壁。

二、穿墙“火眼”

为了逃避查缉，毒贩挖空心思地将毒品夹藏在茶叶、水果、酸奶、白酒及汽油等有各种重气味的物品里，夹藏在鞋底、画册、电动车电瓶、油箱、汽车钢板夹层等的缝隙处，而且藏毒的方式不断翻新，少量多次、少带多跑，让你防不胜防。

但是，再狡诈的毒贩，也摆脱不了“毒”的影子。队员们始终牢记冰毒片的香气、海洛因的酸味以及其他毒品的各种咸甜苦辣，紧盯“毒影”。

一天下午，一辆从西双版纳开往昆明的“云 K39XXX”客车进站了。队员们逐一检查乘客身份证、行李和车体的各处后，确认无异常，请乘客上车，准备放行。突然，李浏华感觉有一束暗光横扫过来。他一看，车门前有一个二十来岁、脖子上挂着丝巾的大眼睛女孩惊恐而得意地扫了他一眼，那光波阴冷冰凉，像他手中的小铁针一样猛刺了他一下。他一把将女孩从车门前拉过来，说：“请你过来配合检查。”

女孩甩开他的手，又一道凶光杀来，温柔地吼道：“刚才不是已经查过了嘛，怎么还要查？”

他叫女队员晶晶将女孩的手提包打开检查，包里装有毛巾、牙刷、手机充电器、小刀片。他看着女孩的身份证，问：“你是重庆的，来云南做什么？”

“来旅游。”

“去了哪些地方呢？”

“去了打洛。”

“打洛是边境口岸，怎么昨天去，今天就回来了呢？”

“……”

“一个漂亮女孩出门，一点儿化妆品都不带吗？”

“我不化妆，玩儿自然美。”

“你的牙膏呢？”

女孩愣了一下，说：“用完了。”

“出门两天，牙膏就用完了？”他看着女孩的脖子，“这么热的天，你还用围巾？”

“边境早上凉呀！”

他说：“不是冷，是遮胸吧！”

“唰”地一下，女孩的脸红到了耳根。

他走过去对晶晶说：“她的胸部与体型不相配，重点检查她的胸衣。”

晶晶请她去用X光机检查，发现胸部有异常，请她脱下胸衣查验。她说：“姐姐，我胸小，就在胸衣里包了保健品，其他没有什么。”

晶晶说：“我们还是要看看。”

女孩无可奈何地脱下内衣，递了过来。他将内衣拿在手中掂了掂、捏了捏，又拿到鼻子旁边反复地闻。

穿上衣服站在一旁的女孩大声说：“一个大男人，女人的乳罩你也要闻，变态了吧。”

他闻到胸衣有一丝奇怪的香味，并看到精制的胸衣边沿有手工针线穿过的痕迹。他对队员说：“拿剪刀来！”

女孩见他要剪胸衣，马上吼叫起来：“我那乳罩是两千八百元买的，剪烂了你要赔我！”

“你们看呀，一个男人对乳罩感兴趣，要剪女人的乳罩啦！”女孩一边对车旁的几十名乘客喊叫，一边冲过来抢夺胸衣。他伸手挡住女孩，严肃地说：“如果无故损坏了你的东西，我们会照价赔偿。”

他细心地剪开胸衣，从左右两边的夹层里取出两包海洛因。当他给女孩戴上手铐的时候，女孩那双又大又亮的眼睛立即变成了两条“小水沟”，不停地淌出咸涩的苦水。

看到他如此精准地查出了毒品，车旁的乘客热烈地鼓起了掌。

有人说他很有灵性，同行们称他有“神功”，他说这种功夫就是平时刻苦修炼出来的敏锐智慧和强大底气。他和队员们夜以继日地艰苦训练，练就了“隔山打牛”的本领，练就了鹰一样的“火眼”功夫。面对狡诈毒贩的种种“隔离墙”，他们总能细致、机智、坚韧地一眼洞穿，揭开真相。

春节过后，人们开始外出，青龙厂一带车水马龙。

早上九点，一辆黑龙江牌照的现代伊兰特轿车停在路边排队接受检查。驾车的男子一会儿下车东张西望，一会儿来到卡点左右查看，而当队员们检查该车时，却不见了他的影子。李浏华安排队员一边查找那名男子，一边对此车进行检查。

一小时后，队员们从山坡上的一间废弃的土房里将男子带下了山。队员们取下轮胎，掀开车前盖，翻开座椅，检查底盘，花了两个小时，没有发现异常情况。

李浏华给那名男子递上一支烟后，和他聊起了天："听你的口音，不像云南人。"

"我是辽宁人，来昆明旅游。"

"现在要去哪里呢？"

"回济南。"

"3 月，别人才出门，你就要回去了？"

"我春节前就来了，现在家里有事，要赶回去。"

"这次来，转了哪些地方？"

"到德宏看了个朋友。"

"到德宏怎么走这条路？"

"哦，是到洪景。"

"洪景是什么地方？"

"又说错了，是景洪。"

"看望什么朋友？他家在哪里？做什么生意？"

"这……"男子猛吸了一口烟，烟头烧到了手指，身子紧缩了一下，烟头从手指间掉了下来。

李浏华来到车前，仔细查看了队员检查过的地方。他敲了几下车门下面的侧大梁，听到了"嘭、嘭"的响声。他躺在地上细细察看，发现大梁前端下面有一个针头大的小白点。他用铁条一钻，掉下来一块头屑大小的透明物。他一闻，是刺鼻的胶水味。

"给他戴上手铐！"他抬起头，命令队员，"把电钻拿来！"

李浏华用电钻沿着小白点往里打，打掉了两颗小螺丝后，取下来一块两指宽、十四厘米长的铁板。接着，他从大梁里面取出毒品六包，重量为 11202 克。

当队员们把这名男子带到车前指认毒品时，他跪在地上，全身抖成了筛糠。

三、魂葬哀牢

从境外到边境，再从边境到内地，九死一生地逃过来的毒贩们，枪毒同行、狡猾鬼变，拼命保护着每一克毒品。特别是到了青龙厂查缉站时，他们百倍警惕，稍有风吹草动便像鬼魂一般逃得无影无踪。如果遇到追捕，他们就掏枪射击、投手榴弹，顽抗到底。

2016 年 3 月 1 日九时，李浏华和二中队中队长张卫东巡查到四号卡点时，队员赵周报告："根据特情情报，下午有一伙毒贩……"

他迅速召集各中队的中队长和抓捕队员，部署了战斗任务之后，带领一、二组行进十多公里，来到山上，分别埋伏在一号、二号两条山间公路两边。副站长王建文带领三组埋伏在老公路与大通道的交叉路口。

天空乌云密布，不一会儿便下起了雨。雨点冰冷，队员们穿着单衣埋伏在草丛中，直打冷战，饥寒交迫。

李浏华用对讲机鼓励队员们说："气候和地势对我们越是不利，就越是毒贩行动的时候。打起精神，耐心等候！"

十一点，他听到了越来越近的汽车马达声，便下令："各组注意，毒贩出现了。"

二十多分钟后，一辆牌照为"云 J45X4"的丰田面包车从一号山间老路快速驶来。他们迅速上车，拉开警灯，快速追击。

面包车里的人看到有警车包抄过来，便驾车横冲直撞，连续撞断了两棵小树后，冲了过去。

面包车里的人朝他们开枪，子弹尖叫着击在车顶，溅起了火花。

李浏华端起冲锋枪，在车里对着面包车扫射。子弹呼啸着击穿了面包车，一颗子弹将右后侧轮胎打爆了，车子歪了几下便横倒在山沟里。

突然，面包车里的人又向他们连续开了几枪。

李浏华和队员阿峰举枪对着面包车射了几梭子子弹，打得面包车直冒白烟。

他端枪迅速冲上前去。正在从驾驶室里往外爬的男子举起双手说："别开枪，车里只有我一个人。"

他把男子拖出来，当即缴获了"克洛克"手枪一支、子弹 24 发。

"我摸了摸车后座，感觉还有热气。"细心、敏感的女队员何东丽手里举着一个烟头说，"从车厢里找到的这个烟头还有热度，应该还有其他人。"

李浏华下令："三组的两个人负责看守男子并警戒，其余的队员进山搜索！"

深夜，哀牢山上一片漆黑，他们甚至看不见自己身旁的战友。

他们三个人一组，每组一个人端枪负责警戒，两个人持枪并打开警用手电筒对可疑的草窝、地坎、岩石、树洞、沟渠依次进行搜查。

一个小时后，他们搜索到了一棵茂密的大树下。李浏华用木棍掀开草丛，看到树根下有一个老鼠洞。他用电筒照了照，没有看到什么东西。

眼尖的何东丽指着洞口说："你们看，那是什么？"

李浏华再次用电筒照了照洞里，旁边一米处的干草发出了微弱的光波。原来，老鼠洞旁边还有一个小洞口。他将小洞口旁的伪装草丛移开，露出了亮亮的塑料包装袋。电筒的光就是从这些包装袋上反射出来的。他打开一看，是三袋冰毒，重 16.476 千克。

毒蛇不离窝！队员们一下子紧张了起来。毒贩极有可能就躲在附近，也许正将枪口对准了他们。

他们右手端着枪，左手将强光电筒高高地举在左前方，继续搜索毒贩。

往山下搜索时，队员小王不小心脚下一滑，摔倒在土坎下。"砰"的一声，他的冲锋枪走了火。

随即，躲藏在五十多米处的高度紧张的毒贩，以为队员们发现了他们，于是向他们开了火。

队员们用强光照射着毒贩那边，边从四面冲过去，边"哒哒哒"地开枪还击。

突然，一阵"刺刺"的声音传来，李浏华大喊："有手榴弹，卧倒！"

他在卧倒的同时，一把将何东丽拉倒在地。就在这一瞬间，手榴弹爆炸了，一颗弹片击中了何东丽，她躺倒在了地上。

李浏华急忙上前抱起昏迷的何东丽，边摇边喊："小何，小何！"十多秒后，她醒了过来，摸了摸右胸，弹片将防弹衣击出了一个洞，所幸没有伤到她的身体——她是被爆炸震晕的。

在连续不断的枪声中，一名毒贩高叫着："我的脚被打断了，我投降！"

随后，队员们冲了过去，在一米多深的玉米地里将三名缅甸籍毒贩团团围住。

忽然，李浏华听到旁边有响动。他用电筒一照，看到一名光头毒贩跪在地沟里，正在换手枪弹夹。毒贩拉动枪管上的套筒，"咔嚓"一声将子弹上了膛。

在这紧急关头，他两步冲上前去，一把抓住了毒贩手中的手枪套筒。毒贩也拼命地抓住手枪，使劲扣动扳机。他紧紧抓住枪管，用力将枪口举向天空。

砰！一颗子弹飞上了天。

此时，毒贩双手用力将枪口朝他调转了过来。他狠劲地抓住枪管向地上拖拽，可是毒贩站起身来压低身体，用尽全力将枪口向他的头部反转过来。他向前迈了一步，紧紧地贴在毒贩的左边，同时将枪口往自己的胸前顶。他想，一旦枪响，就让子弹射在自己的防弹衣上，以免伤害身边的战友。

他丢下电筒，双手用力卡住毒贩的手，然后用右手使劲掰下了毒贩勾着扳机的食指。同时，他的左手食指插进了已经滑动的套筒露出的白色弹膛槽。铁套筒锋利的边缘一点儿一点儿地划开他的食指，鲜血直流。毒贩不断地扭动枪柄，刀口似的套筒边缘在弹簧的弹动下不断地割进他的食指，钻心的疼痛让他无法用力。

他想，就是断了这根手指，也决不松开。他咬紧牙关，死死地钳住退开的弹膛槽，不让枪机合拢，这样毒贩就射不出子弹了。

他缓了一口气，腾出右手，猛地挥动拳头，狠狠地击打毒贩的太阳穴，毒贩“哎哟”一声倒在地上。他顺势夺下手枪，推动套筒，从弹膛槽里取出了食指。

他的半截食指被套筒和弹膛槽包裹着夹切，露出了白生生的骨头。鲜血顺着枪膛从枪口里流出来，像一颗颗鲜红的子弹，不断地击碎毒贩的黄粱美梦。

张卫东急忙打开急救包，迅速给他包扎好了伤口。他强忍着撕心裂肺的疼痛，上前审问毒贩：“老实交代，你们为什么要把毒品藏在山上的树下？”

一名胖乎乎的男子指着刚才换弹夹的光头同伙说："是阿弄叫我们藏在树下的。"

"你们一共有几个人？"

"有一个人开车走了。我们有四个人，全部在这里。"胖乎乎的男子回答道。

他们将五名毒贩一并带回站里，连夜审讯。根据毒贩的交代，他们乘胜追击，在元江、景洪、孟连和中缅边境又一举抓获了五名毒贩，缴获了冰毒 30 千克。

这一战，他们侦破了一起特大跨国贩毒案，共抓获中国籍毒贩两名、缅甸籍毒贩八名，缴获了毒品 46.476 千克、自制冲锋枪一支、军用手枪两支、子弹 210 发、土制手榴弹四枚。

四、蓝色坚守

八年来，他们共破获毒品案件 4214 起，抓获毒贩 4237 人，缴获毒品 2219 千克、制毒物品 20 吨，查获涉案车辆 300 余辆、制式手枪 16 支、子弹 624 发、炸药 216 千克，保持着全国查缉站前三名的辉煌战绩。因日常训练严格、战斗技能高超，他们在随时面临牺牲的一线战斗中始终保持着"零伤亡"的纪录。全国各地的禁毒部门多次派人到青龙厂跟班学习、实战培训，乌兹别克斯坦、缅甸、柬埔寨、老挝、泰国、越南、尼泊尔、吉尔吉斯斯坦等多个国家的禁毒培训团也多次到查缉站考察、学习。

查缉站的队员们多次立功受奖，李浏华也被云南省委、省政府授予了"劳动模范"光荣称号。2015 年，查缉站被授予"全国禁毒堵源截流先进集体"光荣称号，李浏华作为先进代表，在北京人民大会堂受到了习近平总书记、李克强总理的亲切接见。2017 年 5 月，李浏华被授予"全国特级优秀人民警察"荣誉称号，受到了隆重的表彰。云南省委常委、省委政法委书记、副省长张太原在昆明接见他时，充分肯定了他和战友们的成绩。云南省公安厅厅长任军号握着他的手说："你们坚守在禁毒一线，艰苦奋战，取得了突出成绩，为全省人民争了光。我们感谢你们，全省民警向你们学习！"

青山陪伴着我

星星疼爱着我

日夜坚守在国道线上
缉毒工作我最执着
纵然公路车流成河
凶残毒贩绝不放过
……

李浏华和战友们唱着这首他们自己编写的战歌，将继续以铁的信念，忠诚勇敢地战斗在昆曼国际大通道上，把用青春和热血谱写的人间大爱化作一道道铜墙铁壁，像哀牢山一样，在祖国的西南边陲耸立起一座宏伟的天然屏障。他们坚守晴空阳光，保护蓝天白云，驱毒除霾，用生命捍卫着人类社会的清净文明、健康幸福。

（本文所涉及人员，除缉毒民警外，其余人员的名字均为化名）

铮铮铁骨书写忠诚

——记西藏自治区昌都市公安局卡若区分局副局长土美旺堆

赵瑞阳

以忠诚筑底，他始终秉公执法捍卫人民群众利益和法律尊严；

以担当支撑，他始终不屈不挠奋战在打击违法犯罪第一线；

以英勇着色，他始终用实际行动践行着党旗下的庄严誓言。

不怕疲劳、连续奋战，始终坚守在基层刑侦工作第一线，他常说："再坚持坚持，案子就快有眉目了！"

——题记

皮肤黝黑、身材魁梧、言语不多的土美旺堆，无论是在执勤或是侦办案件，总是给人安全、踏实的感觉。

土美旺堆，入警12年，不怕牺牲敢打硬仗，长期战斗在侦查破案、缉捕追逃第一线，被同事称为"铁人"，是顶天立地的英雄。先后参与破获各类刑事案件300余起，其中重特大案件60余起，抓获各类违法犯罪嫌疑人400余名。先后荣立个人三等功2次、记个人嘉奖1次，并多次被评为"优秀公务员"、"优秀共产党员"。

2013 年，他带领专案组成功破获了“12 · 30”非法运输毒品案，该专案组被昌都市公安局授予“2013 年度先进集体”荣誉称号。

2016 年 3 月，时任昌都市公安局卡若区公安分局副局长的土美旺堆被公安部授予“全国公安系统二级英雄模范”荣誉称号。

土美旺堆以饱满的精神状态、昂扬的战斗热情、务实的工作作风，全身心投入公安基层刑侦工作，用顽强拼搏和无私奉献履行职责使命，守护着人民群众的安宁和幸福。这看似平凡的基层工作，却凝聚着人民警察的职业精神、率先垂范的人格力量。

勤勉敬业，从门外汉到办案能手

1997 年 7 月至 2004 年 9 月，土美旺堆担任昌都报社编辑、记者，热衷于摄影的他很快就成为昌都报摄影部的“老师”，重大活动、风景名胜、人物特写等这些常见新闻摄影题材，在土美旺堆的相机里，总有几张让自己得意的作品。

2004 年 9 月，土美旺堆成为昌都县公安局刑警大队技术中队的一名技术员，负责犯罪现场的取证拍照。一年半之后，调派到昌都县公安局刑警大队业务中队，真正开始接触刑事案件。“干一行，爱一行，钻一行，精一行。”从记者岗位转到公安刑侦岗位的门外汉，专业知识欠缺，办案经历几乎为零，如何提高自己的刑侦业务能力？如何有效掌握办案技巧？这个责任心强、好胜心切的康巴汉子，有着自己的想法与做法。

《大要案例得失谈》、《经典案例精选》、《命案现场重现》、《现场分析》这些都是土美旺堆闲暇时精细翻阅、认真做笔记的专业书籍。梅花香自苦寒来，工作中刻苦钻研、虚心学习，专业知识很快得到提升。

纸上得来终觉浅，绝知此事要躬行。真枪实刀地参与侦查破获刑侦案件后的土美旺堆，办案信心更强、干劲更足。刚进入业务中队不久，昌都县加卡乡（现为卡若区所在地）摩托车盗窃案件频发，造成严重的不良社会影响，社会关注度高、群众反映强烈。

案件中摩托车被盗都发生在夜间，并无明显线索。土美旺堆跟随老刑警现场走访、搜集线索、蹲点布控。经过 4 天走访蹲点后，掌握到被盗摩托车往查雅方向销赃，刑警大队立即撒网布控，设卡准备收网。凌晨 1 点左右，有疑似人员骑着摩托车朝民警蹲点的国道方向驶来，早已埋伏的公安民警当即收网追捕。

骑摩托车的疑似人员发现国道边有埋伏的民警之后，便扔掉摩托车朝山上跑去，土美旺堆一队人见状奋力扑上去追赶。由于夜晚光线不好，加之山路难走，鸣枪示警后，犯罪嫌疑人仍全力向山上逃窜。土美旺堆身体高大，年轻力壮，紧追犯罪嫌疑人，一直追到一个悬崖边上，才将犯罪嫌疑人抓获。连夜审问，犯罪嫌疑人 24 岁，有偷盗前科，承认将偷盗的摩托车以四五百元的价格销赃的犯罪事实。案件破获后的第二天，土美旺堆走路虽有些“颠簸”，但是整个人十分精神。时任昌都县公安局刑警大队副大队长的扎桑关心地问道：“土美旺堆，你的脚没事吧？”土美旺堆笑着说：“就是昨天追赶嫌疑人的时候，不小心崴着脚了，没啥大事。”

这个案件不大，却费劲很大，从走访、蹲点到抓获犯罪嫌疑人，土美旺堆真正了解到基层刑侦工作的艰辛，了解到自己要学习的知识还有很多。昌都县公安局刑警大队虽分工但不分家，有案件了土美旺堆就跟着大家一起走访、调查。就这样，在一次次案件的侦查、破获中，他向身边的老刑警、向身边的群众、向实践学习，专业知识、刑侦能力不断丰富和提高，很快成为办案能手和业务骨干。

“有勇无畏，责任心强！”看着他成长起来的刑警大队副大队长多吉十分赏识土美旺堆。

忠诚履职，守护千家万户安宁

追捕犯罪嫌疑人崴了脚，只是轻伤。

从警12年来，因公受轻微伤次数，土美旺堆自己都记不清了。

“既然选择从事公安事业，就要无愧于肩上的金盾，无愧于头顶上的警徽。”土美旺堆这样教导新入队的民警，而他自己始终践行这份职责。办公室内，深夜凌晨总能看到他一丝不苟审核案件伏案工作的身影。

2009年3月2日，凌晨4点，昌都县公安局接警，报案人称昌都县四川桥深圳路231号发生了一起命案，在昌都做生意的刘玉财夫妇被杀害。案发正值维稳敏感月期间，社会上针对此案件谣言四起，昌都县公安面临巨大的社会舆论压力。

3月3日，20余名侦技民警组成“3·02”命案专案组，前往案发地进行摸排走访。

现场杂乱、血迹模糊、脚印众多，昌都市公安局刑警支队派来的技术员在现场进行整体摸排，寻找有价值的线索。现场有明显翻动痕迹，侦查人员初步判断是谋财害命。摸排近6个小时，时任昌都县公安局刑警大队三中队队长的土美旺堆一直在现场一角认真听、认真看。在屋子一角的柜子上，土美旺堆敏锐地发现了几个手套印。由于柜子表面有薄薄的一层灰尘，手套印保存得比较完整，然后他根据手套印提出了凶手是戴手套作案的思路。

这个大胆的判断，打开了勘查现场刑警的破案思路，并一步一步地还原案发现场。通过一系列的调查取证、走访摸排和串并案件，围绕作案人活动轨迹、选择目标、作案方式和手法，查实此案系张某等三人所为，并且在案发后三人已经潜逃至类乌齐县躲藏。在确定嫌疑人的大致方位后，专案组成员顺线追索、布控查缉，在案发20天后，将张某一伙三人全部抓获。

经审讯，三人交代在作案前，准备好手套、刀具、胶布等作案工具后，2月

27日进行了踩点，之后便对刘玉财的商店实施抢劫，在此过程中将其夫妻杀害，并趁夜色逃离现场，将手套、刀具等作案工具丢至扎曲河。

技术锁定疑犯，一线勇擒凶徒。土美旺堆的细心发现、大胆设想、谨慎推敲，让“3 · 02”命案逐渐拨开迷雾，找到真凶。犯罪嫌疑人自认为天衣无缝的作案，就这样被破获。

2012年12月30日23时许，时任昌都县公安局副局长的土美旺堆在接警后，立即带领刑侦民警前往嘎玛乡嘎玛大桥公安检查站，处置一起非法运输毒品案。

检查站民警立即向土美旺堆汇报了检查情况：在对路经的一辆五菱面包车进行例行检查时，发现甘肃籍汪某神情异常，遂对其行李进行检查，发现有一个包裹严实的酸奶盒子，打开后，发现8块用黑色胶带包裹的块状物，经查，块状物为海洛因。在检查期间汪某趁民警不注意向附近山上逃跑。

土美旺堆在了解基本情况后，立即组织开展追捕堵截。由于嘎玛大桥周围地势陡峭、山势险峻，加之已是深夜，又值隆冬，寒风瑟瑟，开展追捕工作难度很大。经过4个小时的努力，在12月31日凌晨3时许，在一个乡村路边将犯罪嫌疑人抓获。

在进行突审时，汪某交代毒品是在云南下关的一处垃圾桶旁捡到的，害怕从云南经四川回甘肃被抓，以为从西藏到甘肃会安全些。2012年12月28日从下关出发，经香格里拉于30日到昌都后，雇了一辆面包车，前往青海，结果在检查站被拦截。

刑侦民警对其供词进行仔细分析后，发现供词存有大量疑点。土美旺堆便向上级公安机关请求禁毒支队和技侦支队的支持，对汪某进行多次审讯，加强心理攻势，最终汪某交代是帮他人将毒品从云南大理运至甘肃兰州的犯罪事实。

天地有正气，丹心为人民。维护社会长治久安、保障人民安居乐业，是人民警察的共同意志，更是土美旺堆的工作坚守。山里出生的他，有着大山般的沉稳，他不畏艰险，把群众的安危放在心中，始终奋战在打击违法犯罪第一线，用顽强拼搏和无私奉献履行职责使命。

情暖警营，把同事的事当成自己的事来办

“对党忠诚、服务人民”，这“人民”也应包含秉公执法捍卫人民利益和法

律尊严的广大公安民警。在日常工作、生活中，土美旺堆真诚处事、宽以待人，既从政治上、思想上关心同事，又从工作上、生活上帮助同事。

2010 年 4 月，冯海洋与刘红秀喜结连理，走入婚姻的殿堂，当时二人都在昌都市江达县工作。2011 年 7 月，冯海洋以法医身份进入昌都县公安局刑警大队，妻子仍在江达县卫生局工作。

2011 年 12 月，因办理案件需要，从重庆出差回来的冯海洋向时任昌都县公安局副局长的土美旺堆汇报工作情况。汇报结束后，闲聊起来，冯海洋告知土美旺堆，自己刚结婚，现在与妻子两地分居，希望能把妻子调到昌都市来工作。随口一提的冯海洋也就发发牢骚，可土美旺堆却记在了心里。

因为刘红秀是学药学专业的，所以土美旺堆把昌都市卡若区内的藏医院、人民医院、医药公司都挨个跑了个遍，希望能找到合适的接收单位。在跑遍卡若区关于医药方面的公司、单位后，仍没有什么需要招人的信息，他告诉冯海洋，不要着急，这些医药单位总会缺人的。

2013 年，得知昌都市要公招一批医药人才的时候，土美旺堆第一时间把这个好消息告诉冯海洋，让刘红秀提前做好准备，好好复习资料，争取一次考过。功夫不负有心人，刘红秀一考即中，被公招到昌都市食药监局。土美旺堆的一件心事也算是得到圆满解决。

2012 年 7 月，拉萨籍民警德吉央宗进入昌都县公安局刑警大队，只身一人背井离乡来到昌都工作，因为人生地不熟无依无靠，加之昌都城区住房紧张，所以没有固定住所，而又要经常加夜班，对于刚参加工作的小姑娘来说，很不安全。

土美旺堆得知这一情况后，连续几天忙前忙后帮德吉央宗寻找住房。在寻找过程中，有一套廉租房，但是考虑到安全因素，还是把房子给了 2011 年参加工作的同样没有固定住房的民警多吉。在继续寻找一段时间后，终于在昌都县公安局旁的昌都农牧中学找到了一间合适的房子，单元楼，一室一厅，对于要经常加班又孤身一人的德吉央宗来说，安全又方便。德吉央宗说："土美旺堆副局长，总是把我们个人的困难当成自己的困难来解决，我是真心地要感谢他的帮助。"

土美旺堆的系列举动，让远离家人刚踏入工作的新民警感受到了家的浓浓暖意。

甘于奉献，做好本职工作是最基本的要求

头顶国徽、手执法律公器，总是在抢险救灾、打击犯罪中能看到土美旺堆的

身影。无论在哪个岗位，他都踏实工作、甘于奉献、严于律己，得到群众、同事、领导的认可与赞赏。

2010 年 12 月，土美旺堆主动请缨，先后两次主动向组织提出申请，要求到自然条件艰苦、社会治安复杂的妥坝乡派出所工作。在他的再三请求下，昌都县公安局党委决定派土美旺堆到妥坝乡派出所工作并担任所长。

而已经从昌都市人民医院退休在家的 70 多岁的老母亲，知道儿子要去昌都县东部这个平均海拔 4200 米的纯牧业乡镇工作时，坚决反对。土美旺堆自小就失去父亲，是在母亲含辛茹苦的支撑关爱下，与哥哥、弟弟从艰辛的生活环境中长大的。知儿莫若母，知道儿子要去妥坝乡工作，母亲担心儿子血压波动大、头晕、头疼，伤害身体。土美旺堆答应母亲不会去高海拔的妥坝乡。转过身回到刑警队，瞒着母亲，也让哥哥、弟弟嘴严实些，2011 年 12 月，调回昌都县公安局刑警大队的时候，母亲才知道儿子最终还是去了妥坝乡派出所工作。

土美旺堆到妥坝乡派出所后的第二天，就自带干粮，有时骑马有时徒步，走村入户，与村民促膝交谈，拉家常、交朋友，了解群众的实际困难和所思所想，听取他们对公安工作的意见和建议。短短数月，他已经走遍了妥坝乡每一个村庄和牧场，与很多牧民交上了朋友，群众亲切地称他为“我们的贴心人”。

在妥坝乡工作期间，他带领派出所全体民警，认真梳理案件线索，发动群众组建治安联防队，加大重点区域的巡逻防控密度，集中开展治安隐患大排查、大整治，治安、刑事案件发案率大幅度下降，社会治安状况明显改善，群众安全感不断上升。

因犯要案 1996 年逃跑、2008 年投案自首的洛松，要感谢的只有一个人，那就是土美旺堆。案发逃跑后，洛松的母亲整天以泪洗面，本来身体就不好的父亲也干不了重活儿，这让本来就不富裕的家，日子过得就更紧张了，而作为独生子的洛松却逃跑在外。

土美旺堆带着民警给两位老人又是送生活用品，又是帮着干农活儿。2008 年，洛松回家偷偷看望父母，到家后听了两位老人的话，看到家里的变化，决定自首。土美旺堆用真心、真情，劝服、感化外逃的洛松，赢得了群众的支持。多年来，求实奉献的工作态度，使得他在昌都县公安局全体党员民主测评中，每次都位于前列。

守护人民群众的平安没有终点。在妥坝乡派出所，土美旺堆带领民警破获积压许久的案件，调解矛盾纠纷，让群众在每一项执法活动、每一起案件办理中都能感受到公平正义。

扶危济困，彰显警民一家鱼水深情

从事公安工作以来，土美旺堆始终牢记“人民公安为人民”的庄严承诺，把为人民服务、替群众解忧作为自己的第一责任。从警以来，土美旺堆共结对帮扶困难群众10户，捐款捐物总价值共计3万余元，树立了人民警察亲民爱民的良好形象。

在妥坝乡派出所工作期间，土美旺堆把工作重心放在乡镇农村、街头巷尾，不避危险、不辞劳苦，积极为群众办好事、做实事，从解决老百姓实际生活困难入手，彰显了警民一家亲的鱼水深情。

2011年3月，土美旺堆带队到恰渠村入户走访时，发现达嘎兄弟二人都身患残疾，家中老阿妈也丧失劳动能力，没有草场和牲畜，经济条件差，三人靠领取低保金生活。从小生活在单亲家庭的土美旺堆，深知生活不易，当即决定与达嘎家结为帮扶对子，隔段时间便到达嘎家送糌粑、干肉，并给现金补贴家用。

2011年10月，达嘎阿妈去世，弟弟又双目失明，无行为能力，表妹因离异无力抚养9岁多的女儿，达嘎主动提出要领养。生活的重担全部压在达嘎肩上，顿时觉得生活无望。土美旺堆得知后，就经常到达嘎家里开导他，做思想工作，鼓励他要自强不息，并四处帮他找工作，最后达嘎在妥坝乡政府当上了保安，重新点燃了对美好生活的希望，家里的生活有了基本保障。达嘎阿妈去世，丧事也是土美旺堆一手料理的，又是出钱又是出力，忙前跑后，让达嘎一家感恩在心。

离开妥坝乡后，尽管工作岗位一再变化，但土美旺堆每月的开支中，总有一笔支出一直没变，就是用于在生活上给予达嘎力所能及的帮助。2011年，达嘎出行必备的唯一一辆摩托车丢失后，土美旺堆出资4000元为他购买了一辆新摩托车。

同是生活条件艰苦的恰渠村村民加永次丁，妻子体弱多病，他又是移民过来的，家里也没有能帮衬他们的亲戚。而加永次丁人很勤快、脑子也活，经常到妥坝乡派出所周围打短工补贴家用，在打工期间就与土美旺堆相识。土美旺堆看加永次丁性格活泼、善于交际，就安排加永次丁在派出所担任保安人员，这样解决了加永次丁家里的日常开销，也让他的生活更有奔头。

“依靠群众、信赖群众，这是党员的优势。做好基层群众的工作，对走访、办案是基本要求，是公安工作的生命线。”多吉当年曾这样教导刚入刑警大队不久的土美旺堆。而在公安工作中，土美旺堆始终把基层群众的安危放在心上、记在心里。

时任妥坝乡派出所教导员的扎西斯朗这样评价土美旺堆：“不管是在公安业务方面，还是在日常生活为人处世方面，他身上都有很多值得我们学习的地方。自从他来到妥坝乡后，很多积压的案子破了，民风转变了。他是好样的。锦上添花易，雪中送炭难，做一件好事容易，难的是一直坚持下去。面对有困难的农牧民群众，土美旺堆总会伸出援助之手，给予力所能及的帮助。”

勇于担当，用生命擦亮荣耀警徽

2014 年 12 月 21 日，昌都市昌庆街拉昌金行发生一起抢劫案。案发正值昌都地区撤地设市、昌都县撤县改区的关键节点，且该案是昌都县首例抢劫金店案件，群众反映强烈，社会负面影响极大。自治区、昌都市各级领导相继作出重要批示，要求尽快破案。

土美旺堆被抽调到专案组，既担当指挥员又充当侦查员，带领专案组民警争分夺秒、不分昼夜地侦查走访，知情人提供线索称犯罪嫌疑人在抢劫时穿的是汉装，之后逃跑时穿的是藏装，这是一条重要线索。

在专案组民警的共同努力下，经过仔细排查，最终获取了大量线索，锁定了犯罪嫌疑人。案发 8 天后，犯罪团伙中的一名犯罪嫌疑人落网，案件取得重大突破。经连夜突审，加强心理攻势，顺藤摸瓜，得知其余两名犯罪嫌疑人已畏罪逃离西藏。土美旺堆带领专案组民警前往青海玉树等地，辗转多个僻远乡镇开展抓捕工作。2015 年 1 月 17 日，土美旺堆已连续奋战了 27 天，他在带队走访调查时，由于劳累过度，突发脑溢血昏倒，被紧急送往医院治疗。

土美旺堆病情十分严重，在昌都市人民医院重症监护室抢救 11 天后，由于医院医疗条件有限，紧急转往成都华西医院治疗。在华西医院的 3 个月里，土美旺堆的主治医生与脑科专家会诊研讨，开始了一场与死神的赛跑，其间进行了脊髓手术，但效果不是很明显。随后，土美旺堆被转至西藏驻成都办事处医院，进行救治，效果也不明显，病情没有好转的迹象。2016 年 9 月，经过家人多方打听，得知林芝有位专治头部损伤的老藏医，经过一段时间治疗，土美旺堆的病情趋于稳定。2017 年 4 月，家人将土美旺堆带回到昌都老家，在家里进行日常护理。目前仍昏迷不醒。

这样一个被同事称为“铁人”的好领导、好民警，最终被病魔击倒，倒在了侦破案件的路上。

由于昌都海拔高，空气密度远低于内地空气平均密度，氧气含量少。为保证土美旺堆摄取足量的氧气、保障日常护理，家里添置了制氧机、吸痰机、氧气罐等基本医疗理疗设备，土美旺堆的大哥索朗扎西、土美旺堆的妻子邓增拉西轮番照顾躺在病床上昏迷着的土美旺堆。土美旺堆的阿妈退休在家，由于自己身体状况也欠佳，只要一有机会，就会过来看望自己的儿子，陪儿子聊聊天，在病床旁讲一讲土美旺堆儿时的顽皮、成长中难忘的故事。

常年奋战在公安刑侦基层第一线，经常夜以继日地超负荷工作，土美旺堆患上了严重的高血压、高血脂等疾病，每次体检结果出来后，医生都再三嘱咐一定要多休息、少熬夜。但每次一接到紧急工作任务，他就变成了不眠不休的“铁人”，一天到晚连轴转。加班熬夜的时候犯起病来，头晕目眩疼痛难忍，他一声不吭，避过同事，悄悄拿出随身携带的降压药、止疼药吃几片了事。看着他神情疲惫、日益消瘦，家人和同事们都很心疼，经常劝他请个病假休息两天，但每一次，他总是摇摇头说：“这时候我怎么走得开呀！再坚持几天吧，案子就快有眉目了！”

从警 12 年来，土美旺堆与家人团聚的时间屈指可数。在各大节假日、战备期间，他时常主动承担大队、局里的值班备勤任务，与其他执勤人员一同坚守在工作岗位上。就在突发脑溢血倒在工作岗位上的当天，他还给妻子和儿女打电话承诺说：“等案子破了，就回家和你们团聚，带你们出去好好玩玩。”

1999 年 12 月 13 日，土美旺堆迎娶了心仪的姑娘邓增拉西。结婚 18 年来，他把太多的时间奉献给了他热爱的公安事业，做了一名称职的公安民警，却没有尽到一个儿子、丈夫、父亲应尽的义务。一眨眼的工夫，儿子已经上高中，小女儿也读初一了。其中的艰辛，只有邓增拉西清楚。多少次对家人的承诺，因临时任务变成空头支票；多少次因执行任务，在节假日放弃与家人团聚……

“把群众的安危放在心中，土美旺堆怀着为人民服务的无限热情，以实际行动守护着人民群众的安宁和幸福。”西藏自治区公安厅政治部主任洪力说。

土美旺堆敢于担当，在公安岗位上尽心尽责。担当精神并非与生俱来，而是

在从警工作中，源自热爱，不断学习，在大大小小案件中逐步培养和历练出来的。

赢得民心，祈愿您尽快康复起来

在土美旺堆昏迷住院期间，前往医院看望他的亲友、同事和群众络绎不绝，挤满了医院病房，大家久久不愿离开，只愿能够看到他尽快恢复健康。大家都在心底默默祈祷："他是一个好人，老天一定会庇佑他，他会好起来的！"

冯海洋：土局，我是海洋，过来就是和您说一声，我媳妇已经调到咱们区里了，已经在办手续了，前面您为了我们俩这事儿也是够操心了，本来就是闲聊时候的一句话，没想到您把区里的这些医院啊、医药公司啊跑了几遍。这些年来，您这心里装的除了工作就是群众、战友，您说您到底什么时候能好好想想自己啊？侦破拉昌金行抢劫案时，您白天带着我们走访摸排，晚上熬夜梳理线索，每天睡眠不足 4 个小时，看着每天偷着往嘴里塞药的您，大家都劝您休息一下，可您嘴里总是说"再坚持坚持，案子就快有眉目了"，直到您突发脑溢血倒在走访调查的路上。"铁人"就这么倒下了，的确，您太累了，是该歇歇了，可这都两年多了，您也该起来了吧？

扎西斯朗：老所长，我是你的老搭档啊，我代表妥坝乡派出所全体民警来看你来了。听说我要来看你，妥坝乡的群众让我给你捎句话："我们想来看您，但是现在是农忙季节，想去看您确实抽不出时间，您心肠好，又那么年轻，一定会好起来的。我们都会为您祈福！"

达嘎：我是达嘎啊，我来看你来了，就骑着你给我买的那辆摩托车！阿妈去世后，你鼓励我要重新面对生活，还满乡跑着给我找工作，最后让我在乡政府当上了保安！呵呵，我现在回到村里可神气了。乡里面的领导都夸我干得好呢！说等时间到了还要和我续合同呢！

洛松：给拉（藏语的敬称，意为老师），我是洛松。当知道您出事的消息，我是多想出来看看您。2008年，您带着人在山上围捕我，后面在和您打斗时还害您摔断了腿。给拉，您为了拯救我这么个罪人付出这么多努力，现在您自己病倒了，咱们可一定不能泄气啊，您想想您身边有多少人在等着您呐！您可不能让大家伙儿寒了心啊！

"金色盾牌热血铸就"，土美旺堆把忠诚刻在心上，让警徽照耀人生，从门外汉到行家里手，付出了常人难以想象的心血、智慧和汗水；在基层公安工作第一线，用实际行动践行着党旗下的庄严誓言，书写着一个又一个动人的事迹，为国家、社会、人民的安全筑起了一道坚不可摧的铜墙铁壁。

祈愿土美旺堆早日康复！

走着走着花开了

——记陕西省西安市公安局莲湖分局劳动南路派出所民警郝世玲

李迪

早上，郝世玲刚走进警务室，门就被擂得山响。

嘭嘭嘭！郝警官！

郝世玲吓了一跳，急忙回头，正碰上张老太怒目如虎——

鸡吃菜了，你管不管？

郝世玲哭笑不得。

昨夜，她就被惊吓了一回。两点多钟，正睡得忘我，手机突然炸响。一接，醒了：我楼上进贼了！啊？你住哪儿？西区 302！我马上到！多长时间？十五分钟！好！十多里路，连闯红灯，十三分钟就赶到了。报警的老胡一伸大拇哥，我掐着表呢，提前两分钟，你是说话算话的好民警！您省省吧，咋回事？老胡往楼上一指，翻箱倒柜呢！可不，轰隆，哗啦！这也太猖狂了。郝世玲急步上楼，来到 402。慢着，不能贸然敲门。她有过教训，那回在社区抓毒犯，她上去就敲门，门一开，后面的同事眼疾身快，冲过去踹倒毒犯，夺过一把西瓜刀！事后她被所长骂了一顿，你有个甚闪失，我咋跟你家人交代？有过教训就不能盲动，郝世玲轻移脚步上前，贴门一听，啊？屋里不但轰隆哗啦，还唱上啦，你是我的玫瑰，你是我的花……这叫啥贼！她鼻子都气歪了。嘭嘭嘭！开门！门开了，一屋子租住的打工仔，夜班回来，又洗又涮，又唱又跳。一看郝世玲来了，全傻。要是你们爷爷奶奶住底下，你们还这样吗？噢噢，郝大姐，下回不啦！谁是负责的？明天到我警务室来写保证，再半夜闹腾就让你们搬走！郝大姐，您放心，没有“再”了！郝大姐长，郝大姐短，事情处理了。老胡说，郝大姐，真不好意思，半夜叫你来，我还以为进了贼！郝世玲说，没事。再说，您也是为了社区安全，我还要谢谢您！哎哟喂，您这么说我就更不好意思了！郝大姐长，郝大姐短，一直把人送到了楼下。回屋，被老伴儿戳肿脑门儿，你这老东西，这么晚了，人家孩子路上再出什么事！老胡望望窗外，黑咕隆咚，叫了声，我的郝大姐哎！

郝大姐，是郝世玲的大名儿。今年五十五岁的她，社区民警干了三十八年，把警务室打造成了百姓家门口的派出所，服务群众，方便群众，个个都说她好。偏偏她又姓郝，好、郝不分。于是，在西安市公安局莲湖分局劳动南路派出所民航社区，人人都叫她郝大姐。五千多户，两万多人，像个小县城。姑娘小伙儿叫，大爷大妈叫，幼儿园的娃也叫。

不论辈分，叫得顺口，叫得亲。

当然，也有报警起急的，叫她郝警官。

这不，敲门的张老太就叫，郝警官，鸡吃菜了，你管不管？

郝世玲说，管！不管这门上的玻璃就别要了。

张老太笑了，我耳朵聋就敲得重。

郝世玲也笑了，走吧，去看您的菜。

跟着张老太走出警务室。

五月的阳光迷人。社区花园里的月季快开了，花骨朵儿争着咧开嘴儿，红的、黄的。

郝世玲顾不上看，脚跟脚来到张老太门前的小菜地。

看看，全吃光了！

可不，才长出的小白菜，让鸡当了素食。

社区城乡结合，养鸡人家不少。

郝世玲左看右看，附近几家的鸡都扣在笼里。

大妈，您看见谁家鸡吃的？

张老太翻翻白眼，没看见！

走访辖区群众

那找谁家啊？

我不管，反正是院里的鸡。

您看，这样行不，我拿二十块，您买菜籽再补种，这阵儿种还来得及。

不是钱的事，我要这个理儿。

行，我就给您这个理儿。您要是看见谁家的鸡又来吃了，就叫我，随叫随到，让他赔。要是没有鸡过来，我赔您！

哪儿能让你赔？有这话就行啦。

大妈，我用树棍棍帮您把园子拦一下，鸡就进不去了。

好好，谢谢你啦，郝大姐！

怒金刚变笑弥勒，连称呼都变了。

鸡吃菜了结了，郝世玲还没走回警务室，就迎面碰上了赵老爷子。

他老脸涨成红布，浑身直哆嗦。

郝大姐，你，你……你管不管？

大爷，您这是咋啦？谁气着您啦？

谁？狗！

啊？狗气着您啦？狗咋的啦？咬啦？

咬倒没咬。

那咋啦？

你就说，这有多气人！电梯本来就不大，他俩进来还抱着个狗！抱就抱吧，还跟狗亲嘴儿。哎呀妈呀，臭不臭！亲嘴儿就亲吧，还管狗叫爸爸，叫妈妈，把我给气的啊！狗都成爸妈了，他自己的亲爸妈还要不？啊？活把我气死！

郝世玲听明白了，想笑不能笑。院里养狗的多，常有为狗瞪眼的。打电话你不管吧，不作为；管吧，公说公有理，婆说婆有理。眼下，赵老爷子生气，就跟人家养狗的没关系，纯粹是不顺眼烦的。而且，他还听拧了。养狗的都爱自己的狗，把狗当家里一口人儿，管狗叫儿子，叫孙子。赵老爷子对门刚搬来小两口儿，爱狗爱得不行不行的，男的让狗叫爸爸，女的让狗叫妈妈，争宠。赵老爷子听拧了，听成小两口儿管狗叫爸妈，气得昏天黑地。郝大姐，你管不管？

郝世玲心说，这可咋管哩？

眼珠儿一转，大爷，您先消消气，这事我管！我要问问他们有没有狗证，没狗证不行，不许养，拉走！再有，狗要是太大，二环以内不许养，我给养犬办打电话，拉走！

其实，郝世玲见过这小两口儿的狗，不是大狗，是小京巴儿，可爱得不行不行的。也问过，人家有狗证。她故意放狠话，就为给赵老爷子出气。

听她发狠，赵老爷子舒坦多了，好像看见养犬办真的来拉狗了。他嘟囔着，嗯，嗯，狗倒是不大……

看赵老爷子气顺了，郝世玲又跟上，狗不大也要管好！住三楼不高，人又年轻，出来遛狗就别坐电梯了，走两步儿，对身体好，电梯里的大人孩子也安全。狗带到小区，要拴好，拉屉屉要收拾。文明养狗，文明说话，文明做人，对不？

对着哩，对着哩，赵老爷子彻底顺气了，笑出一脸大菊花。

大爷，您多保重！

哎，郝大姐，你也是。看忙的！

跟赵老爷子分手后，郝世玲就跑到了小两口儿家。巧了，都在，正准备带小京巴儿去看世界。见了郝世玲，就说，快叫奶奶，快叫奶奶！小京巴儿汪汪汪！郝世玲忙答应，哎，哎，乖。小两口儿乐成个啥。郝世玲趁高兴，把跟赵老爷子许的愿说了。当然，她不会出卖老爷子，就说要文明养狗。小两口儿一百个赞，郝大姐，您放心，往后我们遛狗走楼梯，带狗链，带纸！小京巴儿也跟着表态，汪汪汪，没问题！

离开小两口儿，一看表，得，两个钟头过去啦！

就在这时，远处传来了叫喊声——

郝大姐，你快来，西区打起来了！

社区有一拨老太太是麻将粉儿，早饭一吃完就把桌子支门口，稀里哗啦，稀里哗啦！不玩素的，带几毛，为的是找乐儿。她们打麻将本来就咋呼，碰！炸弹！胡了！嗓门儿赛过帕瓦罗蒂，生怕房顶不塌。旁边还有一帮老太太看热闹。看热闹不怕大，瞎给评理，这个对了，那个不对了，扯着脖子叫。结果，搅了局，有个老太太输了钱。多少？两毛！那也不干，就掐了起来。鸡嘴、鸭嘴，谁也不让谁。正吵得飞沙走石，呼啦啦，楼里冲出一条汉子，手里拎个板凳，吵什么吵，吵得老子都睡不成！举起板凳就要砸摊子。这下天塌啦，本来还互掐的老太太一下抱成团儿，同仇敌忾，要跟汉子死磕。

节骨眼儿上，郝世玲飞身赶到，住手！

拎板凳的叫鲁金，砖厂工人。昨晚夜班，累得打晃儿，刚说睡一会儿，就被老太太们吵炸脑袋，气得冲将出来。郝世玲吓坏了。这帮老太太，七老八十，别说挨板凳，弄出个心脏病躺倒就坏菜了。

她一把拦住鲁金，你这是干甚，耍酷吗？要砸砸我！

郝世玲与辖区群众

鲁金说，郝大姐，我也不忍心，谁家都有老人。我上夜班回来说睡会儿，叫她们吵得没法儿活！

郝世玲对老太太们说，鲁金在理儿，换了咱的娃，上一晚上班回来，咱心疼不？咱还吵不？别说咱不吵，谁要是吵了，咱都会从屋里冲出来说你们吵甚，吵我娃睡觉了！对不？鲁金是咱院里的娃，您们看着长大的，就跟自己的娃一样，对不？

老太太们息气了。

郝世玲又说，您们打麻将带钱，本来我就该收，为啥没？就想着您们年纪大了，开心就好。可您们不能影响邻居。再说了，吵吵闹闹，心脏病犯了咋办？血压高了咋办？

鲁金听郝世玲句句向着他，也觉得自己鲁莽了，对老太太们说，我骂您们不对，抡板凳更不对！

老太太们七嘴八舌，我们以后不在门口打了，换个地方。

郝世玲说，对着哩，咱换个地方，我也帮着呼吁呼吁，让街道出面盖个棋牌室。

听她这样说，老太太们兴奋成了娃。

郝世玲拿起一个麻将，哎哟，这麻将也太原始了，个儿这么小，胡了都看不清，现在谁还用这古董？走，跟我到警务室去，我那儿有一副人家送的麻将，个儿大，奖励给您们！

好啊，好啊，老太太们咧着没牙的嘴，一窝蜂似的跟郝世玲走了。

郝世玲回头说，鲁金，你快去睡吧！

鲁金说，郝大姐，您真好！

走在路上，郝世玲对老太太们说，我这麻将不白奖励，您们在院里帮我留点儿心，来了乱七八糟的人就告诉我。

一定，一定，好闺女，一定，一定！

一场说话要动手的麻将大战平息了，可与此同时，另一场大战却动起了手。郝世玲闻讯赶到，见了血！

这又是谁跟谁呀？

捡破烂的王老汉跟打扫卫生的崔婶。

崔婶是社区打扫卫生的，垃圾台里有可卖的瓶啊罐啊啥的，她就捡出来卖。外人捡，她不让，凭甚到我的地盘？

捡破烂的王老汉不知情，这天过来捡，被崔婶撞见了。她嘴破，开口就骂，把父母都捎上了。王老汉恼了，上去一掌，崔婶的鼻子就冒了血。

真是，骂起没好嘴，打起没好手。

郝世玲赶到，骂也骂了，打也打了。

咋办？只能调解处理。

还好，只是鼻子流点儿血，貌似无大碍。

郝世玲忙掏手绢止血，崔婶不让，说让它流。

你傻呀，血是自己的，流多了咋补？

这才让堵了。

鼻血止住了。崔婶说，我头疼，我脑震荡了。

郝世玲赶紧带她去卫生队，又拽上王老汉，你要跟着，查出大病你要管！

到了地方，大夫一看，没事，回去吧！

崔婶说，我脑震荡了。

大夫说，脑震荡查不出来，谁都可以说。

崔婶不干，要住院，要做 CT。

郝世玲看她想讹王老汉，不高兴。人家就是个捡破烂的，讹人家干甚？再说了，捡破烂的能讹出个啥？

她说，崔婶，住院可以，做 CT 也行。这是治安事件，打人的先扣下，这期间看病你自己要先垫钱。如果做 CT，查出毛病钱由对方付；没有毛病，钱要你自己付！

崔婶一听，愣了，为啥我付？

郝世玲说，治安处理就是这样规定的，你要先想好。

崔婶说，那算了，我缓缓再说。

回到社区，她又说，我总不能白挨打啊！

郝世玲说，那当然，这不王老汉在这儿嘛，一起商量。

回头对王老汉一瞪眼，你看你，好男不和女斗，你动手干甚？你捡破烂儿，为养家糊口，不容易，出来要把自己照顾好，别惹事，把挣的钱拿回家去，老小都等着哩！你要把她一拳打死了，赔钱不说，还要赔命！

王老汉不吭气。

你去给人家道歉！

我不！我凭甚给她道歉？都骂成啥了？我捡破烂儿也有尊严。

你有尊严？你有尊严还动手打女人！你别说这个，说这个我不爱听。你不道歉，就跟我去派出所！

王老汉说，那我道歉。

这就对哩！你道歉，说两句好话，能给你省下钱。

好，好。

郝世玲把崔婶叫过来。

王老汉说，大婶子，我错了，不该动手，我给你道歉！

崔婶白眼大元宵。

郝世玲看不过，人家道歉不对咋的？你俩都在一个平台上蹦，都为捡破烂儿。你凭甚骂人家？你也太霸道了！这地方不是你个人的，是集体的，谁都可以来捡，咋就成了你家的？这事，首先你不对，你骂人就是挨打的坯子，把人家的父母都拉出来，挨打也该着，让你往后不敢随便骂人。再骂，你也别在这儿打扫卫生了！

崔婶脖子软了，郝大姐，你说咋就咋，我骂人不对。

郝世玲说，知道错就好。

又问王老汉，你打了她，咋办？

王老汉说，我赔偿。大婶子，你要多少钱？

崔婶又来劲，你拿五百！

王老汉一听，要这么多，急了，凭甚给你五百？你骂了我，你赔我几百？不行，你给我两拳，扯平！

郝世玲说，你看你一个大男人，屃不屃？你叫女人打你，你精气神儿都没了！人家好男人手都不让女的往头上摸，再打你两拳，你值不值？你还说有尊严！

王老汉缩了。

郝世玲又说，崔婶，得饶人处且饶人，人家一个大男人都给你道歉了，你也别五百了。就是把他打死，他也拿不出。看看他穿的那两只烂鞋，两块都不值，不如破烂儿堆里捡的，他哪有五百？

崔婶说，那少点儿，三百！

王老汉说，还多。

崔婶说，你有多少？

王老汉掏了半天，皱皱巴巴掏出一堆，数数，十七块。

崔婶说，这不行，少了一百不行！

郝世玲说，你也别逼他了，我拿一百给你。

崔婶说，郝大姐，我不要你的。

郝世玲说，行，那你俩就在这儿打，我看着打！

崔婶瘪嘴了。

郝世玲掏出钱，接着！就当我借给王老汉，等他挣了再还我。

崔婶眼圈儿红了。

王老汉也要掉泪。

郝世玲回到警务室，一看表，都快两点了。刚想泡碗面吃，又来了报警人。

谁呀？

吴老太。

说起来，郝世玲与吴老太不打不成交。

咋回事？话头儿有点儿长。

吴老太今年七十有五。老公投机倒把，判了二十年。儿子黄刚也不学好，吸毒又盗窃，满身文了各种颜色的小人儿。郝世玲为此常去家里找他。吴老太一看见，啪地把门一关，不在！实际上在。郝世玲说，我不是来逮您娃的，是来教他好好做人的。他不在！后来，黄刚被判了三年，吴老太把郝世玲恨死了，再不好也是自己的儿子。其实，这跟郝世玲不搭边儿，黄刚是在外面盗窃被抓的。吴老太把账算在郝世玲头上，因为她也穿“官衣”，是“敌我矛盾”。那时候，吴老太在一家单位看大门，郝世玲要进去办事，她绝对不开。不行，你的车不能进！郝世玲说，这是派出所的车。那也不行！这也算了，吴老太还满院子骂，说她郝世玲是神经病，是疯子。郝世玲听见一笑。后来，吴老太到了五十五岁，单位不让她看门了。一家人，两个被关，一个没了经济来源，吴老太生活在绝望中。这时，社区搞群防群治，要雇人巡逻，郝世玲找到了她，大妈，听说单位不让您干了！我干得好好的，是不是你跟单位说不让我干了？郝世玲说，我开不了那个口。吴老太说，那你是啥意思？郝世玲说，我想给您找个活儿。吴老太傻了，啥？你给我找活儿？郝世玲说，对着哩，参加群防群治，戴红袖标巡逻。就是钱少了点儿，每个月给六百，您干不？吴老太像做梦一样，真的假的？郝世玲说，真的。吴老太激动成个啥，我干！就凭你不记恨，白干都行！一块冷石头就这样叫郝世玲暖了过来。结果，吴老太干得比谁都认真，绝对按时上下班，只要院里来了贼头贼脑的，她就给撵出去。后来，院里建门卫，郝世玲让她上岗，一直干到快七十。

吴老太不干了，还主动帮郝世玲看院。儿子吸毒太深，死了。老公放回来不久，也死了。郝世玲第一时间送上花圈，挽联上写了警务室，还拿了二百块钱。吴老太哭成了泪人，郝大姐，你是好人！郝世玲说，大妈，您对咱院群防群治有贡献，您多保重！两个老姐妹，不打不成交，亲成一家。

这会儿，郝世玲刚泡上第二包面皮，吴老太就来报警了。

大妈，啥事？

楼里有人摆摇摇椅，你快去看看，别是骗老人的！

大妈，谢谢您！

郝世玲说完，打电话叫来工商，一起赶到现场。

可不，骗人的！

几个小伙儿，在屋里摆了把摇摇椅，让老头儿、老太太坐上去，一摇一振动，人舒服酥了。旁边儿放了一台净化器，说净化出来的是圣水，摇了摇椅喝圣水，长生不老。老头儿、老太太们，有拿壶灌圣水的，有取钱买摇摇椅的——一把要三万多。工商一查，三无产品，假冒伪劣，当场清理了。

郝世玲对骗子说，你们这么年轻，就忍心骗这些老人？他们都是你们爷爷奶奶辈的，受了骗能有死的心。你们太缺德了，都跟我到派出所去！

把骗子们带到派出所，交给当班的民警，郝世玲又赶回了社区。

还没进大门，就听院里传来了狮吼——

社区治安乱成个啥？我非叫电视台来曝曝光！

谁呀？

董胜！

为啥？

车丢了！

啥车？

捷达！

哎呀妈呀，汽车丢啦，这可是大事！

郝世玲安慰董胜，你先别急。你的车放哪儿了？

放西区边儿上了。

走，看看去。

走到西区一看，董胜说的那地方停着一辆“大众”。

哎，郝世玲说，这儿有车啊，你是放这儿了吗？

是，没错！

啥时放的？

昨晚，我从咸阳开回来放的。

董胜在咸阳机场工作，干一天休两天。他说今天该轮休，昨晚把车开回来，就放在这儿了。

郝世玲说，你再想想，是放这儿了吗？

董胜说，没错！我跟媳妇到处都找了，没有。

郝世玲问保安，这“大众”是谁家的？

黄杰家的。

郝世玲从手机里调出黄杰的电话。一问，黄杰说，我的车都停三天了。

董胜急了，胡说！我昨晚开过来，这儿就没车。

郝世玲说，你别急，咱们去看看门口的监控。

社区有三个门，郝世玲把全部监控都调出来，往回一倒，一搜，几双眼睛睁得贼似的。哎哟，问题来了，董胜说他昨晚开进来的，可三个门都没他的影儿。再把日子往前推两天，哎，两天前有他开出去的图像。

这不可能！董胜叫起来，这叫啥监控，哪国的？

郝世玲说，这样吧，我开上车，咱们先去咸阳找找。

现在？

现在！

说话天黑了。

没事。

董胜抓抓脑壳，真要去咸阳，不如我先打个电话过去，让同事帮着找找！

郝世玲说，好啊！

董胜拨通手机，老方，是我，董胜。我的车昨晚开回家丢了，已经报案了，警察说我没开回来。你帮着看看，车号是……

你他妈神经病啊！

董胜愣了。

你的车就在楼下！你小子昨晚喝醉了，根本就没开走，是我送你回家的！

啊？！

董胜傻了。昨晚一顿大酒，喝得他断了片儿。

郝大姐，你打我一顿吧！

郝世玲笑了，打人犯法啊！

她擦擦额头上的汗，缓步朝警务室走去。

夕阳西下，余晖灿烂，社区的傍晚多温馨！

走着，走着，忽然，郝世玲眼前一亮——

啊，满园的月季开了！

早上还是花骨朵儿，现在成了花的海洋。

红的、黄的。

红的如火，黄的似金。

正如郝世玲，郝大姐，三十八年行走社区，忠诚奉献，忘我为民，多次立功获奖，被公安部授予"全国优秀人民警察"、"全国公安机关爱民模范"称号，被中共中央、国务院授予"全国先进工作者"称号，当选了西安市第十三次党代会代表、第十六届人大代表。2017年，她又被公安部授予"全国特级优秀人民警察"称号，受到了习近平等党和国家领导人的亲切接见，并光荣地参加了全国公安系统英雄模范立功集体先进事迹报告团，在全国作巡回报告。

说到这里，故事还没完。

因为，有一位老奶奶正在警务室门口等郝世玲。

她叫白淑琴，七十多岁了。

郝世玲并没有为老人做过什么。可是，老人就觉得这闺女好。

她每天都来警务室门口转，瞅着屋里忙，瞅着屋里笑，啥也不说，啥也不做。上午转过了，下午还来转。

郝世玲说，大妈，您进来坐坐！

老人摇摇头，不啦，耽误你们！

现在，在温馨的夕阳里，在盛开的花丛中，她等来了郝世玲。

闺女，我早上包了几个粽子，来了几次也没看见你。我害怕坏了，放在冰箱里冻着，刚才又拿出来蒸了，你快趁热吃吧！

郝世玲接过粽子，叫了声"大妈"，泪就下来了。

远处，不知谁在唱：

想亲亲，想亲亲，想得我胳膊软，
拿得起那个筷子，端不起那个碗……

这天晚上，郝世玲睡不着——枕旁的粽子那叫一个香！

半夜，正迷瞪，手机突然炸响。一接，醒了：郝大姐，你快来，我楼上在造武器，嗡嗡嗡，啪啪啪！

郝世玲惊起，发疯似的扑进社区，上楼一看——

几个白领正在用洗衣机洗衣服……

铁军利剑铸忠诚

——记甘肃省武威市凉州区公安局刑事侦查二大队大队长董德祥

李永明　马宁

2017年5月19日，北京人民大会堂金色大厅，掌声雷动，大红花与军功章交相辉映，参加全国公安系统英雄模范立功集体表彰大会的代表，怀着无比激动的心情，受到了习近平、李克强、刘云山等党和国家领导人的亲切接见和慰问。

对董德祥来说，这是一个他永生难忘的日子。

他为自己身为警察队伍中的一员感到由衷的骄傲。

他为自己所从事的警察事业感到发自内心的自豪。

此时此刻，董德祥这位来自西北河西走廊的普通民警，作为全国特级优秀人民警察代表上台领奖，聆听习近平总书记发表的重要讲话，他深受鼓舞，倍感亲切。

当习近平总书记讲到“每当看到公安民警舍生忘死、感人肺腑的事迹，我都深受感动；每当听到公安民警在血与火、生与死的考验面前赴汤蹈火、流血牺牲的消息，我都深感心痛”时，董德祥禁不住热泪盈眶。

“广大公安英雄模范身上体现的忠诚信念、担当精神、英雄气概，是中华民族伟大精神的真实写照。”习近平总书记的讲话，就像一盏灯，瞬间照亮了董德祥的心灵，他在心里暗暗发誓：请总书记放心，我一定为公安事业奋斗终生，虽九死其犹未悔。

成绩属于与我并肩战斗生死与共的战友

从北京载誉归来的董德祥，受到了省、市主要领导的亲切接见和鼓励，受到了朝夕相处战友们的热烈欢迎。

他说："党和国家给予的至高荣誉授予了我个人，但成绩却属于我们这个集体、这个团队，是战友们共同努力奋斗、多年刑侦一线艰辛拼搏的结果。"

面对荣誉，董德祥和他的战友感受到肩上的担子更重了、责任更大了。从警之初的董德祥就有着为人民公安事业奋斗终生的坚定信念，20年后他依然如此。他深知基层刑侦工作的重要和艰辛，特别深谙办案队员之间亲密无间协作配合的团队精神。战友们生死与共焕发出的温暖与友爱，是他一往无前的源泉与动力，离开他们，自己将一事无成。

那是一个可以托付生死的警察团队，身为他们中间的一员自己没有理由不去热爱。

那是一个可以奋斗终生的公安事业，没有理由不为之矢志不渝。

因为他们，都拥有一个响亮的名字：人民警察！

正如董德祥在接受媒体采访时所说的那样："人民警察为人民！再高的荣誉都属于人民，属于人民警察。我和我的战友都会倍加珍惜这来之不易的荣誉，将这次表彰大会作为人生的新起点，心系群众安危，奉献公安事业，以打击犯罪为己任，不断鞭策自己，努力工作，在平凡的工作岗位上做出新的成绩。"

这就是董德祥，朴实无华，脚踏实地，讷于言而敏于行。这就是一个热爱刑侦工作、在基层一干就是20年的普通民警，一个珍惜荣誉却又从不被荣誉羁绊的公安英模。

二十年如一日，刑警之剑是这样炼成的

翻开董德祥的履历表，也许人们就不会为他获得如此众多的荣誉和表彰而感到惊讶了：侦破和参与侦破各类刑事案件4000余起，抓获各类犯罪嫌疑人1000

多名；获评“全国特级优秀人民警察”、“全国优秀人民警察”，荣获个人一等功1次、二等功1次、三等功2次，嘉奖3次。

每一项荣誉的获得，每一枚奖章的背后，每一次掌声的响起，都镌刻着董德祥日复一日、年复一年的辛勤付出，记载着他从追逐梦想到坚守信念的人生轨迹，见证了那风霜雪雨搏激流的坎坷征途。

韶华易老，岁月易逝。转眼间20年已成过去。当年的风华少年历经岁月沧桑的洗礼、无数大小案件的磨砺，成长为一名真正的刑警，一名战功赫赫的警界英豪。

1996年7月，董德祥从甘肃政法学院毕业，分配到武威市公安局一个派出所工作。

两年多的派出所经历，让董德祥对警察职业有了更加深刻的认识。虽然他能兢兢业业干好本职工作，但总按捺不住更想成为一名刑警的向往。

领导发现这个朴实能干的小伙子是个好苗子，决意用心打造，便找董德祥谈话，决定任命他到另一个派出所当副所长。在别人看来，从警两年多能当上副所长，是件不容易的事。可倔强的董德祥，反而提出一个让一些人看来不可思议的要求：要到刑侦大队去当一名普通的侦查员。

“给出理由。”

“热爱……”

“你再考虑考虑？”

“已经考虑好了！”

有梦想的人一定会有追求，有追求的人更会脚踏实地去实现梦想。董德祥把基层作为磨炼人生品质的大熔炉，把刑侦工作作为实现人生抱负的大舞台，一头扎进去，从普通刑警到刑侦大队大队长，一干就是 18 年。

普通人都觉得刑警威风凛凛，身手不凡，侠骨柔情，却很少有人去了解他们工作背后的危险、艰辛、孤独与寂寞。

在凉州区公安局刑侦二大队办公楼上，许许多多个夜晚，总有一间办公室灯光是经常亮着的，多少个案件未破的不眠之夜，董德祥都会眼睁睁熬到天亮。

大浪淘沙，不少满怀热情的年轻人，在干了几年刑警后便不得不转身换岗，原因只有一个：刑警太苦太累了。

董德祥常对同事们说：“选择了自己热爱的职业就要无怨无悔。”从开始干刑侦到现在，董德祥已记不清勘查过多少次现场、多少次面对生与死的考验、多少次经历蹲守抓捕的煎熬、多少次面对受害者家属的无端责难。18 年的岁月改变了很多，董德祥也从当初的青葱少年走到了今天的不惑之年，但从未改变的是他对刑侦工作的热爱，“惩恶扬善、匡扶正义”的宗旨永远在刑警的头顶上高悬。

那一起起案件的侦破，一个连着一个罪犯的落网，就是对他坚定理想信念的最好回报，对梦想的追求已经升华为对信念的坚守。

作为一名基层公安机关的指挥员，董德祥深知自己肩上的责任重大。多年从事刑侦工作的经历，使他具备了出色的业务素养，积累了丰富的工作经验，也形成了敢打敢拼的工作作风。

功夫不负有心人，凉州区公安局刑侦二大队连续七年实现了命案全破。

2012 年 6 月 11 日凌晨 4 时许，凉州区公安局指挥中心发来案情指令：在凉州区某小区一巷道内发现一具女尸。接到指令后的董德祥带领民警立即赶往现场。通过现场勘查，初步推断死者是被人勒颈致死并被性侵。经过七个昼夜的走访调查、分析研判，他认为这起案件倾向于侵财杀人。他带领专案组民警立即对有类似犯罪前科的吸毒人员、刑满释放人员和曾在现场出现过的人员进行了排查。

6 月 11 日到 7 月 15 日一个多月的侦办中，群众议论纷纷，各级领导限期加速办案的批示纷至沓来。面对重重压力，董德祥始终保持冷静，相信自己和自己的团队攻坚克难的能力。7 月 15 日，通过发布协查获悉，白银市在 7 月 5 日发生了一起类似的案件。董德祥立即带人连夜赶赴白银，通过分析现场视频资料，发现一名可疑男子。经过比对辨认，确认该男子就是已经被他们列为重大犯罪嫌疑人的吸毒人员马某。董德祥立即布控将马某抓捕到案。经审讯，马某交代了6月10日在武威市凉州区抢劫强奸杀人、7月5日在白银抢劫强奸杀害一年轻女子的犯罪事实。就这样，在董德祥的带领下，刑侦队员们一举擒获了这个劫财劫色的杀人恶魔，遏制了此类案件的再次发生。

2010年冬天，董德祥所在的大队接到报案：武威市北一环路段凉州区法院新址旁的人行道上，一具头部血肉模糊的女尸横卧街头。董德祥迅速带人赶到现场，经过调查走访，查清此案是由于情人之间的情感纠葛引发的命案，但凶手程某犯罪后已逃之夭夭。追根溯源，经过几天几夜的缜密侦查，对程某的生活轨迹梳理了多遍，终于从程某的妹妹处打开了缺口，发现了隐秘的线索：程某可能投奔曾与其合伙做生意的陈某处。董德祥带领侦查员旋即赶了过去，将陈某和正准备外逃的程某一并抓获，历时五天五夜，“11 · 8”伤人致死案告破。

刑警常常面对的是最危险最凶恶的歹徒。每一次行动，作为队长的董德祥都科学布警，精心组织，身先士卒，冲锋在前。

2004年夏天，董德祥接到紧急命令：立即行动，抓捕持枪歹徒。

董德祥立即带领防暴队员迅速赶到案发现场，发现眼前是一座富有当地特色的四合院，围墙很高，不宜展开强攻。

侦查员们报告，三名犯罪嫌疑人藏在北面房间。

正值下班时间，街面上行人众多，附近一所小学刚刚放学，手拉手的孩子们成群结队地走过眼前。

这可是一伙凶残的罪犯，曾多次持枪抢劫，现在身上还带着武器。他们一旦发现自己已被警察包围，一定会困兽犹斗，说不定会拼个鱼死网破，伤害无辜群众。

这可是一名刑警最不愿意看到的场景。

“只要有我在场，就决不容许歹徒踏出此围墙一步。”

抓捕行动必须在院内完成。

董德祥和战友们迅速拟订了行动方案，得到现场指挥员的同意后，立即付诸行动。

董德祥装着找人的模样只身一人踏进院中，走向歹徒藏身的厢房。

房中一名歹徒感觉来人不对，伸手掏枪时，为时已晚。董德祥毫不犹豫地扑了上去，一下子将嫌疑人扑倒在地，死死地将其压在身下，夺下那把已抽出半截的手枪，冲入院内的队友将扑向他们队长的其他两名歹徒掀翻在地，随后擒获，并在三名犯罪嫌疑人的身上搜出了两把子弹上膛的手枪。

落网后的歹徒叹服：“说我们歹徒不要命，没想到你们警察更不要命，不服都不成啊……”

刑侦工作就是这样，会面对滴血的匕首、黑洞洞的枪口，面对无处不在的生死考验。

刑警，被诗人喻为刀剑上的舞者，这种高风险高强度的工作，铸锻了公安队伍这支铁军，更打造出了刑警这把利剑。一把刑侦利剑就是经过无数次这样的烈焰、无数次这样的淬火，才锋利无比，所向披靡，斩尽人间妖魔鬼怪。

恶性大案影响面广，社会关注度高，如果不能及时破获，就可能造成恶劣的社会影响，甚至影响社会稳定和人民安居乐业。

2004年12月，犯罪分子驾车闯入武威市黄羊镇的“中国藏獒西北繁育基地”，持枪抢走了总价值超过100多万元的3条藏獒。

由于案件重大，案情复杂，久侦不破，群众反映强烈，省公安厅挂牌督办。

董德祥临危受命，带领侦查员们对案发时段宾馆、停车场食宿人员和停靠车辆进行了大范围的排查，先后向全国公安机关发出紧急协查函1000份，并对城区及周边地区宠物市场贩狗人员进行了摸排调查。根据青海、宁夏、河北、陕西、兰州等地公安机关的协查回函，此类名犬被抢案件在上述省份部分市县也曾发生过，作案手段相似，但均未破案。面对困惑和压力，董德祥没有退缩，而是愈挫愈勇，带领侦查员们连续转战青海、宁夏、河北、陕西等9省17市、县。终于，一个以宁夏籍男子史某和河北籍男子侯某为首的在全国范围内持枪抢劫、盗窃世界名犬的特大犯罪团伙浮出水面。在涉案地警方的配合下，董德祥带员赶赴宁夏石嘴山市、河北唐山等地展开抓捕追逃工作，成功将该团伙犯罪嫌疑人全部抓获。根据落网后的犯罪嫌疑人交代，在河北唐山等地将被盗抢的13条名犬尽数追回。此系列案件的成功告破，受到上级领导的充分肯定和群众的一致好评，我国著名田径教练马俊仁代表藏獒协会专程到武威向专案组赠送了锦旗，对武威警方破获这一系列抢劫世界名犬大案所作出的贡献表示由衷的感谢！

中央电视台为此案专门拍摄了专题纪录片《雪獒迷踪》，在12频道《第一线》栏目播出，得到了普遍的赞誉。

2012年4月，凉州区金羊镇村民郝某之子在上学途中失踪。接到报案后，董德祥带领侦查员立即展开摸排调查并全力寻找。他们一边围绕失踪小学生上学路线及周边走访摸排，一边对郝某家人近年来发生的矛盾纠纷进行梳理排查，寻找线索。4月13日15时30分，郝某接到一名陌生男子的电话，向其索要赎金十万元。因为这起绑架勒索案涉及小学生，一时间各种版本的“传说”纷至沓来，舆论一片哗然……直接负责破案的董德祥被无数双眼睛盯着、质疑着，甚至嘲笑、谩骂着……

压力前所未有。

董德祥夜以继日，带领侦查民警与犯罪嫌疑人斗智斗勇，巧妙周旋。通过对犯罪嫌疑人作案手法、语言特点等信息的综合分析，最终掌握了其活动区域，顺线追踪，果断布控。4月14日23时许将试图通过取款机提取赎金的犯罪嫌疑人刘某抓获，并从其驾驶的黑色小汽车上成功解救被绑架的孩子。

当受害人亲属送来锦旗，在他面前竖起大拇指称赞他“真是一个好警察”时，他却谦虚地笑了：“这是我们应该做的。”

刑侦工作要面对大案要案，更要面对那些看似不大，但却牵涉群众切身利益的侵财诈骗小案。

董德祥和他的队员们，始终把维护群众的利益作为工作的重点，案件不论大小，都必须认真对待，一抓到底，并且想尽一切办法，最大限度地减少群众损失，最彻底地打击犯罪活动。

战友陈隆是这样评价他们队长的：“作为一名刑侦队长，他始终把维护群众的利益、维护法律的公平正义放在首位。他善于学习，勇于探索，熟悉法律，力争把每起案件办成铁案。特别感人的是，每当遇到急难险重的关键时候，董队总是身先士卒，冲锋在前，尽可能地把危险堵在自己的胸前。工作中他以身作则，秉公执法，疾恶如仇，决不容许自己和战友触碰法律底线。在依法打击犯罪的同时，不忘记保护好自身清白与安全。跟董队在一块儿工作踏实，有奔头儿，有干劲儿，有前途……”

2013年年初，凉州区周边10多个乡镇的农民家中连续发生财物被盗案件，而且作案频率还在不断加快。一时风声鹤唳，谣言四起，村庄笼罩在一片紧张的气氛中。

接案后的董德祥和战友们快速制订了侦破方案，他带领侦查员们一头扎进案发现场，仔细勘查，广泛开展调查走访。在当地群众的大力支持下，很快将那个为害四邻八乡的盗窃犯罪团伙一网打尽。经过连续两昼夜对 12 名犯罪嫌疑人的审讯，迅速掌握了销赃线索。根据线索，董德祥带领侦查员马不停蹄地奔走在废品收购站和旧货市场之间，追回被盗价值近 70 余万元的摩托车、电视机等物品。

破案之后重点在追赃，最大限度地为受害群众挽回损失，这是董德祥侦办此类案件的一贯思路和做法。

随即召开赃物发还大会，当董德祥和办案民警将追回的 10 辆摩托车、3 辆农用三轮车、电器和字画等赃物发还给受害群众时，村民刘万奇紧紧地拉住董德祥的手连声道："感谢！感谢！太感谢你们警察了，没日没夜地帮我们追回了这么多被盗窃的物品！你们警察真是我们老百姓的贴心人啊……"

董德祥常说："群众是我们的衣食父母，父母有难，你能见死不救，见难不管吗？"

2015 年，一位即将参加高考的高中学生被拐骗至宁夏，报案家属焦急万分。

董德祥安慰报案群众："你们的孩子就是我们的孩子，我们一定会帮助你们把孩子找回来。"

同为人父的董德祥，自己的孩子当时正在备战中考，做父母那颗焦急的心，他确实是感同身受。接案后他立即带领队员奔赴外地，克服了诸多困难，用最短的时间找回被拐学生。为了消除在心理上因拐骗遭遇留下的阴影，一路上他对孩子进行耐心细致的心理辅导，让他成功地参加了高考。

据不完全统计，董德祥从警以来，共帮助群众找回、解救少年儿童达 460 名。

法不容情，但法外有情。凉州区新华乡杨某将 7 岁的儿子殴打致死，并藏匿尸体，试图逃避法律责任。凉州区公安局抓获杨某并将其依法刑事拘留。在办理案件的过程中，董德祥心情极为沉重。当事人家境特殊，生活困难，且嫌疑人与受害人为父子，案件发生后让这个家庭更是雪上加霜。为帮助这个家庭，感化犯罪嫌疑人，董德祥召集办案民警奉献爱心，募集捐款 1620 元和一些衣物给嫌疑人家。

当这些钱物交到杨某手上的时候，杨某跪倒在地，泪流满面："警察，是我的恩人啊……"

为了确保人民群众生命财产的安全，董德祥始终把防范放在首位，创新并采取多种措施，不断提高辖区群防群控水平。为提高群众防范意识，他组织民警深入各银行网点，推行预防电信网络诈骗的"七个一"防阻机制，并张贴防骗宣传提示，组织辖区银行网点负责人参加座谈会，加强对金融领域工作人员的培训，共同防阻电信网络诈骗案件的发生。同时，根据电信网络诈骗案件高发频发的态势，他不断深化与辖区各银行网点的警银联动与合作，利用银行网点 LED 门楣、网点视频资源、张贴醒目标识及宣传海报等渠道，开展全方位、针对性强的防范宣传，起到了很好的效果。

一遇到此类的诈骗案，董德祥立即带领侦查员，奔赴广东、广西、河南等地侦破电信诈骗案件，最大限度地为群众挽回了损失，受到了被骗单位和群众的高度赞许。

不忘初心砥砺前行守卫平安

从警 21 年的董德祥，从橄榄绿到藏青蓝，从青葱岁月到四十不惑，他在不断体会着身为警察的各种艰辛，同时也体会着身为警察的责任以及屡破大案的喜悦。当别人每天享受着八小时以外惬意的闲适生活时，董德祥和战友们总是坚守岗位，办理案件，要么就是走在办理案件的路上。

“白加黑”、“五加二”，夜以继日，以队为家，以家为旅社，早已是身为一名刑警的工作常态。

董德祥无愧于工作，因为他心里明白：警察这一职业注定了以自己的付出换来百姓的安居乐业、欢乐祥和；正是自己节假日的岗位坚守，换来了万家团圆的幸福时光。

作为儿子、丈夫和父亲，对家人却满怀愧疚和感激：“我的军功章里，包含着家人的支持和理解！”

刑警的作息时间通常由案件做主，无论什么时间发生案件，刑警必须第一时间到场，一上案件，没日没夜，一门心思全扑在工作上，哪还顾得上照顾家人。

董德祥从事刑侦工作这么多年，家人都明白只要他一出这个家门，天大的事，都别去“打扰这个大忙人”。

因为家里人知道，就是找，也是没用。

就撂下一句话：在案子上呢，少烦！

2009 年 10 月，妻子突发急病，医生建议立即上兰州治疗。而此时，董德祥侦办的一起盗牛案正在关键期，若错失良机，犯罪嫌疑人可能外逃。董德祥请家

人陪妻子上兰州治疗，他则带领战友赶往白银、临夏等地调查走访，顺线追踪，最终抓获所有犯罪嫌疑人，追回全部赃款 2 万余元。

办结此案后，董德祥才匆匆赶往兰州。

看见躺在病床上泪眼蒙眬的妻子，董德祥哽咽不已。

当妻子说起此类事情时，总是一脸的苦笑。一次她把房门钥匙不小心锁在屋里，打电话让他把钥匙送过来，没想到正在忙于办案的董德祥只扔给了妻子一句“自己想办法”，就挂断了电话。气得妻子一句话也说不出来。

年迈的父母，知道他工作忙，有病痛从不轻易打扰儿子。每次见面，老人都要让自己显得精神些，让他放心工作。儿子已经上高二了，董德祥从没参加过家长会，他答应送孩子一套天文知识书籍，因为忙碌至今都没有兑现。懂事的儿子早已习惯了他的忙碌，不仅毫无怨言，还以能有这样的父亲，从内心深处感到光荣与骄傲。

儿子常说：“我的爸爸真的很棒，他是我崇拜的英雄。”

丝路古城武威在“一带一路”战略发展的大背景下，尤显生机勃勃，夜晚的天马湖宁静安详。这座河西走廊上的重镇正焕发着新的生命，迎来新的春天。

董德祥和战友们用青春、汗水、忠诚、奉献守护着这座古城，那是赤子对母亲的热爱，那是大树对土地的依恋，那是清泉对大漠的坚守。

这就是一名警察不忘初心、继续前进的赤子情怀。

警察世家的刑警英雄

——记青海省西宁市公安局刑事警察支队副支队长田勇

刘金凤

他，是一名刑警。

他的家庭可谓“警察世家”。

父亲生前是交警，受到过部级奖励，因为工作原因，积劳成疾，六十九岁便早早地去世了。

妻子现为青海省公安厅经侦总队民警。

大哥田峰是铁路警察，被藏北牧民亲切地称为“拉巴神人”，也将自己年轻的生命永远地留在了那片美丽的草原上。

2012 年 10 月 9 日，当他看到再也唤不醒的大哥静静地躺在灵车上时，泪如雨下。可是，只过了半个小时，他便强忍住眼泪，一把拽起还在放声痛哭的二哥（青海省公安厅交警总队高速支队民警），告诉他：“现在我们要做的事，不是哭，而是好好送大哥走，照顾好体弱的父母。”

事后，他说，他不是无情，更不是冷漠，而是干了二十多年刑警，已然养成了处事不乱、准确判断、果断处置的习惯。

凭着忠肝义胆，他穿行在连骡子都不走的山路上，一举攻克了2013年全国“灭枪”专项行动第八批挂牌案件，缴获了仿“六四”式自制手枪三十五支，捣毁了制枪窝点两个。随后，经过三天三夜的艰难审讯，他使青海“化隆造”的最后一名“专业工匠”认罪服法。历经三年半的艰苦侦查，他连续抓获了四川阿坝籍盗车嫌疑人二百一十六名，打掉了盗车团伙五十余个，追缴了被盗车辆二百余辆，侦破了案件二百二十二起，挽回了经济损失三千余万元，使西宁市的盗车案件从2013年的年发案一千余起，直线下降至2016年的不足百起。

他就是西宁市公安局刑警支队副支队长田勇。

田勇，1974年出生，1995年从青海人民警察学校毕业后分配到西宁市公安局刑警支队工作，历任刑警支队三大队侦查员、副大队长、大队长，刑警支队副支队长，先后荣立个人一等功一次、二等功两次、三等功四次，2017年荣获“全国特级优秀人民警察”等荣誉称号。

一、寻找交会点

命案侦破的过程就是剥茧抽丝的过程。身处现场，线索和疑点就像解不开的九连环，环环相扣，错综复杂地呈现在你面前。你必须牢记每一个细节，通过碰撞去寻找两个环之间的交会点。一旦找到了交会点，案件就有了突破口。这便是田勇的“命案交会点技战法”。

田勇刚入警时，公安机关侦查破案只能依靠勘验现场、走访摸排等传统侦查手段。为了让自己尽早地进入实战状态，快速地提升破案水平，田勇将支队历年来未破的命案案卷全部搬出来，一卷一卷地看，一卷一卷地找，希望能从中找到某些蛛丝马迹，然后重新侦查。虽然他没有最终找到有价值的线索，但当他把所有案卷细细地研究之后，悟到了侦办命案的许多经验和方法，这就是他独创的“命案交会点技战法”的雏形。

2001 年，位于西宁市建国路的一家旅社发生了一家四口被灭门的案件。田勇来到现场，把血腥惨烈的现场像复写一样印在了脑子里，一点儿一点儿地拆分、推理、分析，最终发现了一个极其微小的交会点。通过这个交会点，他进一步扩大了侦查范围，最终瞄准了嫌疑人，一举将心狠手辣的犯罪嫌疑人抓获。此案侦破之后，他荣立了个人二等功。

随着现代刑侦技术的广泛应用，他把“交会点侦查法”与“五位一体合成作战法”有机地结合起来，侦破命案更加游刃有余了。2017 年 3 月 11 日，西宁市公安局“110”接到报案，称城西区中华巷的一出租屋内有两人死亡。市公安局立即启动命案侦破机制和合成作战机制，并将“帅印”交给了刑侦行家田勇。田勇带领着专案组，通过监控视频和摸排走访，很快便确定了孙姜有重大作案嫌疑，而此时的孙姜已乘机逃离了西宁。雷厉风行的田勇立即组织专案组兵分三路，对孙姜逃跑的目的地广州市与孙姜的老家江门市进行追查。经过三天三夜的蹲守，3 月 15 日，第三小分队在江门成功抓获了犯罪嫌疑人孙姜。

2017 年 4 月 27 日，西宁市公安局东川分局接到报案，称辖区内的一名女子失踪了多日。29 日，民警经调查发现其丈夫何辉疑点重重，涉嫌故意杀人、碎尸。鉴于案情重大，东川分局将案件的侦破工作移交给了市公安局刑警支队。闻讯之后，正在家中休息的田勇立即赶回了支队，迅速抽调精干警力开展现场勘查和突击审讯。为了坐实铁案，田勇将血迹物证、视频物证、时间物证等进行交会研判，发现每一处的交会点都有何辉的身影。当田勇将铁证摆在何辉面前时，何辉松了一口气，说：“这一切都是真的。”随后，他对自己的犯罪事实供认不讳。

二、反常就是不正常

田勇常说，干刑侦就要经常锻炼逆向思维能力，只有比犯罪嫌疑人眼睛更“毒辣”、脑子更“狡猾”，才能发现那些隐藏在暗处的罪恶。

2012年5月至6月，西宁市连续发生了十余起街面持枪抢劫案件。据受害人描述，犯罪嫌疑人是四个蒙面人。他们行动快、下手重，常常一拳打倒受害人之后立即实施抢劫，然后迅速逃离现场。如遇情侣，他们便两人持刀、两人持枪，瞬间制伏男性，然后实施抢劫。嫌疑人具有很强的反侦查意识，只出没于没有视频监控的街巷，给案件的侦破带来了很大的困难。

一般来说，市公安局刑警支队只负责侦破重、特大刑事案件。可是，时任刑警支队三大队大队长的田勇却很爱管“闲事”。他不仅养成了每天浏览西宁公安接警平台的习惯，还常常自主串并案件，进行分析、研判，为兄弟单位提供友情帮助。通过对市区连续发生的抢劫案件进行分析，他认定这是同一个团伙所为。可是，仅仅把分析结果提供给各分局，对他们帮助不大。于是，他主动承担起了侦破案件的全部工作。他夜以继日地带领民警对每一名报案人进行了详细的询问，从体貌特征到说话口音，从抢劫细节到逃离路线，事无巨细。通过精细地分析、画像，他基本上确定了这是一个四人团伙。

田勇很快便绘制出了一张作案草图，并确定了四名犯罪嫌疑人的真实身份。原来，他们是海晏县的四个小混混。7 月 14 日，民警在一宾馆内将四个嫌疑人全部抓获，同时缴获了现金八千元和数张受害人的身份证、银行卡。审讯进行得很顺利，四个人像商量好了一样，对所有的抢劫事实供认不讳。

“反常！”看完了审讯笔录，田勇说，“反常就是不正常，不正常就意味着他们很有可能在掩盖更大的犯罪行为。别高兴得太早了，还得继续深挖。就从心理素质最差的小刚开始吧！”

队员们在田勇的授意下，重新调整了审讯思路，紧锣密鼓地开始了第二轮审讯。不久，小刚就交代了“将一女子强行从莫家街带到南山顶实施抢劫，随后又将其带至一出租屋内多次轮奸”的重大案情。

“你怎么知道小刚最容易突破？”队员们想不通。田勇告诉大家：“一是小刚年龄最小；二是小刚口供最全；三是对他的审讯笔录，你们的字写得最整齐，说明他最配合。”

由于该女子没有报案，队员们费了九牛二虎之力才找到了她的电话。该女子名叫小芳，案发后的第三天就离开了西宁，到新疆打工去了。任凭队员们怎么劝说，小芳就是不愿意回来配合调查。没有受害人，就没有办法立案。正在大家无计可施之际，田勇拨通了小芳的电话。听得出来，这个女孩正忍受着万般的煎熬和痛苦，根本做不到再次面对那一群禽兽。

田勇冷静地劝她：“如果你想重新开始生活，你就必须坚强地面对这一切。只有在你的指认下，犯罪嫌疑人才能够得到应有的惩罚，你心灵的伤口才能够慢慢地愈合。否则，你要花更长的时间来拯救你自己。”

没过几天，小芳便一脸坚强地从新疆回来了。

一切都结束了。在小芳与田勇道别时，田勇说：“姑娘，到了这儿，就翻篇儿了。”小芳的眼中闪烁着晶莹的泪光。

三、神奇的阿万仓

遥远的甘肃省玛曲县阿万仓本是一个风景如画的地方，一边是山林，一边是草原，前面还有一座静谧的寺院。但是，那里没有任何通信的信号，就连北斗卫星信号都会消失得无影无踪，所以我们称那里为“神奇的阿万仓”。说起阿万仓，田勇的脸上没有一丝向往的神情。因为没有信号，阿万仓每天都聚集着很多盗车犯罪分子，成了黑车的热闹集散地。

田勇也曾想过对阿万仓进行一次大清剿，但是山高路远，鞭长莫及。而且，阿万仓周围的环境为犯罪分子逃匿提供了天然的便利条件。

“存在即合理吧！”田勇无可奈何地说。既然清不了，就只能尽量避开这神秘的阿万仓了。

2013年9月，田勇通过线索得知，已经因盗车栽在他手里三次的马大壮与一名青海省玉树藏族自治州的老板接上了头。老板打算从马大壮的手里往阿万仓买车。

马大壮，青海湟中人，年轻时每天从三米多深的坑道里背沙子淘金，时间久了，身体强壮得像头牛。

不能让他把车开到阿万仓，田勇打算在他们交易时实施抓捕。那一天的抓捕异常艰难，五个年轻民警压不住一个五十多岁的马大壮。他在地上挣扎了近十五分钟，才被戴上了手铐。马大壮是个狠角儿，即使在他租住的院子里找到三辆被盗的“五菱宏光”面包车，他也不会松口。

四十八小时的审讯，审讯的民警每人抽了四十八支烟，直审得满嘴起泡。终于，在证据面前，他承认了盗窃的犯罪事实。刑事拘留期间，他故意将自己的腿弄伤并把自己的粪便涂到腿上，造成小腿大面积感染，虽然每天都在打消炎针，但却始终不见好转。原来，马大壮是过敏性体质，一般的消炎药根本不起作用，而他的腿由于严重静脉曲张又不能手术，所以他不惜用让小腿感染的办法来获得取保候审的资格。

面对犯罪，田勇从不妥协。他积极联系医院，针对感染源，专门为马大壮做细菌培植试验，然后进行综合治疗。马大壮的腿一天天地好起来了，保外就医的希望化为了泡影。

2015年8月的一天晚上，被盗的一辆“五菱宏光”面包车欲驶向阿万仓。于是，田勇立即带着队员去追赶。当他们追到草原时，下起了雨。路面被升腾的雾气笼罩着，能见度很低。犯罪嫌疑人像打了鸡血一样，加大油门，一下子就冲开了“卡子”。这时，田勇果断地鸣枪示警。听到枪声，犯罪嫌疑人弃车逃进了茫茫草原。雨下得正大，天黑得伸手不见五指，不甘心的田勇带着队员们一路追了过去。可是，除了远处的狗叫声以外，周围一点儿动静都没有。回到车上，衣服滴着水，鞋里灌满了浑水。田勇和队员们愣是用身体焐干了鞋和衣服。后来，根据嫌疑人落在车上的证件，田勇将其信息发送到网上，于当年 11 月在玉树将其抓获。

2016 年年初，田勇在对已抓获的盗车犯罪嫌疑人彭毛、索南、格日的讯问过程中发现，此案还有一名重要嫌疑人血尚仍然逍遥法外。血尚参与了盗窃并且多次将车销往阿万仓。为了彻底捣毁这一盗销汽车的犯罪团伙，田勇对血尚展开了全面调查。血尚于 8 月 6 日、17 日、27 日在西宁市伙同他人盗窃了两辆“五菱宏光”面包车和一辆“东风”牌面包车。当血尚还做着发财梦时，9 月 23 日凌晨一点，田勇带领民警在城东区为民巷内将其抓获。根据血尚的供述，田勇连夜驱车赶往青海省贵南县过马营镇和兴海县，一举抓获了两名销赃嫌疑人，追回了两辆被盗汽车。

四、终结“化隆造”

至今，田勇还记得那条连骡子和羊都不走的山路，唯一能下脚的地方就是万丈悬崖边。一想到那条路，他的脑海里就会浮现出“人定胜天”这个词。人为什么能胜天呢？有时候是源于生存的本能和永远填不满的贪欲。

化隆位于青海省的东部，自然环境恶劣，是国家扶贫开发重点县。因为极度贫穷，那里曾是马步芳的兵工厂，所有工匠都由当地人担任。新中国成立后，一大批手艺精良的工匠被遣散回家。因为生活困难，他们广挖地下室，利用趁乱带回去的制枪原材料，以私自制造枪支来维持生计。而“化隆造”也因外观逼真、性能良好，在国内黑枪市场创出了“品牌”。一时间，到这里购枪者趋之若鹜，贩卖“化隆造”的生意十分火爆。

自二十世纪八十年代起，公安机关就加大了对非法制贩枪支的打击力度。经过三十多年一代又一代公安民警的努力，“化隆造”在市场上已经非常少见了，而造枪的工匠和材料也消失殆尽了。

2013 年 5 月，田勇得到线索，一个名叫牛涛的西宁人想通过化隆籍的王小伍购买几支“化隆造”，并联系好了山东青岛的买家，商量好了价钱。经过三个多月的缜密侦查，7 月 18 日，田勇得到准确消息，王小伍将出发前往化隆取枪。然而，狡猾的王小伍多次变换装束，躲过了在小区门口化装蹲守了一夜的侦查员，坐着大巴车到达了化隆。就在侦查员们布下天罗地网等着他交易时，他却只在街上溜达了几分钟就返回了西宁。原来，他感觉到了危险，临时放弃了交易。回来后，牛涛不依不饶，对王小伍软硬兼施，于是王小伍答应第二天一定去取枪。

7月19日，王小伍早早地来到化隆县，打了一辆“摩的”到了合隆乡。合隆乡是一个小山村，零零落落地有着几户人家，只有一条道路。为了防止被发现，田勇让侦查员死守在村口。可是，一个多小时过去了，也没等到王小伍出来，却等来了开车来的牛涛兄弟。田勇判断，交易一定是成功了——时机成熟，可以收网了。随即，他让侦查员们分别在海东市化隆县牙什尕镇高速路收费站和西宁市城西区殷家庄小区来了个瓮中捉鳖，成功将买卖枪支的犯罪嫌疑人王小伍及牛涛兄弟抓获，当场缴获仿“六四”式自制手枪六支、作案车辆一台。

案件侦破后，公安部要求深挖此案。西宁市公安局刑警支队会同青海省公安厅刑警总队、技术侦查总队成立了“7 · 19”专案组。田勇再次担任总指挥，深入虎穴，化装侦查，终于在8月10日晚上十点，以买家的身份在尖扎县境内果断设伏，成功地抓获了三名犯罪嫌疑人，当场缴获仿“六四”式自制手枪二十九支。随后，此案被公安部“灭枪”专项行动办公室定为2013年全国“灭枪”专项行动第八批挂牌督办案件。根据犯罪嫌疑人的交代，田勇他们很快就抓获了制枪专业工匠马海牙。田勇亲自上阵，经过三天三夜的审讯，终于迫使马海牙交代了制枪窝点——尖扎县当顺乡香干村水库后面的深山里。

清剿窝点的经历，给田勇留下了终生难忘的记忆。他们坐着羊皮筏子到了水库对面。上山后，他们披荆斩棘，一直走到了羊肠小道的尽头。田勇怕马海牙逃脱，让侦查员们给他准备了一头骡子，让他骑着骡子走。可是，到了悬崖边，骡子就死活不走了，而马海牙却说只走了一半路。

田勇让侦查员们稍事休整，由他亲自负责看管马海牙。他们沿着悬崖边小心翼翼地走了两个多小时，才在密林深处的一小片被砍断的树中间找到了一个一人高的窝棚，里面有一台发电机，生了锈的制枪工具堆在一个破木板上。这儿就是马海牙造枪的地方。他说他是马步芳时代留下来的“化隆造”最后的匠人了，手艺很正宗。因为害怕，他不敢收传人，这门手艺算是断了。

田勇说，如果马海牙说的是真的，那么希望那个轰轰烈烈的“化隆造”时代永不再来。

五、洛加的涅槃

如果田勇对哪个盗车贼另眼相看，那么那个人一定是洛加。

第一次接触洛加，是在 2013 年。据一个黑车团伙的“老大”交代，他已经和玉树的小伙子洛加谈好了生意，洛加是这条道上活儿干得最漂亮的兄弟。

洛加是谁？仔细一查，田勇发现这个洛加果然来头不小。他十六岁时就在西宁市公安局的家属院里盗车，被发现后，一口咬定只是开着玩玩，根本没想偷。没有证据，只能取保候审了。他二十岁时涉嫌盗窃汽车，零口供。二十一岁时，他又涉嫌盗窃汽车，零口供。全部都是“丰田”越野车，全部都是零口供，全部都是顺利解除取保！

田勇没费多大力气就将洛加抓获了，并在他租的车库里发现了一辆被盗的“丰田”越野车。洛加一如既往地抵赖，眼神中透着一股不可一世的傲气。田勇通过视频惊讶地发现，洛加只用了十三秒就完成了开门、发动、逃离现场的一系列动作，这可不是一般人能做到的。而且，聪明的洛加自始至终都戴着一顶棒球帽。

难道又要重蹈覆辙？田勇是一万个不服气。办好了刑事拘留手续之后，洛加显得很淡定。在他的心里，这三十天，只是让他休养生息，时间一到就会重获自由。在这三十天里，田勇没有一天闲着。他调阅案卷，仔细研究，只得出了一个结论：眼前的洛加从十六岁起就练成了铁嘴钢牙，盗车技术炉火纯青，反侦查思维严谨缜密。后来，他每天都去一趟拘留所，可是洛加的态度依然很强硬。田勇也不急，有时只是去见见洛加，面对面地坐一会儿就走。到了第二十五天，洛加开始放松了，和田勇说的话多了起来。他说，他快要做爸爸了。田勇一听，忽然有所触动。

于是，田勇找到了洛加的妻子卓玛。卓玛怎么也不相信，出身玉树名门望族的洛加会为了钱去偷车，他可是从来不缺钱的。或许，洛加只是在寻找一种刺激吧。在田勇的劝说下，她给洛加写了张劝他坦白的纸条。洛加和妻子的交流，加剧了他对见到孩子出生的渴望，但对自己的犯罪事实，他依然拒不交代。

到了第二十九天，田勇拿着检察院的批准逮捕决定书来到了拘留所。洛加以为田勇是来为他办理取保候审手续的，所以完全没有防备。田勇问完洛加最后一个问题之后，盯着洛加的眼睛，缓缓地拿出批准逮捕决定书，大声说：“你不要以为我们掌握不了你的犯罪证据，不要以为公安机关永远也打击不了你。你根本就不像你自己说的那样清白！你那马上就要出生的孩子将会知道他爸爸的污点！”听到这儿，洛加马上就崩溃了：“田支队长，能不能放我一马？”

随后，洛加平生第一次做了有罪供述。在孩子出生之前，洛加被判了缓刑。洛加对陪他一起走出拘留所的侦查员说：“从今往后，我洛加不会再做坏事了。”

对法律和正义而言，这不是最好的结果，但是对社会治安而言，却是功德一件。田勇一直这样认为。

这就是田勇——一个“忠肝义胆两昆仑”的刑警英雄。有时候，他会为来不及换上厚衣服的兄弟买来“温暖”牌毛衣。有时候，他会掏出自己一个月的工资来支援生病做手术的兄弟。他不太爱买书，但闲暇时会翻看女儿买的各种类型的书，从《基督山伯爵》到郭敬明的小说。他说，他得研究一下孩子的心理，不然对付不了新型犯罪——三句话不离本行。

（文中涉案人员的名字均为化名）

社区女儿的“互联网+”传奇

——记宁夏回族自治区银川市金凤区公安分局上海西路派出所阅海万家社区警务室民警侯金知

苏婕

自从2016年10月份，宁夏银川市金凤区公安分局上海西路派出所“85后”社区民警侯金知利用“互联网+”管理服务社区的事儿被报道，并相继得到自治区、公安部及中央政法委等多位领导的点赞肯定后，多方关注蜂拥而来。有组织去学习取经的，有请她讲课谈创新思路的，也有专门研究她的社区特点复制可行经验的，总之，有赞，有叹，有羡慕，有反思，一句话，侯金知这位基层警队的“网红”可是把事情“闹”大了。

我也干过八年社区工作，知道社区警务工作的琐碎零细婆婆妈妈，深知和老百姓相处的乐趣（当然不乏平淡），也有离开社区十几年仍然保持联系，逢年过节要给我蒸馍馍、炸油饼，到现在还嚷嚷着要给我儿子织毛裤的老姐姐、大妹子，但能像侯金知这样“老少通吃”，受欢迎面积这么大，还真是稀罕。带着好奇、疑问、仰慕，我走近这位“85后”社区“管家”侯金知。

早春的银川，乍暖还寒，但清新畅然。

北墙根下星星点点的积雪掩不住春的脚步，丝丝新绿在金黄的草毯里格外耀眼。

阳光斜洒在不断有人出出进进的“侯金知警务室”门头上，不到上午10点，这里已经“过客”十余人。

警务室门正对着的办公桌前，一位素面女子，清秀、干练，头发低低地绾在脑后，时而低头拨弄手机，时而抬头盯着电脑，一边又给坐等的群众答疑解惑，言谈间，淡淡的平静里不失敏锐和严谨。

不用猜，她就是侯金知。

见我来，她招呼让座，娴熟地用小桌上茶具模样的瓶瓶罐罐，优雅地“捯饬”出一杯香茶，寒暄两句便抿嘴一笑，算是默契也有欢喜，她转身一个个对答先头来的人。

不时有居民在警务室、微信圈、电话中咨询，担心她怕待我不周，我索性摊开电脑，坐她对面，在键盘上勾勒第一次走进我心里的侯金知。

转眼已是下班时间，对她上午接待的几个人，我打开话匣子表示关注。

“那会儿给你塞钥匙的是谁？这还了得，阅海万家9000多住户、3万居民都这样，你还不累傻了？

“那会儿，胳膊上挎着布褡裢的大爷，从你这儿拿了一撮茶叶的那位，看来是常客，真是你这儿茶好还是他心理作用？

“还有，最后进来那个大个子穿咖色防雨服的小伙子，他在你这儿交啥罚款啊……”

见侯金知待群众和颜悦色、温和委婉，我也不拿自己当外人，一连串问题瓦罐里倒核桃般涌出来。

“姐啊，说来话长……”

社区的事是最大的“正事儿”

提起小侯，社区的居民们都竖起大拇指：“这娃心地实诚，说到做到，对我们有耐心，有爱心，我们有事啊就爱找她。”

当然，说起辖区的住户们，小侯也是门儿清：卫大爷爱打升级，王阿姨喜欢照相，张院长喜欢喝茶，段大爷家里花养得好。替老人买水、买电，帮着外出的居民开窗通风、喂鱼浇花的事，小侯从不推辞。

说实话，现在居民们都觉得侯金知不仅仅是个片警，更像是社区的女儿。

12号楼的王玉萍是警务室的常客，待金知如亲闺女，做一口好吃的，都惦记着金知。

这天，王阿姨急匆匆进来，没等金知起身就迎上去，把她拉到一边："我要去上海女儿那儿待半个月，家里的鱼你给操心喂一下，还有客厅里的花，浇两次就够了。"王阿姨一边说着，一边把一串钥匙塞在侯金知手里。

"真不好意思，中午的飞机，着急走，害得耽误你'正事儿'。"王阿姨所说的"正事儿"是侯金知参加的宁夏青联会议，原本会议半天，但接到王阿姨电话的金知愣是提前从会场"溜"了出来。

金知安慰阿姨："姨，我的'正事儿'就在社区，您的事就是最大的'正事儿'！"

自己再大的事都是小事，老百姓再小的事都是大事。

2016年7月，已经下班的侯金知手机微信上收到："@片警小侯，我女儿不在身边，老伴儿瘫痪，突然发烧，咋办呢？"

这是居民黄凤华阿姨的求助，黄阿姨家的情况金知清楚，她二话没说，立即联系医院，协调上门送诊。

老伴儿得到及时救治，黄阿姨逢人便说、见人就夸："小侯就像我女儿一样。"

侯金知用真心服务社区群众，换来了居民真挚的关怀。

交谈中，她告诉我，有时一个微信群或QQ群，会同时有十多个人关心她："感冒好了吗？""还烧吗？""多喝水。"

小小的警务室，也常常会有各种暖心的礼物，张姨炸的油饼，李叔腌的酸菜……

"正是这些亲人般的爱温暖着我，激励着我，让我忠诚地走好每一天。"说这些话时，侯金知眼中闪烁着满满的感恩。

在阅海万家社区，居民渐渐把对小侯的信赖变成对警务室的依赖，再把对一个人的理解，渐渐转换成对一个行业的认可。

从公开微信号的第一天就做好了担当的准备

@片警小侯，我是社区居民，请问特行许可证怎么办？

@片警小侯，我向你反映个问题，13号楼下的网吧消防安全通道有隐患。

一双纤细修长的手，配合快速调频的思维，弹钢琴般不停地点击两部手机，侯金知时而扑哧一笑，时而皱起眉头，或是直接拿起电话拨过去。小丫头片子如何将17个微信群和11个QQ群里3万多居民的冷暖诉求打理得妥妥当当，赢取那么多颗心，真让人信服又不解。

2011年，26岁的侯金知来到阅海万家社区成为了一名片警，当时6个居民小区、6个单位、300多个商业网点、7600多名住户，让刚刚开展工作的侯金知有点儿找不着北。

“我当时骑的是一辆分局配发的电动自行车，走街串户，我发现按老办法不出活儿，还会耽误时间，有时候我想去内部单位或大型场所去检查，可一上午，最多只能去两家。”

侯金知给自己定下的目标是要和居民成为贴心朋友，在社区营造和谐的警民关系，可是照这样的效率连居民都认识不了几个。

一天，入户采集信息，一位大姐提议加QQ好友以便联系。侯金知灵感顿生，主动找到社区居委会互加好友，并将自己的联系电话和QQ号公布在警民联系栏

里。很快，不少群众将普查所需的信息发送到侯金知手机上，她顺利完成了任务，受到了所领导的表扬。这也是她第一次尝到运用新科技的甜头。

正是这次尝试，开启了侯金知“互联网 + 社区警务”的工作思路。她将微信群和 QQ 群的功能发挥到了极致，定期在群里发布新的政策法规、消防治安小知识，以前只能跑腿儿告知的通知公告，如今微信里群发大家就都知道了。

省下来的跑腿儿时间则用来帮助社区群众解决问题。

群里渐渐有了人气，侯金知又将不同小区不同商区单位的群体进行了划分。目前已经发展到 17 个治安微信平台、11 个 QQ 群。

从那以后，侯金知不仅腿忙了起来，手指也一刻不得闲，如果居民有非常着急的事需要帮助，她就会第一时间来到现场，如果不太着急的信息她就利用吃饭和休息的时间进行回复。

“喂，您好！我是侯金知，您说，特行许可证？哦，这要到我们金凤区公安分局治安大队去办理，先打这个电话问问工作人员在不，以后有什么事先在群里咨询，别跑冤枉路。”

自从侯金知成了“名人”，各种咨询求助络绎不绝，除了阅海万家社区群众，还有一些社会群众的咨询。

“都得认真解答，人家问到你就是信任你，就算不是我的辖区，作为一名警察我也会尽所能为有需要的人指明方向。其实，从公开微信号的第一天我就做好了担当的准备。”

忍不住在心里给自己点个赞

“我还是个没长大的孩子，难免年轻气盛，很多时候担心自己不能给老百姓展示最好的一面，就靠它来舒缓情绪。”小侯莞尔一笑，麻利起身拽开抽屉，拿出一个银色铝制的香熏容器，点上一小盘熏香，顿时，馨香徐徐。

一曲《紫竹调》轻盈跃来。“我最喜欢音乐，不仅自己听，也给来警务室的叔叔阿姨听。”

一段音乐翩翩而至，深入心脾。“她是最好的疗养师，总能让我在繁杂中重返初心。”说到“初心”两个字，小侯素净的脸上安静柔软。

“以前，‘有空儿来警务室’，大家惯性思维，没事儿去警务室干吗？现在不一样了，老百姓把你当成了依靠，‘有空儿去警务室坐坐’成了社区群众挂在嘴边的话。”侯金知一边整理文案，一边挑起眉梢说。

一个年轻人，能在繁杂琐碎的“一地鸡毛”中，日复一日用爱心、恒心、耐心服务他人，实在是件难得的事。

这需要满满的爱的正能量。

人之有志，如树之有根。侯金知阳光向上的“土壤”，源于中国优秀传统文化。她十分喜爱国学，《论语》、《弟子规》、《道德经》、《了凡四训》中的警句名言常常信手拈来。这是从这颗年轻的心里源源不断渗透出阳光、友爱的文化基因。

“好，在警务室等我。”

“要不，放在警务室？”

“在哪儿等你，警务室吧？”

侯金知的温暖善意、简单练达，日渐让每一个来过警务室的人获得寄托，觅得真情，踏实放心，有所依靠。

“她常给来反映情况、唠嗑的社区群众泡茶喝，茶漏、茶海简单到你都不知道它是啥，但小侯专心娴熟‘像模像样’沏茶的样子会深深地感染你，让你在品茶中静心，在等待中敬心。”

阅海万家社区居民王连利打趣儿介绍，自己就是被小侯用“茶”征服了。

一年前自家楼上装修，白天晚上吵得不行，说了几次不顶用。反映到警务室，小侯一边听，一边认真地洗茶、倒茶、添茶，那样子就像古典诗文里的女子，温文尔雅，脱俗隽秀。

没说到一半，王连利就收住了，多大点儿事，自己都觉得没劲，看看人家小姑娘，难得在浮躁中守一分安宁。

“这不，现在我也是她的‘粉’，治安积极分子。也不是我觉悟高，是她的人格魅力着实吸引了我，这赞，真是点也点不完啊！”王连利说。

提起小侯这茶，还有一件事得说。

2016年冬天，小区里两个车主为争车位打起来了，怒气冲冲的两伙人正相互拉扯、推搡着，一个大姐捂着撕坏的衣服吵着“你赔我衣服”，另一个嚷着“你找我的金耳环”。两个男人也不顾保安的劝阻，抡起拳头往一块儿扑。

小侯急匆匆赶去，两个大姐一见身着警服的小侯，拥上前来一边一个拽着她的胳膊，都要让她给评个理。

“好好好，我来给评评，可咱别在这儿说，都到我那儿去行不？”两家人停了手，边理论边跟着小侯到了警务室。

进门后，小侯一边东家长西家短的，一边拿出了茶具，请大家先坐下消消气。一边听他们说，一边洗茶、倒茶、添茶。“大家都忙了一天累了一天了，回到家来了还有烦心事，是我的工作没做好呀。”看似简单的家常话里含着温情、含着关怀，一个个小道理中透着理解，带着劝导。

一个多小时后，原本怒气冲冲的两家人气消了，和解了，衣服破了的不让赔了，耳环丢了的也说不找了，临出门时一位大姐竟拉过小侯的手：“以后没事儿了，我们就一块儿来你这儿喝喝茶。”

小侯抿嘴偷着乐，忍不住在心里给自己也点个赞。

以交朋友的心态，用真性情去感染

“那不行，张哥您告诉他，消防安全验收必须达标，消防通道得按规定建，这个马虎不得。”

“@13 号楼群主，你们楼下的网吧消防安全通道有问题，麻烦您去看看，一定要让他改。”金知在微信“13 号业主管理群”里快速打出一串字。

不多时，侯金知出现在网吧门前。“您好，这是消防安全通道建设规范标准，您现在这么改造绝对不行，没有可是和万一，这事儿，只有必须！”小侯说罢，拿出《消防安全整改通知书》，沙沙几笔填好，“签字吧！三天整改时间，到期我们再来检查。”

有理有据的说辞，清晰干练无可厚非的要求，网吧老板哪里有争辩的机会。

当然，也有跟她死扛的。

侯金知时常遇到在群里撒泼打滚的人。对付那些不按规定整改、被罚款后还颇多抱怨的商家，侯金知自有她的招数。

下班后，她穿上便衣，到商户的烧烤店、面馆，吃个烤串来碗面，说几句寒暄话：“大哥，最近生意怎么样？我还没吃饭，来照顾一下你的生意。”吃完，一结账就走了。

一来二去，店老板看金知如此够朋友，抱怨也就烟消云散了。

“以交朋友的心态，用真性情去感染。”这是侯金知最朴素的工作方法。

“将心比心地想，小侯也是好心，希望店里不要存在安全隐患。”被要求整改的店老板在群里这样留言，“谢谢侯警官的指点，消防有问题，我们一定配合好、整改好。”线下的积极互动，给线上的微警务工作带来连锁反应，这种好的氛围慢慢在群里蔓延开来，侯金知与大家的关系越来越融洽。

建群容易守群难。三年来，侯金知的工作群越来越大，成员越来越多。为了更好地服务大家，她从各微信群里挑出一些热情、有特长、有责任心的群众担任管理员，协助她解答问题、化解矛盾、开展治安防范宣传。

侯金知说：“这下群里更热闹了，本来不相识的人因为在微平台上的互动交流慢慢熟悉起来，就连很多外社区的人也慕名加了进来。从入户走访、网点排摸、单位调查，到组建义务巡防队、调解矛盾纠纷、商铺安全检查、校园周边治安环境整治，‘微警务’成为了我工作中的好帮手。我的工作思路变宽了，工作效率提高了，干劲和信心更足了。渐渐地，邻里关系、警民关系越来越融洽，社区氛围越来越和谐，主动参与社区治理的群众也越来越多了。”

执着倔强的“傻”女子

真诚地解决每一个问题，是侯金知对社区群众的承诺，也是她工作的写照。许多求助和案情都发生在下班休息的时间，可是即便这样，侯金知也做到随叫随到。

一次有居民看见楼门口的一辆轿车的车窗没有摇下来，便将图片发在微信群里。正在家休息的侯金知立刻赶到了现场，由于一时联系不上车主，侯金知和保安就只能等候在车旁，9 点、10 点、11 点，整整三个小时，侯金知终于等到了车主。

“去了发现还是一辆奔驰，就想着里面肯定有贵重物品，肯定不能离开，必须得看着。后来车主到了，把车窗关上，说车上真有贵重物品呢。”小侯回忆这一次“守车”经历，俏皮地提提眼皮。

“其实好多事都不归她管，但这孩子心肠好，爱操心，我老提醒她，省省自己，她那个精力就旺盛得很，说都在一个院里生活，能帮就帮一下。”社区积极分子段大爷提起侯金知满眼怜惜。

可不是，金知的哥哥也说妹妹“又倔又傻”。

从小就喜欢缠着当警察的舅舅，要听破大案、抓小偷的故事，上了中学，又迷上《女子特警队》，后来，考入湖北警察学院如愿成为了一名女特警。

整日的摸爬滚打，青伤没好红印又出来。父母心疼："一个女娃娃家，整天舞枪弄棒的，真让人不省心。"

就这股子韧劲，让她的射击、长跑成绩都在队里名列前茅。不仅在巡逻时抓住了盗窃电动车的小偷，还代表宁夏队，出征全国警体三项比赛，并取得了优秀成绩。

家里人的心刚安稳下来时，她又申请到派出所工作。

"爸，您以前每次下乡回来，不是常说老百姓不容易，要多为他们做点儿事吗？我也想到基层去，多为老百姓干点儿事。您不总是说越艰苦的环境越磨炼人吗？我也想要锻炼锻炼。"

侯爸爸嘴上不说，其实心疼中藏着满意："就爱这闺女的'傻'，爱叫劲，认死理，从小教育她做个正直善良的人，特别是穿上警服，头顶国徽，更要负得起老百姓的期盼、国家的嘱托，'傻丫头'傻得值！"

社区的女儿

推门进来的不是别人，正是28栋楼的郑伯。郑伯是个爱热闹的热心人，又不知要反映啥情况，有些喜不自禁的样子，他非要把小侯拉到对面屋去说。

十来分钟后，小侯脸颊泛着粉，不好意思地咧咧嘴："郑伯比我爸还愁我出嫁！"

社区有一些空巢或孤寡老人常常和小侯私聊，诉说自己的苦衷。侯金知就一句一句耐心宽慰，和他们聊，给他们发春暖花开的图片，哄他们开心。一次，她和物业公司商量好提着礼品去看老人，老人真是又惊又喜，高兴坏了。

"小侯，小侯，出来一下！"

"哎，来了。"小侯闻声跑出去。

"我给女儿买蛋糕，她说上次见你办公室也有这个包装盒，就顺便给你买一个。"

这是让小侯也让我又温暖又感动的时刻。

"以前和群众相处的能力差，常常为一件小事费神费事，最后还事倍功半。

后来，我就多看书，多学习，涉猎各方面的知识。”小侯坦言，刚开始干片警，在金凤区万达广场，经常有人投诉治安差小偷多，丢手机严重。自己就穿着警服带着保安在商区巡逻，不论工作日还是节假日，都会出现在“片上”，时间长了，扒窃案件明显下降，商户也理解了。“这说明，还是之前工作不扎实，成效是最好的回答。”

“后来，我就多了解各项公安业务知识，户籍的、刑事案件的、禁毒常识、出入境业务，甚至其他行业的管理知识，只要和老百姓有关联的我都学习，都关注，至少有人需要时，我能为他们指个解决问题的方向。”

与生俱来的韧劲是侯金知坚持到现在赢得民心的基础。刚上警校那会儿才十几岁，好多女同学都哭得稀里哗啦，她只是在爸爸临走的那一刻，掉了两滴眼泪。“遇上不开心或是难缠的事，我就在下班后反锁警务室门，美美哭一鼻子，然后高高兴兴回家。我知道，哭也白哭，与其哭哭啼啼抱怨，不如开开心心面对。生活中有好多不如意，调整好了就适应了。”

为了适应群众对公安工作的服务需求，细心的小侯把服务做到了极致。她管辖的社区时常有外国人来，她就联系印制了一批印有阿拉伯语、英语、日语、韩语的警民联系卡，把自己的“微信二维码”也印在上面，摆放在辖区各宾馆酒店，以及外籍人员密集的小区和商业网点。有一次，一位韩国人在路上被电动车撞倒，因为语言不通，路人无法相助。韩国人通过在酒店拿的联系卡，直接联系了侯金知，她第一时间赶到现场处置，并通知了交警勘查现场，随后把韩国人送到医院。

事后，这位韩国人和小侯成了线上线下互动的好朋友，有翻译韩语的需要，小侯就“@”他。“我唯一能做的就是秒回复，才能配得上小侯警官的精细化服务。”韩国朋友对金知工作的细致赞不绝口。

“我的微信和QQ群给大家带来了方便，让人受益。其实，这些群让我的收获也满满的。工作的快捷便利就不用说了，仅生活中感受到的情谊就让我充满了成就感和幸福感。”

“社区警务工作虽然很普通、很平凡，但这里面的学问很大、门道很多，只有不断学习、不断钻研，才能‘干一行，爱一行，精一行’。”说起社区警务工作，侯金知一套一套的。

“我一边通过微信群与群众随时沟通情况、传递信息，一边登门走访、入户调查，逐渐练就了对辖区情况‘一口清’的本领。”

沿着“互联网＋土办法”的思路，侯金知一点点摸索出了“一爱二学三访四勤五心”工作法，凭借着脑勤、嘴勤、手勤、腿勤，凭借着热心、耐心、爱心、真心、诚心，凭借着24小时不打烊的“互联网＋”社区警务平台，她敢于给自己立下“采集信息零差错、巡逻防范零懈怠、化解矛盾零回避、服务群众零距离”的“四零”工作标准。

近三年来，阅海万家社区没有发生一起重大刑事、治安案件，没有发生一起造成人员伤亡和重大财产损失的火灾事故。

“我只是做了自己该做的事，却得到了这么高的荣誉。其实，如果没有父母兄长的爱护教导，没有组织、战友给予的关心帮助，没有社区群众对我的理解支持，我是不可能取得今天的成绩的。我常想，我得到了这么多，又该拿什么来回报？”

互联网时代的到来，让公安工作充满了无限可能。

金知说，今后如果能够更好地运用互联网技术，不断创新警务工作模式，更好地保境安民，更好地服务群众，让群众感到警察就在身边，平安就在身边，这应该就是最好的回报。

再多光环，我还是原来的我

2016年，侯金知开通了可以支持十万人同时在线的“荔枝”微课堂，先后开了防盗窃、防电诈、防溺水、少年心理健康、消防安全等课程，成为全区第一个利用这个平台开展治安防范宣传的民警。

因为微课堂不受时间、场地限制，可随时随地收听收看，受到了社区居民的欢迎，短短几个月时间听课人数就超过3600人次。

一次，刘阿姨在群里发信息，说她在网上购买一台洗衣机，店主说还有红包能领，但领之前必须要填写详细的个人资料。因为听过金知的讲座，防范意识很强，所以没有上传信息。后来经过核实，这的确是不法分子的诈骗手段。还有一位居民看后留言：“如果早点儿听到侯警官的讲座，自己之前就不至于被骗走5000块钱了。”

“八年多的‘片警’生活，从一桩桩一件件鸡毛蒜皮、家长里短的小事中，更深切地感受到，原来公安工作不只是抓捕罪犯时的惊心动魄，不只是侦破大案后的畅快淋漓，更多的，是在细微与平凡中踏踏实实地为群众服务。”侯金知越来越坚定自己眼前的路。

有一次，小侯从微信群里了解到，辖区有个叫周群力的居民，夫妻都下岗了，家庭十分困难。她就多方奔走协调，在辖区一家酒店帮周群力找到了工作，并在春节前买了米面粮油送到他家中。

如今，周群力已经成为阅海万家社区的一名治安积极分子。

2016 年 7 月，侯金知在唐徕中学开展法制讲座后，初二（3）班的班主任杨老师喊住她，说班里一名原本性格活泼、成绩名列前茅的学生，这学期成绩忽然直线下滑，人也情绪低落、寡言少语，问他原因也总不肯说，杨老师希望金知能帮忙做做工作。

第二天，小侯抱着试试看的态度，去找这个叫邢悦的孩子。

一次次地接触、倾听、耐心劝解，邢悦被这个“警察大姐姐”的真诚打动，说出了隐情。

原来，邢悦的爸爸最近经常酗酒，和妈妈大吵大闹，甚至拳脚相加。在这种环境里，邢悦渐渐变得精神抑郁不振，厌倦学习、生活和周围的一切。

了解实情后，金知又开始了一次次和邢悦爸爸的走访交流。多次谈话交心后，邢悦爸爸追悔莫及，不但戒了酒，对妻子和孩子也关心备至。家和万事兴，邢悦的学习成绩也一路回升，再次步入班级前列。

“只要你把人民群众放在心中，带着责任、带着感情做好每一件小事，群众自然也会把你装在心里。”

不管是帮夜里发高烧的老人联系医生上门送诊，还是为小饭桌的孩子设计制作安全帽，给群众精心编排以案说法教材，侯金知服务群众的世界没有边界和尽头。

“我当了 30 多年社区民警，这次再上岗，还真不适应了，小侯利用微信、QQ，开展社区警务工作，叫我学了好一阵子。过去，她是我的徒弟；现在，她成了我的师父。”退休后返聘到警务室的老曹对小侯的工作理念和方法打心眼里“服”，还有小侯奇思妙想满脑子的“点子”和她一心扑在工作上真心热心待人的劲儿，老曹喜欢得不得了，连夸她就是新时代的“马天明”。

中共中央政治局委员、中央政法委书记孟建柱，国务委员、公安部部长郭声琨等领导批示，号召全国 300 多万政法干警学习她的先进事迹。她被公安部授予“全国公安系统二级英雄模范”称号，先后获得全国“五一”劳动奖章、全区优

侯金知为刚刚放学的小朋友按小饭桌班级戴上安全帽

秀共产党员、全区优秀人民警察、“最美银川人”等荣誉。

“今年，希望利用互联网，创建新的、功能更齐全的警务微信平台，实现社区共建共治，打造良性社区生态循环，使社区警务室成为受广大居民群众欢迎的网上便民服务‘微警务’。”滑动手机的侯金知满脸自信。

在阅海万家社区里，你找不到戴着红袖标的“朝阳大妈”，因为这里每一名居民手臂上都戴着隐形的红袖标，群防群治大家一起努力把治安隐患消除在萌芽状态。治安案件在减少，邻里之间也通过互联网彼此相识，线上线下打招呼，有事互相帮助。而得到问候和点赞最多的就是社区的女儿侯金知的“互联网+”传奇。

如今的侯金知，已成为利用互联网思维创新社区警务工作的“小教官”，到她那里取经学习的同行络绎不绝，兄弟单位也常常把她请过去“传经送宝”。在她的影响下，银川公安、宁夏公安“微创新”、“微改革”已蔚然成风，一批接地气、带露珠的工作模式，新雨小荷般涌现。

侯金知说：“再多光环，我还是原来的我。”在价值多元，极易受拜金、个人、享乐主义影响的时代背景下，侯金知能够坚守初心，恪守平凡，服务人民，在不断汲取正能量中构建自己精神成长的图景。这，正是学习当代青年的榜样——“85后”民警侯金知的现实意义。

“保尔”警察丁发根

——记新疆维吾尔自治区喀什地区塔什库尔干塔吉克自治县公安局马尔洋派出所所长丁发根

崔岱

人最宝贵的就是生命，生命对于每个人来说只有一次。人的一生应该这样度过：回首往事，他不会因为虚度年华而悔恨，也不会因为碌碌无为而羞愧；临终之际，他能够说：“我的整个生命和全部精力，都献给了世界上最壮丽的事业——为解放全人类而斗争。”

——保尔·柯察金

之所以用这段题记，是因为本文中的主人公，与保尔·柯察金有着相同的对于生命的感悟，有着相同的对于艰难困苦的际遇，并且都把最为宝贵的青春献给了他所热爱的人民公安事业。

他，叫丁发根，今年48岁，是新疆维吾尔自治区喀什地区塔什库尔干塔吉克自治县（以下简称“塔县”）公安局马尔洋派出所所长。

他6岁上高原，至今在帕米尔高原生活了41年，仅在塔县条件最苦、环境最恶劣，很多年轻同志听了直发怵的马尔洋派出所就做了8年所长。

一

塔县在什么地方？可能很多人并不知道，但是一说到红其拉甫，相信很多人都很熟悉，每年大年三十，坚守在那里的边防官兵都会在春晚上，站在国门前向全国人民拜年。

红其拉甫，就属于塔县，属于苍茫辽远的帕米尔高原。那么有着和边防官兵一样的国门卫士精神的塔县公安民警，工作和生活条件怎么样？他们又时刻面临着什么样的考验和挑战？

塔县公安局马尔洋派出所成立于1997年3月。据第一任所长王敏介绍，那个时候，只是成立了这样一个机构，派出所营房和人员都没有。他从部队转业之后，直接被分配到马尔洋派出所任所长，说是所长，其实也就他一个人，按他的话说，是自己给自己当所长。当时，派出所除了他，还有一匹老马。

丁发根，是继王敏之后的第4任所长。

马尔洋是个啥模样？2012年10月，中国第二十二届新闻奖、第十二届长江韬奋奖揭晓，中央电视台拍摄的《走基层·塔县皮勒村蹲点日记》获奖。这部作品取材于马尔洋乡皮勒村，讲述的是一条路，一个村子，42个孩子蹚冰河、翻悬崖、日行40公里走进学堂的故事。

那次报道，马尔洋派出所所长丁发根全程跟随，保护学生们的安全。

而对于蹚冰河、翻悬崖、日行40公里这样的“课题”，对于马尔洋派出所的每一位民警，对于丁发根来说，只能算是一次平常得不能再平常的过往。

丁发根说，他有一次和乡里的一位干部去皮勒村，正在徒步翻越悬崖的时候，上游的洪水突然下来了，洪水瞬间漫过崖壁一个劲儿往上涨，眼看着要掉进河里，他只好将左右手的食指和中指使劲抠进山崖上的石缝，尽量保持身体平衡，然后一点一点，将身体往上移。上到一半的时候，丁发根回头一看，跟在后面的乡干部半个身子已经淹到了水里，他一边大声鼓劲，一边给乡干部教方法，但是洪水实在太猛太急了，前进和后退都是举步维艰、生死考验。情急之下，丁发根只能转身、撤步，靠近乡干部，脱下自己的衣服，将衣服浸上水，结成绳子，绑在乡干部腰上，然后将乡干部从洪水中连拖带拽救了上来。

对于马尔洋民警来说，记忆最深刻、终生最难忘的就是每一次进山都是一次生与死的考验，都是一次超越人类生理极限的磨炼和挑战。按丁发根的说法，即使这种情况，他们还必须想方设法把身体照顾好，走山路、蹚河水，身体上不能出一点儿状况，否则自己走不出来，还给别人添麻烦。有骆驼的时候还好一些，但老给老乡找麻烦也不好意思，所以更多的时候完全靠步行，“双脚就是最好的四驱”。丁发根说：“我们下辖区，在牧民家一住就是一个多星期，这还是时间短的，天天喝奶茶，吃青稞馕，生活饮食不习惯也得坚持，也得学着适应，也得强迫让自己适应。”

马尔洋的民警说起他们的生活，有些自豪也有些苦涩，譬如喝奶茶、吃青稞馕，因为山里面到处是石头，连晾晒青稞的麦场也是在砂石地上进行的，所以当青稞被水磨打磨成面粉的时候，里面会掺杂许多砂石，因此大山里面的面粉，被民警戏称为“101 公斤面粉”，意指 100 公斤青稞打成面粉会变成 101 公斤，而这其中多出来的一公斤就是砂石。当吃到石头和面做成的青稞馕，民警自有他们的办法，不细嚼慢咽，直接一大口奶茶冲进胃里，然后一个仰身，把疲惫的身体撂在牧民的土炕上，呼噜声由近及远。

马尔洋距离县城 135 公里，中间须翻越一座海拔 4800 米的冰雪达坂，一路都是盘山道路，车行其间，如行走在彩云之间，波诡云谲。因此，马尔洋乡又被赋予诗一般的名字——彩云沟。

一个“沟”字，道出了马尔洋的地形地貌，但这条沟，与水无关，是一个纯粹的大山沟，就像一个历史的巨人，躺卧在万山之间，护佑着怀中子民。

马尔洋的“沟”很深。每天，也就晌午一会儿的光照，到了下午五六点，平原地区太阳正高的时候，马尔洋乡所在的山沟，光阴就完全被大山阻隔，一片阴暗，一片安宁，远处的牧人开始向家的方向回归。而在山崖下面，是一户一户的塔吉克人家，依着山路，错落安居，浸着青稞味的缕缕炊烟在空旷的田野袅袅升起，预示着这个季节的殷实和饱满。

一年之中，马尔洋只有春、冬两季，近处的白雪亘古不化，远山的清寒刺入苍穹。

关于丁发根，互联网上有很多关于他的报道，如《高原民警丁发根：用双脚丈量马尔洋》、《高原作证，警徽闪耀“原始村落”》、《守护“原始村落”的帕米尔雄鹰》、《“半条命所长”攀绝壁访遍群众》等。

2009 年 3 月，“半条命所长”丁发根被任命到马尔洋，他第一次去皮勒村，连续徒步走了3天，磨坏了两双鞋，越过38条河，走遍了所有的村民小组，摸清了辖区人口信息和治安状况。

由于在高海拔地区工作，长期饮食不规律，加之吃不上蔬菜，丁发根患上了胃穿孔、结肠炎、胆囊炎、尿道狭窄等疾病，有几次突发疾病险些命丧高原，他身上时刻都装着速效救心丸，被称为“半条命所长”。

因为长期扎根高原，身体和生理机能遭受高原疾病侵袭，丁发根的体重仅有53公斤。这么多年，他用孱弱的身躯扛起了大山赋予的使命，把爱民亲民的根系，深深根植于广袤的帕米尔高原。

马尔洋的苦，不光苦在地理环境，更苦在孤独寂寞，长期吃不上蔬菜水果，时常停水停电，没有互联网，远离乡政府两公里没有通讯信号，公安网2015年才接入。

喀什地区公安局政治部主任李源，是塔县公安局的老局长。他说，有一年，他去马尔洋派出所检查工作时，给马尔洋派出所送去了半只羊，那个时候派出所生活条件差，因为没有电，冰箱派不上用场，如何保持肉类的新鲜？丁发根所长当时想了个好法子，他和民警一起将羊肉用绳子绑住，将羊肉放进派出所不远的一条河水里冷藏，什么时候想吃羊肉了，就去割一块回来爆炒。

“但是那一次，丁发根失算了，当他们第二次走到那条小河跟前的时候，彻底傻眼了，头一晚因为河里发大水，将我送去慰问的羊肉冲走了，丁发根带着哭腔向我报告情况，他在电话那头儿哭，我在电话这头儿含着泪听。”李源说。

二

丁发根进入公安机关之前，曾在塔县电站工作，是一名水轮发电机组的班长，之后到新疆财经学院（现改名为新疆财经大学）学习会计专业，并拿到初级会计证。1998年6月，丁发根正式调入公安机关工作，先后在塔县公安局通讯股、户政股工作，是公安机关认证的“网络工程师”。丁发根说，那时候用的是老式486电脑，用的是DOS操作系统。他说，那时候工作任务相对少，他平时“喜欢捣鼓这些机器”，在一次全疆公安机关计算机装机比武竞赛中，百十来号人参加比赛，他拿过第13名。

有了这些本事和潜能，丁发根在机关单位算是“一把好手”，但是如何让优秀人物更全面、更接地气？只能从机关走向基层，这个“走向”对于丁发根来说，只能是从县城走向深山，因为当时塔县公安局总共只有4个派出所，除了马尔洋，还有班迪尔、库克西鲁克和城镇派出所。而马尔洋派出所则是最偏远、条件最艰苦、海拔最高的一个派出所。

丁发根当年初到马尔洋，还是一头黑发，至今已是和王敏相像的体貌特征，表现最为明显的就是光光的头顶，宛如荒芜的马尔洋，除了长石头、长狂风、长冰雪，剩下的就是个不毛之地。这当然是题外话，但是一位又一位年轻人过早地谢顶，足以说明这里生活环境的种种艰辛和不适宜。

但是，正如丁发根口头上经常喜欢说的那句话：“我们工作不讲条件，不计条件，说干就干。”从丁发根被组织分配至马尔洋走马上任，到之后的一年半时间里，他用双脚走遍了辖区的每一座大山、每一道冰河、每一条沟壑、每一户人家，一年四季，从春暖花开到银装素裹，登山鞋磨破了一双又一双，最终解决了400多人的户籍问题。

高原上牧民居住高度分散，有“50公里做邻居，100公里串个门”之说。那个时候，因为马尔洋乡还没有接通互联网，没有公安网，还时常停电，丁发根就先到每家每户手工采集户籍信息，然后再回到县局户籍室办理户籍业务。后来，为了将辖区居民户籍信息全部录入公安网，他干脆在家里安装了一台电脑，让进城办事的塔吉克居民将户口簿带到家里来办公。说到这里，丁发根沉默了许久。“那段时间吃的苦太多了，很多人不知道。家里码放着厚厚的户口簿，户口簿散发出来的全是牛羊圈的味道，妻子好几次冲我发牢骚，说我把家折腾成羊圈了。”丁发根说，“当时条件就这样，没有办法，再难也得克服，再累也得坚持。”

上世纪60年代，丁发根的父母从河南许昌老家一路逃荒，最后落脚塔县。从父母口中，丁发根深知生活的艰辛与不易，也深味人生的艰难。所以，每一分钱对于丁发根来说，都弥足珍贵，但是为了更好地工作，只能忍痛，他说：“买登山鞋的每一分钱都是省吃俭用出来的，尽量减少不必要的开支。”丁发根还告诉我，他最爱吃牛肉面和凉皮子，因为这两种东西塔县没有。

牛肉面馆在塔县开不下去，因为是高原，水的沸点低，牛肉面煮不熟，而用高压锅煮面，面是熟了，但“坨”到一块儿很难吃。还有凉皮子，因为塔县一年四季气温偏低，鲜有人吃凉性食品。走遍塔县县城，饭馆很多，但找不到一家牛肉面馆和凉皮店，所以塔县每个公安民警和丁发根一样，偏爱牛肉面和凉皮子，他们下山到喀什，第一件事就是一头“扎”进牛肉面馆和凉皮店，各要一份，浇上一勺子辣子油，再要一碗热茶，几下点头，狼吞虎咽，盘空碗净。

这也是一种吃饭的境界。

马尔洋派出所辖区面积6670平方公里，派出所现有民警6人，协警12人，民兵6人，所辖4个行政村，43条沟38道大大小小的河，共534户2019人。辖区最远一家人距离派出所1200余公里，这还是单趟。整个辖区走访一遍需要一到两个月，到皮勒村米斯空3组，光是路上就需要用4天，这4天须徒步翻越4个海拔在5000米以上的达坂。因为经常要翻山、过河、过索道、走夜路，骆驼和毛驴是马尔洋派出所民警的重要交通工具。很多地方根本没有路、不通车，全靠步行，有时候一走就是10多个小时，六七十度的大山、陡坡、悬崖，脚下是湍急的河流和深不见底的峡谷，完全徒步行走。

丁发根说，他们走到最后一刻的时候，腿都没有任何知觉了，不是往前走，而是拖着腿、咬着牙往前一步步挪着走，走到最后整个人像虚脱了一样，所以每次从大山里回来，他们都会感慨自己能活着回来就是人生最大的幸福。

“不过我还好，习惯了，很多年轻人，第一次走那么远的路、受那么大的罪，会哭鼻子。这些年我用双脚走遍了塔县的每个乡、每个村和小组，走过最难走的路，经历过很多次生死考验，一路上遇到的困难和危险太多了，所以车上随时带着气泵和补胎的工具，自救或者帮助遇困车辆。骑骆驼过河水，因河水太深，随时都会有被河水冲走的可能。前几年有一次，我带着派出所民警和乡里的干部一起去到大山里面开展工作，从叶尔羌河返回的时候，河水太深太急，我们的一峰骆驼走到河中间的时候，浮力太大，失去重心，眼看着向下游漂去，当时坐在骆驼背上的两名干部先后掉进河水中，情况十分危急。当时我坐在另一峰骆驼上，为救出同事，我一手抓住骆驼背上的绳索，跳进冰冷刺骨的河水中，一把抽出腰带抛向挣扎呼救的干部和同事，最终将他们成功救上岸。还有一次过索道，我的左手小拇指被滑轮绞进去，滑轮被夹停，伤到骨头，手当晚像面包一样肿起来。当时在大山里，举着手走了 50 多公里才走回乡里，后来坚持到喀什市住院，连续打了一个多月的吊针才算把手保住了，差一点儿残废。但是不管咋样，还得坚持，这是我的工作，也是我们派出所和全塔什库尔干县公安局民警的日常工作！”

艰难困苦，玉汝于成！如同雪山草地、娄山险关、大渡铁索的艰难险阻，在丁发根和马尔洋派出所全体民警的眼里，却视为一种日常和平常，可谓悬崖峭壁、深山峡谷、冰河索道如走泥丸。

三

塔吉克族属于欧罗巴人种，“塔吉克”是民族自称，意为“王冠”。鹰，是塔吉克人的图腾，与塔吉克人的关系非常密切。塔吉克人的民间舞蹈名曰“鹰舞”，其基本动作完全是模仿鹰的动作。最具塔吉克民族特色的乐器是鹰笛，由鹰的翅骨制成。塔吉克族人中广泛流传着鹰的各种传说故事。在这些故事中，鹰总是与塔吉克人生死与共，息息相关；在危难关头，鹰总是挺身而出，牺牲自己，为民众创造幸福。在一般塔吉克族人的观念中，鹰也是勇敢、正义、忠贞、纯洁的象征。

塔吉克族民风淳朴，塔吉克人家有着路不拾遗、夜不闭户的传统和习俗。这种传统和习俗一起延续到现在，我们走了一路，漫山遍野都是放养的牛羊和骆驼，很多人家的门上没有挂锁。阡陌交通，怡然自乐。

而这一切之所以没有被世俗淹没，一方面是民族传统，另一方面则来自于高原民警的辛苦付出。丁发根说，一年四季，除了参加局里的会议，剩余时间几乎全在走访的路上，有牧民的地方就有民警的身影，没有牧民的地方，更少不了民警的身影。

在一次记者采访中，丁发根说过这样的话："长期在高原上，条件艰苦、氧气不足，我和我的同事们，大都患有这样那样的高原疾病，待的时间长了会心室肥大，我的胃也不太好，得过胃穿孔、肠梗阻，长期走访牧民，吃不上蔬菜、水果，容易便秘。有时候，在乡里看电视，电视画面上有吃肉吃火锅的镜头，自己

都会馋。大山里面，很多事情太不方便了。我的一些同事因为长年徒步走山路，膝盖有积液，腰肌劳损。高原上工作就是这样，走千山万水、行千峰万壑、入千村万落、想千方百计、道千言万语，直到走完最后一公里、最远一家人。

“很多次，有朋友问我，支持我这么多年在塔县、在大山里坚守下去的动力是什么？其实这个问题我也经常在自问。为了啥，图个啥？这个问题看着很简单，但是我想了很久，想了很多年，最后自己给出了答案：动力就是对塔什库尔干县的感情，动力就在那些大山里面的老乡身上。他们每家每户，知道你来了，主动在那里等着你，对我们那么亲，对待我们就像对‘皇帝’一样，家家做好饭、煮着奶茶，站在家门口眼巴巴地等你，连 80 多岁的老汉都会跑老远来接你，你说我们为啥、图个啥，就是为了他们，他们对我们民警这么好，我们就得掏心窝子对老百姓好。

“我们塔什库尔干县这边的塔吉克群众太淳朴太善良了。有一年冬天我去皮勒村，晚上住到牧民努斯来提家里，他今年 57 岁了，当天晚上他安排我们住在他家的土炕上，半夜我醒来发现，他抱着自己的孩子打着地铺睡在地上。那一幕太让我心酸、太让我感动了，我当时就在想，再苦再累，都必须把工作干好，为老百姓做些实实在在的事情。

“2015 年的时候，努斯来提和瓦恰乡的亲戚一起到大山深处打柴，找不到绳子捆绑木柴，后来他们在一道小山沟里找到一段疑似绳索的东西，等把这些‘绳索’从泥土里挖出来的时候，发现这些‘绳索’竟然是重达 26 公斤的导火线。两人当即向马尔洋派出所报告情况。后来，我带领民警去检查，又在距离导火线不远的地方，发现埋藏在地底下的 26 公斤炸药。

“后经深入了解，这些导火线和炸药，是当时工程队修路时留下的，因为没有用完，就当作废弃物埋在了这里。

“我和努斯来提一来二往，就成了真正的好朋友。他每次老远见到我，就叫我‘帕提西’（意为老兄），然后叫我到他家里吃饭、喝茶。

“这几年，我每次进山，都要提前好几天做准备工作，买馕买药买榨菜，提前联系河对岸大山里的牧民，让他们按约定时间把索道移到我们这边，否则索道停在河对面，就根本过不去河。去的时候，我会买几百块钱的常用药给老乡带过去，顺便给他们捐助一些衣服，用骆驼和毛驴驮过去，每家每户分一些。然后把办好的户口本、二代身份证给他们送过去，和老乡们围坐在一起，向他们宣传法律法规和惠民政策，走访民生、调处矛盾、整治隐患。这些年，我们帮老乡做的事，太多太多了，只要进一次山就要办很多事，回头想想其实都很平常，平常得就像帕米尔高原大山深处的小石头一样，不起眼。

“在派出所这几年，我无论走到哪里，身上都带着本子和笔，随时记录老乡的意见建议，记下需要下一步开展的工作。不仅我本人要把每一项工作开展好，还要教会每一位年轻民警学会工作、学会做饭、学写汉字、学说汉话，派出所一名协警兼任支部书记，一名协警兼任大队长，是塔吉克族的优秀干部。派出所就是我的家，每个民警都是我的好兄弟、好战友。我们一起工作，一起生活，一起走访，把马尔洋的山山水水、村村落落看好守好，这是我们的责任，也是塔什库尔干县公安局每一位民警的责任。”

心中有信仰，脚下有力量。

丁发根之所以凭借着53公斤的瘦弱身躯，能够一次次征服高山流水，靠的就是共产党人的信仰，就是对公安事业的无比忠诚。

泰戈尔有一句名言：你的负担将变成礼物，你受的苦将照亮你的路。丁发根在马尔洋乡用生命坚守了8年，既是一种生命的磨砺，也是以“补天”的精神，践行着一位高原人、一位中国警察的信念与誓言。

丁发根回忆说：“2009年冬天，再有几天就是春节了，马尔洋突然降了一场大雪，派出所的同志全部被困在了大山里。”

眼看要过年了，丁发根的妻子王菲一直在县城等丁发根回去置办年货，但是当电话失去联系的时候，王菲疯了一般。她找来丁发根多年的老朋友，开了一辆车，在汽车的后备厢里装满馕、榨菜和一些肉，向着马尔洋方向走进了茫茫风雪。

但是，当他们走上海拔5200米的马尔洋冰雪达坂的时候，眼前的一幕让他们产生了死亡的恐惧。因为连续降雪，达坂上一半是明晃晃的冰，一半是厚厚的积雪，稍有不慎，将会掉入峡谷，车毁人亡。

怎么办?

丁发根的老朋友让王菲一个人步行走在前面，他在后面慢慢往前开。对于当时的场景，王菲回忆说：“他让我走在前面，一是保证我的安全，二是如果万一发生了意外，我可以走路到派出所去报信。”

就这样，两个人用了将近3个小时，一前一后，在夜幕降临的时候，进到了马尔洋派出所的院子。看到妻子头顶的冰和雪，丁发根笑着哭了！

2017年2月，丁发根带着民警去皮勒村米斯空小组走访。临行前，丁发根自费买了三四百块钱的家庭常用药，有治咳嗽的、治痢疾的、治发热头痛的，还有治风湿病的，他在这些药上一一写上维吾尔文字，给当时患病的牧民分发一些，其余药物全部留在大队干部家里，让牧民随时去拿。

这些年，丁发根做的好事太多了，他不光救人之急，还救人性命。

据派出所一位民警介绍，辖区有一位叫青迪克的老人，50多岁了，有心脏病，有一次走访时，丁发根把给自己备的救心丸给了青迪克老人，救了老人的命。后来，青迪克老人每次听说他们来了，都会牵着马走20多公里，接他们进山。

大队干部加萨来提跟我说，这里的牧民很多都没有出过大山，有时谁家有个病人，丁发根所长带来的药就成了救命药。

这几年，因为工作业绩突出，丁发根的事迹被新疆各大媒体争相报道，其个人也荣立个人二等功一次，被塔县县委评为“民族团结先进个人”，被新疆维吾尔自治区公安厅评为“全疆优秀人民警察”、第二届新疆“最美警察”。2017年5月19日，丁发根平生以来第一次到北京，在人民大会堂受到习近平总书记、李克强总理等党和国家领导人的亲切接见，并被授予“全国特级优秀人民警察”荣誉称号。

“光荣的桂冠从来都是用荆棘编成”。每一次高原行，都是一次生理极限的挑战；每一次绝处逢生，都是一种生命光辉的沉积。丁发根所长的一生，就像保尔·柯察金那样，在艰难岁月中磨砺，却把忠诚刻印在祖国的万水千山；他们一生平凡，身着警服行进在无人的山脊，却活出了警察人生的最高价值。

他和他们，就是新时期的“警察保尔”，就是经过艰苦岁月锻炼的钢铁。

这些年，塔县公安局涌现出了一批走出新疆、走向全国的先进典型人物，诸如中国“最美警察”、一等功臣、“全疆优秀警察”、新疆民族团结模范个人、全疆优秀警务室民警那迪拜克·阿瓦孜拜克和全国青年民族先进个人、全国民族团结模范个人、全国公安“好警嫂”、二等功臣、首届“新疆最美警察”比比热汗·艾克木江。

其实，还有一批英雄人物，始终如绿叶一般。他叫宁杰，是比比热汗·艾克木江的丈夫，现在是塔县公安局城镇派出所所长，那迪拜克·阿瓦孜拜克就是他当年在班迪尔派出所任所长时培养的全国典型，而比比热汗·艾克木江的妹妹也是一位公安民警，叫比比亚同·艾克木江，他们一家跨越了民族，相敬、相亲、相惜。

丁发根，他的名字，正如他的人生，将生命的种子落在高原之上，然后绝地生根，寂静怒放，无怨无悔。

爱洒天山铸警魂

——记新疆生产建设兵团公安局刑事科学技术处民警刘海渤

王宏昌

他中等身材，神情质朴，甚至有些腼腆。与之交谈，听其言、观其人，这才感觉到就像品尝了一杯浓郁的“伊力特”，既蕴含着酒的醇香，又渗透着泥土的淳朴、粮食的芬芳……于是，记者再次置身于博大厚重的新疆大地，徜徉在绿洲林带之中，顺着一串曲折、坚韧的足迹，走进了一位年轻的刑事技术专家的内心世界。

——采访札记

他从警17年，刻苦学习，不耻下问，从一个普普通通的知识分子成长为一名年轻有为的DNA技术专家；连续十年中，他的足迹遍布天山南北，受理各局送检的案件2600余起，受理检材30000余份，未出现一起差错；他连续多年立功受奖，却真诚地把这一切归功于老师、学长的培养，归功于领导和同事们的厚爱……其实大家心里都很清楚，他是把对人民公安事业的一腔大爱，毫无保留地洒向了天山南北，献给了新疆各族人民。

他，就是新疆兵团公安局DNA实验室负责人、具有突出贡献的优秀专家、全国特级优秀人民警察刘海渤。

因为心中有爱，他选择了刑警这个职业

几度风雨几度春秋
风霜雪雨搏激流
历尽苦难痴心不改
少年壮志不言愁……

每当听到著名歌星刘欢声情并茂地演唱这首脍炙人口的《少年壮志不言愁》时，人们就会情不自禁地想起那些长年累月默默无闻地从事着刑侦技术、化装侦查、反扒打黑等领域中的人民警察。

他们，没有荷枪实弹、一身戎装的威风，也没有开着警车、鸣响警笛的风光，却常常废寝忘食，在大千世界、茫茫人海中搜寻着蛛丝马迹，充当着及早破案的“千里眼”、“顺风耳”；他们，在风霜雪雨、蹒跚泥泞中留下无尽的足迹，却没有多少人熟悉他们的面容；他们，用自己高超的智商和惊人的毅力，为这个多彩的世界播撒着人间大爱，却从来没有为自己索取半分毫厘；他们，在打击犯罪、保护人民的道路上硕果累累，却从没有计较过金钱，荣誉常常与他们擦肩而过、失之交臂……

因为他们的心中有爱，有一份忠于祖国、忠于人民的无疆大爱。

一位哲人说过：“心中有爱的人，就会有所追求。”像许多年轻人一样，刘海渤也是从小就崇尚英雄。然而他所崇尚的英雄却与旁人不同——说来也巧，在刘海渤还是个小男孩儿的时候，就对影视剧里那些提着勘查箱忙活在犯罪现场，或者穿着白大褂俯首在仪器旁搜寻有关案件的蛛丝马迹，乃至抱着画板为犯罪嫌疑人画像的人民警察情有独钟。在这颗童稚而又聪明的小脑袋瓜里，这些哥哥、姐姐、叔叔、阿姨才是警察队伍里最有本事的人。因为，只要他们一出现，很快就能判断出谁是犯罪嫌疑人；不论坏人有多么狡猾、隐藏得有多深，经过他们的努力，坏人很快就被抓住了。哇塞，酷毙了，帅呆了，简直太神了！这些人，才是童年刘海渤心目中真正的大英雄，才是少年刘海渤的最爱！

2000 年 8 月，20 岁出头、风华正茂的刘海渤从石河子大学医学院临床医学专业毕业了。那时候，对于他这样有学识又帅气的小伙子来说，当然有许多光鲜亮丽、安稳舒适、收入可观的岗位供他去应聘。但是刘海渤却偏偏选择了刑警这

个职业，成为新疆兵团公安局刑警总队的一员，从事法医检验的工作。

“怎么,到公安局了？”当时就有好心的同学、朋友真心实意地替他分析说,“当个普通的刑警、治安警也就罢了，立功受奖的机会总是多一些，提拔进步也相对快一些，可是你这法医检验、搞技术，长年累月严寒酷暑又脏又累的，图啥呢……”

刘海渤既不摇头，也不点头，只是腼腆地默然一笑了之。

为了从小就萌发在心中的刑警梦，为了自己热爱着的法医检验事业，刘海渤默默地磨砺着技术与智慧的剑锋。

他，时而提着勘查箱，奔波在茫茫戈壁、农家院落；时而穿着白大褂，拿着试剂盒，伏案实验室，对着报告单寻觅着犯罪分子的蛛丝马迹……17年风霜雪雨，17个酷暑春秋，刘海渤从一个普普通通的法医成长为一名主检法医师，从一名对DNA一知半解的外行成长为DNA行业的专家、兵团公安局刑警总队DNA实验室主任。他两次荣立二等功，两次荣立三等功；多次当选优秀公务员、优秀共产党员；2007年入选全国第四批刑事科学技术青年人才库；2012年荣获“全国优秀人民警察”荣誉称号；2015年荣获“兵团首批有突出贡献的优秀专家”荣誉称号；2016年荣获“兵团第五届五四青年奖章”，2016年12月被聘为第二届全国刑事技术特长专家；2017年4月当选兵团党代表，出席了兵团第七届党代会，5月荣获“全国特级优秀人民警察”荣誉称号。

因为感恩，他把成长进步归功于领导和同事们

有位哲人说得好：“但凡有所建树的人，往往是一个懂得感恩的人；只有懂得感恩的人，才具备所向披靡、勇往直前的生活动力。”

在一次演讲中，刘海渤真诚地剖析自己说：“工作十几年来，我发挥自身专业特长做了一些工作，可是组织上却给了我许多荣誉。说实话，这是我的机遇好，在我的工作和生活中，遇上了许多好老师——专业上的导师，以及我的领导和同事们。没有他们的帮助和支持，就没有我刘海渤的今天。”

听其言、观其行，看得出刘海渤是一个懂得感恩的人。

为了证实他的感受，刘海渤百感交集、如数家珍般讲述了一串串亲身经历过的感人故事——

刚从事DNA检验工作时，由于经验不足，自信心不强，对一些重大案件中

的疑难检材不敢检验，所以就怀着忐忑的心情向领导敞开心扉，建议送公安部去检验。让他万万没有想到的是，总队领导不但没有责备他，反倒真诚、轻松地鼓励说："谁说你不行呀？你的技术也很棒嘛！"总队领导还说，"你要相信自己的能力，放手去检验。做对了，是你的功劳；做不出来，总队承担责任！"

在一次勘验重大案件现场时，刘海渤发现了一些微量物证。但是提取后能否检验成功，他最初还是有些缺乏信心。可是同事们却对他抱有很大信心，在现场就用幽默、诙谐的方式鼓励他："咱们打赌：检验成功了，我们请你吃饭；检验失败了，你请我们吃饭……"

这些感人的细节，让刘海渤一直铭记在心，成了他在刑侦技术领域实现跨越式发展的原动力。刘海渤开始大胆尝试各种方法应用于实战检验。在兵团七师公安局送检的一起命案的烤肉钎上，刘海渤认真钻研、反复比对，终于第一次检出接触性DNA，并且通过比对锁定了犯罪嫌疑人。在六师辖区内发生的一起命案中，刘海渤从一个并不起眼的赶羊使用过的树枝上，检出一名男性DNA，从比对中锁定了嫌疑人。

2013年8月，组织上安排他下基层挂职锻炼。临出发时，局长考虑到刘海渤的专业特点，专门嘱咐他说："到了八师公安局，就直接到刑警支队去，这样才能够发挥你的DNA技术特长……"局长每天的工作多忙啊，竟然还能把自己下基层这点事儿记挂在心上，如果自己不把刑侦技术搞出个样儿来，那可就太对不起领导和同事们了！所以，在八师挂职的一年半期间，刘海渤恪尽职守，吃苦耐劳，对技术精益求精，常常独自勘验现场、提取检材，回到实验室埋头检验……

这次挂职锻炼，不仅使刘海渤的专业技术水平飙升，还培养、提高了基层刑侦技术人员的业务技能。

因为感恩，刘海渤拥有了克难制胜、不断进取的原动力。这使他通过对各种疑难案件的成功检验，自信心和进取心日益增强，不仅在专业技术上完成了跨越式发展，在刑侦技术实验室管理方面也积累了宝贵经验，把自己打造成了一名DNA技术专家。

因为勤奋，他登上了技术高峰

2009年夏，首都北京。

公安部装备工作会议期间，来自新疆兵团公安局的参会代表刘海渤，可是一个会里会外的大忙人。因为每次外出参加这样的会议，他都不会轻易放过向专家、学者们学习求教的机会。

在刘海渤看来，像全国性的“装备工作会议”、“DNA交流研讨会”这样的平台，来自全国的专家、能人可不少，自己来自边远的新疆边陲，腿脚勤一点儿、脸皮厚一点儿、态度诚恳一点儿，就一准儿能够学到真本事、取到“真经”呢。所以他在每次参会期间，总要事先把工作中的问题梳理出来，整理成条文，然后在每天晚餐后，一脸诚恳地来到公安部专家们的房间，冒昧地请教问题。起初由于不认识，人家对他爱答不理的。可是渐渐熟悉了，当知道这个勤学好问的小伙子是来自遥远的新疆的同行时，专家们被他的执着深深地打动了。这次全国性的装备工作会议也不例外，每天的议程一结束，刘海渤就草草吃过晚餐，揣着笔记本早早来到专家们的房间门口，等着自报家门，请教近期实验中的有关问题。

今天的情况更特殊，因为他要当面求教的不是别人，而是公安部二所技术造诣颇深的李万水处长。相互之间还不认识，打电话预约时，李处长有些为难，因为他确实很忙。可是一听说这个求见的年轻人就是来自新疆兵团公安局的刘海渤时，李处长听说过这个好学上进的年轻人，立刻满口答应，放下了手头儿的事情就和他见面了。在公安部二所门口的一家酒店简陋的大堂里，一对莫逆之交就着一杯清茶，话题围绕磁珠提取的许多关键细节问题，刘海渤聆听了李处长深入浅出的讲解。

刘海渤这种业精于勤、虚心求教的认真态度，获得了许多专家的认可。现在，公安部二所、云南省厅、辽宁省厅等许多DNA等刑侦技术方面的专家，与刘海渤成了很好的朋友和协作伙伴。工作中遇到的许多问题，能够及时得到专家的大力协助和支持。

“天才出自勤奋，成果源于认真”，刘海渤就是这样一个勤奋而又认真的人。

现在，在刑事侦查技术领域，刘海渤算得上是一个年轻的后起之秀、一个战绩卓著的专家级人物了。当慕名来访的记者向其探究成功的奥秘时，刘海渤竟然回答得轻松而又简单：“一是虚心学习，二是严肃认真。”

求知若渴、勤奋学习、不耻下问，正是刘海渤成功的本色所在。“我认为自己并不比别人聪明，所以就一定要对工作细致认真；遇到问题时要不耻下问，舍得下脸面虚心向别人去请教。”刘海渤是这样说的，也是这样做的。在他的生活字典里，没有什么“业余时间”，也很少有带着妻子、孩子“花前月下”的经历。更多的时间，被他用在了查阅文献、学习新知识、了解行业新进展上面。在家里，他也几乎不看电视，专业技术书籍才是他身边除家人之外的另一最爱。为了能够获取更多、更新的专业知识，尤其是他自己倍感兴趣的微量DNA提取知识，刘海渤一方面利用读书、上网查文献，通过关键词搜索，把这一类的文献下载下来，在工作实践中细心研读；另一方面，他通过登门求教，经常向专家学习、咨询，以获取新的经验，不断更新自己的专业知识。

2014年，刘海渤在公安部物证鉴定中心（二所）做访问学者。刚来到公安部培训基地，面对身边众多的硕士、博士出身的专家学者们，不由得产生一种自卑的感觉，认为自己的知识水平可能与他们相差甚远，怀疑自己是否有能力与他们共同研究特殊课题。可是很快，这种自卑感就被信心和信念代替了。因为他信奉一位老师说过的一句话：“只要你付出了，虽然现在没有得到回报，但一定会在将来的某个时间、某个地点，以某种形式回报你当初的努力。”为了弥补自己基础理论薄弱的缺陷，一连两个多月的访问学习期间，包括节假日，刘海渤几乎每天都是最晚一个下班，晚上学习到11点以后才回到宿舍。当课题研究中遇到困难、分析实验数据遇到问题时，他就通过成百上千次的摸索尝试去攻克。功夫不负有心人，刘海渤终于发现了一种新的技巧与方法，不仅可以自动化分析数据、直观查看数据，而且可以自动化分析结果。这种对工作认真细致、勤奋努力的态度，赢得了公安部二所专家学者们的一致认可和称赞。

“刘海渤是站在老师肩膀上又朝前迈了一大步呢。”全国公安DNA专家委员会委员、湖北省公安厅技术处副处长王海生幽默而又客观地评价说。

刘海渤始终抱着“做一件事情就要把事情做到自己和同事都能够认可的最佳程度”的认真态度去完成。在他看来，既然要做一件事情，就应该以认真、科学的态度，尽自己最大的努力去做好，而且要尽可能地去发掘技巧，不断学习、探索新的方法。正是这样长期认真的坚持，刘海渤的计算机水平、表格及文字处理能力等，均在不知不觉中得到了很大提高；他的DNA检验技术水平也由量变转化到了质变，目前他本人主持并参加的四项省部级课题圆满完成；他撰写的两篇SCI论文，发表在重量级的国际期刊上，在国际、国内同行中产生了良好的反响。另外，在近年来的刑侦技术工作实践中，刘海渤注重认真总结经验，先后有七篇论文在《中国法医学杂志》、《刑事技术》、《疑难命案分析与实践》等专业理论刊物发表。

因为责任，他立足本职讲求奉献

“既然我选择成为一名刑警，那就必须承担更多的辛苦和责任。”这是刘海渤经常提醒自己的一句话，也是他坚持严于律己、勇挑重担的思想基础。

说来也巧，新疆兵团公安局DNA 实验室与刘海渤的警龄正好同岁。

这很巧合，也很有意思。因为17 年前的2000 年，风华正茂的刘海渤胸怀一个刑警梦，来到兵团公安局刚刚穿上警服时，局里的DNA 实验室恰恰也在这一年刚刚开始筹建。那是个什么样的实验室啊——资金短缺、设备简陋、场所狭窄、经验不足。直到2004 年，才在上级的关心支持下，建成一个70 平米的DNA 实验室。还是小了点儿，因此也不便于明确划分区域。刘海渤和同事们可顾不了那么多了，刚刚装修完就投入使用了，时不我待呀！那时候，仅仅只有DNA 检验必须具备的一套设备。刘海渤受命于困难之时，被派往北京学习了一趟。刚刚学习归来，就一头扎在简陋的环境中展开了工作。就是在这种困难多多的工作条件下，局领导和总队领导要求：DNA 检验必须保证零差错。

一面是困难多多、实验室条件简陋，一面是领导的高标准、严要求，刘海渤该如何面对、何去何从？

刘海渤又像往常一样，没有怨言，没有退缩，全身心地投入到了工作中。实验室投入使用第一周，就受理了农八师公安局送检的一起强奸案。这是一桩离奇的强奸案，案情扑朔迷离，提取到的检材还是混合斑，这就大大增加了检验的难度。刘海渤彻夜未眠，严格按照规范操作要求，耐心地洗涤、去除女性DNA，再用涂片查找精子细胞……经过整整一夜的烦琐检验，刘海渤的眼睛熬红了，头发与汗水凝成了毡片，终于在第二天检验出了科学、过硬的结果：从混合斑中检验出了精斑，又通过精斑检测出DNA，经比对直接认定了犯罪嫌疑人。

呵，真棒啊！一线刑警们真开心呀，实验室第一次检验就发挥了重要作用，咱们终于有了自己的“千里眼”、“顺风耳”了！

2005 年，刘海渤为了让新疆全兵团公安系统的刑侦技术人员有所提高，率先将DNA 检验认定的每一起案件都在公安内网上发布DNA 简报，让基层技术人员有一个互相学习的园地；同时利用电视电话会议的平台，对全兵团刑事技术

人员进行DNA提取、保存、送检等环节知识的专题培训；在兵团公安局长信息化培训班中，他认真解析了DNA检验的成功案例，使各师（市）公安局长更加充分地意识到生物物证在案件侦破中的重要地位；在兵团刑警支队长、大队长会议上，他对各级队长进行DNA知识培训，指导他们在案件中如何有效发现并正确提取生物检材；针对基层法医在提取DNA检材方面出现的问题，他对全体法医进行了两次DNA专题培训，采用模拟操作考核的办法，使每名法医均能熟练操作。

“一个人强不算强，团队强才真是强”，正是出于这样的理念，刘海渤在打造技术团队上尽职尽责、狠下功夫。他结合自己的工作实践，着眼全兵团公安系统技术领域，注重在各师（市）公安机关物色“好苗子”进行培养。七师某基层看守所民警小马学过生物专业，刘海渤获悉后立即对其进行了实际考察、重点培养。小马现在已经是七师公安局能够独当一面的刑侦技术骨干了。这些年来，刘海渤用带徒弟的方式，已经为基层培养了十多名刑侦技术人才。在兵团公安局刑侦技术领域，“从一个人唱独角戏，发展到今天这样一个兵强马壮的技术团队”，其中无不渗透着刘海渤的一腔心血。

2011年，兵团公安局又投入600万元对DNA实验室进行了扩建改造，将DNA实验室面积扩大了一倍，又添置了一批先进设备，这就给刘海渤挚爱的DNA鉴定、传帮带等工作，提供了新的、更为广阔的发展空间。

怎样才能让实验室的DNA设备更好地发挥作用，使受理的案件快速、准确地检验出结果，及时给基层刑警提供有力的证据支持和侦查方向呢？

刘海渤言传身教、从我做起，在围绕一个“快”字、突出一个“准”字上下功夫。DNA检验的时效性要求是很强的，因此加班加点“连轴转”开展工作，对于刘海渤来说就成了家常便饭。他经常工作到凌晨两三点，有时案情紧急，甚至要持续工作到次日。

DNA实验室在使用有机化学试剂检验疑难检材时，因试剂挥发性强、有致癌性，国内大多数DNA实验室目前已经不使用这种方法了。但是刘海渤还在不断尝试使用，因为他觉得只要对案件侦破有帮助，能够提高检材检验的成功率，就值得去做。检验过程中麻烦多一些，注意防护就是了。这样一来，在对一些疑难检材的检验上，刘海渤常常被有害化学试剂呛得直流泪。可是当他看到自己的辛苦换来的是一桩桩迷案、悬案成功告破时，他的脸上就绽露出欣慰的笑容。

在刘海渤看来，对工作认真负责、对技术精益求精是一种责任；精打细算、厉行节约，争取设备、原材料使用率的最大化，同样是一种责任，是一个共产党员、一个人民警察的本分。

DNA实验室的检验试剂几乎均是进口产品，而且关键试剂目前仅美国应用公司独家生产，因此试剂价格十分昂贵。为了节省开支，让DNA检验手段在案件中的作用最大化，用较少的经费破获更多的案件，刘海渤处处精打细算，从不轻易浪费一分钱。DNA设备使用7年来，核定寿命100次的毛细管，在不影响检测灵敏度的情况下，他要使用1000余次；为了使设备性能保持良好状态，刘海渤不论工作多么劳累，总要按时打扫实验室的卫生，保证实验室的温度、湿度保持在设备的最佳运行状态。对实验室的每一台设备，他就像对待自己的孩子一样去爱护。实验室的全部设备运行7年多了，竟然没有维修过一次，仍然保持着良好的运行状态。为了让试剂能够最大化地得到有效利用，他每次都要向送检人详细询问案件情况，了解每一份送检检材的潜在证据价值，从而保证了检验时的有的放矢。

2015年，兵团公安局司法鉴定中心申请国家级资质认定，刘海渤受刑警总队领导的重托，具体负责这项工作。对于刘海渤来说，这又是一项新的艰巨任务。因为实验室资质认定，是一个庞大而烦琐的管理体系，所面临的问题绝不仅仅只是技术方面的，还有硬件建设、软件建设等许多方面。这些全新而又陌生的工作内容，让刘海渤应接不暇，劳神劳心又费力，闹不好还会上上下下落抱怨。怎么办，找领导请求放弃吗？

不，那可不是刘海渤的性格。

勇挑重担，也是一种责任。为了理解评审准则相关内容，刘海渤就像当初钻研业务技术那样不耻下问、多方请教，通过问专家、查资料，逐渐掌握了管理体系相关的核心内容。终于，经过有关领导以及技术处全体人员大半年的努力，顺利通过了评审。实验室的检验鉴定工作，也迈上了规范化的道路。

因为信念和忠诚，他甘洒热血铸金盾

金色盾牌热血铸就

危难之处显身手……

在长期的刑侦技术这个平凡而又特殊的岗位上，刘海渤始终坚守着自己的信念，那就是“追寻着自己的刑警梦，忠诚履职，恪守一个人民警察、中共党员的本分，以执着的敬业精神和强烈的责任心，用自己的聪明才智和专业技术，多破案、破大案，为构建和谐兵团、稳定的新疆贡献自己的智慧和力量”。

事实上，刘海渤一直都把信念和忠诚贯穿于每次检验、每个案件之中。也正是这种执着的信念和忠诚，支撑着他用一个个科学的检验数据协助破获了多起重大案件。

曾经在新疆兵团某师辖区内，发生了一起强奸杀人焚尸案。刘海渤在勘验尸体时，只见尸体焚烧严重，关键部位处软组织已呈炭化状，根本无法进行DNA检验。怎么办？难道就这样让犯罪分子逍遥法外吗？不。刘海渤抱着“有1%的希望就要尽100%努力”的信念，解剖时提取出子宫，尝试着在子宫内寻找精斑。其间几次往返于现场和实验室之间，查阅了大量文献，终于找到了一种新的检验方法，及时改变了常规的提取模式。经过集中全部擦拭物、多次洗涤离心浓缩纯化后再次检验，终于成功检出一男性DNA数据，经过科学比对确定了犯罪嫌疑人。

侦查员们依据这项证据的有力支持，成功破获了多起案件。

2014 年，刘海渤在一起普通的盗窃案件中，勘验现场时提取了米粒大的馕饼残渣，以及残留在现场窗台上的一个模糊的手套印痕，检出一名男性嫌疑人的 DNA。经过并案侦查，成功破获了先后发生在这一带的系列盗窃案。

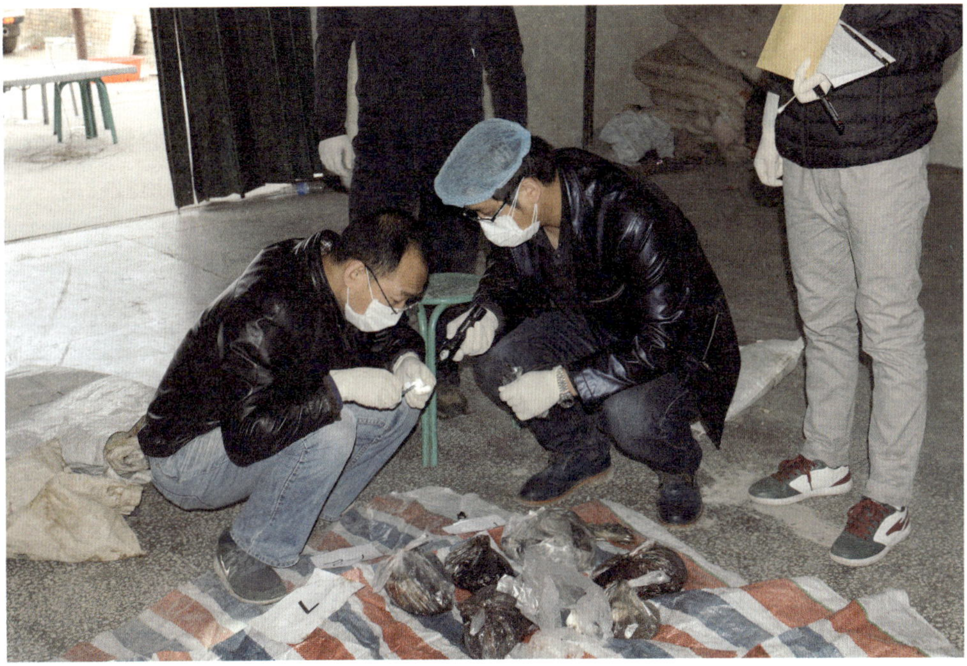

“刘海渤工作业绩突出，很大程度上来源于他的忠诚履职。”领导和同事们感慨道。

2015 年 9 月，时值新疆维吾尔自治区成立 60 周年大庆前夕，兵团某师一施工工地却连发多起煤气罐被盗案。大量煤气罐的丢失，极易导致安保隐患。刘海渤与其他技术人员共同反复搜寻，在现场窗框内侧发现一个痕迹。由于窗框上布满油污，DNA 提取难度极大。为了最大限度地减少提取过程中的 DNA 损失，刘海渤做了大量同类客体实验，然后设计出科学的提取方案。经过多次重复性实验，终于检出一名男性 DNA，并直接比中了该案嫌疑人，为快速侦破案件提供了关键性的直接证据。

在领导和同事们看来，兵团命案破案率之所以始终保持在 95% 以上，走在了全国同行的前列，刘海渤及其 DNA 实验室功不可没。作为实验室的管理者和具体检验人员，刘海渤多年来未出现一次差错；在参加公安部实验室能力验证中，连续四次获得“满意”结果，受到了业内人士的广泛称赞和公安民警的一致好评。

当每次技术检验结果在每次案件中发挥作用时，不论自己有多么疲惫，刘海渤都会伸展双臂来一个痛快的深呼吸，绽露出一脸欣慰的笑容——作为一名刑警，他清楚地知道，隐藏很深的犯罪嫌疑人就要落网了，作奸犯科、扰乱社会秩序的犯罪分子落网之日，就是各族人民群众拍手称快之时。这，难道不是一名人民警察最值得欣慰、最有成就感的幸福时刻吗？

爱洒天山铸警魂——听吧，在广袤的新疆大地上，从天山南北的繁华城市、居民街道，从茫茫田野、居民院落，从四面八方，又传来人民警察用自己的一腔热血、用坚定的信念和忠诚谱写的豪迈的歌声——

为了母亲的微笑
为了大地的丰收
峥嵘岁月
何惧风流……

回家的路，因你而温暖

——记北京铁路公安局天津公安处静海站派出所民警张清涛

王志云

作为一个铁路警察，张清涛的心里装了很多东西：站区的秩序、列车的安全、旅客的平安……但最让他牵挂的，还是一群孩子，准确地说，是十几年前的孩子，如今都已长大成人，不过在张清涛眼里，他们依旧是孩子，自己的孩子。

这是一群与正常人不一样的孩子。

一

在被张清涛背起来之前，唐近近的眼前只有地面，山里的黄土地、城里的水泥地、火车站站台上的方砖地……

命运的拐点出现在唐近近5岁那年，一场普通的腰椎结核病被乡村游医治成了灾难，原本健康活泼的他再也无法下床，腰也越来越佝偻。为了治好他的病，父母花光了积蓄，变卖了一切，还负债累累。到最后医院都不收了，更有的大夫说，这孩子的病治不好了，扔路边算了。可是父母仍然没有放弃，最终让他恢复了行走的能力，但是弯下的腰却再也直不起来了。从那以后，近近就只能拖着严重佝偻的身子一步步艰难地走在自己的人生路上，每次要抬头看向地面以外的地方，都要费很大力气。慢慢地，他越来越不想抬头，不是因为费力，而是因为不愿看到人们嫌弃、厌恶、冷漠、嘲笑的目光。

20 岁那年，通过当地残联介绍，近近从老家陕西汉中宁强县来到天津市静海县岳美汽车仪表厂打工，这是一家专门为残疾人提供就业机会的福利企业。在这里，他见到了许多跟他一样身体有残疾的伙伴，这让他感到很开心。

日子在伙伴们互相关心、互相帮助中一天天过去，转眼春节到了，要回家过年了，近近却犯了愁。他清楚地记得从家里来天津时的情景，那是他第一次坐火车，身高只有一米一的他拖着大大的行李艰难地走在拥挤的旅客中，不时会被别人的行李撞到头和腰，尤其是上下台阶的时候几次因为无法走稳碰到别人，便会招来一两句呵斥，他在感到屈辱的同时也产生了对旅途的恐惧，他不知道这次回家他还会遇到什么。

“没事儿，有张叔呢。”同宿舍跟他一样患有佝偻病的李峰说。

虽然不知道张叔是谁，但近近却感到了一丝安慰。

汽车到了静海火车站，车门打开，一个穿着警服的中年魁梧汉子出现在眼前，利落地把他抱下车，然后在他身前蹲下。

“上来。”耳边传来浑厚却温和的声音。

近近蒙了，这人要背他？这个警察，要背他？

李峰在旁边催促：“快点儿，别让张叔一直蹲着。”

近近依言挪动身子爬上张叔的后背，脑子却一片空白。在记忆中，只有小时候父亲带他四处寻医时背过他，但自从到煤矿打工的父亲胳膊受伤落下残疾之后，就再也没有背过他。如今，这个与他非亲非故又素未谋面的警察张叔为什么要背他？

张叔背着他上台阶进到候车厅，通过绿色通道检票，下台阶走过地下通道，上台阶到另一站台，再走上 200 多米，才到达列车停靠的位置。因为严重的佝偻，近近双腿不能像正常人那样叉开，全靠张叔的双手拖抬着，他的手也只能紧紧搂住张叔的脖子。为了让背上的他能舒服些，张叔尽量把腰弯得很低，低得几乎超过 90 度，就像近近走路时的样子。虽然是腊月，但近近还是看到张叔后脖颈渗出密密麻麻的汗珠，也听到了张叔粗重的喘息声。他想让张叔把他放下来或者是歇会儿，却什么也说不出来，他怕一张口就被人听到他的哭声。

张叔把近近背上了火车，放到他的座位上，又托付乘警路上多多照顾，然后留给他一个电话，告诉他回来时打电话，到时会来接他。

直到张叔的背影从视线中消失，唐近近才想起除了一句“谢谢”之外，他都没对张叔说过其他的话，更不知道张叔叫什么名字。

回家的路因为张叔变得轻松且方便了许多，也让他忘记了对旅途的恐惧，直到春节过后要回天津时，他才再一次犯了难。火车到天津的时间是凌晨三点，这个时间张叔能来接他吗？拿着写有张叔电话号码的纸条，近近犹豫再三才拨通了张叔的电话。

张叔问清了车次后，很爽快地说：“没问题，到时张叔去接你。”

列车进站了，明亮的灯光在站台上撑起一把把温暖的大伞，近近看到了站在其中一把伞下的张叔，然后他又爬上张叔的背。张叔的后背很厚实，很温暖，恍惚间，近近好像回到了小时候，回到了父亲的背上，那时父亲也是这样背着他去看病，边走边轻声告诉他，明天一切都会好的。

从此，近近每次坐火车都是张叔接送，他知道了张叔的名字、张叔的工作单位，还知道张叔有个跟他差不多大的儿子。在张叔的背上，他看到了有100年历史的老火车站大楼和旁边两棵同样100多岁的老槐树，还有那一张张虽然陌生却因为可以平视而让他欣喜的旅客的脸。他觉得张叔就是一座山，每次被张叔背起时，他就成了山峰。

二

张清涛与孩子们的故事缘自2004年年底的那次偶遇。

那天是春运的第三天，静海火车站候车大厅里挤满了归乡心切的旅客，天南地北的方言混杂着各种气味让人脑袋发晕。在人群中巡视的张清涛虽然已经连续工作了十多个小时，却没有一丝懈怠，因为他知道自己的职责就是让这里的每一个人都能平安地登上回家的火车。这时他就看见了刚刚走进候车厅的四个人。

打头的是个中年男子，手里提着肩上背着好几件大包小包的行李，他身后跟着两个身体佝偻成“C”形的年轻人，还有一个虽然没有佝偻，却拄着双拐。几个人在人群中被挤来挤去，中年男人却顾不上他们，眼睛看向售票窗口前排得长长的队伍时，一脸的焦急。

张清涛上前分开人群，把这几个人领到一边，问：“买票了吗？”

“我是来送他们的，没想到人这么多，不知道赶不赶得上火车。”中年人说。

问了车次后，张清涛说：“你们在这儿等会儿吧。”

那时候铁路没有网络售票，也没人听说过绿色通道，所以张清涛就找值班站长要求走后门，站长一听就笑了：“一看你就没走过后门，这是为民服务啊，怎么叫走后门？”

三个残疾人去的是陕西方向，往南的列车都在二站台，从检票口出来要通过地下通道过去，然后再走上200多米才能到列车停靠的位置。按照规定是提前15分钟检票，那段距离正常人走当然没问题，但对于佝偻病人来说就困难了，特别是其中一个佝偻的小伙子走路特别慢，所以检票后眼看着时间越来越紧，张清涛二话不说就蹲下了：“来，我背你。”

小伙子红着脸推辞，张清涛急了：“快点儿，要不赶不上火车了。”

那是张清涛第一次背起残疾孩子，那一年他41岁，不过当时他并不知道这次的背起意味着什么。车站的站务员和很多旅客也都是第一次看到警察背着残疾人赶火车，当然他们也不知道那只是开始。

送走了几个年轻人后，张清涛和中年人聊了起来，知道了中年人姓徐，刚刚在静海开了一家专门为残疾人提供就业机会的福利厂，叫岳美汽车仪表厂，专门通过各地的残联招收残疾人，因为是第一年，送这帮残疾孩子回家没有经验，这才差点儿误了事。

“厂里有多少残疾人要坐火车回家？”

“30多个吧。”

“行，这是我的电话，再有孩子要走的话，提前给我打电话。”

于是那一年，张清涛把老徐厂里30多个外地残疾青年一一送上了火车。

从那年开始，老徐厂里所有残疾孩子回家的路都是在张清涛的臂膀下、怀抱里或者是背上开始，而当他们回来时，无论什么时候下火车，第一眼看见的，还是张清涛。在孩子们的心里，张叔似乎是永远守候在那个站台上。

其实他们不知道的是，张清涛的家住在离静海火车站50多公里远的天津市北辰区双街镇，他不会开车，每次上下班都要换乘公交和长途大巴，单程就要两三个小时，并且他的家中还有一个患有老年痴呆和糖尿病、长期卧病在床的母亲需要照顾。而孩子们回来的火车时间并不固定，常常在深更半夜到站，但是尽管这样，只要接到孩子们的电话，他都会准时赶到车站去接，直到把孩子们送回厂里安顿好才回家。

自从 1982 年入警以来，张清涛干过押运、干过看守、干过乘警，哪个活儿都不是那么轻松，赶上跑长途的时候，七八天都在外面，赶上有案子或者重要任务，无论白天晚上，无论寒冬酷暑，都要坚守在岗位上，不能有丝毫的马虎，所以如今的这些奔波对他来说，根本不叫事儿，只要能把孩子们照顾好了，他的心里就感到特别欣慰。

三

所有的事情就这样变成了张清涛的工作职责，变成了理所当然。他谨守着对残疾孩子们的承诺，一次次用自己的爱温暖着他们回家的路。而这些对于孩子们看来是天大恩情的事，在他看来却是再平常不过了，就像他每天上班值勤、加班备勤、下班回家一样，他觉得自己在尽一个人民警察的本分，同时，他也从中得到一种快乐，那是一种在帮助别人之后所感受到的满足感，特别是每一次收到孩子们报平安的短信，都是他最欣慰的时候。

如果升华一下的话，这可以称为一种悲悯的情怀，或者通俗一点儿，就叫作善良。这善良缘自父母的言传身教，再加之他作为一名人民警察的责任感和使命感的驱使，一切便都自然而然了。所以他也从来没有对任何人说起过，除了那些被他温暖的孩子和他们的家人，很少有人知道这些事。直到有一天，所长找到了他。

“清涛啊，公安处让报送基层单位的好人好事，你有什么要报的吗？”

“没有。”

“你天天在站里执勤，哪天不帮着扶扶老人抱抱孩子的，怎么没有？”

“那都是小事儿，都是应该做的，不算好人好事。”

“听说你常年帮助一些残疾人上火车？”

“也都是正常工作，算不了什么，没嘛可报的。”

所长拍了桌子：“我告诉你张清涛，就是因为你们这些天天干了不说的人，咱公安的好人好事才宣传不出去，影响了树立公安队伍良好形象！”

张清涛坐直了身子，表示自己的思想认识提高了，但是说到具体情况，他还是什么也说不出来。

不过这难不倒当警察的，所长直接去了老徐的厂里，一听说问张叔的事，从老徐到唐近近和他的小伙伴们，都争着抢着要说话，好多人说着说着眼泪就下来了。

“我们从来没有见过比张叔更好的人。”孩子们都这样说。

就这样，张清涛的事迹被层层上报，领导看到之后说：“这样好的民警，这样好的事迹，必须大力宣传！”

当时是2014年年初，正是春运最忙的时候，当从中央到地方，从报纸到电视台再到网络的各路记者纷纷涌进静海火车站的时候，张清涛却在忙着另一件事：送唐近近回家。

之前近近曾不止一次对张清涛说起过，自己的爹妈都非常感激张叔，要张叔有机会一定到家里做客。不过这次张清涛送唐近近回家却不只是因为这个，还因为要与唐近近同行的另一个残疾女孩儿杨玲玲。

玲玲是静海本地人，患有脆骨病，也就是俗称的玻璃人，这个病遗传自她患有同样病症的母亲，即使是极轻微的碰撞，也会造成严重的骨折，特别在18岁之前是最危险的。所以玲玲在她生命最初的18年里，始终住在一间被封闭得严严实实，甚至窗子也被报纸全部糊死的屋子里，她从来没有走出过家门，没见过外人，更没跟外人说过话。直到18岁那年，一辆社会捐赠的残疾人车才让她见到了外面的世界，她像初生的婴儿般贪婪地体验着看到听到的一切，不过很快，懂事的她就想到了父母，想到同样残疾的二老为了她的病而经受的远超常人的艰辛。她要挣钱，要为父母分忧，也为了证明自己是一个有用的人。

不知碰了多少次壁，挨了多少白眼多少嫌弃，玲玲最终进了老徐的厂子，在这里，她不仅用自己的劳动换来了报酬，也认识了一大群小伙伴，其中就包括唐近近的老乡李峰。李峰也是佝偻病患者，不过症状比唐近近轻一些，也就是身体弯曲的弧度小一些。接触中，李峰和玲玲产生了感情，并最终走到了一起。当年正好是他们结婚的第一年，玲玲要跟李峰一起回家见公婆，所以决定与唐近近结伴回家，这也是玲玲第一次出远门，第一次坐火车。与他们同行的还有另外两名残疾人同乡，一个是肢体残疾，一个是聋哑人。

张清涛正是因为听到这个情况才产生了送他们回家的想法，今年的春运客流量比往年都要大，特别是开往成都方向的列车更是拥挤不堪。这样的环境，1870公里的旅途，五个行动、交流都有极大困难的残疾人是否能平安到达？特别是其中还有一个第一次坐火车的玻璃人，张清涛实在是放心不下。

他把想法向领导做了汇报，公安处的领导只说了一个字："好！"

因为下肢萎缩，玲玲平时离开残疾人车行动时都是坐在一个自制的板子上，靠双手撑起往前移动，所以尽管有李峰陪伴，她对这次远行还是感到很不安，直到汽车门打开，她被张叔小心却有力地托抱在怀里的那一刻才放松下来。

这是玲玲第一次见到张叔，但之前早听李峰近近他们说过好多次，虽然没有人告诉她托抱她的人是谁，但是她知道，这就是张叔。

在张叔的怀抱中，玲玲进了候车室，通过检票口，穿过地下通道，走过长长的站台。这是从小到大第一次被人抱在怀里，但不知为什么，玲玲忽然有一种很熟悉的感觉，就像小时候躺在妈妈身边时那样。

在他们身边的是近近，此时他正被另一名警察背在背上，那名警察叫辛长杰，是派出所的政委，这次将与张叔一起送他们回家。

张叔走得很稳，托抱着玲玲的手也很稳，那一刻，玲玲觉得张叔就是一片海，她就在大海的怀抱里，是一个幸福的美人鱼公主。

四

列车开动了，站台上的一切渐渐远去，包括那些闻讯而来的记者们。在此之前，他们已经用各自的方式记录下张清涛和残疾孩子们在一起时的情景，那温馨而感人的一刻，最终将被记录成永恒。

近近很兴奋，不仅是因为这次旅行多了几个同伴，更因为张叔能跟他一起回家，以往张叔送他上火车之后，在站台上跟他挥手告别的时候，他都会感到一些失落，如今却能陪伴他那么长时间，他没有理由不高兴。

车厢里很暖和，近近把防寒服解开，露出里面的文化衫，上面的字是：爱我就抱抱我。昨天他穿的是另一件文化衫，上面的字是：孤独，是一种态度。他喜欢这两句话，喜欢从孤独到被爱的感觉。

玲玲也很兴奋，她盯着车窗外的一切，眼睛一眨不眨。这是她第一次看到县城以外的风景，这是她第一次旅行，也是她觉得最温暖的一次旅行。

几个孩子高兴地聊着、笑着，张清涛和辛长杰却始终在忙碌着，帮他们打水、拿饭、上厕所，车厢内其他旅客都被这个特殊的团体吸引过来，打听之后明白了怎么回事，便有浓浓的感动充满了整个车厢。一位北大的女学生看到近近偎在张清涛身边亲热的样子，不由自主地拿起笔，用一幅铅笔画定格了这个温馨的画面。

与他们同行的还有中央人民广播电台《中国之声》栏目的两位记者，他们负责对这次旅行进行全程报道。整整 27 个小时中，他们记录了张清涛和孩子们的一颦一笑，记录下每一刻的关爱、每一刻的温情。

要下火车时，一位和大家很聊得来的中年人特意把近近拉到一边，对他说，遇到了好人一定要懂得珍惜，这就是真情、真心、真意，要学会感恩和担当。近近认真地用力地点头。

宁强县是一座风光秀丽的历史文化名城，那里是汉江的发源地，北依秦岭，南枕巴山，素有“三千里汉江第一城”的美誉。近近的家就在离县城 40 多公里处胡家坝镇汪家坝村。他家安在半山腰上，是全村 30 多户村民中离天空最近的人家。

一大早，张清涛他们就带着近近出发了，汽车穿过热闹的街道，驶上山路，最后在一个通往山上的小路口停下来。近近不用别人扶自己第一个挪下车，对张清涛说：“张叔，我先走会儿，一会儿到路陡的时候您再背我。”

张清涛点点头，牵着近近的手向山上走去，朝阳从山顶上洒下来，照在两个人的身上，把他们的影子拉得老长老长。

山路陡了起来，近近再一次被张叔背起，他再一次成了山峰。这让他比以前更早地看到了自己的家和等在门前的亲人们。

“到了！到了！”近近兴奋地喊。

屋前的方桌上早已摆满了各种各样的山货——核桃、柿饼、苹果，近近的爹妈站在那里，看着近近口里的张叔和张叔背上的近近，一时竟不知该做什么，愣了半天才迎上来，早就准备好的感谢的话却一句也说不出来，每人握住张清涛的一只手，另一只手却不住地抹泪。还是近近的姐姐和亲戚们上来拉着张清涛他们坐下，招呼着吃水果。

近近的家很穷，穷到不能再穷，当年为给近近看病欠下的钱至今还没有还清。昏暗的外屋没有一件可以称得上是家具的摆设，里屋一半是灶台，一半是炕。灶火正旺，近近的姐姐和姐夫正在往大锅里下面条，噼啪燃烧的柴火照亮了大半面墙。面是排骨面，浓浓的香气从锅里飘出来，让人闻到了生活，也闻到了希望的味道。

大家围在方桌边，像一家人一样一起吃着面，开心地聊着，每个人的脸上都洋溢着笑容，笑声远远传出去，久久地回荡在山间，回荡在每个人的心里。

告别了专程送他们下山的近近和他的家人，张清涛他们又马不停蹄地赶回胡家坝镇，接上之前等在这里的李峰和杨玲玲，送他们回胡家坝镇王家营村的家。

张清涛抱着玲玲，迈着坚实的步子走着，走成了大山深处小村里的一道风景。过往的乡亲们惊异地看着这一幕，低声猜测着事情的原委。与此同时，一路跟随的两位电台记者，则通过正在直播的《中国之声》，把所有的一切传播到祖国的四面八方。

“大娘，我把您儿媳妇送回来了。”

当这句简单的话语通过电波传到每一个正在收听节目的人耳中时，无数的人为之动容，为之感慨。而此时的玲玲却顾不上跟初次见面的公婆多说几句话，而是心疼地拿纸为抱了她一路的张叔擦汗。

中宣部新闻局的一位领导在出租车上也听到了这个节目，听到了这句话，一时竟然入了神，车到目的地也不管，直到把直播听完才下出租车。在之后向中央媒体部署下一阶段宣传报道工作的会议上，他还专门表扬了这次直播，表扬了节目的亮点和新意，还有其中所传递的温暖与感动，而这温暖与感动，就来自张清涛——这位普普通通的铁路民警。

五

随着包括中央电视台在内的各大媒体的广泛报道，张清涛成了名人，还立了功，成了先进典型，这时，距离他背起第一个残疾孩子整整十年。

十年间，他多少次蹲下、站起，他把身体弯成90度走过多少级台阶、多少米站台，他总共把多少孩子背进、抱进过车厢，张清涛已经记不得了。不过有人细心数过，从广场进候车室到上站台乘车，一共是66级台阶，200多米远的站台。但是这数字要乘以多少倍，就没人能算清了。更何况，他为残疾孩子们付出的，也远远不止这些。

在与孩子们的接触中，张清涛了解到，由于身体的残疾，导致他们或多或少都有心理问题，有的孩子特别自闭，有的孩子特别自卑，有的孩子却又敏感、自尊心极强，还有的孩子情绪特别不稳定，这些问题如果能在父母的呵护下可能会好很多，但是如今他们孤身远在离家千里的异乡，虽然有小伙伴们互相扶持，却仍需要更多的关爱。

所以张清涛把更多的关爱给了这些孩子。

他把电话留给每一个他送过的孩子："有事给张叔打电话。"他还专门叮嘱老徐："孩子们有什么事及时告诉我。"

在跟杨玲玲结婚之前，李峰有一次把手砸伤了，本来身体就残疾，全靠这双手生活，要是手真的再废了，那以后的日子怎么办？李峰觉得生活没了希望。他有张叔的电话，却不愿意打，因为他觉得麻烦张叔已经够多了。但是张叔后来还是知道了，他马上跑到厂里，查看李峰的伤势，鼓励他坚强起来，见李峰还是没精打采的，张清涛瞪了眼："一个大小伙子，这点儿小伤算什么，肯定能治好。再说就算以后有什么问题，有张叔在，就没有过不去的坎儿。"

几次面对面谈话加上不知多少次的电话问候、鼓励，李峰的伤好了，人也精神起来了，这才吸引了玲玲，有了家。

有段时间，近近也经常给张叔打电话，因为他谈了个女朋友，迫不及待向张叔汇报，分享喜悦。张清涛就教他怎么哄女孩儿开心。后来近近失恋了，还是给张叔打电话，张清涛又耐心地劝他，给他讲一棵树和一片森林的道理。

玲玲跟李峰吵架了，张清涛在电话里劝了一个多小时，又专门打电话教训李峰，才让小两口儿和好如初。

在平常的时候，就算孩子们不打电话，只要有机会，张清涛都会到厂里转转，或者给孩子们打个电话问问情况，到了元宵节、中秋节之类的日子，孩子们不能回家，他就和同事一起带着元宵、月饼之类的专门到厂里去看望，和孩子们一起吃顿团圆饭。

有一次，张清涛到老徐的厂里时，发现食堂里的电视坏了，孩子们平时很少离开厂子到外面，看电视是他们除了手机外最主要的娱乐方式。他知道这两年老徐厂里的效益不太好，所以也没有跟老徐提，而是直接出去自己掏钱买了台大大的液晶电视，拉到了厂里。老徐看了直不好意思，说这么多年你为孩子们可花了不少钱了，太让人过意不去了。张清涛说，行，等你以后发了大财就把钱全都还我。

就这样，被张叔所温暖的，就不再只是孩子们回家的路，还有他们的心。

女孩儿明艾艾同样来自陕西汉中宁强县，患的也是跟李峰近近一样的佝偻病，在第一次被张叔抱起来时，艾艾差点儿哭出声来，不过却是害怕多于感动。在此之前，她受过太多的歧视与嘲笑，人们见到她都躲得远远的，从来没有被家人以外的任何人碰触过，这让她的胆子特别小，甚至从来不敢跟外人说话。张叔是她第一个碰触到的外人，也是第一个帮她敞开心扉的人。在与张叔的接触中，她知道了并不是所有的人都嫌弃她这样的人，还有很多人都喜欢帮助别人，这个社会是友善的。慢慢地，艾艾的性格变了，变得爱说爱笑，爱交朋友，变得充满自信。

艾艾在老徐的厂里打工三年，三年间每一次回家往返都是张清涛接送。当艾艾最后一次从静海火车站返回老家，从张叔的背上下来时，死死拉住张叔的手不愿意松开："张叔，我要嫁人了，以后就不来天津了，也不用麻烦您了，但是我永远忘不了天津，忘不了您，您对我的好，我一辈子都无法报答。"

张清涛俯下身子，擦去艾艾脸上的泪水："傻孩子，张叔不要你什么报答，只要你以后的日子过得好好的，就是对张叔最好的报答。"

列车开动了，艾艾看着站台上向他挥手的张叔的身影一点点变小，最后没入一片白茫茫的阳光中。她觉得张叔就是阳光，照亮了她的生活，照亮了她的未来。

六

从警 35 年，张清涛荣立过个人一等功 1 次、个人三等功 3 次、个人嘉奖 5 次，

2014 年被评为铁路总公司级优秀共产党员，2015 年获得“天津好人”提名奖，2017 年又被评为全国特级优秀人民警察，而他的优秀，却不止表现在帮助那些残疾孩子上，在其他方面，他的成绩也都是响当当的。

在刚到静海火车站派出所工作的 2001 年，他就抓了一个持枪歹徒。

那个时候还没有安检仪，都是靠安保人员手工检查，难免会有疏漏，所以民警的工作也需要特别细致。那天，张清涛正在候车大厅执勤，在搀扶一个老人坐在椅子上之后，他一眼就盯上了一个年轻人，他有种感觉，这小子有问题！

关于这种感觉怎么来的，就跟很多经验丰富的警察一样，张清涛也说不清楚，但他们偏偏就能在人群中一眼发现问题。张清涛不紧不慢地朝着那小子走过去，见有警察过来，那小子拔腿就想离开，却已被快速冲上来的张清涛一把抓住，随即被要求高举双手趴在墙上。从那小子的衣服里面的口袋里，张清涛搜出一把自制手枪，而且子弹已经上膛！经查，这家伙携带枪支准备外出作案，没想到阴谋未果就折在了张清涛手里。

这些年来，张清涛查出的枪支、管制刀具和易燃易爆危险品加在一起不是个小数目，每一趟平安开出平安到达的列车，都洒满了张清涛和他战友们的心血与汗水。

除了查危防爆之外，张清涛追逃也是一把好手。

就在送唐近近回家返回天津之后不久的一天中午，张清涛在车站执勤时，发现刚刚从 1314 次列车下来的旅客中有两名男子十分可疑，其中一人始终用手紧紧抓着提包，满脸的紧张，他立即呼叫同事增援，一起将二人带进派出所，结果在提包中发现了七部崭新的手机。

“手机哪儿来的？”

“买的。”

张清涛笑了：“买那么多手机，熬着吃啊？”

经过审查，其中一人是公安通缉的网上逃犯连某，手机是他刚刚和另外那名同伙一起在天津市河东区一家手机店偷来的。电话打过去，那边还没有发现手机被偷，这边已经人赃俱获了。

在静海站派出所 16 年，张清涛一个人就抓获 56 名逃犯，这对于日均客流不到 3000 人的二等小站来说，实在是件不容易的事，可张清涛偏偏做到了。

张清涛看上去五大三粗的，其实身体却不是太好，有高血压，还有糖尿病，这些都是沾不得累的病，可工作起来，他却一点儿也不比别人干得少，特别是每年春运和有重大安保任务时，常常是白天黑夜连轴转，老婆劝他："悠着点儿，你不为别人想，也得为我和儿子想想啊。"张清涛说："当警察，就得多为别人着想。"老婆见他觉悟太高，连着几天都没理他。

2012 年 5 月 11 日，正在执行重要任务的张清涛接到家里打来的电话，老娘不行了。

家里兄弟姐妹八个，他是最小的一个，老娘最疼他。吃苦受累把孩子们全都拉扯大，自己却病倒了。当时老娘已经卧病在床六年了，为了工作，张清涛觉得欠了老娘好多。如今母亲不行了，他怎么说也该回去见上最后一面。但看看正在一起执勤的同事们，想想眼前的工作任务，张清涛没有对任何人说，一直守在自己的岗位上。直到任务结束才向领导请假赶回家中，看到的，却只是老娘冰冷的遗体。

张清涛在老娘灵前大哭一场，那一刻，他真正体会到了忠孝不能两全这句话的意思。但是如果让他再选择一次的话，他觉得自己还是会作出同样的选择。

除了正常的公安业务，接送残疾孩子上下火车仍然是张清涛的一项重要任务，只是如今已经不止他一个人了，一个专门面向残疾旅客的"张清涛爱心团队"在所里成立了，爱的接力棒将一棒一棒地传递下去。

日复一日，年复一年，日子就这样平平淡淡白驹过隙般地流逝着，转眼十几年就过去了，厂里的孩子们走的走来的来，不管哪个孩子新来天津，仍是会第一个看到张叔，听到张叔的故事，心里便会对这座新的城市多了几分亲近。

近近、玲玲、李峰他们也都长大了，他们的张叔却是一天天变老了，再背着抱着他们上火车时，不再是一鼓作气，而是经常要歇上几次。从张叔鬓边的白发和越来越密的汗珠，他们知道张叔累了，但他们不知道的是，现在每次在接送他们之前，张叔都会先吃药，就是为了能更好地帮助他们。

“张叔，别再背了，我们自己能行。”孩子们说。

张叔笑了：“放心吧，只要张叔在，只要咱人民警察在，你们回家的路就一定不会孤单。”

一位水路要道的草根警察

——记烟台港公安局客运派出所民警曲延福

杨衍陶

一

2017年5月12日黄昏，在海鸥盘旋、人潮涌动的烟台港客运码头，在崇山峻岭、大厦高楼一般的巨轮一侧，笔者与烟台港公安局客运派出所民警、全国特级优秀人民警察曲延福同志如约相逢。

眼前的曲延福，与笔者采访之前所想象的一般意义上的公安前沿阵地的人民警察有所不同。

举手投足之间，少了一线民警的那种风风火火，有的，是沉稳，是淡定，是对于水路客运治安保卫工作的熟知与掌控。

言谈话语之中，没有常见的那种开场白挂在嘴边，有的，是责任，是情感，是直面水路客运治安大局的思考与见地。

曲延福面庞长方，身材高大，双目深邃，健步如飞。一身的警用装备，是码头执勤民警必备的“行头”；一脸的古铜沧桑，是长年海风海浪侵蚀留下的“印记”。

在笔者面前，早已步入知天命年轮的曲延福不善言谈，稍显拘谨，尤其不愿意谈及个人在客运治安保卫工作中的作用与业绩，不愿意谈及家庭生活遇到的挫折与困难。

然而，说到烟台港公安局客运派出所这一光荣的公安集体，说到22年前那场前赴后继的追捕，说到海上旅客运输治安保卫业务的关键与焦点，说到烟台港公安局领导班子的运筹帷幄、大气育警，曲延福拘谨全无，直奔主题，思维敏捷，侃侃而谈。仿佛，在这一特定的时间、特定的地点、特定的话题之下，曲延福周身的神经，都在迸发出前所未有的激情与能量。

曲延福告诉笔者：烟台港公安局客运派出所是一个英雄的群体。这支英雄的群体诞生在炮火硝烟之中，成长在和平建设时期，一辈接着一辈，历时数十年间，在水路客运治安保卫工作中创造了许多辉煌的业绩。功劳，属于大家，属于战友，属于这支光荣的群体。

曲延福告诉笔者：1995年5月23日黄昏，在突发的烟台港堵截、追捕持枪歹徒的战斗中，烟台港公安局客运站派出所所长顾正泽，民警王德利、孙国明、牟彦峰等四位同志前赴后继，气贯长虹，壮烈牺牲。是他们，用鲜血和生命，捍卫了海上旅客运输的平安祥和。

曲延福告诉笔者：海上旅客运输治安保卫工作的关键与焦点在于相对狭小的地域、相对繁杂的物流和相对紧迫的执法时限与堵截时限。这一关键与焦点，对公安民警的执法能力与公安素质提出了极高的要求和持续的挑战。

曲延福告诉笔者：让来自大江南北异国他乡的中外旅客拥有一个良好的旅行环境，让隐匿于苍茫人海车水马龙之中的流窜犯、在逃犯现身服法，让途经这条黄金水道的人们自觉加入到客运治安保卫工作的行列中来，这是扼守这一独特水路要道公安民警终生的任务、永恒的课题。

二

19 世纪 70 年代，烟台港海上旅客运输业开始兴起。

之后，这一海上黄金水道发达兴旺、经久不衰，跨越了几个世纪的历史时空。迄今，烟台至大连海上旅客运输业，已经走过了 100 多个春秋冬夏。这种绵延不断、蓬勃向上的发展趋势，为古老的黄金水道增添了极具传奇色彩的经济魅力与人文景观。

一条由大海、码头、客轮、终年川流不息的旅客大军组成的水上运输线，公安民警与流动着的人民群众“狭路相逢”，也与流动着的流窜犯、在逃犯“狭路相逢”。这种状态下发生的所有的治安问题与刑事问题，都会成为同步的复杂的社会人文生活的一个剖切面。

在这个剖切面上，公安民警与人民群众，因紧迫的时限在这里相遇而撞击出生命的火花，一般意义上对敌斗争中国家公安机关所遇到的复杂、惊险与残酷，也会化为一个个缩影，在这个剖切面上，极具地域特色、极具时间特色地一一凸现出来。

多年来，战斗在这条黄金水道上的烟台港公安局客运派出所的公安民警，不仅会面临超负荷工作的巨大压力，而且会面临生死之战的流血牺牲。因为，与公安民警“狭路相逢”的犹如惊弓之鸟的流窜犯、在逃犯，在他们以旅客身份出现的时候，具有更为明显的隐蔽性、突然性、凶残性。

曲延福，便是在这样的状态下、这样的环境中、这样的压力下，履行一位交通港航公安民警的光荣职责的。岁月迭更，冬去春来，一干，就是 18 年。

18 年间，在我国北方这条传奇的海上旅客运输线上，在每年数以百万计旅客、每年数以十万计车辆交错流动、登轮下船、进港出港的情况下，曲延福与他的战友们，或通宵解案，或凌晨接船，或置身苍茫人海，或巡查雪雨风霜，或直面歹徒凶顽，或破解扑朔迷离，创造了一个又一个我国北方最为繁忙的海上旅客运输大动脉的公安传奇。

三

2012年12月中旬的一天，上午9点多钟，在烟台港客运站候船大厅，曲延福发现一名25岁左右的男子。

这位男子没有携带任何行李，其言谈举止不像旅客。虽然盘问中疑点重重，但是却无法查明他的真实身份。一开始，盘查就陷入了僵局。

曲延福细查着装物品，寻找蛛丝马迹。终于，在这位男子的面包服领口夹缝中，发现少量的钢化玻璃小碎块儿；在这位男子的随身烟盒里，发现了写有数字、符号的小纸条儿。

这位男子并未从事玻璃行业，领口夹缝中怎么会有钢化玻璃的小碎块儿？还有，小纸条儿上的数字与符号，究竟隐藏着怎样的秘密？

男子装聋作哑，守口如瓶，一问三不知，并且，一再表示：自己是守法公民，来烟台港客运站，只是随便转转，随便看看。

就在男子认为自己没有露出任何破绽，很快就可以离开客运派出所值班室的时候，曲延福抓起男子的手机旋即打开。开机显示：当日，有五个电话打进该男子的手机。

曲延福抓起派出所值班室的公安座机，将男子手机中的五个电话一个一个地回拨过去。

回拨到第四个电话的时候，对方告诉曲延福："我是一名出租车司机，早晨6点多钟出车的时候，发现车窗玻璃被砸碎，车内的计价器被偷走。在出租车内，我发现了砸车小偷留下的联系电话。我按照电话拨打过去，小偷告诉我：出租车计价器在他的手里，如果想要计价器，就往某银行某卡号里打入1000元人民币。经过讨价还价，我给他打过去600元钱。小偷这才告诉我：出租车计价器，就藏在某居民楼的楼道里。"

在事实面前，这位25岁左右男子只好承认：自己由外地来烟台，于当日凌晨三四点钟开始，连续砸了五辆出租车的玻璃，并撬盗车内计价器后敲诈出租车司机。现在来烟台港客运站溜达转悠，是为实施新的作案项目提前"踩点儿"来了。

就这样，曲延福以他深厚的堵截功力与缜密的逻辑思维，成功地侦破了一起撬盗出租车计价器敲诈出租车司机系列案件，也避免了出租车司机与过往旅客继续遭受被盗窃被敲诈的双重损失。

2008 年 5 月上旬的一个上午 8 点左右，奥运安保的关键时段。晚春的黄海岸边，依然有凛冽的海风由大海深处扑上岸来，在即将登轮的旅客与滚装车之间呼啸着，一阵儿接着一阵儿地发出尖厉的嘶鸣之声。

在即将登轮的旅客与滚装车之间，曲延福与民警小张不敢有任何懈怠。二人盘查询问，抽测了解，寻找有悖旅行道德有碍水运安全的安全隐患。

旅客 C 某进入了曲延福的视线：C 某的迟疑，C 某的回避，C 某的惶恐不安，都在说明 C 某与他随身携带的物品可能存在问题。

C 某携带剧毒化学物氰化亚金钾 180 瓶，乘坐由浙江至大连的长途客车到达烟台，准备转乘烟台到大连的客轮，将氰化亚金钾销售给大连那边的某电镀公司。

当 180 瓶氰化亚金钾暴露在光天化日之下的时候，当暴露在光天化日之下的这一宗货物得以科学鉴定的时候，当得以科学鉴定的这些化学物品显示出实际分量的时候，曲延福意识到：氰化亚金钾遇酸或露置空气之中，能释放出剧毒烟气；运输过程中的 180 瓶氰化亚金钾若有不测，其后果，一定是灾难性的。

在我国北方最为繁忙的这一海上旅客运输线上，从人民群众生命财产安全的角度来说，涉危（险品）、涉枪（械）、涉毒（品）的流动所产生的负面影响的程度，往往无法估量，而对于涉危（险品）、涉枪（械）、涉毒（品）的查堵所带来的正面预防的意义，一定是生死攸关的。

2002 年 1 月上旬的一个下午，冬日的烟台港被一阵儿紧似一阵儿的海风肆虐得处处透着寒气。

两名男子晃晃悠悠进了烟台港客运站售票大厅。其中一个瘦瘦高高，留着披肩长发；另一个矮矮胖胖，健壮敦实。两人都穿着黄军大衣，没有携带任何行李。

只穿黄军大衣而不带任何行李？正在执勤的曲延福觉得二人可疑，便将他们叫进值班室仔细询查。

当曲延福要求检查二人携带的随身物品时，“长毛”嚷着要上厕所。民警不好拒绝，与其一起走出派出所值班室。

突然，脚底抹油一般，“长毛”窜出值班室逃出售票大厅。曲延福、曲红岩两位民警急忙追向逃犯。

民警曹庆治办案回来，见状大喝一声：“站住，不然开枪了！”“长毛”一愣，见客运站广场旅客众多，人来人往，料定民警不敢开枪而继续向南逃窜。曹庆治迎面一绊，将“长毛”撂倒在地。“长毛”被押回派出所值班室后，曲延福从其身上搜出两支子弹上膛的土造枪。

群众反映：“胖子”已逃进附近的8号宿舍楼。民警持枪冲进8号宿舍楼，从一楼开始进行地毯式搜查。当民警搜查到四楼一男厕所时，从门缝里看见“胖子”正装模作样地“占着茅坑不拉屎”。

民警用枪口顶着“胖子”的太阳穴，将其押出厕所，从其右袖筒内搜出一把30厘米长的剔骨尖刀。随后，民警在二楼楼道窗外的垃圾堆里找到了被“胖子”扔掉的两支土造枪，子弹也已上膛。

经查，“长毛”承包的土地被村干部霸占，一口恶气憋在心里。“长毛”在莱州打工期间认识了“胖子”，两人一拍即合，动手自制了枪支弹药，结伴预谋到东北报复杀人。

也许，物流的货主完全忽略了运输剧毒化学物质过程中可能出现的严重后果，他们重视的，是运输这些剧毒化学物质后可以获得的经济利益；也许，乡间的农民完全忽略了持枪报复杀人过程中可能出现的社会灾难，他们重视的，是依靠这种原始的手段一解心头的积怨。

然而，在公安民警面前，旅客生命财产的安全，水路运输过程的顺畅通达，乃至国家的祥和、社会的稳定，永远不可以忽略，永远要置于重中之重。

18年来，曲延福堵截的流窜犯、在逃犯，有报复杀人未遂者，有特大跨省跨市的毒贩和假币贩子，有公安部挂号的通缉在逃人员，有稍有不慎便可以造成特大社会危害的运输剧毒危险品的货主和商家，形形色色，男男女女，大大小小，数以百计。有的堵截案例，被上级公安机关印发批转而警示全局；有的盘查故事，被新闻媒体传播报道而告知社会；有的询问技巧，被业务部门触类旁通而分析研讨。因此，曲延福被烟台港公安局客运派出所的同事称作“神眼”，在我国交通港航公安系统，也有了一些名气。

曲延福表示：“每一次堵截的过程，都会面临流血牺牲的考验；每一次堵截的成功，都会有摘除毒瘤如释重负的感觉。然而，每一个昨天，都只能成为历史；每一个今天，都是全新的开始。在烟台港客运站这一水路要道的端点之上，一不留神，就可能出大事儿。因为，所有违法犯罪的存在，都是危害航线的定时炸弹。作为公安民警，我们只能选择认真，选择坚持，选择义无反顾，选择永远也不可以停歇下来的盘查堵截。我也知道，这样，会很累，会很危险，会失去很多亲情友情的东西。然而，每天完成交接班会踏上工作岗位的那一刻，我周身的筋骨就紧张得再也放松不下来了，此时此刻，一位公安民警满脑子的所思所想，便只有净化水路要道旅行环境的神圣职责了。”

四

烟台至大连海上旅客运输航线有三个至关重要的环节：一个，是烟台港客运站；一个，是大连港客运站；还有一个，是海上运行过程中的客轮。烟台港客运站，是“三点一线”的烟台至大连海上旅客运输航线的一个端点，既可以成为进港旅客的出发地，也可以成为出港旅客的到达地。出发也罢，到达也罢，在这样一个特定的场所，随时可能形成旅客的逗留与云集。

在风高浪急客轮停航的情况下，烟台港客运站逗留与云集的旅客，曾经数以百计、数以千计，乃至数以万计。

在旅客逗留与云集的情况下，一处客运站，便是一方社会的缩影：泥沙俱下，鱼龙混杂，善良与邪恶共存，求助与帮扶同在。

2014 年 5 月的一天，曲延福收到来自东北大连的一封表扬信。这封表扬信，缘于三年前发生在烟台港客运站旅客逗留期间的一件事情。

2011 年 7 月的一天，上午 10 时左右，一位姓刘的中年男子找到曲延福慌慌张张地说：“我老婆不知道哪儿去了，还带着孩子，您帮我找找！快帮我找找！”

曲延福赶忙对他说：“你快去汽车站、火车站看看，这边我给你盯着，一有消息就告诉你！”

中年男子留下自己的联系方式，慌忙急促地奔着火车站、汽车站的方向去了。

原来，因为家庭琐事，男子和妻子闹了点儿别扭。一气之下，妻子领着六岁的儿子离家出走，到了深夜还没有回来。孩子穿得单薄，妻子连身份证都没带，更不用说吃的用的了。

从凌晨到天明，男子与岳父找遍了街坊四邻，问遍了亲朋好友，也没有见到娘儿俩的踪迹。一家人慌了神没了辙，只好跑到烟台港公安局客运派出所来碰碰运气。

未用身份证实名登记，便无法通过微机查询旅客信息。曲延福只能从 2000

多名旅客信息中逐一查找男子妻子的名字。

终于，经过两个多小时的逐一查找，男子妻子的名字出现在曲延福的面前。通过旅客安检通道，曲延福调取了与男子妻子相对应的照片。

接到曲延福的电话，中年男子与岳父满头大汗地赶到烟台港公安局客运派出所。

一看曲延福手中的照片，中年男子就认出了自己的妻子、儿子，眼泪当时就下来了；整整一个晚上都在寻找女儿、孩子的岳父，拉着曲延福的双手老泪纵横，百感交集，嘴里不停地念叨："谢谢警察，谢谢烟台港的人民警察，是警察帮我找到了出走的女儿，是警察帮我找到了丢失的孩子……"

事情到了这里，曲延福的工作还没有结束。

中年男子的妻子已经登轮离港三个多小时并且进入大海深处的信号盲区。曲延福无法联系到客轮上的乘务警察，就帮助中年男子联系到男子大连的亲戚，叮嘱男子大连的亲戚按照客轮到达时间去大连港客运站迎接男子的妻子、孩子。

当日下午 3 点多钟，中年男子打来电话，异常兴奋地告诉曲延福：他大连的亲戚已在大连港客运站出站口接到他的妻子和儿子。

时过三年，当一家人议论起发生在烟台港客运站的这件往事的时候，中年男子依然无法忘记三年前曲延福警官的热情与细心，与老婆孩子一合计，便提笔写下这封迟到的感谢信。

2012 年，一个严冬的晚上，一名 40 岁左右的中年男子昏昏欲睡地躺在烟台港候船大厅排椅上。巡逻至此的曲延福发现中年男子衣着单薄，浑身酒气，随身只带了个塑料袋，就和民警张烨一起把中年男子搀扶到值班室，又为他沏上一杯热茶。

中年男子清醒过来后，语无伦次地说："俺不想活了，今晚拿着船票跳海得了，一死百了，再也不用这么憋屈了。"

原来，这位姓李的中年男子是黑龙江齐齐哈尔人，在山东荣成的渔船上打工，操作中不慎将手指挤成骨折。老板把他送到医院交了 1000 元治疗费就再也不露面，欠发李某的一万多元工资也没了影儿。

工资没有拿到，医疗费即将用光，无奈之下，李某只得终止治疗离开医院。眼瞅着一年下来，不仅没有给老婆孩子挣点儿生活补贴，而且自己正常的劳动能力也成了问题。在烟台港客运站买完船票，李某越想越着急上火，越想越觉得活得窝囊，一口连着一口地以酒解愁。

交谈中，李某不仅向曲延福透露了生活无望跳海轻生的念头，而且述说了返回山东荣成以牙还牙报复老板的想法。

曲延福告诉李某：“再难，也不能做违法犯罪的事儿。违法犯罪，只会使你和你的家庭雪上加霜，难上加难。”

曲延福还告诉李某：“老百姓的难处就是人民警察的难处，只要你说的属实，我一定为你伸张正义，联系你的老板还你一个公道。你回家养伤等候我的消息吧。”

听罢曲延福的规劝和承诺，李某将信将疑，忐忑不安地登上回家的客轮。

回到家中的李某寝食不安，朝思夜盼。他不清楚曲延福警官的承诺，是不是真的能够变为现实。

第二天，曲延福给李某的 W 老板打了电话，对方一听要钱立即挂断了电话。再打电话，对方再挂断电话。

曲延福发给 W 老板这样一条短信：W 老板，农民工出力你出钱天经地义，况且还有劳动合同，出了工伤这样处理，于情于理于法都说不过去。

见对方没有回音，曲延福又发给 W 老板第二条短信：山东是礼仪之邦、孔孟之乡，作为山东人，我们总得讲究点儿仁义仗义。希望不要因为你个人的作为，让人家骂我们山东人损人利己、道德败坏。是不是这个理儿？你自己琢磨！

过了一会儿，W 老板打来电话：“曲警官，我目前就在烟台，我现在就去客运派出所与您面谈。”

见到曲延福，W 老板说：“曲警官，您说的很对，于法于情都在理儿上。可是，我刚买了船，欠了一屁股债，货款又没要回来，眼下，我也在讨债。”

曲延福对 W 老板说：“一个农民工，举目无亲，外出打工受了伤，你当老板的一脚把人家给踹了不闻不问，弄出人命来，道德与法律都不会放过你。”

曲延福于情于理于法的劝说，让 W 老板认识到事情的是非利弊、轻重缓急。

W 老板当下表示：“货款一到，马上支付李某的工资和医疗费。李某的手伤痊愈后可以再来我这儿打工。”

一个月后，李某给曲延福打来电话称：W 老板已经将工资和医疗费打到自己的银行卡上了。半年后，李某又乘船专程来到烟台港公安局客运派出所看望曲延福，并送上一面“一心为民，热情服务”的锦旗，以表示自己和家人的感激之情。

18 年来，曲延福为之排忧解难的旅客，有离家出走的儿童，有体弱多病的老人，有老实巴交的乡间农民，有心灰意冷的下岗职工。每一次帮扶，曲延福都会面临重重的难题；每一次帮扶成功之后，曲延福都会有某种兴奋涌上心头。这位在我国交通港航公安基层待了数十年的公安民警告诉我：“在老百姓的潜意识里，危难之际找到了民警，也就是找到了政府；无可奈何求到了民警，也就是求到了社会。我们费尽周折帮助了旅客，也就等于告诉群众告诉旅客：我们的国家，是充满正义的；我们的社会，是充满希望的。在弱势群体的身边，包括旅行途中的烟台港客运站，一定会有许许多多的人们在关注你们，在帮助你们；困难，是暂时的，并且一定是可以战胜的，明天的生活，一定是充满阳光的。”

五

曲延福是寻常百姓家的孩子，是实实在在的草根警察。

1981 年 3 月，曲延福走出学校的大门，就业于烟台港工程公司。

那个年代的海港工程公司，是泥匠瓦匠集中的地方。虽然曲延福并非公司一线的泥瓦工匠，却从这些垒砖砌石的泥瓦工匠的身上，感悟到许多勤劳质朴的东西。

1987 年 3 月，25 岁的曲延福离开工程公司进入烟台港公安局，成为一名交通港航基层公安民警。

入警后的前 12 个年头儿，曲延福在港区派出所做内保民警。在长年累月与码头装卸工人的接触中，曲延福耳闻目睹了海港一线工人以消磨青春岁月、煎熬心血汗水作为代价来完成繁重体力劳动的装卸场面。

这样刻骨铭心的场面，让曲延福无时无刻不在提醒自己：海港工人用艰苦劳动疏通了水路运输，创造了经济效益；海港公安必须以加倍的努力、强烈的责任，为海港工人提供优质的治安服务。

1999 年 8 月，曲延福由港区派出所调入客运站派出所，从此，与烟（台）（大）连航线的客运治安保卫业务有了不解之缘。

在烟台港公安局客运派出所工作的 18 年间，从跟在师父屁股后头从头学起的新兵，到现在的水路要道查堵专家；从难以习惯在人海茫茫的旅客之中执勤巡逻，到不是亲人胜似亲人地融入旅客帮扶旅客；从简单接受指令完成任务的“算盘珠儿”民警，到深层次思谋运作海上旅客运输过程中治安保卫业务的科级侦查员……曲延福的成长，曲延福的进步，曲延福的成熟，无疑是与国家水运的改革、航线整体的发展，还有交通港航公安的创新，紧密地联系在一起的。

现在，曲延福是全国优秀人民警察，是全国奥运安保先进个人，是全国特级优秀人民警察，是全国交通港航公安系统“最美警察”，是个人一等功、二等功的获得者。

载誉归来的曲延福被战友们热情地抛向空中

在采写这一纪实文学作品的过程中，在烟台港公安局客运派出所繁忙的工作间隙中，笔者多次与曲延福倾心交谈。我们从我国北方最为繁忙的海上旅客运输的烟（台）（大）连航线，谈到航线之上公安民警的责任、艰辛与无奈；从个人的成长、集体的进步，谈到我国北方最为繁忙的旅客水运大动脉治安保卫的综合架构；从下岗的妻子、年幼的孩子、患病的老人，谈到事业与人生、男人与家庭、个体与集体的关系。

在我国交通港航公安基层工作了30个年头儿的曲延福告诉笔者：个人的作用，总是微不足道的；个人的难处，不能总是带到工作岗位上来；家庭的困苦，不能到处说与他人。男人，只能昂起头来，沉下身子，一副臂膀，担当起公安事业；一副臂膀，兼顾起家庭负担。

曲延福是普通的，普通得就像黄海、渤海的一朵浪花。当这朵浪花融入大海汇入滚滚洪流的时候，人们便无法寻觅到他的身影。

曲延福是高大的，高大得就像海港猎猎的塔吊直指苍穹，像码头巍巍的巨轮高歌云天。当这种高大置身于雨骤风狂、置身于山呼海啸的时候，人们便可以从这种高大之中看到公安民警除暴安良的力量、履职守责的坚韧。

曲延福的价值，在于他数十年忠于职守，精于事业，长期冒着生命危险查堵流窜犯、在逃犯，为百年烟（台）（大）连水运航线提供平安的旅行环境！

曲延福的情操，在于他数十年满腔热忱，服务百姓，想方设法为过往旅客排忧解难，将共产党人的融融春风，在水路要道上尽情播撒！

曲延福的美德，在于他数十年铁汉柔情，胸怀博大，以顽强不屈的臂膀，担当起交通港航公安事业，兼顾起家庭生活负担，在水路要道公安民警的人生旅途上，携妻带子一路奔走！

邂逅与期求

——记北京首都国际机场公安分局东航站区派出所一警队副警队长韩冬

赵德发

上篇：18年的N次邂逅

邂逅，不期而遇，是人生的种种情境之一。

2017年5月7日这天，我去北京首都国际机场采访全国特级优秀人民警察韩冬。在那个世界上最大的航站楼里，我面对人流如织、万头攒动的场面，脑海中又冒出了“邂逅”一词。我想，这里应该是世界上“邂逅”频率最高的场合之一。无数人的偶尔会面，无数事情的偶然发生，让人生的丰富性、世界的复杂性进一步得到了诠释。

而在此值勤的警察们，每天每天，都会与许多人不期而遇，会有各种各样的事件发生在他们眼前。邂逅，成了他们的常态；邂逅之后的应对，既体现了警察的履职能力，更显示了他们的素常修养和精神境界。

在首都机场公安分局纪委书记胡建辉的介绍里，在东航站区派出所所长王占友和多位民警的讲述中，我听到了好多好多的感人故事。其中，关于韩冬从警18年来的“邂逅”故事，就有长长的一串。

韩冬（右）与同事在航站楼巡逻

邂逅丢失摄像机的加纳军官

2004年的一个秋日，韩冬正在2号航站楼值班，有一帮非洲军官在中国军官的带领下过安检。这是国防大学在为非洲一些国家培训军官，这天要去国内某地参观考察。然而，还没等到登机，一位黑人军官满头大汗地跑过来，说他是加纳人，摄像机在机场丢了。他特别强调，摄像机里保存了一些贵重的资料，如果找不到，会造成严重后果。韩冬问他还有多长时间起飞，他说马上。韩冬让他先登机，他尽全力寻找。

加纳军官忐忑不安地走了，韩冬赶紧调看现场摄像头录的视频，发现这人是过安检的时候忘了拿摄像机，被一个老太太拿走了。他又从视频上查找这位老太太，发现她是一个旅行团的成员，已经登上了去成都的航班。他找到航空公司，又找到那家旅行社，请他们做老太太的工作，把摄像机交给成都当地派出所。老太太听说首都机场派出所追到了成都，也认识到不该将捡到的东西据为己有，马上交给了住地附近的派出所。韩冬则联系在成都机场的同学，让他办了托运手续。

三天后，韩冬收到托运过来的摄像机，立刻通知了失主。失主高兴极了，专门去做了一面锦旗，穿一身军装，让国防大学的人陪着去了首都机场。到了派出所，他向韩冬庄重地行了一个军礼，满怀感激地道谢，并送上了锦旗。

邂逅愤怒的犹太人

2006 年，韩冬有一天在 2 号航站楼候机厅值勤，一家航空公司的人突然报警，说有个外国人在那里大喊大叫，别人听不懂他在喊叫什么。韩冬与同事赶去，果然看见在一群旅客中，有一位中年人挥舞着手大叫。这人一脸大胡子，身穿黑衣服，头戴黑礼帽。韩冬马上判定，这是个犹太人。韩冬的英语挺好，试图与他沟通，但这人听不懂英语，依然哇啦哇啦叫喊，并且愤怒地指着手里端的盒饭。韩冬向航空公司人员询问情况，原来这人乘坐的航班延误，公司发了延误餐，不知为何，他生气并抗议。韩冬马上明白了，告诉他们，问题出在盒饭上，里面有猪肉，触犯了犹太人的饮食禁忌。航空公司的人恍然大悟，急忙向那人赔礼道歉，给他换了别的食物，这个犹太人才平息了怒气，向韩冬表示感谢。

邂逅瑞士持刀者

2015 年 5 月的一天，韩冬早晨接班，失物招领处报警，说他们那里有一位精神病人。他去了位于二楼的失物招领处。那里果然有一个白人小伙儿，剃着光头，在那里纠缠服务人员。韩冬要来那人的护照看看，原来他是瑞士人，从泰国飞瑞士，在北京过境，已经误了航班。韩冬就告诉他，去改签一下机票就行了，那人便离开了这里。

不料到了中午，机场的一位保洁大姐突然报警，说厕所里有人拿着刀要行凶。韩冬一听，立马召集了几个警员，全副武装，直奔那间厕所。到那里发现，竟然还是早晨在失物招领处的那个瑞士人。与早晨不同的是，他手里拿了一把半米长的刀。持刀人站在一个隔间里，挥舞着长刀大喊大叫。韩冬从他的表情判断，这人是精神出了问题。他向那人示意，让他把刀放下，那人不但不听，反而退进隔间，将门猛地反锁上了。韩冬怕那人在里面自残，就决定采取强制措施。两个武警战士一齐用力，用脚把门踹开。韩冬与同事们大喊一声闯进去，用两面盾牌将那人挤在角落，将其制服带走。

原来，这个瑞士人喜欢户外运动，这把刀是他户外生存的防身之物。他去泰国再次投身户外运动，还学习了泰拳。想不到，他遇见一个泰国女孩儿，喜欢上了她。瑞士人对这场恋爱很认真，很投入，女孩儿却骗了他的钱，不愿跟他走。他心灵受伤，在北京过境时精神崩溃，演出了一场闹剧。

邂逅俄罗斯籍杀人犯

2016 年 8 月 27 日，韩冬看到了分局指挥中心的一份警情通报。通报讲，据山东蓬莱警方通报，有一俄罗斯男子在蓬莱杀人后，于 27 日上午乘坐 SC4651 航班逃窜至首都机场，目前去向不明，请机场公安分局协助查控。

韩冬与一警队的同事们紧张会商，决定对辖区内的酒店、宾馆开展排查。民警与辅警分组开始行动，16 时许，一位警员报告，休息室有一名外籍旅客，面部有伤痕，形迹可疑。韩冬一听，立即召集警力，直奔国际出发大厅而去。到了那里，韩冬拔出手枪，压上子弹，带头闯了进去。走到那个俄罗斯人面前，他一只手放在枪套上准备用枪，另一只手伸出去，要来护照查看，并喝令他举起手来。接着，同事们一拥而上，给那人上了手铐。

邂逅首都机场爆炸案

机场作为高端人群的聚散地之一，进入新世纪以来，被更多的不法分子和暴恐分子盯上，成为制造伤害事件和社会恐慌情绪的首选地点。首都机场公安分局的几百名干警，深知责任重大，每日每时都在绷紧着这根弦，防备各类不法分子在此作案。

树欲静而风不止。2013 年 7 月 20 日这天，一个下决心要在首都机场闹出动静的人来了。

这人叫冀中星，山东鄄城县富春乡大冀庄村人，1979 年生。这天，他一大早就让家里人送到鄄城，坐上了去北京的长途汽车。他的绿色帆布背包里装了一个塑料袋，塑料袋裹着一包炸药。

冀中星在博客上发文称，他 1999 年起到广东东莞打工，其间买了辆摩托车拉客贴补家用。2005 年 6 月 28 日凌晨 2 时许，他在厚街一家酒店门口搭载该酒店厨师龚涛回厚街新塘住地，路遇警察查车。冀自认没有违法，骑车继续前行，车至厚街新塘治安队门口时遭治安员殴打，致使他下肢瘫痪。

事后，冀中星到厚街镇公安分局上访，又向东莞市人民法院提起了民事诉讼，要求新塘村委会赔偿其人身损害赔偿金人民币338266.99元。但2007年7月26日经东莞市人民法院审理，认为冀中星的举证不足，事实不符，驳回了冀中星的诉求，判其败诉。冀中星不服，上诉，2008年1月31日，东莞市中级人民法院作出终审判决，驳回上诉，维持原判。2009年9月，冀中星进京到中央政法委上访。中央政法委转交东莞市委政法委办理，市委政法委将该案转市公安局办理。2010年3月30日，厚街镇公安分局救助冀中星10万元，冀中星当场签订了保证书，保证今后不再上访。领到这笔钱，冀中星回到山东老家住着。三年过去，他肚子里的怨气持续发酵，到了2013年7月，实在憋不住了，于20日这天去了北京。

他抵达北京丽泽桥长途汽车站的时间是下午3点左右。下车后，他将爆炸物绑在腿上，用裤腿盖好，然后叫了一辆出租车，直奔首都机场。他的爆炸装置，是用一捆“二踢脚”爆竹做的。电动开关，用手电开关改造而成。

那天，韩冬正值班，带一名辅警转来转去。转到下午6点20分，对讲机里突然传来值班民警的急促呼叫：“国际到达口有人撒传单，还声称带了炸弹，请值班警员迅速到场处置！”

韩冬一听，带着辅警立即向国际到达口飞跑。快到那里时，果然看见有个人坐在轮椅上，举着东西大喊大叫，声称手里有炸弹。这时，有人下了飞机正往外走，还有一些接机人员和围观者站在那里。韩冬一边跑一边疏散人群，让他们躲远一点儿。

而后，他跑到轮椅旁边，指着冀中星喝道：“快把东西放下！”

就在这时，冀中星右手上的那个包就炸了。韩冬眼前一黑，脸上身上立即感到灼痛。

韩冬睁眼看看，冀中星已经从轮椅上掉下来，正趴在地上。韩冬扑上去，与同事一起将冀中星控制住，发现他的右手血肉模糊，有三个手指只剩下半截。他用对讲机向所里报告，要求医院急救车到现场。

冀中星被带走后，韩冬在同事的陪同下去了医院。医生鉴定韩冬“双上肢、颈部、双眼爆炸伤”。韩冬回家休息了两周，等到伤处结痂并且退掉，又开始上班了。

在采访中我对韩冬说：“幸亏冀中星的炸药包威力不大，而且里面没有装上钉子之类的东西，不然，你就毁了。”韩冬说：“那是。”我问：“你后怕吗？”他摇摇头：“不。我干这行，就不能想多了。要是想多了，每天的活儿还干不干？”

下篇：28 年的持续期求

韩冬1978年出生，从警已有18年时间。但是，他从28年前就向往公安这一行，期求自己能当上警察。从警之后，又期求自己成为一名优秀警察，并带出一支过硬警队。28 年的持续期求，让我们看到了英雄成长的足迹，看到了英雄的精神境界，听到了一曲催人奋进的生命壮歌。

期求自己当上警察

韩冬生自北京，在胡同里长大。他父亲是东城区国企负责人，母亲是一所中学的图书馆长。因为工作繁忙，就把孩子托付给外祖父母照看。韩冬的外祖父是个老革命，一生品格正直，自强不息，不逐名利，随遇而安，给了韩冬很大影响。

韩冬11岁时，随姥爷姥姥在团结湖旁边居住。有一天，他跟着姥姥上街买菜，一个贩水果的小贩，自行车没支好，突然倒了，苹果撒了一地。他十分恼火，顺手抓住正从这里路过的小韩冬，非要让他赔不可。韩冬十分委屈，一再申辩说不是他碰的，但那人就是抓住他不放。韩冬不慌张，很沉稳，对那人说：“你让我把姥姥送回家去，我回来跟你上派出所讲理去。”那人一看这孩子不简单，不好惹，就把他放了。小韩冬通过这事明白，社会并不是书上说的那样一片美好，有些人并不讲理，这就需要有人主持公道。长大以后，就做一个为社会主持公道的人。

在小韩冬的心目中，警察就是主持社会公道的一群人。从那时起，他内心深处就有了一个明确的理想：长大要当警察。

韩冬在学校里一直是个好学生，上小学时当大队长，上中学时也十分优秀。韩冬的父亲一直搞经济管理，希望儿子考大学也能选择经济专业。依韩冬当时的成绩看，去考北大经济管理专业大专班，是能被录取的，但他却选择了中国人民公安大学。他说：“我就想去当警察。”

1996年秋天，韩冬走进了位于木樨地的那所美丽校园。他每天认真听课，大量读书，像校园里的一棵树，拼命地扎根，汲取营养，努力伸展枝叶，获取阳光雨露。

1999年夏天，韩冬从公安大学毕业，面临择业。父亲还是希望他从事经济管理行业，但他不改初心，依然选择当警察。经过一番努力，他终于实现了理想，到首都国际机场当了一名警员。

期求自己成为一名优秀警察

韩冬走上警察岗位之后，一方面为自己能够穿警服、戴警徽而自豪，另一方面也为社会上一些人对警察的偏见而痛心。有的人认为，警察是专门找碴儿整人的，是妨碍他们的自由的。还有的人认为，警察队伍里有很多转业军人，缺文化，没素质。韩冬想：一定要以自己良好的职业行为，让人们看到警察在社会格局里的重要性；一定要以自己的努力让人们明白，首都机场的警察，是一支高素质的队伍！

韩冬进入首都机场公安分局，先是在空防科工作，一年后空防科归了安保公司，他被调到了机场派出所，当了一名普通警员。

身为普通警员，韩冬一直行走在实现理想的路上。他认真学习身边一些优秀警察的敬业精神和工作作风，把每件事都做得扎扎实实。发生警情，他冲上前去妥善处理；遇到旅客求助，他满腔热情帮助他们。

韩冬的少年老成、过人的沉稳，让派出所领导注意到，就安排他担任值班员。这个岗位，在一定程度上是基层派出所的窗口，代表了警察的形象。韩冬以高度的责任感，把这份工作做得踏踏实实。每一个电话，他都认真听记，之后该汇报的汇报，该自己处理的自己处理。深更半夜，把办公室里的沙发变成折叠床，才能休息一会儿。除了做好上传下达，处理各种警情，韩冬还以自己的优势为旅客提供服务。他的英语较好，每当有外国人来问路，或者寻找失物，他都彬彬有礼地与他们交谈，回答问题，让他们满意而去。他是“老北京”，情况熟悉，遇到有人问路，都是拿出手边的北京地图，指给他们交通路线。如果有人是来北京看病，韩冬则告诉他们，应该到哪家医院，到达之后有哪些步骤，包括怎么挂号等，一一讲解，让问询者如沐春风，如遇家人。

2006年，韩冬到一警队又当了警长。每当值班，韩冬就带上四五个警察，在重点区域不间断巡逻，每天步行近10公里。一边巡逻，一边细心琢磨遇到的人和事。久而久之，他练出了识人认人的本领。面对那么多的旅客，他一眼就能

韩冬接受外籍旅客咨询

看出一个人的性格、职业、民族甚至来自哪个国家。对那些身上藏匿违禁品企图蒙混过关的人、性格暴烈容易惹是生非的“火药桶”、目光游移悄悄拉客的黑车司机、鬼鬼祟祟寻找机会下手的小偷，他都能马上识别出来，或加以防范，或予以抓捕。同事们说，韩警长练出了一副火眼金睛。

走上警察岗位之后，韩冬养成了一个习惯，怀揣一个小本，每天都要往上面记一些事情：做了什么，过程如何，结果怎样，简明扼要。时间长了，他积攒了几十本。当上警长之后，他往小本上记的更多了，每天都记得密密麻麻。这样做的好处，一是备忘，二是便于总结。有好多次，警队里说起以前发生的某一起案子或某一件事，大家已经记不清楚了，韩冬就找出那时自己用的小本，翻看一下，马上讲出当时的具体情况和处理结果，让大家感到十分佩服。

2008 年北京奥运会举行期间，每天到机场接送旅客的大巴特别多，韩冬被分派到机场高速出口，负责检查车上是否有违禁物品。8 月份，正是北京最炎热的时候，那个岗位上只有一把遮阳伞，附近连厕所都没有。韩冬带着两名实习的大学生，一天 24 小时守在这里，对每一辆大巴车认真检查，一丝不苟。20 多天过去，奥运会闭幕了，他们三个人又黑又瘦，大变了模样。过了一段时间，韩冬荣获“全国民航奥运先进个人”荣誉称号。

那几年，全国各地机场猛增，飞机起降架次猛增，由于种种原因，航班延误也是经常发生的事情。如果飞机长时间不能起飞，有的人便压不住火，大声指责，恶语谩骂，甚至打砸机场设施和值班人员。如果出现航班大面积延误的情况，还可能会有上万名旅客滞留机场。作为带队警长，韩冬屡屡面对这种场面。他努力疏导旅客，让现场保持正常秩序。他与航空公司人员保持密切沟通，让他们及时通报有关情况。他苦口婆心劝说游客，让他们平息怒火，以理性的态度表达意见。对个别带头闹事、打人砸物者，则果断处置，将其带到派出所，按照治安管理有关法规给予相应的处罚。一次又一次，韩冬都表现出高超的应对能力。2009 年，韩冬荣获“民航华北地区航班延误处置先进个人”称号。

2013 年 7 月 20 日晚，T3 航站楼突发爆炸案，韩冬临危不惧，尽显英雄本色，荣立一等功。8 月份，首都机场公安分局党委作出决定，破格提升韩冬为东航站区派出所一警队副警队长。

期求带出一支过硬警队

韩冬担任一警队副警队长以后，并不居功自傲，而是一如既往，严格要求自己，把自己所担负的工作做得更加出色。2016 年 6 月一警队队长调到别的岗位，他主持一警队工作，更是认真负责，任劳任怨，带领全体警员共同奋战，让各项工作走在分局前列。

首都机场，现在每天平均有 1700 架飞机起降，各色人等在这里出现，各种事情都可能突然发生。韩冬他们每天都要面对大大小小的事情，日均处理警情近 50 起。事情再小，他都要细心应对，不厌其烦。一旦遇到治安与刑事案件，他与同事雷厉风行，动如脱兔，在最短时间内发现线索、锁定目标、开展抓捕，不给对手留下可乘之机。

工作上的高效率、高质量，是以牺牲个人休息时间乃至身体健康换来的。每当韩冬与警队战友们值勤时，就一直处于紧张忙碌的状态，有时连饭都顾不上吃。韩冬深知大家的艰苦与劳累，非常体谅大家。值勤时，他都是把最苦最累的岗位留给自己。巡逻岗，每天要不停地行走、查看，而韩冬带队巡逻是经常性的，哪一天下来，都要走近两万步。有时候，韩冬与民警审讯犯罪嫌疑人到深夜，然后将其送往朝阳区拘留所，韩冬不想让别人太累，都是亲自开车。来回 30 多公里，凌晨四五点钟才回来。

有的同事这样评价韩队：他不耍鸡贼。“不耍鸡贼”是北京方言，意思是不耍心眼儿。

韩冬是把心眼儿用到了别处。他从警以来，一直在不断学习。当了警队长之后，更是把学习放在了重要位置。他经常买书，看书，开阔视野，增长智慧。他的知识面非常广，触类旁通，对许多事情都能做出解释，正确判断，让同事们十分佩服。

他特别爱动脑筋，爱琢磨事儿。首都机场那么大，旅客既多且杂，他注意总结一些规律性的东西，像旅客出入规律，不法分子作案规律，突然事件易发时段、地段等，以此作为做好工作的参考依据。他还把自己的工作经验、思考成果毫无保留地教给年轻民警，让他们增长才干，加快成长。

韩冬平时非常注意关心同志，对同事知冷知热，细心照顾。有时候，有的值勤民警误了开饭时间，他便主动给他们叫来外卖。对同事的身体状况、家庭情况，他尽量了解并掌握，对他们的一些实际困难，想方设法给予帮助。家是外省的同事，如果老人来北京，他会主动问同事用不用车，用的话就开他的私家车，有时还会主动给老人订好宾馆。有些新从警的年轻人，觉得有这么一个贴心的队长，有归属感，心中十分温暖。

东航站区派出所一警队有 18 名民警、38 名辅警，大多是 30 岁以下的年轻人。韩冬在他们眼里，既是工作引路人，又是生活老大哥。在韩冬的带领下，他们保持着对公安事业的热爱，朝气蓬勃，不畏艰辛，日复一日、年复一年地战斗在首都机场，警队被誉为“第一国门第一队”，成为分局的先进单位，先后荣立集体三等功两次，集体受嘉奖三次，警队民警多次荣立全国、民航和地区的种种荣誉。

"绿色王国"的忠诚卫士

——记云南省森林公安局刑事侦查支队副支队长张乾

胡正第　郝万幸

黑色眼泪

冬日的阳光，像一块毛茸茸的巨大围巾，从玉龙雪山上飘拂下来，将丽江古城包裹得暖烘烘的。

距古城150多公里，国内丹霞地貌面积最大、山体壮观、景色绚丽的老君山，借助冬天的威风，立起它高大魁梧的身躯，抖动着古稀的长须，窸窸窣窣地下起了雨雪。

冰冷的雪花落在云南省森林公安局刑侦支队副支队长张乾的脸上，一瞬间就化成了一股热气。安云鹏、王云龙、李瑶三位"80后"民警紧紧地跟在他的后面，抓住老君山森林里的树枝、蔓藤，踏着泥泞冰雪，一步一步地往山上爬。

小安对他说："张副，歇一会儿吧，我们从中午出发，已经爬了四个小时了。"

"好，那歇一下吧。"他边说边将手中的木棍放在雪地上，靠在一棵货车般大小、周身长满青苔的古树下，用手拍了拍树根，说："老神仙，我们保护您多年了，就让我们靠一下吧。"

他们是森林警察，保护的是绿色森林，对原始树木自然有一种敬畏感，因此对上千年的古树都尊称为"老神仙"。

才坐下几分钟，他们就像躺进温暖的被窝一样，进入了睡眠状态。“老神仙”生怕惊动他们轻微的呼吸鼾声，总舍不得颤动一下身子。

是的，他们太累了。2016 年 10 月 18 日一早，村民举报说老君山上生长了几百年上千年、大多直径达 1.6 米以上的几十棵野生红豆杉遭人盗伐。张乾奉命带领专案组民警当天奔赴丽江后，徒步 6 个小时到达深山现场，与当地同行一道驻扎在大山森林中，冒着冰风雪雨，啃着干面包，来回对 10 多平方公里的森林进行现场勘查，共发现 27 个红豆杉伐桩。

2016 年 10 月，张乾同志（右二）正在老君山红豆杉案发现场进行案件分析

接下来的几天里，他们在几棵古树根下的石缝中，发现犯罪嫌疑人藏匿的雨布、斧头、油锯、手套、绳子，又从原始森林中收集上千枚脚印、指纹，以及食品包装袋、烟头等证据。由于盗伐时间长，伐桩已风干，使侦查工作困难重重，加之现场偏远，要不断扩大侦查范围。没有通往山区的公路，他们只能徒步前行，最近的一个村寨一眼望去虽然只有三四公里，可在大山上奔走起来却需要 4 个多小时才能到达。

在这么大的林区内盗伐红豆杉树木并运出林区，说明有多名犯罪嫌疑人，而且这些人熟知山林情况并在当地有一定的势力。为获取更多的案件线索，尽快破案，他们每天不停地翻山越岭到山中的林农家进行走访摸排，讲法律、摆道理，有针对性地调查对林区山形地貌熟悉、有采伐作业经验而又年轻力壮的人员，重点摸排从案发到调查时间内“外出打工”离开村寨的人员情况。经过日夜不停的艰苦工作，犯罪嫌疑人终于初露端倪，有证据证明附近村寨的 8 名村民有盗伐红豆杉的重大嫌疑，其中锁定野山村村民普明生为主要犯罪嫌疑人。此次，他们风雪兼程翻越大山，就是前往野山村抓捕普明生。

10 多天来，他们昼夜奋战，疲惫得倒下就想睡觉。

眯了一会儿，张乾睁开眼睛，看了大家一眼，打着哈欠，从嘴里吐出一大串雾气，说：“森林里经常会有野兽出没，我们还得快点儿走，天黑下来就危险了，走吧。”

在穿过一片雪山时，张乾腰部疼痛难忍，一屁股坐在雪地里。战友们知道，他已经被“肾绞痛”折磨了多年，因忙于案侦工作，一直没有去医院治疗，旧病时常发作。

小安急忙上前将他扶起来，他捂着腰、拄着木棍继续往山上爬。

又经过一个多小时的奔波，他们满头大汗地终于来到了野山村普明生家附近。

在普家门外，借助傍晚微弱的光线，张乾发现一名貌似普明生的男子偷偷摸摸地从山上下来，他一个箭步冲上前，将其双手反扭住，问：“我们是森林警察，你是普明生吗？”

普明生看着他们，又望了一眼自己的房子，叹了一口气，说：“你们终于来了。”

张乾问：“你从哪里来？”

“你们到处抓我，3 天前我就躲到山上去了，实在想娃娃了，今天趁天黑就下山回来看看，不想真的被你们抓住了。”普明生回答说，“我不该去砍那些古树，唉，这就是命。”

张乾取出手铐，小王抓过普明生的双手，“咔嚓”一声给普明生铐上。

此时，长得一模一样的两个小女孩儿蹦跳着跑出家门来，用手拉住普明生的衣角，望着他们，奶声奶气地喊：“爸爸回来了，警察叔叔也来了。”

张乾向小王使了一个眼色，小王马上取出钥匙将铐住普明生的手铐打开。他一边收起手铐，一边对睁着又圆又亮的眼睛望着他的两个孩子说：“叔叔跟你爸爸玩游戏呢。”

张乾蹲下身子，看着两个不满 5 岁的双胞胎姐妹，一个穿着从几个破洞里露出棉花的黑色棉衣，一个裹着拖到地上、旧得发白的中山服，像山上两只自由自在的小鸟在飞。

他抬头看了看普家破旧的草房，牵着两个孩子走进家里一看，抓人破案的喜悦瞬间一扫而尽。

普家里穷得叮当响。草屋中间燃着一堆火，火上挂着一口土锅，算是厨房。屋子一角，一张石头加木板搭出来的大通铺上，躺着一个中年妇女，中年妇女见他们到来，咳了两声，便揭开盖在身上发黑的被子，起身打招呼。

张乾上前，对妇女说："大嫂，别起来了，天冷。"

他们和普明生围坐在火塘边，姐妹俩一边加火烧水，一边去找来几只竹筒茶杯，在普明生的帮助下，分别倒了茶水。女孩儿将茶杯一只一只地端到他们面前，然后说："我也给妈妈倒一杯热水，妈妈生病了，病了好久都没有起来，医生说病很重，活不了多久。"

张乾看看嫌疑人重病的妻子，看看这家徒四壁，看看可爱的两个孩子，再看看身边蜷缩成一团的普明生，几乎想要放弃抓捕。

但是，普明生组织同伙盗伐了 27 株国家一级珍稀濒危保护植物、世界濒危物种，号称"植物大熊猫"的红豆杉，罪刑重大，法不容情，必须抓人！

半个小时后，张乾分别给大家交换了一下眼色，然后从自己衣兜里掏出仅有的 500 元钱，大家也掏出自己身上的钱，他拿着 1500 元钱来到嫌疑人妻子床前，说："嫂子，我们是森林警察，你的丈夫普明生盗伐红豆杉犯了法，我们是来带他去协助审查的。这是一点儿心意，好好保重自己，带好孩子。"

嫌疑人妻子伸手将他推开，眼泪"扑簌簌"滚下来，用微弱的声音说："他砍了树，犯了法，我们承认，可你们把他带走了，我和两个娃娃怎么过啊？"

普明生蹲在火炕前，泪流满面。女孩儿伸出抹着黑炭灰的小手给爸爸擦泪，然后一看手背，吓得大哭起来："爸爸生病了，爸爸的眼泪是黑色的。"

两个孩子哭了，一家人哭成一团。

张乾将钱放在"嫂子"的床边，走过来时，普明生"扑通"一声跪在他们面前，举起双手，痛哭流涕地说："我罪该万死，我不该去砍那些树。"

张乾擦了一把眼泪，将普明生扶起来，让小李背着孩子给其戴上手铐，带其往山下走。身背后，不停地传来孩子的哭声，"嫂子"的喊声在山间回荡："明生，早点儿回来。"

根据普明生的供述，张乾带领专案组马不停蹄，连夜赶赴怒江中缅边境，将准备到缅甸“打工”的涉案人员抓获。

在返回的途中，张乾“肾绞痛”暴发，感觉腰在不停地绞动，内肠在不停地紧扭，痛得四肢麻木、头昏脑涨，接连呕吐不止，似乎整个身体都要崩碎了。他吃了两片去痛片，根本不管用，战友们急忙将他送往当地永平县医院，当即注射了两瓶杜冷丁。休息一会儿痛苦缓解后，他们又继续赶路。

返回单位后，张乾又带领战友们连续作战八天七夜，辗转丽江、大理、保山等地，将其余犯罪嫌疑人全部抓捕归案，并在砍伐现场300米外的木屋内，将已锯成板材、准备用骡子运下山销售的红豆杉查获。

边境追捕

从上世纪90年代开始，随着市场需求增加，野生动物成了一个越来越有利可图的走私对象，犯罪网络也从以前简单随意的个体走私，逐步发展成组织严密的团伙走私。根据国际刑警组织统计，全球每年野生动物走私金额达150亿美元以上，成为继军火、毒品之后第三大暴利走私活动。一只猫头鹰在境外收购只要1.6元人民币，最后卖到沿海地区就得要1500元，价格翻了近1000倍。在暴利的驱使下，这些走私集团的犯罪活动变得日益猖獗。

云南与缅甸、老挝、越南山水相连，边境线长4060公里，拥有林地面积3.75亿亩，森林面积占全国森林的近十分之一。全国3万种高等植物中，云南占60%以上，珍稀保护动物物种数量为全国之冠，被誉为“植物王国”、“动物王国”。

在这个“王国”里，丰富的动物、植物资源成为全国重要的生态安全屏障，同时，在野生动植物贸易巨额利润的诱惑下，也使境内外的犯罪分子相互勾结，非法捕杀、采挖、贩运、走私珍稀动植物，涉林违法犯罪案件屡屡发生，使肩负保护森林资源、维护林区社会稳定的云南森林公安机关任务越来越重、压力越来越大。作为森林公安刑侦队伍中的一员，张乾毫无怨言，忠于职守，不畏艰险，英勇地战斗在第一线，多次深入虎穴，与凶残狡诈的犯罪分子展开殊死较量，是边境野生动植物犯罪的“克星”，成为“绿色王国”里名副其实的忠诚卫士。

2014年1月，张乾在工作中通过情报综合分析，发现一个盘踞在中越边境上走私、贩卖野生动物制品的犯罪团伙，该团伙成员多为累犯，具有较强的反侦查能力，经常流窜至境外遥控指挥走私活动，行踪不定。

为了紧紧咬住这个团伙，尽快将犯罪嫌疑人抓获归案，张乾白天夜晚坚守在办公室网站平台、情报系统，点对点地进行信息收集、摸底排查、情报研判。为了精准打击，他还采取多种研判手段组合应用的方式，通过大量的信息集合、碰撞，分析研判出了以丁当为首的犯罪团伙成员的相关情况及活动规律。

丁当，以经营昆明园博花鸟市场工艺品商店为幌子，收藏珠宝、玉器等工艺奢侈品，欠下银行 30 多万元债务。于是，他和几个同伙合谋，多次偷渡到越南、缅甸，再到我国广东、广西等地，走私象牙、虎皮、犀牛角等珍贵、濒危野生动物死体和制品。每次收购货物后，除了囤积在古玩店、家里外，丁当还找到在曲靖经营工艺品店的同伙毕生帮助加工珍贵、濒危野生动物皮张，并制作成动物标本。一件几千元购进的制品以每克上百元的价格卖出，牟取暴利。

为增加利润，丁当还通过微信、QQ 群向认识的圈内朋友介绍售卖信息。随着“生意”逐渐做大，丁当安排女友周倩和员工潘祥负责店内经营，安排驾驶员李魁专门负责接货、送货和交易，逐渐形成收购、运输、加工、出售一条龙，分工明确的犯罪团伙。

两天后，综合情报显示，丁当和微信上勾结的同伙先后两次偷渡到越南，走私了一批动物制品到广西，然后“人货分离”，将货物通过快递发到昆明。

张乾带领专案组民警赶到该快递公司昆明总部，与工作人员用 X 光机检查邮件，发现邮件内有大型猫科动物牙齿 3 颗。为把犯罪团伙成员一网打尽，他决定把这批货物放行，继续严密监控丁当团伙的举动，等待最佳抓捕时机。

半个月后，丁当又采用同样的方式从广西东兴出境，向境外“卖家”支付 7 万元定金后，将两张分别长 4 米、5 米的虎皮带回境内，先将一张虎皮通过快递发到昆明后藏匿起来，几天后就把虎皮运到曲靖毕生处进行加工制作。

接着，丁当收到从广西寄来的另外一张虎皮，联系上买家后，约定次日到呈贡南亚风情园看货。张乾决定去现场侦查。9 日下午 6 时，丁当和潘祥、周倩、李魁、冉云 5 人驾车赶到交易地点，从车后备厢里搬出一个纸箱和编织袋。埋伏在附近的张乾从编织袋敞开的口子处看见里面装的确实是动物皮毛，决定等交易完成后再择机抓捕。但因买家对两张虎皮不满意，一个小时后，丁当一伙将箱子和编织袋放到车后备厢后返回昆明城区。

当行至彩云北路朱家村立交桥路段，张乾和民警分头开车包抄将丁当的轿车逼停，当场从丁当车内查获孟加拉虎虎皮2张、象牙雕件22件、盔犀鸟头骨2件、犀牛角粉1包。当晚，他又和专案组从丁当家中搜查出象牙雕件、熊骨、云豹豹爪等动物制品250余件。

10日上午10点半，他们赶到曲靖将毕生抓获，并现场查获象皮、虎皮、小老虎死体、金雕等大量野生动物制品及标本。

根据丁当等人交代，按约定最近境外又有一批货要交给他们。于是，张乾带领专案组5名民警押着负责联系的接货人李魁，迅速赶到中越边境1306号界碑附近，潜伏在森林中，对境外走私人员的行动路线、活动地点、交易方式等进行秘密侦查。

第三天，李魁终于联系上境外负责交货的“阿哥”，准备于次日晚上在龙山湾树林交易虎皮、象牙、黑熊等，对方特别强调需要现金38万元人民币，到时点货交钱。

次日下午，对方发来信息，交易时间定在晚上10点，要求丁当亲自接货付款。

经过商量后，张乾让李魁用丁当的手机给“阿哥”发送短信：“我母亲重病住院，已于今日上午赶回昆明，特派马总和李总全权交易。”

晚上10时，张乾安排战友们埋伏在交易地点附近后，便提着皮箱押着李魁等候“阿哥”。

10时36分，“阿哥”肩上扛着一支冲锋枪从树林中走来，背后跟着3个端着猎枪的男子。来到他们身边后，“阿哥”二话不说，抡起枪一枪托砸在李魁头上，打得李魁眼冒金星，栽倒在地上，后面一个男子用双管猎枪顶在张乾的脑门儿上，吼道：“你要是玩花样儿，今天就休想活着走出这片林子。”

李魁挣扎着抬起头，说：“‘阿哥’别见外，我们可是讲信誉的生意人，钱在马总手中，就等你来交易。”

张乾冷静地说：“既然‘阿哥’如此不信任，那这笔生意我们就不做了，李总，我们走。”

“阿哥”一拉枪栓对着张乾吼道：“不是我们不讲信誉，是你们在给老子玩鬼。”

张乾生怕“阿哥”的举动惊动埋伏的战友而暴露抓捕计划，急忙一扬手，亮出密码箱，大声地说：“不要随便动，如果耍花样儿，那我还带钱来干什么？可你的货呢？”

看到钱箱，“阿哥”眼睛发直，马上收起枪，嘴巴一张，露出 4 颗闪亮的金牙，嘿嘿地笑着，说：“马总，误会误会，最近听说你们那边风声很紧，我们也是为大家安全嘛。”

张乾对着“阿哥”哼了一声，提着皮箱，拉着李魁就要走。

“阿哥”马上跟上前来，对他说：“货已经带来了。”

“阿哥”将手指伸进嘴里，吹了两声响亮的口哨，从路边草丛中钻出两个人，背着货一前一后地走过来。

当“阿哥”打开背篓让张乾验货时，张乾趁机将强光电筒往身后树林里快速闪了三下，战友们端着冲锋枪一边冲过来，一边大声吼道：“不许动，放下武器，否则开枪了。”

只用几秒的时间，他们就将“阿哥”几人团团围住，人赃俱获。

押着嫌疑人回去的路上，张乾的“肾绞痛”又剧烈发作起来，他吃了两颗止痛药后，又抓紧开展审讯工作。

该案查获野生动物制品的种类涉及猛禽、爬行、哺乳类等多种动物，物种级别高、数量大，是云南森林公安 10 年来侦破最大的一起走私、贩卖野生动物制

张乾（右）测量案件中查获的虎皮

品案件。捣毁走私、贩卖野生动物制品犯罪团伙 3 个，抓获涉案犯罪嫌疑人 17 人（其中外籍 5 人），查获犀牛角、虎皮、象牙、黑熊、天鹅、锦鸡等国家一、二级保护野生动物制品 400 余件，涉案价值千余万元。

灰烬觅凶

习近平总书记提出了“绿水青山就是金山银山”的理念。习近平总书记在云南考察时，要求云南把生态环境保护放在更加突出的位置，成为生态文明建设排头兵。

在为“绿色王国”生态文明建设保驾护航的艰巨任务中，张乾和战友们永远坚定地奔走在路上。

近年来，由于气候变化、雨量减少以及人为破坏等多方面的因素，森林大火时有爆发，严重侵害大地的森林肌体。

2010 年 5 月 22 日下午 1 时 10 分，素有走婚习俗的纳西族摩梭人居住的“高原明珠”——丽江市宁蒗彝族自治县翠玉乡库脚村发生森林火灾，当地政府组织武警、消防、天保公司职工及当地群众 1000 多人赶赴现场全力进行扑救。

时值盛夏，久旱无雨，高温干燥，火场地处连环大山，地势险峻，扑救工作十分艰难。当扑火队员开挖防火线时，由于风向突变，火势迅速加大并突破防火线，现场指挥部当即下令扑火队员迅速撤离火场。可在撤出火场后清点人员时发现 12 名扑火队员失踪，现场指挥部立即组织力量开展搜寻救援。第二天中午，面目全非的 12 名失踪人员遗体全部找到，经核实，均为库脚村义务扑火队员。

火灾发生后，省市各级领导高度重视，要求迅速查明火因，严惩相关责任人。在云南省森林公安局局长李华的亲自安排部署下，张乾随专案组快速奔赴现场。作为专案组重要成员，他主要负责最为关键的现场勘查工作。森林火灾现场勘查，不仅辛苦艰难，也是技术含量极高的工作，特别是对起火点的研判上，要准确有据，稍有误差，整个侦查方向就会走偏。他带领战友们仔细收集起火当日的天气、风向、设施、地形情况等多方面资料，对起火原因、性质进行反复比对、研究。在火灾分析会上，他说：“首先，火灾发生在大山山顶一带，山势陡峭，山高路远，而且除了林木外，没有什么建筑、经济作物，初步可以排除人为报复性纵火；第二，起火当日没有下雨，没有闪电、打雷，几座山上也没有高压电线设施，加之当天没有强烈阳光，不是高温天气，不存在阳光在玻璃瓶底、眼镜片等物体聚焦引燃草木，基本可以排除自燃起火；第三，从深山里不时发现有树木伐桩和初步走访群众的情况看，极有可能是有人在林区盗伐树木、打猎、作业生产或者捡拾山珍蘑菇等林下作物期间，烧火做饭、丢弃烟头等引起的人为失火。”

三座大山相继受灾，过火面积很大，山路陡峭，给勘查工作带来巨大困难。张乾带领战友们从整个火灾区全部巡查一遍，然后辗转于三个主要火场。从天亮到深夜，他们一次又一次地徒步奔波在山林中，登高山、攀悬崖，从这座山上爬到另一座山，过火的山林没有树荫的遮挡，飘落的碳灰遮盖了原有的山路，摸索着行进时不但要顶着烈日的烘烤，还要随时注意滚石，许多地方还得从高度碳化的树枝中穿过，一不小心就会被断枝击中。

因山上无信号，对讲机失灵，他们只得来回实地勘查、取样、比较。摔了无数次跤，全身是伤痕，肚子饿了就拿几块面包充饥，口渴了就喝几口山泉水。一天傍晚，天空下起小雨，张乾和战友和国强从 1 号山到 3 号山时，脚下一滑，从山谷中摔了下来，右腿和右臂像被大铁梳狠劲抓过一般，全是血槽，鲜血像断线的珠子接二连三地滚落下来，他臀部被树枝戳了一个洞，鲜血直流。他抓了几把炭灰抹在伤口上，可又像撒了盐一般十分疼痛。但他们继续克服重重困难，爬大树、扒草丛，拼残枝、捻黑灰，从满山烧得煳焦的树枝、草丛和遍地的灰烬中，不停地来回勘验，寻找蛛丝马迹，查找“着火点”。

经过 6 个昼夜的辛劳奔波，他们踏遍了三座大山的每一个角落，有的地方还多次重复检查，从整个大山火灾现场多次起火的 8000 多个起火点中，对是否落有火星、炭木是否深度烧焦、人是否能够到达、是否有伐桩等情况逐一进行排查，不断缩小“包围圈”，最后确定有 3 处起火点有重大疑点。又经过一夜的研究，他们终于排查发现，2 号山山箐里顺风方向，有起火点的细微痕迹。

第二天下午 3 点，他们第五次来到 2 号山山箐地段做最后勘验复核时，饥肠辘辘，张乾取下工作包，去旁边泉水坑边蹲下取水，准备啃面包。当他抬头时，对面 50 多米处一道亮光射来，直刺他的眼睛，他冲过去一看，是地上玻璃碎片折射出的阳光。他拾起一块碎玻璃看了看，发现是一只砸碎的小酒杯，旁边又有三截深度烧断的炭木，不规则地形成一个小火塘。他一拍脑袋，茅塞顿开，兴奋地说：“有人在此处烧火做饭，最初起火源应该就是在这里。”

于是，张乾将战友召集过来，对现场进行了认真细致的勘查，重点提取玻璃片、烧过的木柴、泥土、埋在火坑下的几片残叶等证据。在返回的树林中，全身漆黑、伤痕累累的他旧病复发，剧痛难忍，昏倒在山林中，被战友背下山。

通过 14 天的艰苦勘查，张乾和战友们最终确定了起火点的准确位置就在 2 号山山箐的小火塘里，后经过细致摸排、取证，锁定村民牛平为重点嫌疑对象。

由于 40 多岁的牛平独身住在山顶，他们每次上山抓捕，只要听到从山下有狗叫声，牛平就跑得无影无踪，三次抓捕未果。第四次抓捕前，张乾让 35 名抓捕队员下午睡觉，夜里 10 点从山下摸黑爬山，经过 8 个多小时的摸爬滚打，来到牛平的住家附近，把牛平的家团团包围。清晨 6 时 30 分，当牛平打开房门准备跑到山里躲避时，他们冲上去将牛平抓获归案。

牛平交代，22 号那天，他一早上山盗伐树木，中午在 2 号山林山箐里生火煮饭。吃过饭后，他没有将火彻底踩灭就忙着去砍树。一阵山风吹来，火星点着了旁边的干草，引燃了树林，他急忙脱下衣服打火，又用树枝灭火，可火苗越烧越高，一股大火将他掀翻在地，他左边头发被烧焦。眼看火势越来越大，他慌忙铲土将灶坑盖上后，跑回了家。

烈火金刚，“真金”卫士。张乾带领战友们在烈火中淬炼，越炼越纯熟，越炼越“金刚”。

绿色坚守

警察与罪犯，避免不了一见面就是一番心理、法律、智慧的拼斗，甚至是一场殊死较量。

打击犯罪活动，就打击了强大的利益链。在办案过程中，面对无数说情、施压甚至威胁，张乾一笑了之，坚决依法办案。

2015 年 11 月，张乾在办理一起非法占用林地的案件中，涉案单位属省内知名企业，犯罪嫌疑人是有钱有势的北京某集团公司“老大”，许多百姓都在密切关注，政府是抓人、退林、罚款，还是交钱变“非法”为“合法”？此案不断引起社会议论。“老大”多次请出社会名流甚至领导干部来向他说情、送礼，都没奏效。一天晚上，“老大”请他到皇冠大酒店喝茶，对他说：“林地已经投资进行开发了，你就宽让一步，我们找人补办手续，出钱向公家买地，这样不就合法了吗？”

“可你们非法占用林地达 100 多亩，并偷采树木、偷挖矿石，严重破坏了绿色森林建设。”张乾说，“况且，这片森林国家就从来没有经营规划，不可能办得了开发手续。”

“张警官，当今社会，多大的老板就会跟多大的领导坐在一起吃饭。”“老大”看了他一眼，又看了一下身边的保镖，玩弄着他右手食指上汤圆大的一颗钻戒“龙珠”，漫不经心地说，“要不然，你得考虑你的警服还能穿多久！”

张乾坚决地说：“我们干这行，已经被人收拾习惯了。可我相信，邪不胜正，我后面还有人民群众为我撑腰。”

后来，经常莫名其妙地有人打他的手机，直接说：“你还没有回家吗？我在门口等着你。”为了专心办案，也为了家人的安全，他让爱人带着孩子回到娘家住。

在云南省森林公安局政治部主任赵青云、副主任郝万幸的鼓励下，张乾顶着压力，带领专案组民警认真搜集证据，确定“老大”的犯罪事实，并将案件依法移送起诉。正是他的秉公执法、一身正气，使他和战友们办理的每一起案件都经得起考验，至今没有一起引起行政复议或行政赔偿的案件发生。

无论在工作中还是生活上，张乾都把战友当成自己的兄弟来关心关爱，以坚毅果敢的品质和突出的成绩，赢得了广大人民群众的赞许。从警 15 年，他就成为全国森林刑警队伍中的高级专家。近 6 年来，他亲自侦办和参与办理的各类涉林案件达 310 件，抓获违法犯罪人员 472 人，查获国家保护野生动植物及制品 3300 件（只），累计为国家挽回经济损失千余万元。他所在的刑侦支队先后被评为“绿盾三号行动”、“清网行动”、云南省反走私先进集体，荣立集体一等功 1 次、二等功 3 次。他本人先后荣立二等功 1 次、三等功 3 次，2016 年荣获云南省“五一”劳动奖章，2017 年 5 月被授予“全国特级优秀人民警察”荣誉称号。

绿色的人生选择，无悔的执着追求。

在云南这片广袤土地上，他和战友们顽强地坚守在为生态文明建设保驾护航的征途中，用绿色深情，不断书写森警本色。

（本文除民警外，其他均为化名）

心有猛虎，细嗅蔷薇
——记黄埔海关缉私局常平分局副局长梁锐南

魏远峰　刘宗坤

我与他不紧不慢地走着。他穿着T恤、便裤，很合身，却有点儿皱，说明他不是个很讲究的人。他的形象，妥妥的一个谈业务的业务员，或是一个“包工头”。

该上小天桥了。在接近小天桥的那一刹那，他猛然回头，扫视了一圈，像一架预警机对某空域进行了一次特定的扫描。我愣在了他的视野内。他认真、冷峻，目光坚定。那一瞬间，他的脸上写满了凝重，我才真切地感到，眼前是一位经验丰富、战功卓著的缉私警察……

他叫梁锐南，是黄埔海关缉私局常平分局的副局长。前不久，他荣获了“全国特级优秀人民警察”称号，与全国的公安英模们一起受到了习近平总书记的接见。于是，他再次成了黄埔海关乃至全国海关缉私警的“话题人物”。

如果你不与他细细交往，一定会觉得他很“无趣”——一天到晚板着脸，像是谁欠了他钱。

在黄埔海关，同事们关于梁锐南的话题，往往是这样的：

“调到常平了？在拼命三郎手下干活儿，爽不？”

然后，便是不怀好意，或是有点儿“幸灾乐祸”的笑。

“我的天，你们怎么还没休息？‘梁扒皮’要不要这么狠？”

然后，便是同情的眼神，或是有一点儿暗自庆幸。

梁锐南的绰号有七八个，最著名的是“拼命三郎”，被叫得次数最多的是“梁扒皮”——前者上了报纸、电视，成为佳话；后者只是被私下嘀咕，大家仿佛都说过，但似乎谁也没说过。

1999年，梁锐南进入了黄埔海关缉私局。在此之前，他在公安分局治安科、看守所、刑警大队都干过，是个有正义感、责任心和丰富经验的警察。

梁锐南有个特异功能，就是“特能睡”。

生活中，人们常说，能睡的人有福气。实际上，对于一个缉私警来说，“特能睡”很实用。通宵达旦地办完了案子，同事们都困得恨不得“发悬梁、锥刺骨”，梁锐南却总是很精神，让人好生羡慕、嫉妒。

火车不靠推，牛皮不靠吹。梁锐南这特异功能，雷倒了不少同事：精神一放松，马上梦周公。无论在颠簸的车上，还是在嘈杂的工地上，前一分钟他还在与你谈笑风生，后一分钟竟已酣然入梦了。

最离谱的是，他在结婚纪念日陪太太去电影院看电影，电影刚开演，他就鼾声如雷了，直震得四邻烦躁——这情形，让老婆太没面子、太难为情了，她发誓：这辈子再不和他去电影院！

大家也是很久以后才知道，“特能睡”是一种疾病。长期战斗在侦查一线，作息不规律，导致了不可逆转的睡眠疾病，不管多累、多困，都睡不够四个小时。甚至在梦中，他都在跟踪、侦查。有同事见过正在睡觉的他，突然大喝“站住，警察”，然后猛地站起来，虎目圆睁，把人吓得不轻。

长期的焦虑、浅睡、失眠摧残着他的身体。看医生、吃安眠药、高强度地运动、按摩……收效甚微。就这样，他靠“眯一会儿”支撑着身体，战斗在缉私一线。同事小刘警官说：“梁局身体不好，可一开始破案就像打了鸡血。他经常说太累了，可是有了案子又冲在前头。说实话，缉私警的队伍里需要这样的人，需要这种精神。”

有一段时间，局里开展清理积案专项行动，梁锐南没什么事，便坐在沙发上长吁短叹，宛若病态。有人问他“怎么了”，他连话都懒得多说。

“病了？”同事们都有点儿担心，“不舒服？”

“这儿也不舒服，那儿也不舒服。”

说是职业病也好，性格使然也罢，他就是闲不住。要是有一天，案件材料突然找不到了，不用担心，十有八九是跑到他的办公桌上了。

梁锐南常说：“看完材料，才能睡得安稳一点儿。”有很多案件，卷宗繁多，上班看不完，就加班看。困了，就歪在沙发上小睡，醒来之后继续看。他是案卷不吃透睡不着，疑难问题没想透睡不着，工作没安排妥睡不着……

他完全可以只听下属的汇报，但是只听汇报容易遗漏信息，并且会限制思维。

他认为，自己认真研读材料，等于与战友们一起关注了各个环节。他侦查经验丰富，往往能够在材料中发现不一样的要点或突破口，有利于案件的侦破。

审读“5·30”毒品案的材料时，梁锐南发现香港籍主犯的随身物品中，有个绿色的电子门禁卡。毒贩交代说，房子在广西。他上网搜索了门牌上的物业公司，发现全国各地都有，广西的地址也说得通。

但是，他仍然不死心，因为深圳有若干小区也归这个物业公司管理。他记得前期摸排时，发现该毒贩在其中的一个小区附近出现过。直觉告诉他，这个电子门禁卡不简单。于是，他火速赶到深圳，通过门牌编号查到了门牌号，搜到了一批毒品。这样，既扩大了战果，又让之前因证据不足而百般抵赖的毒贩乖乖地认了罪。

耳濡目染之下，下属们也都有点儿“偏执”了。侦办“11 · 22”汽车走私案时，警员小郝发现，只搜到了嫌疑人的一部手机，而前期摸排时确定他至少有三部手机。回去再搜！他们回到原地，将屋子翻了个底朝天，终于在钢琴的夹缝里找到了一部手机。接着，又找了半宿，才在洗手间的镜子后面将另一部手机翻了出来。

传、帮、带，靠嘴是不行的。梁锐南培养下属，有自己的一套方法。他说：“百闻不如一见。多在一起干活儿，他们看在眼里，就会了。让他们大胆去干！有了自信、成就感，他们就会主动去干了。”

有很多年轻的民警住在单位的集体宿舍，他经常抓他们加班，看谁最近休息得比较好，就叫谁来。

“没事吧，晚上加个班！”

“梁局，我今天晚上有事。”

“行，去吧。”

“小年轻”刚松了口气，他便接上一句：“周末我再找你。”

“我习惯让大家‘一案到底’。审讯的从抓捕时就介入，抓捕的也要参与审讯，这样才能心里有数，才不会漏掉什么。”就这样，大家经常连轴转，熬几个通宵是平常事。

“梁扒皮”的绰号就是这样产生的。大家也有意见，但“敢怒而不敢言”。“你辛苦？你比梁局辛苦吗？”是啊，一连十几天蹲在看守所审讯的是他；为减少暴露的风险，酷暑天戴着厚重的假发盯梢、满头长痱子的也是他；装成驴友，踩着单车去几十公里的郊外，侦查走私油窝点的还是他……

梁锐南还经常带着办案民警到看守所里去提审案犯。他去提审，可谓“一箭三雕”：一是带头办案，大家都忙，他也没法儿闲着；二是熟悉案情，寻找有用的线索；三是级别高，表明重视程度，给嫌疑人压力。

“缉私这么危险，这么苦，自己不带头，别人怎么会甘心跟你干？”

他是这样说的，也是这样干的。

有许多事，在别人看来，梁锐南是“没事找事”。比如，统一行动时，别人按照指挥方案一步一步地走，他偏要“先行一步”、“多行一步”。行动前，他亲自去踩点，慎而又慎。搜查时，他恨不得拿放大镜去搜，审完后还会把笔录多过一遍。当然，很多时候，他因为先行一步，就是做到了万无一失。有很多案子，就是因为多走了一步，让一些简单的线索如绳子捯螃蟹——一拉一串，变得硕果累累。

有一次，在抓捕行动前，嫌疑人被惊动了，立即把电脑上的数据删除了。他发现这些电脑都很新，里边什么也没有：“旧电脑到哪儿去了？”

于是，他杀了个回马枪，在仓库里找到了废弃的旧电脑，又用数据恢复软件从格式化的硬盘中找到了证据，顺利地给嫌疑人定了罪。

还有一次，在嫌疑人的住所和公司，都没有搜查到有价值的证据。别的组都休息了，梁锐南却不甘心，对嫌疑人进行了一次突审，发现他和老婆正在办离婚，并有债务纠纷。当时，其妻已离开了公司。梁锐南想，他老婆可能“有料”。

于是，他再次带队出发了，抱着“辛苦一趟，也许能交好运”的想法。果然，在嫌疑人的老婆处搜出了一批关键证据。这批证据是他老婆留下的，用于和老公分家产。这批证据，让证据链完整了，使得检察院准予了起诉。

有人觉得，梁锐南“运气”很好，可在好运气之下，成绩都是拼出来的。2014年，侦办“恰特草”案时，在快件渠道发现了一批藏在易拉罐里的冰毒。通常，在快件渠道发现毒品，立案时也可以结案。毒品人货分离，寄件人信息、地址百分之百是假的，找到寄件人的可能性几乎没有。

当时，手机无法准确定位，又在外地，局里边人手紧……就在大家疲惫不堪地想放弃时，只有梁锐南坚持去“碰碰运气”。“时间短，说不定毒贩没来得及跑。”他一边和海关、物流公司联系，营造快件正常清关的假象，一边飞速赶到珠海，以寄快递为由将收件的快递员引诱出来突审。经过审讯，快递员供出了寄件人住处的门牌号。可是，屋内的状况以及毒贩是否有同伙、有武器，都不清楚，他们不敢贸然破门。梁锐南一边绞尽脑汁地想办法，一边继续与快递员闲聊。

“我有一次收件，见他牵着一条狗。”快递员说。

他眼前一亮：“养狗人一般每天都遛狗，遛狗时是极好的抓捕时机。我们就‘守门待狗’好了。”

当毒贩吹着口哨惬意地遛狗时，他们出其不意地围捕了他。这时，离案发还不到二十四小时！经过搜查，在其住所中搜出了一公斤冰毒。毒贩一脸茫然："我特意星期四寄件，随时关注物流信息，一有差池，立刻出走。原以为没事，没想到中了圈套。"

梁锐南长年累月地拼，透支了健康。除了失眠，他还有慢性胃炎、颈椎增生、高血压、神经衰弱等疾病。有一次，他胃病发作了，仍然坚守在岗位上，导致胃出血，昏倒在地！

"老公，不要再这么拼了吧！"妻子不止一次这么劝他。

他不知该怎么回复，索性什么也不说了，表情复杂地笑了笑。

梁锐南是典型的广东人。脱下警服，他追求彻底的放松：裤子不买系腰带的，T 恤要非常宽松的。"简直一农民！"同事老李评价，"扔到人堆里看不出来，且扮啥像啥，天生干侦查的料！"有一次去抓捕，兄弟局的人看了他的装扮，说："你们领导这么朴素！"

"他其实是个搬运工。"随行民警开玩笑说。

梁锐南扮过保安、服务员、流浪汉、黑车司机、送外卖的、公司老板……为了装扮得最像，他一直不许老婆扔掉旧衣服，家里不得不多置办了几个衣柜、鞋柜，专门盛放带窟窿的旧衣、龇牙咧嘴的旧鞋。每次领到任务，需要乔装打扮时，他就会到几个柜子里挑选"行头"。

"10 · 9"系列特大毒品案由四起特大案件构成，其中最精彩、最惊心的，要数"滑石藏毒案"了。

在此之前，相关案件的侦破已让境外毒贩如惊弓之鸟。梁锐南与其他民警想了很多办法，多次设局，才让境外毒贩逐渐消除了疑虑。当时，民警已对存放毒品的仓库监控了二十八天。

毒贩约翰很警觉，也很狡猾，入境后先是以查看仓库为由取出一袋纯粹的滑石，和两个黑人进行了一次虚假交易，又运走了一车不含毒品的滑石，反复试探。翌日下午，再次试探后，他似乎才放下心来，联系了一辆货车，并要求司机多联系一辆车。

"要动真格的了。"梁锐南对自己的推测很有信心，但他也明白，出一点儿差错，就会前功尽弃。突然，梁锐南心中一惊，想："约翰会不会换地方交易呢？怎么办？"

心念一起，他就坐不住了，决定亲自出马，扮成搬运工，到离敌人最近的地方去，与之贴身周旋。这是一着妙棋，也是一着险棋。近距离盯着毒贩的一举一动，可以当机立断。可是，一旦暴露，行动必然会失败，自己也很可能性命不保。毕竟毒贩眼里只有暴利，亡命之徒带着枪，也是常见的。

梁锐南悄悄地观察着，发现一个黑人守在仓库门口，身材异常高大。约翰和两个黑人在仓库里嘀嘀咕咕——正是前天和他做虚假交易的那两个！他们马上就要动手了，必须尽快将情报递出去！

“老板，能不能给点儿钱，买瓶水喝？”

约翰不情不愿地掏出三块钱给了他。梁锐南半真半假地说：“老板，太少了点儿吧！”约翰没理他，挥手让他快走，“这里不用你了。”

梁锐南窃喜，确认自己走出了毒贩的视线，便赶紧打电话给老吕和小刘。

不一会儿，他们赶到了。仓库的门已经关上了，“高个子”还守在门外。

得先打掉这只“眼睛”！

“还是我上！他认识我，不会起疑心。”

“他太壮了，你一个人对付不了。小刘会跟在你后面。把家伙带上，小心点儿！”老吕很担心。

“高个子”见了梁锐南，说：“你怎么又回来了？”

“我手机丢了，回来找。”

“怎么丢的？会不会在车里？”“高个子”没起疑心。梁锐南没有答话，而是继续走近他。梁锐南把背在腰后的手突然往前一伸，黑洞洞的枪顶住了约翰的左肋：“别动，警察！”

“高个子”傻了，嘴巴张得老大。小刘趁“高个子”吃惊之际，用拿在手里的外套捂住了他的嘴巴，另一支枪也顶在了他的腰上。

接着，老吕和梁锐南各带一组人冲进了仓库，将正在给毒品称重的毒贩一举抓获！

梁锐南怕坐车、坐飞机，因为严重晕车、晕机。可是，一年到头办案，坐车、坐飞机是基本功。2016 年侦办“5 · 18”专案时，梁锐南有八个月在外奔波，曾五天辗转于云南四市及广州之间，转机八次；也曾连续驾车四十个小时，追捕嫌疑人。

“坐飞机的时间比较短，吃点儿药、忍一忍就过去了。跑长途比较痛苦，我一般会抢着开车，因为开车比坐车好受点儿。”

为了国家的钱袋子，为了国库该收的钱一分不少地入库，梁锐南与千千万万的缉私警一样，常年战斗在一线，与走私犯罪分子斗勇斗法。当然，有许多时候还要斗智。

在“5 · 18”专案的摸排阶段，嫌疑人所在的县城很小，门牌号没有规律，相邻的号可能在不同的街上。该县是我国吸毒人口比例最高的县，人人警觉。你去问路，别人会反问三个经典的哲学问题：你是谁？你从哪里来？你要到哪里去（干吗）？

女民警小陈等人比梁锐南早去了十多天，为了找到毒贩的确切住址，腿都跑细了，进展缓慢，又担心打草惊蛇，不能光明正大地找。农历八月十四，局领导来慰问，给大家带了月饼。“正好用上，再去买点儿水果。”梁锐南找了身比较正式的衣服，“小陈，跟我走。”

“要干吗？”

“扮小两口儿，给亲戚送礼。”

小陈抗议道：“梁局，年龄差得忒大了吧！”

有人附和：“像父女。”

小陈抗议：“叫爸？开不了口。”

其他人起哄：“叫干爹。”

小陈抗议：“还不如装情侣呢！”

最终，俩人扮成叔叔和侄女，拎着月饼、水果去走亲戚，摸清了毒贩的地址。可是，还有一个关键人物无法定位，找到的住址不对，让人头疼。

后来，梁锐南通过手机号，以一个女孩子的身份加了嫌疑人的微信。他翻阅朋友圈，发现了一条“家里火龙果熟了”的信息，配图里有高压线和楼房的外墙，还有几片疑似梧桐的树叶。几个人按照这几个元素好一顿找，没有一个小区完全符合要求。没办法，只好到几个像一点儿的小区去转转了，最终发现了嫌疑人的车辆，才搞清楚。这时，他们才发现，他家住在一个基站下面，难以定位，而那棵疑似梧桐树的树，是一棵木瓜树！

嫌疑人一般都会像老鼠一样，昼伏夜出。晚上开车盯梢，容易被发现。为了不引人注意，梁锐南租了辆异地牌照的“长安之星”小面包车。手动挡的车开起来很费劲，又没有空调，把他热得够呛。他把T恤衫的袖子撸到肩上，吃着花生，啃着鸡腿，一副地道的黑车司机模样。有几次，“艺高人胆大”的他“嚣张”地把车开到了离嫌疑人很近的地方，大大方方地靠近观察。

素养过硬、直觉敏锐、经验丰富，又有火星人一样的思维……在他的带领下，情报工作进展得很迅速，二十天就完成了对十七个目标的摸排。

2014年2月18日，黄埔海关在邮递渠道查获了毒品恰特草36公斤，并依靠线索成功地抓获了犯罪嫌疑人四名，缴获了恰特草746公斤。至此，一般人会选择结案，但梁锐南发现埃塞俄比亚籍毒贩的手机里，有很多阿姆哈拉语的语音信息，还有一些文字（是英文的意思，但用的不是英文单词，翻译也是一头雾水）。

梁锐南大胆地猜想，这很可能是毒贩用英文字母来表示阿姆哈拉语，类似拼音式英语。从翻译出来的信息来判断，他认为尚有大批恰特草在香港。于是，他们协同香港海关，查获了恰特草 1861 公斤。

“说到底，就是不服输。梁锐南天生有一股‘干什么都要赢’的劲儿和‘干什么都能赢’的自信。”分局的朱政委对他评价说。

在十八年的缉私生涯中，他侦办了“10 · 9”系列特大毒品走私案、“2 · 18”走私毒品恰特草案、“3 · 25”走私进口水产品案、“5 · 18”专案等海关总署一、二级挂牌督办案件近百起。2012 年以来，他参与、主持侦办了大案要案七十二起，案值 157.5 亿元，抓获犯罪嫌疑人 339 人。

骄人的成绩为他带来了鲜花与荣誉：

2012 年，他荣立个人一等功。2013 年，他荣立个人二等功。2016 年，他荣获“全国海关系统优秀共产党员”称号……

5 月 20 日，梁锐南从北京载誉归来，妻子到小区门口迎接。他把同事送给他的鲜花献给了妻子。妻子笑靥如花：“老公，看上去很精神嘛！”

“还好，还好。”

“我们去看电影吧！”这话让梁锐南一愣。

妻子听朋友说，《摔跤吧，爸爸》很好看。老公当英模了，她也不想多计较，想稀里糊涂地破了“这辈子再不和他去电影院”的戒。

可是，进了电影院，一坐下，梁锐南很快便困意袭来。“老婆，我要是睡了，你别生气。我三十个小时没睡了。”他出差办案十多天，实在是太累了。

一切如前，放映前的广告刚结束，梁锐南就鼾声如雷了。妻子捧着鲜花，又是甜蜜，又是委屈。在他的鼾声中，妻子泪光闪闪。

对工作，他问心无愧。

对家人，则愧疚满怀。

满心愧疚的他，回到家以后就成了“宅男”。朋友喊他出去吃饭，他说：“吃饭可以，我带老婆去。”

“一群大男人吃饭喝酒，带老婆干吗？”

“那就算了。”

他知道，妻子所作的牺牲，甚巨！

他知道，妻子于家之功，甚伟！

2000 年，梁锐南被调到了离家更远、工作更忙的分局。为了让他没有后顾之忧，妻子辞去了银行的工作，专心照顾家。

2006 年，在“啄木鸟”行动的关键时期，梁锐南几十天没回家。妻子颈部长了肿瘤，需要立即做手术。她知道，在紧要关头给丈夫打电话，会让他分心，于是冒签了梁锐南的名字。

梁锐南得知这一情况，急匆匆地赶到了医院。没想到，妻子反而安慰他：“良性的，不要紧。”她又拿起家人送来的鸡汤和饭，对他说：“你肯定没吃。快吃吧，我吃过病号饭了。”梁锐南稍微放心了一些，握着妻子的手，趴在病床边睡去了。半夜里，妻子在别人的帮助下，把他扶上了病床。事后，大家知道了，又好气又好笑：“有这样探望病人的吗？鸡汤喝了，连病床都霸占了！”

他知道，儿子对他有怨言，甚多！

他知道，儿子对他有怨气，甚大！

儿子读研究生了，提起以前，还颇有怨言：“我对着电话叫爸爸的次数，比当面叫的多！”家里的大事小情都是妻子在管，儿子的家长会也是妻子去开。要知道，儿子是多么希望爸爸能够穿着警服出现在学校啊！

儿子大了，开始住校了，妻子只能对着空荡荡的房子独自忍受空荡荡的寂寞。梁锐南好多次说要带她去旅游，都因为案子爽约了。妻子知道他那事事冲锋在前的性格，所以他每次出去办案，她都会为他担惊受怕。久而久之，妻子也患了失眠症，得吃药缓解。梁锐南每次回家，妻子都会在睡觉前把药备好，自己一颗，丈夫一颗。

梁锐南对家人满怀深情，对民警也是柔情满怀。

在工作时，他像只老鹰，狠心地把雏鹰推下悬崖，让雏鹰学会飞翔。可是，在生活中，他又像只老母鸡，把小鸡庇护在羽翼下。

办案、抓捕，讲究“兵贵神速”，防止嫌疑人逃跑或毁灭证据。审讯，要趁热打铁，趁其没有形成心理防线，抓住破绽，穷追猛打，方能取胜。

所以，民警们经常会听到：“再加把劲儿，一口气做完。”“别急着收队，突击审讯。”

民警小于说：“人都有想偷懒的时候。碰上梁局，你就偷不了懒，也不好意思偷懒。”

“5 · 18”专案的一号人物阿辉涉黑、涉枪，盯梢时最有利的观察点是一座五层小楼，里面垃圾遍地、蚊虫飞舞，还有许多吸毒用的饮料瓶、吸管。吸毒人员警惕性极高，极具攻击性。梁锐南不愿意让别人冒险，坚持自己去。行动时，如果他在后方留守，一定会等到最后一名民警回营之后再撤。大家通宵奋战，他经常会自掏腰包，叫一堆外卖慰劳大家。

有一次去抓人，他和小于被大雨淋透了。找来的干净衣服，他坚持让小于换上，还笑着说：“你可不能倒下，你倒了谁干活儿呀！”

“碰上这样的领导，能有什么办法？只好一边偷偷地‘骂几句’，一边唱‘一路上有你，苦一点儿也愿意’。”小于笑着说。

女民警小陈和梁锐南一组出外勤时，经常会有零食吃。她在局里年龄最小，又是女孩子，梁锐南会给她买吃的。零食吃完了，她还会变着法子讨要。在去机场盯梢时，她说：“我也不能干坐着啊，多不自然！”梁锐南心领神会：“是不是又想趁机要钱买零食了？”他好像很舍不得地掏出了一百块钱，“机场东西太贵，少买点儿。”

警员们经常开着梁锐南的私家车干公家的活儿，名曰“私车公用”。开着私车出去不扎眼，不用通过审批流程——方便。同事们有私事要用车，也会向他借。大家都笑称他的车是“公车”。

民警有了困难，他总是慷慨相助，从不吝啬。过节时，他会留在单位和民警们在一起。民警过生日，他会偷偷地买个蛋糕，通知大家开会。等大家走进会议室，看到蛋糕，便会热泪盈眶……

分局的办公室主任老李说：“他心思细腻，很善良。”

梁锐南的家里并不富裕，但是他先后帮扶过七名贫困山区的失学儿童，还资助过一名定点扶贫村的孤儿。

对他了解得深了，就会让人想起诗人西格里夫 · 萨松的那句“心有猛虎，细嗅蔷薇”。

心有猛虎，方能取得辉煌的战果，带出战斗力强的团队！

细嗅蔷薇，才有了夫妻情深，才有了同事与战友情深！

（文中犯罪嫌疑人的名字均为化名）

“兵王”韦汉忠

——记海南海警第一支队 46112 舰一级警士长韦汉忠

叶海声

一、与大海结下深缘

5 月初，我到了三亚的某港口。一位士官把我带到了 46112 海警船上的干部房间。因为是新舰，房间里还有淡淡的油漆味。房间的格局、大小和我二十多年前住的远洋货轮的房间很相似。我忽然有了一种穿越时空回到从前的感觉，不禁有些激动。

韦汉忠皮肤黝黑，说着一口广西壮话，老家在广西宜州市，隶属于河池地区。家乡的四周没有海，韦汉忠却成了海上警察，没想到与大海的缘分竟如此之深。

因为家里很穷，韦汉忠十岁才上学。

韦汉忠小时候很想当兵，经常用木头做的手枪对着旷野或瞄向飞行中的小鸟作射击状，还借过别人的军装来穿。穿上军装，他觉得很光荣、很威武。

按照海警兵营里的概念，“兵王”是专业技术精湛、服役态度端正、勇于担当、甘于奉献、处处起到表率作用的好兵。韦汉忠谦虚地认为自己离“兵王”的称号还有距离，很多方面还需要努力。

韦汉忠喜欢大海，热爱海警工作，但从来没有想到自己会在海警部队服役这么多年。回想起最初当兵的日子和后来在大海上的惊险场面，一切像过电影一样历历在目。

1992 年 12 月 19 日，中专毕业的韦汉忠选择了从戎。刚满二十岁的他，第一次见到了大海，觉得非常新奇，认为大海比家乡的大山耐看多了。可是，他第一次坐船从湛江来到海口，才知道大海有“很不好惹”的一面。一路上虽然没有特别明显的风浪，但他还是晕船了，吐了好几回。

“请说说你最初当兵的经历。”

韦汉忠说：“我先是当了边防兵，和海警也算是在一个系统，后来边防的整个中队都归了海警。我当时没学什么专业，都是后来学的。当时出海比较频繁，人员比较少，机械、航海、掌舵都得上，机电兵也干，什么都来。二十世纪九十年代的兵，业务是比较全面的。因为执法的舰艇小，部门之间的业务没有分得那么清楚，所以什么都要去学。自己有什么不懂的，就在闲暇的时候努力去学。我上的第一条船是导弹艇，海军退役的。1995 年，是我主动要求去的。我跟艇长说，

我虽然没学过什么专业，但我会主动去学。后来，我才有了‘万金油’的味道。”

在大多数人的记忆里，蔚蓝的大海像湖一样平静，充满了诗情画意，是博大、深邃、浪漫的象征，是有苦闷和烦恼时可以在其面前倾诉和消解的所在。可是，做了海警的韦汉忠却常常看见大海露出狰狞可怕的面目：单调、枯燥、暴躁和危险。

1993 年，在参加了几个月的新兵训练之后，韦汉忠作为优秀新兵，常被临时挑选来充实海警的力量，出海执行任务。没想到，1995 年 5 月，当时还未经过专门缉私训练的韦汉忠第一次出海，就碰上了缉私任务。

百八十吨的海警船，遇到的是一艘上千吨的走私船。韦汉忠因为身体素质好，被安排第一个“跳帮”（就是从海警的船上跳到走私的船上）。要跳的时候，通常是情况危急，容不得多想。有一次，由于情况危急，韦汉忠不得不玩儿命了。凭着感觉和经验，他本想趁海浪把海警船托到浪尖上，离走私船最近的时候，抓住船舷跳到走私船上，可是没想到海浪突然间落下去了。韦汉忠脚下悬空，眼看就要掉到海里了。幸亏平时训练的功底扎实，他紧紧地抓住走私船的船舷，用尽力气，奋力一跃，跃上了走私船。其他战士受到了鼓舞，纷纷跟着“跳帮”。走私船很快就被海警控制了，使得走私人员大惊失色。

随后，韦汉忠迅速冲到驾驶室里，把船老大控制住，其他走私人员只得束手就擒。韦汉忠首次出海执勤就取得了成功，缴获了价值八千万元的走私车、走私烟。

二十世纪九十年代末，是海上走私较为猖獗的时期。韦汉忠时常闻警而动，将生死置之度外，与战友们一起奋战在打击海上违法犯罪活动的第一线，立下了赫赫战功。

2010 年 10 月，海南省遭受了罕见的特大暴风雨袭击，江和海的水位都在上涨，大地上的树木被吹得东倒西歪，外海上的船只在风雨中随时都有沉没的危险。当时，海警 46001 艇正停靠在洋浦港码头。

身为枪帆班班长的韦汉忠，每隔数小时都要顶风冒雨地出来检查一次相关设备的运行情况。风雨交加，甲板上积满了雨水和海水，如果滑倒了，就有跌进海里的危险。一旦跌进海里，就凶多吉少了。

韦汉忠一只手紧紧地抓着栏杆，另一只手拿着手电筒，每移动一步都相当于爬行。从船舱到甲板，虽然只有不到三十米的距离，但是真可谓“寸步难行”，一个来回要花去半个多小时的时间。

韦汉忠咬牙坚持着，一步、两步、三步……检查完毕，一切正常！等他再次回到船舱时，已经累得筋疲力尽了。在台风“达维”正面袭击海南岛的时候，韦汉忠与全艇官兵一起坚守岗位，不屈服于风雨的淫威，连续奋战了几天，最终成功地避免了舰艇在这次罕见的特大台风中遭受明显的损伤。

韦汉忠不但多次与战友们一起营救遇险渔民，还与战友们一起破获了多起海上违法犯罪案件，成了在海上执行任务的一把“尖刀”。

在一个风急雨骤、海上波涛滚滚的夜里，韦汉忠所在的 46001 艇获悉，一艘走私船凭着自己个头大、敢抗风浪而有恃无恐，正在以这种恶劣的天气作掩护，从某邻国走私洋酒。种种迹象表明，这很可能是案值巨大的“大象”。

走私船上的人万万没有想到，一个小时后，海警 46001 艇在海上颠簸着到达了指定海域。

凌晨三时许，在左前方不足一百米处终于出现了一艘形迹可疑的渔船。于是，46001 艇便迅猛出击了。风浪太大，执勤艇在风浪的摆布下摇头晃脑，刚一靠近该船，就一下子被大浪推开了。韦汉忠带领着两名战士强行“跳帮”，最终控制住了这艘可疑的船只。经详细调查得知，该船共载有四百余箱走私洋酒，价值人民币八百多万元。这起海南省建省以来最大的走私洋酒案件成功告破了。

2014 年 5 月，在随艇执行护航保障任务时，韦汉忠主要负责警戒监控和安保工作。由于海况恶劣，换班战士严重晕船，胆汁都吐出来了。韦汉忠主动替这名战士值班，连续坚守了四个小时，密切关注着在一海里外漂泊了二十多个小时的外方企图干扰的船只。由于一直紧盯着雷达屏幕和前方的目标船只，韦汉忠的双眼布满了血丝。但是，他仍然全神贯注，不敢有丝毫怠慢。

突然，他发现该船上的人不怀好意，将航向转向了东北方向，快速向我警戒区移动，试图挑战我方的警戒底线。韦汉忠迅速将这一紧急情况报告了艇长，艇长下达了狙击的命令。韦汉忠果断地拉响了执勤警报，全体官兵严阵以待……

外方干扰船只上的人看到我方拦截的海警船后，以为有机可乘，便开足马力，丧心病狂地向警戒区冲了过来。实施拦截的海警 46001 艇多次警告无效后，决定用水炮将其驱离。

对水炮的把控既需要力气，又需要技巧。关键时刻，韦汉忠第一个站出来请战，决定用水炮驱离外方的干扰船只。高速前行的舰艇在大浪中不断颠簸，韦汉忠凭借着过硬的基本功迅速登上了“战位”，双手死死地扣住水炮的把手，熟练地操作着高压水炮，用强大的水柱不断地喷射外方干扰船只的重要部位，以强大的冲击力和威慑力迫使该船落荒而逃。

在完成长达八十多天的护航保障任务的过程中，作为“全艇最老的兵”，韦汉忠冲锋在前、一马当先，为全艇战士树立了标杆。

二、光鲜荣耀的背后

荣誉和奖项对于一向作风勇猛、雷厉风行的韦汉忠来说，似乎是手到擒来的。但是，听了韦汉忠当年磕磕碰碰、充满辛酸的“获奖史”，你才会知道，他并没有我们想象的那么顺利和幸运，也曾经吃尽了苦头。

1994年，是韦汉忠当兵的第二年。为了参加比武，他得参加集训。参加比武的选手是从各单位抽调的整体素质好、身体过硬的人员。韦汉忠血气方刚，总觉得有使不完的劲儿，做什么动作都想一步到位。进行拳击训练时，他感觉特别好，十分放松，放松得有些麻痹大意了。和战友一起游完泳后，精力过剩的韦汉忠在沙滩上空翻，没有注意下面的地是硬的，一落地，脚崴了。这要是放在平时，根本算不上什么大事，可是对于即将参加比赛的人来说，可就是大问题了。不过，将要错失比赛机会的韦汉忠还是不甘心。他并没有溜之大吉，而是主动要求留在队里面。他对领队说：“只要能留在队里，让我干什么杂活儿都行。”领队半信半疑，但还是让韦汉忠留了下来。

韦汉忠主动帮助集训队做报靶、复靶、搞卫生等工作，积极做好后勤工作。教练组见韦汉忠这个人没心没肺，不计较个人得失，做事又那么勤快，认为赛前的失利没有给他的心里留下任何阴影，他显然是具备良好的心理素质。于是，他们就把韦汉忠列为了替补队员。有了“替补队员”的名头，教练组就可以带他到深圳参加全国比武了。

从那时起，韦汉忠就很注意对比赛时的各种数据进行记录。他把全国所有射击比赛的结果、班对抗赛的最好成绩、各队实力的对比等，一一记在了笔记本上。韦汉忠既为教练组提供参谋和服务，又很用心地为以后的比赛做着准备。

到了1996年，机会又来了。那时候，边防总队每两年搞一次军事比武。韦汉忠把1994年的经验带了过来，打算参加精度射击、速射、班对抗赛等赛事。所谓“班对抗赛”，就是五个人对五个人，射击要打得快、打得准，最后看哪一方失误少、得分多。韦汉忠平时练得不错，但那次还是时运不济，有个动作做得太猛了，跪地的时候被枪托撞击致伤。一般情况下是没有明显感觉的，但是跑起步来就会明显地感觉到疼。手一摁，更是疼得钻心。韦汉忠皱了皱眉头，心里清楚：情况不太妙。

他想去检查一下，但是中队长说：“应该没什么大碍，小意思，克服克服就过去了。”

后来，他参加比武时，有对抗、对打这一环节。韦汉忠的动作表现很勇猛，可是第三个动作做完后，一落到坚硬的地板上，很倒霉——两眼冒金星，骨折了。必须马上住院，射击等项目是不可能参加了，又错失了一次机会。

韦汉忠特别懊恼。

韦汉忠因骨折住了两个月的院，每天只能乖乖地躺在病床上，什么都得听医生的。这对于摸爬滚打惯了的韦汉忠来说，简直是一种煎熬。

2004年8月，韦汉忠被海南省公安边防总队紧急招入了“大练兵”比武集训队。入队后，他发现离比武只剩下短短的一个月时间了，训练时间太短。

练习不同方式的射击对海警队员来说是基础课程之一，但是对于参加比赛的海警来说，各种要求就有些苛刻了，你得无条件地接受和遵守这些规矩。

为了练就过硬的本领，韦汉忠对自己的要求达到了苛刻的地步。

8月的海南骄阳似火，中午地表温度高达50摄氏度，可是没过一会儿就又刮风下雨了，身上湿漉漉的，搞不清是汗水还是雨水。韦汉忠每天都要进行几百次扣扳机训练，一次次地瞄靶、射击，一遍遍地被纠正动作，肩膀被枪托磨出了血泡，膝盖被磨破了一次又一次，连扣扳机的手指都结了厚厚的老茧……可他从不唉声叹气，更没喊过一次苦、叫过一声累。

韦汉忠对我说：“精度射击是十五颗子弹扣十次扳机。把十五颗子弹打出来，前面五颗单发，后面的连发，每次两发子弹，这样才是十五发。单发只要练得多，特别细心，很多人都能打出好成绩。这种精度射单、双连发，要想在整体上取得好成绩，就比较难了。无论是单发还是连发，除了扣扳机的轻重外，还得甄别声音，保持全神贯注地瞄准，不能有任何杂念。只有这样，才能做到人枪合一，枪才能像你的手脚一样听你使唤。单发射击不是我的强项，因为我这个人做事不是很细心。单发有好多人都比我强，但是再厉害，最多也只能打十环。我在连发时可以发挥优势，两枪十八环和十六环是大不一样的。累积起来，环数肯定就多了。练靶，通常都讲究特别认真地慢扣，但往往成绩不是很理想。我一直没有找到最好的办法，但是我没有停止摸索。”

有一天，天热，战士们个个练得全身都湿透了。韦汉忠因为忙别的事，等前边的队员练完之后才过去集合。其他队员在前面射击，往往比较紧张。太把成绩当回事了，反而不容易出好成绩。韦汉忠在后边打，可以不计成绩。

韦汉忠当时打得很舒服，枪的后坐力对肩膀的冲击没那么强烈，缓冲更为合理，几乎没有疼痛感。结果，他的成绩真的是特别好，都快要破纪录了，这也太神奇了！

第二天，韦汉忠反复射击，验证了前一天的经验，成绩依然稳定。于是，精度射击的技巧就被韦汉忠慢慢地摸索出来了，他的自信心增强了。

2004 年 9 月，韦汉忠被选中参加了公安部边防局举办的“大练兵”比武。面对来自全国边防战线的众多“高手”，韦汉忠一举夺得了精度射击第一名、特等射手第七名、个人全能第二名……这样的成绩来之不易！

我对韦汉忠说：“你们这么卖命地练各种各样的射击……能否举个例子，说明精度射击的好处？”

韦汉忠说：“我们平时训练时连贯性很好，不可能白费工夫，肯定比那些没系统练过的要好得多。我们训练得十分刻苦，一旦碰上极端的情况，心里是有底的。我很自信，不相信他们练得比我还多！双方对峙的时候，对手的心理状态肯定没有我稳定。你是海盗，参与走私或抗法，而我是执法的，是抓你的。从这一点上讲，你就输给我了。”

所谓“艺高人胆大”，“技高”人也胆大。

韦汉忠接着说：“举个实战的例子吧。我们当时在海上抓走私船，船上有价值几千万元的走私物品。我们好不容易把走私船抓到了，可是在押解返航的途中，走私嫌疑人不甘心丢掉本来已经到手的财物，就开着摩托艇来追我们。好在当时我反应快，注意到了他们的一言一行。他们讲白话，我听得懂。他们的意思是说，要直接把我们撞死在海里。我的一位同事刚调到我们单位，不太了解海上的情况，看到摩托艇过来，以为是海关的。我感觉不对，因为海关的司法船看到我们的执法船后，通常要用探照灯扫一下，并且会喊话，说明自己的身份，可是这艘摩托艇冲过来，根本不讲礼貌。我立刻警觉起来，对着空中‘嘭、嘭、嘭’地鸣枪示警。摩托艇就像是亡命之徒，撞向了我们的小飞艇。我们小飞艇的螺旋桨被摩托艇挂住了，动弹不得。海盗船和小飞艇纠缠在了一起。他们有十多个人，我拿枪精准地射中了那把逼近我方战士的尖刀……我这么做非常冒险，容易误伤自己人，但我自信不会有明显的失误。”

那些亡命之徒领教了韦汉忠精准的枪法，感觉不对，犹豫了一阵，便逃之夭夭了。

三、老兵写新传

韦汉忠最出名的绝招是拆装双联装 14.5 毫米艇用机枪。该科目达标成绩为一分钟，而韦汉忠从第一个动作开始到最后一个动作结束，仅需二十秒钟。

2016 年，入伍满二十四年的韦汉忠面临着去留的选择。一方面，他的小孩刚上小学不久，在电话和视频里都能听见儿子一个劲儿地喊“爸爸”，很少与父亲相处的儿子渴望着父亲的关怀；另一方面，韦汉忠担心部队改革和武器装备的升级会影响个人的发展，继续留在队里未必是件好事。这位已将军人的本色融入血液的“兵王”也有柔软的一面，于是有了退伍的念头。

部队决定让韦汉忠留下之后，韦汉忠坚定了信念，认为“在岗一分钟，就要做好六十秒”，越是改革和装备完善在即，就越要专心致志地尽好责，迎接挑战，完成好各项任务。最终，韦汉忠通过个人的努力，得以继续留队并顺利晋升为一级警士长。

“于个人而言，不论改革怎么改、武器装备怎么提升，只要心无旁骛地练好本领，军旅之路定会越走越宽阔……”演讲台上，韦汉忠与战友们分享了自己投身改革实践、一步步成长为“兵王”的心路历程，其现身说法成了引导官兵投身改革、提升自我的鲜活教材。

2016 年 7 月，随着海警队伍的改革和发展，海南省海警第一支队迎来了首支 718 型舰艇——46112 舰。作为海警的“兵王”，韦汉忠当之无愧地被列入了首批接舰人员的名单，这于他这个老兵而言无疑是至高无上的荣誉。

初次登上重达几千吨的舰艇，摸着舰艇上的新型武器装备，韦汉忠深深地感受到了国力的提升和改革对海警队伍战斗力提升所带来的影响。

新的机遇，也意味着新的考验和竞争。随着装备的升级换代，现代化水平和科技含量越来越高。特别是主炮系统，远看就是一根大炮管，和普通的炮没有多大区别，可是到了操作间细看，则全是自动化控制的电子面板，让不少接舰官兵

望而却步，感到难以驾驭。

四十五岁的韦汉忠文化底子不厚，对电子设备更是一窍不通，但他面对困难从不屈服，总是寻找机会挑战自己的极限。

韦汉忠对舰长说："骨头难啃，我来啃！"韦汉忠主动请缨，担任主炮班班长，闭门学习理论知识，潜心钻研新技术。

为了弥补电脑操控方面的缺陷，韦汉忠专门买了一台笔记本电脑，恶补电脑操作和软件应用知识。为了尽快摸清武器装备的性能，他索性铆在舰上，一边虚心与设备厂家派来的人进行探讨，一边研读图纸说明书，琢磨所有的细节，通过实践提高能力和素质。他发现，船上的设备和武器装备不论多么复杂，大体上的原理与先前所学的还是很相似的，可见以前的知识和经验储备并非等于零。功夫不负有心人，在短短的几个月时间里，韦汉忠摸到了门道。他整理了厚厚的一本学习笔记，称之为《主炮系统使用手册》，供官兵们交流、学习。

韦汉忠说，过去学习是为了不断提高自己。你如果不把这些学会，就会被淘汰。现在是大不一样了，学好了，有了真本事，就可以去教新来的兵了。只有尽快地让新兵学会使用现代化设备，才能体现出你这个老兵的价值。我心里很清楚，上级留你这个老兵在舰上，不是当摆设的，而是要在关键时刻发挥特殊的作用。

一次，主炮的“跟踪雷达”出现了故障，不少厂家的技师都束手无策。“跟踪雷达”作为主炮的“眼睛”，一旦发生了故障，就无法准确地锁定目标了。如果不排除雷达的故障，主炮就成了摆设，舰艇就成了失去牙齿的老虎。韦汉忠翻阅了平时的大量记录和数据，对相关的器械构造原理进行了反复的钻研，根据所学的知识和摸索出来的经验，最终使“跟踪雷达”恢复了正常。

从那以后，韦汉忠便认准了一个道理：唯有练就过硬的本领，才不会被新生事物淘汰。

了解韦汉忠的人都知道，他总是给新兵、朋友和家人讲述自己在海上的甜酸苦辣，听者往往会禁不住落泪，而他却从来不会哭。

在一次颁奖会上，主持人问韦汉忠：“你是一个钢铁战士，也会有哭泣的时候吗？”

韦汉忠答道：“如果祖国需要，我还将继续奉命守护祖国的南疆。如果有一天，我真的要离开了，要把肩章摘下来……到那个时候，我可能真的会掉眼泪……”

坚守与使命

——记公安部消防局作战训练处高级工程师何宁

李昌林

“宁为百夫长，胜作一书生。”这是初唐四杰之一杨炯流传千古的诗作——《从军行》中的名言，也是公安部消防局作战训练处高级工程师何宁当初从警时的梦想。

“梦想还是要有的，万一实现了呢。”17年前，何宁大学毕业，怀着满腔报国热情，毅然投笔从戎。这些年，在火热的警营里，何宁身经百战而“换羽”，淬火磨砺而“换骨”，由当年的一介书生变身为“救援先锋”。

面对生死考验，他一次次义无反顾地“逆行”，圆满完成了“5·12”汶川大地震、“8·12”天津港危险品仓库特大火灾爆炸事故等重大灭火救援任务。

面对重重困难，他一次次埋头钻研攻坚克难，先后参与完成国家和省部级科研项目十余项，在国内外重要学术刊物发表论文30余篇，成为了消防部队小有名气的“战训专家”。

面对祖国荣誉，他一次次在国际舞台上崭露头角，多次参加联合国禁止化学武器组织、国际刑警组织、上海合作组织的大规模灾难事故应急救援演习，展示了中国公安消防部队的良好形象。

危险再大，也没有阻挡他前行的步伐；任务再重，也没有压垮他挑起使命的

何宁现场部署侦检任务

肩膀。一路高歌前行，何宁留下了坚实的军旅足迹：荣立个人一等功 1 次、二等功 1 次、三等功 5 次，先后被评为“公安部消防局优秀干部标兵”、“公安部直属机关十佳青年”、“全国优秀人民警察”、“全国特级优秀人民警察”。

山崩地裂，在悬崖峭壁间搭建“生命通道”

历史将永远牢记这个时刻——2008 年 5 月 12 日 14 时 28 分。一场强震撼动中国、震惊世界，数万生命顷刻陨落，数十万人受伤，上百万人无家可归。

“灾情就是命令！”为第一时间掌握灾情，何宁立即受命赶到中国地震局指挥中心蹲点了解震情。他一夜没合眼，全方位搜集地震灾区的情况，并迅速将震区情况反馈到了公安部消防局指挥中心，为科学决策提供了关键的第一手资料。

次日凌晨 4 时左右，一身疲惫的何宁开车赶回公安部消防局，向时任作战训练处处长冷俐当面汇报了情况。

“前方一直联系不上，通信中断了，这次灾情可能非常严重。我想让你带着海事卫星电话开车直接赶到成都，有没有问题？”冷俐处长一脸凝重地说。

何宁神色坚定："没问题，保证完成任务！"

就这样，他顾不上休息，携带海事卫星电话、照明装备，马不停蹄地驱车奔赴抗震一线。

行车路过山东，何宁给家里老母亲打了个电话："妈，四川地震了，我去送装备。走得急，你帮我买一些吃的喝的，还有电池，一会儿送到高速路口！"其实，当父母的知道孩子的想法，就是想在去灾区之前，再看一眼父母。

见面时间不到五分钟，他和父母在高速路口碰了个头，母亲千叮咛万嘱咐儿子一定要注意安全。父亲什么都没说，因为这个干了一辈子消防工作的老同志知道儿子的职责所在，只是在心里为孩子默默祝福，期盼他完成使命，平安归来。

行程2300余公里，何宁从北京开车直接赶到四川都江堰。一路上，他昼夜兼程、风雨无阻，途经天津、河北、山东、河南、陕西，翻越路途险峻的秦岭山脉，终于进入了四川境内。

在行驶到广元至绵阳方向的高速公路上时，地震造成的危害越发明显。高速公路两侧山体滑坡，道路两旁的建筑屋顶和框架都有损毁。沿途服务区大多停水、停电，加油站运营采取自行发电。路面落石没有清理干净，部分路段车辆时速只能达到40公里。

5月14日凌晨，何宁赶到了位于都江堰的公安部抗震救灾前方总指挥部报到，移交了装备，简单吃了口饭，就在总指挥部干起了作战参谋，进入了作战状态。

当时，震中还有多个乡镇通信中断，道路不畅，灾情不明，老百姓生死未卜！总指挥部决定压缩指挥层级，成立"汶川片区"指挥部，派出一支由消防、医疗、特警共同组成的救援队，携带救援装备徒步进入震中，就地实施救援。

"让我去吧！我身体好！"没有一丝犹豫，作为一名作战参谋，何宁掷地有声地主动请缨。

队伍集结完毕后，何宁立即跟随救援队伍，携带好救援装备，徒步奔袭50余公里，历经10多个小时，强行开进环境最恶劣、灾情最严重的汶川县漩口镇、水磨镇和三江乡，成为第一支到达该地区并开展抢险救援工作的队伍。

"汶川片区"指挥部设立在漩口镇一个废弃的民办企业厂区内。何宁负责指挥部与各个救援分队之间的协调联络和力量调派工作。由于各个救援分队之间通信不畅，有时候为了及时下达命令、准确掌握情况，他每天要冒着生命危险，徒步30余公里山路，往返于各救援地点和指挥部之间。

山里面的温差极大，白天日头高照，一到夜里，气温骤降到四五摄氏度。何宁和队友们摸黑四处找寻废旧门板或塑料布，铺在潮湿的地面上当床用，捡拾一些方便面纸箱子用绳子捆绑在自己的腰上做被子，大家相互挤靠在一起取暖。

5 月 17 日早上，片区指挥部接到了都江堰总指挥部的电话：由于山体滑坡、道路中断，银杏乡有不少受伤的群众和孩子被困，情况非常危急！得知这个消息后，何宁再次请求指挥部将这个任务交给他来承担。

经过短暂的研究，片区指挥部决定让何宁任队长，他负责挑选人员组成突击队，赶赴银杏乡打通救援通道，解救被困群众。

能够参加突击队的基本条件是：脚上没有伤，体力好，具备一定的救援经验。说起来简单，可选起来太难了。大部分消防官兵经过几天几夜的徒步跋涉，脚底板上都磨出了血泡，肩膀上因长时间负重背囊，肩章和背带相互摩擦，皮肉都磨烂了，粘在了一起，很难再进行长途跋涉、负重前行。但是，大家都很踊跃，都希望自己能执行这个任务。

在经历了一场艰难的“体检”后，何宁在 3 个救援分队中挑选了 30 名身体相对“合格”的队员，组成了突击队。队员除了要携带必备的救援器材之外，每个人还必须背负一个装满食品和药品的背囊。为了给灾民提供更多的帮助，他们都尽可能多地增加负荷，最重的背囊达 50 公斤。

临行前，片区总指挥、时任公安部消防局总工程师朱力平给大家作了简要的动员讲话。随后，又单独和何宁进行了谈话，提出了两点要求：“一是要注意安全，把带出去的 30 个兄弟都给我带回来，一个都不能少！二是要尽快把药品和食品送到银杏乡，想方设法把被困的伤员和孩子们救出来！”

走之前，朱力平把片区指挥部唯一一部海事卫星电话交给了何宁，表情严肃地说：“里面情况复杂，队伍交给你了。如果有意外，你有临机指挥权，可以随时和都江堰总指挥部联系，不用跟我请示！”

“是！请首长放心，保证完成任务！”何宁敬了一个礼，回答得异常坚定，但他深知这次任务远没有想象的那么简单。

从漩口镇沿着岷江一路上行，大约 30 公里的路程，就可以到达银杏乡。

岷江两侧山势奇峻，峭壁陡立，属于典型的“两山夹一江”地貌。如果是在平时，这里或许是一个很美的旅游胜地。但在此刻，强震早已震垮了道路，摧毁了桥梁，巴山蜀水的秀丽山川早已成为千疮百孔的残垣断壁，泥石流、山体滑坡就像一道道横七竖八的刀痕，划刻在郁郁苍苍的青山之上。震后疏松的岩石不时从石壁上滚落，轰鸣着落入江中，激起高高的水柱，让人看了心生寒意，摄人心魄。

为了确保大家的安全，何宁始终走在队伍最前列，时刻警觉地观察着前方的路况。一路上，余震不断，险象环生。左侧是滑坡堆积的碎石，右首是落差高达百米的岷江，中间的狭小通道不足一米，还要不时地为逃出震中的灾民侧身让路。渐渐地，30 人的突击队，拉成了将近 200 米的纵队。

走在前列的何宁，非常担心后方队员的行进安全。有些地方稍不注意，可能就会坠落悬崖；有些转弯，一眼看不到队友，可能就再也见不到了。因为缺少必要的通信手段，他让大家在行走过程中，大声报数，只有听到最后一名队员喊到“30”时，他的心里才踏实下来。十几轮报数下来，不少队员也喊哑了嗓子。

在平原地区生活长大的何宁，并没有见识过真正的山体滑坡。但这次救援任务，却让他切身体会到了大自然的威力。

正当他背负着近50公斤重的背囊，艰难地向前攀爬时，突然感到了一阵眩晕，紧接着就是失去平衡的摇晃。“地震，地震啦！”何宁突然意识到这是余震，大声向后方的队员们喊话，要大家注意安全。就在这时，距离他不足百米的前方，山上的树木草丛开始索索发抖，大量的碎石开始从山坡滑落，突然袭来的尘土就像沙尘暴一样，朝他席卷而来。

那一刹那间，他下意识地向后退了几步，碰到了自己的身后的队员，知道已经是无路可退。他紧紧地抱着头躲在一块岩石旁，心里默默地祈祷着，千万不要有石头滚落下来，千万不要！大约过了 30 秒钟，滑坡渐渐停止了，尘土消散了。他抖了抖头，掏了掏耳朵里面的尘土，立即转身询问自己的战友情况，大家又报了一遍数，非常幸运，一个没少，一个没伤。

在 30 多公里高强度的急行军中，他和队员们肩膀和脚底都磨出了血泡，每迈出一步，就钻心地疼痛。但他和全体队员们的心里只有一个念头：快点儿！再快点儿！时间就是生命啊！

无论是跋山涉水、历险行军，还是翻山越岭、抢险救援，何宁都冲锋在前、勇敢顽强，与突击队全体成员在悬崖峭壁之间开辟了一条生命通道，及时将急救药品和食物给养送到灾民手中，救助灾民60余名，转移、疏散被困群众200余人。

5 月 19 日，通往都江堰的路终于全线打通了。

从银杏乡救下的十几个孩子，要跟随大部队前往都江堰。临走之前，孩子们紧紧地围着他和队员，舍不得走。

一个六七岁大的小姑娘，伸出小手使劲儿抓着何宁的腰带说："叔叔，我们不要走，我们要跟着你！"小姑娘用不标准的普通话央求着，瞪大了的眼睛里泛着泪光，充满了惶恐，更充满了信任，让何宁终生难忘。

"和那些受难的老乡相比，和那些失去亲人的孩子们相比，我们所做的这些真是算不上什么。"每当和何宁聊起汶川地震中的事情，谈及这段经历，他总是饱含真情、泪光闪烁。

汶川地震发生后，出现在救灾现场的第一支专业救援队伍是消防部队，从废墟中救出第一名被困群众的是消防部队，第一时间紧急救助群众的也是消防部队。正是有何宁这样的"敢死队员"，有这样一支部队，以实际行动在最危急、最关键的时刻经受了最严峻的考验，以 8% 的参战力量，抢救出 26% 的生还者，成为搜救生还率最高的救援队伍，为维护灾区社会稳定、保护灾区人民生命财产安全作出了重大贡献。

爆炸现场，舍生忘死在核心区开展救援

2015 年 8 月 12 日晚上 10 点左右，刚刚完成出差任务的何宁，拖着行李箱回到了家里。

他轻手轻脚地走进卧室，生怕惊动了刚刚入睡的孩子们。六岁的大女儿妞妞已经睡熟了，刚刚出生一个月的二女儿洋洋，还在妈妈的怀里嘟着小嘴吃着奶，也渐渐眯上了眼睛。

望着正在妻子怀里熟睡的女儿，何宁忍不住想亲一下她的小脸，却被妻子一把挡住了，好不容易把孩子哄睡着，担心他又把孩子吵醒。

"明天还出差吗？"妻子悄声询问。

女儿出生第五天，因为有任务，何宁就离开了刚刚做完剖腹产的妻子，一走就是一个月。回来的时候，女儿已经满月了。这一个多月来，全靠妻子一个人忙里忙外。

一想到这里，何宁就心生愧疚，连忙回答道："不走了，明天开始休假，好好陪陪你！"妻子略感欣慰地点了点头。

刚刚躺下，何宁便感到困意十足，但他还是忘不了看一眼手机，及时给手机

充上了电。由于多年的工作习惯，他的手机几乎24小时都不关机，随时处于战备状态。

刚刚睡了不到两个小时，放在枕边的手机突然响了，何宁一个激灵坐了起来，拿起手机一看，是公安部消防局指挥中心来的电话，他心里突然有一种不祥的预感。

“天津爆炸了，赶快到指挥中心！”电话那头催促着。

“好的，明白！”何宁干脆地回答，立即翻身下床，穿上衣服就走出了房门。就在关门的一刹那，他看了看两个熟睡的孩子和被他吵醒了的妻子，心里知道，估计这次假又休不成了。

赶到指挥中心的时候，局里的领导都已经到了。电话铃声不断，值班员不停地调度着现场情况。大屏幕上显示着从现场实时传来的图像，多处燃烧，爆炸起伏，浓烟滚滚，一片混乱。

何宁询问了值班员有关情况，得知是天津港一处危险品仓库发生了爆炸，有人员伤亡，多名消防员失联，具体情况不明！

爆炸！伤亡！失联！他突然意识到了这次事故的严重性，立即开始收集相关资料，了解前方现场情况。

8月13日上午8点左右，公安部消防局局长于建华在天津港爆炸现场给何宁打来一个电话，命令他立即接上公安部灭火救援专家组化工专家郝伟，一同赶赴天津港事故现场！

毫不迟疑，何宁立即和指挥中心值班员做了一下简单交接，拎上个人防护装备背囊，紧急奔赴现场。因为工作需要，作战训练处的同志在办公室都常备一个防护装备背囊，里面放着一套灭火战斗服、照明灯和必要的个人衣物，就是为了应付各种突发事件，能够第一时间赶赴现场。

车子刚刚进入天津市滨海新区，何宁就感受到了异常的紧张氛围。警车、消防车、救护车呼啸而过，许多集装箱货车都在争先恐后地向外撤离。车子渐渐地靠近了爆炸现场，中心区火光冲天、烟雾弥漫，空气中充斥着刺鼻的味道，周边建筑物破损严重，残渣、碎片散落在地，炸毁的货车、轿车横七竖八地停在路边。

多年的经验告诉他，此次爆炸事故非同小可，面对的将是一场非同寻常的严峻考验。

“怎么办？”何宁向化工专家郝伟抛出了一个难题。郝伟原是中国石油兰州石化公司消防支队支队长，一辈子和化工企业打交道，指挥处置的化工火灾、爆炸上千起，有着40多年的灭火救援实战经验。

“一定要尽快搞清楚现场内部情况，到底存放了哪些危险品？我最担心的是‘毒’！”郝伟眉头紧蹙，虽说他历经百战、经验丰富，但是像这种复杂的事故现场也是这辈子第一次见到。

就在这时，现场指挥部传来消息，事故企业有680吨的氰化钠随着爆炸四处散落在现场，情况十分危急。

氰化钠是氰化物的一种，白色结晶颗粒或粉末，有微弱的苦杏仁气味。氰化钠作为一种重要的基本化工原料，用于基本化学合成、电镀、冶金和有机合成医药、农药方面。和所有氰化物一样，氰化钠有剧毒，人体皮肤伤口接触、吸入、吞食微量（0.1—0.3克）即可导致氰化钠中毒死亡，是出了名的入口即死的“毒物之王”。

此时，核心区情况不明，危化品底数不清，爆炸燃烧物质未知，现场浓烟滚滚，爆炸此起彼伏，救援难度前所未有。深入爆炸核心区进行详细的灾情侦察已是当务之急。面对有史以来最严重的危化品爆炸事故，何宁毫不犹豫，穿上防化服，与化工专家一同深入爆炸核心区进行侦察。

爆炸核心区惨不忍睹、一片狼藉，像是刚刚经历了一场巨大的战争，到处是残垣断壁，满地是碎片残渣。强大的爆炸冲击波在地面形成了直径约100米、深约3米的大坑，周边150米范围内的建筑尽被摧毁、夷为平地，500米范围内的建筑物只剩下钢筋混凝土框架；数千辆进口汽车被烧成了骨架，数万个集装箱被掀翻、解体，上万吨化学品被抛洒、剧烈燃烧。到处弥漫着黄绿色、黑灰色的有毒烟气，大大小小的爆炸此起彼伏，四处散落着白色、黄色的化学粉末。

一进入爆炸核心区，何宁心里不免有些紧张，但是，越向内部深入，反倒越是平静下来。他仔细地观察着现场的情况，用相机记录着核心区的每一个起火点的位置，用步伐测量着从事故边界到核心区的大概距离，估算着事故核心区的面积大小、危害半径、搜救难度……这些指挥部急需的数据和情况都在他的脑海中反复盘算着。

从核心区出来之后，他立即向指挥部进行了详细报告。

根据侦察评估的情况和事故企业提供的资料，指挥部立即决定：一是将事故现场划分三个区域，距爆炸中心半径1500米范围为重危区，3000米范围内为轻危区，5000米范围内为警戒区，严格控制无关人员、车辆进出现场；二是调集北京、河北、辽宁、山东、山西、江苏、湖北、上海八省市公安消防部队的核生化侦检、化学洗消等专业力量实施增援，在事故现场周边建立四个洗消点，对所有进出核心区的人员、车辆进行全方位的染毒洗消，避免出现二次污染；三是协调国家相关部门调集氰化物中毒急救药品，发放至每一名参战消防官兵，做好氰化物中毒解毒应急准备。正是这一系列及时有效的重大决策，为科学处置这起前所未有的爆炸事故奠定了基础。

指挥部决定，命令何宁带领消防核生化分队负责对事故核心区及半径5000米范围内实施24小时不间断侦检，及时掌握有毒有害化学品云团的扩散、蔓延情况。

111种1万余吨危险货物爆炸、泄漏，680吨剧毒氰化钠四处散落，面对非同寻常的事故现场，他深知自己肩头的重任和使命，侦检准确与否，事关现场数千名救援人员的人身安全，事关整个灭火救援行动的成败。

最早前来增援的是北京市公安消防总队核生化分队，由副总队长孔凡全带队。他是一名老战训专家，当过特勤大队大队长，实战经验非常丰富。他和何宁有着十多年的交情，两人曾多次在一些灭火救援行动和重大活动安保中并肩战斗。

何宁详细询问了核生化分队随车携带的侦检、防护、洗消等器材装备，结合多年危险化学品事故处置经验和爆炸核心区情况，和大家一起制订了一套有效的侦检、搜救方案。

何宁现场部署侦检任务

由于事故现场面积大、纵深长，从爆炸核心区边界到中心区要将近 1.5 公里的距离，穿着重型防化服、背着空气呼吸器步行需要 20 多分钟，而一部 6.8 升的空气呼吸器仅仅使用半小时就要报警，也就意味着，刚刚进入核心区就要紧急撤离。面对这种情况，为了提高侦检效率、加快搜救进度，何宁索性降低了防护标准，换上了轻型防化服和过滤式防毒面具。

一天中午，根据指挥部部署，要求他带领核生化分队配合搜救分队对事故核心区进行侦检、搜救。当时正值午后，地表温度达 40 摄氏度，核心区小规模闪爆频发。何宁头戴防毒面具，身着防化服，手拿侦检仪器，始终走在第一位，一边侦检探测毒气浓度，一边时刻关注现场情况，提示队员做好紧急避险的准备。高温炎热环境中，身着重型防化服的侦检队员出现了体力透支和脱水情况。何宁冷静指挥，鼓励大家咬紧牙关、稳步推进。

就在他们走到一处冒着黄绿色烟雾的集装箱堆垛时，手里的侦检仪发出了急促的“嘀嘀”报警声，有毒气体浓度突然达到了最高值。紧接着集装箱火势迅速扩大并伴有滋滋响声，凭经验这是爆炸的先兆，何宁果断下达撤离命令，正当他转身撤离的一瞬间，现场突然发生强烈的闪爆，爆炸喷射的有毒粉末瞬间覆盖在他的面罩和防化服上。他不顾个人安危，立即组织大家撤出危险区域，第一个手势就是要求大家立即进行洗消，千万不要摘下面罩、脱下防护服，在帮助所有人员全部洗消完毕后，他才累倒在地上……

其间，何宁率领消防核生化分队先后27次深入毒物弥漫、爆炸起伏的核心区，现场采样、监测数据十余万条，客观评估、研判事故发展态势，为现场指挥部科学处置提供了重要的技术支撑，发挥了极其重要的专业骨干作用。

在爆炸核心区连续奋战七天七夜后，因为多次深入核心区侦检，何宁出现了中毒症状，牙龈、腮腺肿胀，眼角膜灼伤，上呼吸道感染，并伴有严重腹泻。

8 月 19 日，指挥部安排他到首都医科大学北京朝阳医院职业病与中毒医学中心进行体检，体检结论是“化学爆炸吸入性中毒”，没有更好的办法，只能是对症治疗。

就在这时，一个更为重要的任务来了。国务院事故调查组需要一名全程参与过救援行动的同志进入调查组，负责灭火救援调查工作。

接到任务后，他顾不得治疗、休息，又立即投身到国务院事故调查技术组，白天开展事故调查，晚上去泰达医院输液。

事故调查也是一场战斗。面对事故现场被爆炸破坏严重、知情人绝大多数伤亡、物证资料绝大多数被损毁等困难，何宁带领灭火救援调查小组的同志们，始终坚持实事求是、客观公正、科学严谨的原则，认真分析调查难点，仔细研究调查对策，共同制订调查方案，夜以继日、扎实有力地开展事故调查。

“一定要给牺牲的战友一个交代，给社会一个交代，给历史一个交代！”面对一些质疑，何宁顶住了巨大压力，从物证提取、笔录询问、现场勘验、实验论证到起草调查报告、制作分析课件、编辑视频资料，做了大量艰苦细致和卓有成效的工作。

在客观分析、严格推理的基础上，何宁按照时间节点和事件发生发展，准确地还原了灭火救援处置经过，以一丝不苟的工作态度、科学统筹的工作方法和较高的团队领导能力，圆满完成了调查任务，得到了国务院事故调查组的充分肯定。

甘于奉献，把火热激情献给消防事业

灭火救援是和平年代最危险的职业，处在灭火救援一线的消防官兵，往往是“无畏英雄、无私奉献、无上光荣”的代名词。何宁就是在这条战线上，整整奋斗了 17 年。

他常说，消防不仅仅是一份职业，更是一份崇高的事业，值得我们为之奋斗与奉献。他常想，组织上为自己提供了实现人生价值的舞台，只有刻苦学习、努力工作，创造优异成绩，才是对组织最好的回报。

在经历了无数次水与火、生与死的考验后，他深深地体会到了生命的脆弱、灾难的无情，更加懂得了肩上的责任，坚定了理想信念，始终牢记作为一名消防员的光荣使命，用自己的实际行动展现对党的忠诚、对人民的热爱和对消防事业的追求。

作为一名现役军人，何宁更多的是对家人的愧疚。自从走上灭火救援岗位后，他总是把自己的时间投入到工作中，很少有时间去陪伴老人、妻子和孩子。2008 年，年迈的老父亲心脏病发作，被紧急送往医院，两次下达病危通知，急需手术，但他却身处汶川参加抗震救灾无暇顾及。年幼的女儿体弱多病，他只能把孩子推给妻子一人照顾。每当女儿看到他收拾行李即将出差的时候，总是抱着他不让走：“爸爸，你不要走好不好，陪陪我好不好？”他总是哄她：“等爸爸出差回来就